Klaus Wigand / Markus Heuel / Stefan Stolte / Cordula Haase-Theobald

Stiftungen in der Praxis

Klaus Wigand / Markus Heuel
Stefan Stolte / Cordula Haase-Theobald

Stiftungen in der Praxis

Recht, Steuern, Beratung

3. Auflage

Bibliografische Information der Deutschen Nationalbibliothek
Die Deutsche Nationalbibliothek verzeichnet diese Publikation in der
Deutschen Nationalbibliografie; detaillierte bibliografische Daten sind im Internet über
<http://dnb.d-nb.de> abrufbar.

3. Auflage 2011

Alle Rechte vorbehalten
© Gabler Verlag | Springer Fachmedien Wiesbaden GmbH 2011

Lektorat: Andreas Funk

Gabler Verlag ist eine Marke von Springer Fachmedien.
Springer Fachmedien ist Teil der Fachverlagsgruppe Springer Science+Business Media.
www.gabler.de

Das Werk einschließlich aller seiner Teile ist urheberrechtlich geschützt. Jede Verwertung außerhalb der engen Grenzen des Urheberrechtsgesetzes ist ohne Zustimmung des Verlags unzulässig und strafbar. Das gilt insbesondere für Vervielfältigungen, Übersetzungen, Mikroverfilmungen und die Einspeicherung und Verarbeitung in elektronischen Systemen.

Die Wiedergabe von Gebrauchsnamen, Handelsnamen, Warenbezeichnungen usw. in diesem Werk berechtigt auch ohne besondere Kennzeichnung nicht zu der Annahme, dass solche Namen im Sinne der Warenzeichen- und Markenschutz-Gesetzgebung als frei zu betrachten wären und daher von jedermann benutzt werden dürften.

Umschlaggestaltung: KünkelLopka Medienentwicklung, Heidelberg

Printed in Germany

ISBN 978-3-8349-3077-4

Vorwort

In Deutschland existierten zum 31.12.2010 insgesamt 18.162 rechtsfähige Stiftungen bürgerlichen Rechts. Allein in 2010 gab es 824 Stiftungsneugründungen.[1]

Dies mag im Vergleich zu der Anzahl der in Deutschland existierenden Vereine und Gesellschaften eine eher bescheidene Zahl sein; jedoch lässt die Tendenz aufhorchen. So wurden allein in den letzten 10 Jahren 8.910 rechtsfähige Stiftungen errichtet, während die ältesten Stiftungen schon seit mehreren hundert Jahren existieren. Auch die Zahl der jährlichen Stiftungsneugründungen steigt seit Jahren kontinuierlich an; hierin nicht erfasst sind die vielen jährlichen Neugründungen von Treuhandstiftungen. In der Praxis der Stifterberatung werden in der Regel neben jeder neu errichteten rechtsfähigen Stiftung bürgerlichen Rechts mindestens zwei bis drei Treuhandstiftungen errichtet, so dass in Deutschland mittlerweile ca. 35.000 Treuhandstiftungen existieren dürften. Damit gibt es in Deutschland derzeit ca. 50.000 Stifter; jährlich kommen nochmals 2000 bis 3000 hinzu – ungeachtet der weiteren tausenden von Personen und Unternehmen, die sich mit dem Gedanken tragen, mittelfristig eine eigene Stiftung zu errichten. Hieraus ergibt sich ein stetig wachsender Informationsbedarf zum Thema Stiftungen, dem dieses Buch Rechnung tragen will.

Es versteht sich als ein praxisorientiertes Hand- und Arbeitsbuch für Berater, (potenzielle) Stifter und Stiftungen. Es wurde von ausgewiesenen Praktikern mit langjähriger Erfahrung in den unterschiedlichsten Feldern der Stiftungsberatung für die Bedürfnisse der Praxis geschrieben. Es richtet sich an Praktiker der (rechtlichen, steuerlichen und operativen) Stifterberatung, an Stifter und solche die es werden wollen, an Stiftungen jeder Art sowie an ihre Stiftungsorgane und an alle, die mehr als nur die Grundzüge des Stiftungswesens kennen lernen wollen. Mit zahlreichen hochaktuellen Beraterhinweisen aus der täglichen Praxis der Stiftungsberatung und weiterführenden Literaturempfehlungen ermöglicht es Beratern, Stiftern und Stiftungen eine tiefgehende Einarbeitung in alle relevanten Stiftungsthemen und eine praxisnahe Problemlösung.

Das Werk bindet in die Stiftungsberatung die in der Praxis so bedeutsame Treuhandstiftung ein und zeigt die neuesten Entwicklungen im Spenden- und Gemeinnützigkeitsrecht sowie im Erbschaft- und Schenkungsteuerrecht auf. Es analysiert die Perspektiven gemeinnütziger Stiftungstätigkeit mit Auslandsbezug vor dem Hintergrund der Europäischen Rechtsentwicklung und nimmt zu aktuellen Fragen der Kooperation sowie des Zusammenschlusses von Stiftungen Stellung. Dabei beschränken sich die Autoren jedoch nicht nur auf stiftungsbezogene Rechts- und Steuerthemen, sondern geben den Praktikern Anleitungen und Hinweise zur täglichen Beratung und Stiftungsarbeit, beispielsweise zur Vermögensanlage von Stiftungsgeldern, zur Rechnungslegung und zur Steuererklärung von Stiftungen, zur Öffentlichkeitsarbeit sowie zum Fundraising bei und zum Sponsoring von gemeinnützigen Stiftungen.

Wir Autoren freuen uns jederzeit über konstruktive Kritik sowie über Anregungen und Verbesserungsvorschläge der Leser.

München/Essen/Köln, im August 2011

| Wigand | Heuel | Stolte | Haase-Theobald |

---

[1] Quelle: Bundesverband Deutscher Stiftungen, „Stiftungen in Zahlen 2011".

Inhaltsübersicht

Vorwort		5
Abkürzungsverzeichnis		17
Literaturhinweise		20
Bearbeiterverzeichnis		22
§ 1	Die Stiftungslandschaft in Deutschland	23
§ 2	Allgemeines über Stiftungen	33
§ 3	Die rechtsfähige Stiftung bürgerlichen Rechts	42
§ 4	Die Treuhandstiftung	74
§ 5	Grundlagen des Stiftungsteuerrechts	99
§ 6	Die Rechnungslegung und Steuererklärung einer Stiftung	132
§ 7	Vermögensausstattung und -anlage von Stiftungen	143
§ 8	Die Stiftungsidee und ihre Umsetzung	156
§ 9	Die Praxis der Stiftungsarbeit gemeinnütziger Stiftungen	164
§ 10	Stiftung als Instrument der Vermögensnachfolgeplanung	196
§ 11	Besonderheiten bei Stiftungen im Unternehmensbereich	203
§ 12	Ausländische Familienstiftungen und Trusts	210
§ 13	Entwicklungen und Perspektiven des deutschen und europäischen Stiftungs- und Gemeinnützigkeitsrechts	223
§ 14	Weiteres Wissenswertes	230
Stichwortverzeichnis		254

Inhaltsübersicht

§ 1		Die Stiftungslandschaft in Deutschland	23
	A.	Stiftungsboom in Deutschland	23
		I. Regionale Verteilung der Stiftungen	24
		II. Die ältesten Stiftungen	24
		III. Vermögensgrößen der Stiftungen	25
		IV. Visibilität des Stiftungswesens	26
		V. Kritik am Stiftungsboom	27
	B.	Motive und Beweggründe für die Errichtung einer Stiftung	28
		I. Gründe für die Errichtung einer Stiftung	28
		II. Ergebnisse der Stifter-Studie der Bertelsmann-Stiftung	30
		III. Im Fokus stehende Stiftungszwecke	30
	C.	Alternativen zur Stiftung	31
		I. Spenden	31
		II. Zustiftungen	31
	D.	Ausblick	32
§ 2		Allgemeines über Stiftungen	33
	A.	Das Wesen einer Stiftung und ihre gesetzlichen Grundlagen	33
		I. Was ist eine Stiftung?	33
		II. Gesetzliche Grundlagen	33
	B.	Überblick über die Erscheinungsformen von Stiftungen	34
		I. Stiftungen des bürgerlichen Rechts	35
		1. Unternehmensstiftungen	35
		2. Familienstiftungen	36
		3. Bürgerstiftungen	36
		4. Gemeinnützige Stiftungen	37
		5. Stiftungs-GmbH und Stiftungsverein	37
		II. Unselbstständige Stiftungen/Treuhandstiftungen	38
		III. Stiftungen des öffentlichen Rechts	39
		IV. Kirchliche Stiftungen	39
		V. Kommunale Stiftungen	39
		VI. Ausländische Stiftungen und Trusts	40
		1. Ausländische Stiftungen	40
		2. Ausländische Trusts	40
§ 3		Die rechtsfähige Stiftung bürgerlichen Rechts	42
	A.	Errichtung, Organisation und Verwaltung	42
		I. Entstehung	43
		1. Das Stiftungsgeschäft	43
		a) Stiftungserrichtung zu Lebzeiten	43
		b) Stiftungserrichtung von Todes wegen	44
		c) Inhalt	46
		d) Widerruf des Stiftungsgeschäfts	47
		2. Die Stiftungssatzung	47
		3. Das Stiftungsvermögen	48
		4. Die stiftungsrechtliche Anerkennung	50
		II. Der Stiftungszweck	52
		1. Öffentliche Zwecke	53

	2.	Private Zwecke	54
	3.	Steuerbegünstigte Zwecke	54
III.		Stiftungsorganisation	55
	1.	Mindestanforderungen	55
	2.	Der Stiftungsvorstand	55

          2. Private Zwecke   54
          3. Steuerbegünstigte Zwecke   54
    III. Stiftungsorganisation   55
          1. Mindestanforderungen   55
          2. Der Stiftungsvorstand   55
              a) Anzahl, Bestellung und Ausscheiden der Vorstandsmitglieder   55
              b) Vertretungsmacht des Stiftungsvorstands und ihr Nachweis im Rechtsverkehr   57
              c) Beschlussfassung des Stiftungsvorstands   59
              d) Aufgaben des Stiftungsvorstands   59
              e) Auslagenersatz und Vergütung des Stiftungsvorstands   60
          3. Weitere Stiftungsorgane   60
    IV. Die Geschäftsführung der Stiftung   61
    V. Die Haftung der Stiftungsorgane   64
  B. Die Stiftungsaufsicht der Bundesländer   66
    I. Die Funktion der Stiftungsaufsichtsbehörden   66
    II. Die Aufgaben und Befugnisse der Stiftungsaufsicht der Bundesländer   67
  C. Die Auflösung und Umstrukturierung der Stiftung   70
    I. Die Auflösung der Stiftung   70
    II. Umstrukturierung von Stiftungen durch Zusammenschluss oder Spaltung   71
          1. Zusammenschluss mehrerer Stiftungen   71
          2. Spaltung einer Stiftung/Errichtung einer „Dachstiftung"   73

§ 4 Die Treuhandstiftung   74

  A. Wesensmerkmale der Treuhandstiftung   74
    I. Abgrenzungen   74
          1. Rechtsfähige Stiftung   75
          2. Stiftungsfonds   77
          3. Zweckvermögen   77
    II. Anwendungsbereiche   78
  B. Rechtliche Grundlagen   79
    I. Die Errichtung durch Stiftungsgeschäft unter Lebenden   79
          1. Auflagenschenkung   80
          2. Treuhandvertrag   81
    II. Die Errichtung durch Verfügung von Todes wegen   82
    III. Die Treuhandstiftung im Rechtsverkehr   83
          1. Rechtsgeschäftliches Handeln   83
          2. Namensrecht der Treuhandstiftung   84
          3. Haftung des Stiftungsvermögens   84
  C. Organisation   85
    I. Die Satzung der Treuhandstiftung   86
          1. Name und Sitz   86
          2. Stiftungszweck   87
          3. Stiftungsvermögen   87
          4. Stiftungsgremium   88
          5. Pflichten des Treuhänders   88
          6. Satzungsänderung und Auflösung   89

	II.	Der Treuhänder	90
		1. Die Auswahl des Treuhänders	90
		a) Vertrauenswürdigkeit	90
		b) Kompetenz	91
		c) Unabhängigkeit	91
		d) Kontrollmöglichkeiten	91
		2. Die Haftung des Treuhänders	92
	III.	Die Verwaltung durch den Treuhänder	92
		1. Administrative Aufgaben	92
		2. Vermögensverwaltung	93
		3. Zweckverwirklichung	94
		4. Rechtliche Begleitung	95
		5. Vergütung	96
	D. Die Beendigung des Treuhandverhältnisses		96
	I.	Auflösung	97
	II.	Umwandlung	97
	III.	Übertragung auf einen neuen Treuhänder	97
§ 5	Grundlagen des Stiftungsteuerrechts		99
	A. Einführung und Überblick		99
	B. Besteuerung und Steuerbefreiungen gemeinnütziger Stiftungen		100
	I.	Rechtsfähige Stiftungen und Treuhandstiftungen	100
	II.	Errichtung und Auflösung einer gemeinnützigen Stiftung	101
		1. Erbschaft- und Schenkungsteuer	101
		2. Einkommensteuer	102
		3. Umsatzsteuer	102
		4. Grunderwerbsteuer	103
	III.	Die Auflösung einer gemeinnützigen Stiftung	103
	IV.	Die Besteuerung/Steuerbefreiung der laufenden Tätigkeit einer gemeinnützigen Stiftung	104
		1. Körperschaftsteuer/Gewerbesteuer/Kapitalertragsteuer	104
		2. Umsatzsteuer	104
	V.	Gemeinnützigkeitsrechtliche Anforderungen/Anforderungen für die Steuerbefreiungen	105
		1. Mittelverwendung für gemeinnützige, mildtätige und kirchliche Zwecke	105
		a) Gemeinnützige Zwecke	105
		b) Mildtätige Zwecke	108
		c) Kirchliche Zwecke	108
		2. Grundsatz der Ausschließlichkeit	108
		3. Grundsatz der Unmittelbarkeit	109
		a) Einsatz von „Hilfspersonen"	109
		b) Fördernde Tätigkeiten	110
		c) Ausnahmen vom Grundsatz der Unmittelbarkeit	110
		4. Grundsatz der Selbstlosigkeit	111
		5. Grundsatz der zeitnahen Mittelverwendung	112
		a) Admassierungs- bzw. Thesaurierungsverbot	112
		b) Zweckgebundene Rücklage nach § 58 Nr. 6 AO	112

		c) Freie Rücklage nach § 58 Nr. 7 AO	113
		d) Ansparrücklage nach § 58 Nr. 12 AO	114
		e) Umschichtungsrücklage	114
		f) Rücklagen im wirtschaftlichen Geschäftsbetrieb und im Bereich der Vermögensverwaltung	115
		g) Weitergehendes Rücklagenverbot	115
	6.	Grundsatz der Vermögensbindung	116
	7.	Anforderungen an die tatsächliche Geschäftsführung	117
		a) Überprüfung der tatsächlichen Geschäftsführung durch das Finanzamt	117
		b) Steuerverfahrensrechtliche Praxis/Anerkennung der Gemeinnützigkeit	117
VI.	Die Besteuerung der wirtschaftlichen Tätigkeit gemeinnütziger Stiftungen		118
	1.	Die vier „Sphären" der Stiftungstätigkeit	118
	2.	Die steuerfreie Vermögensverwaltung	119
	3.	Der steuerpflichtige wirtschaftliche Geschäftsbetrieb	119
	4.	Der steuerfreie Zweckbetrieb	121

C. Die Begünstigung von Zuwendungen an gemeinnützige Stiftungen/ Spendenrecht — 121
    I. Grundlagen des Spendenrechts — 121
        1. Rechtsgrundlagen — 121
        2. Spende oder Betriebsausgabe — 122
        3. Unentgeltlichkeit und Freiwilligkeit der Spende — 123
        4. Sachspenden — 123
    II. Der Spendenabzug des Stifters bei Errichtung der Stiftung und bei laufenden Zuwendungen — 123
    III. Auswirkungen der Abgeltungsteuer auf den erweiterten Spendenabzug seit 01.01.2009 — 125
    IV. Die steuerliche Zuwendungsbestätigung — 126

D. Steuerliche Besonderheiten bei Familienstiftungen — 127
    I. Besteuerung bei Errichtung und Auflösung einer Familienstiftung — 127
        1. Besteuerung bei Errichtung einer Familienstiftung — 127
        2. Die Besteuerung bei Auflösung einer Familienstiftung — 129
    II. Die laufende Besteuerung einer Familienstiftung — 129
    III. Besteuerung der begünstigten Destinatäre — 130
    IV. Die Erbersatzsteuer bei Familienstiftungen — 130

§ 6 Die Rechnungslegung und Steuererklärung einer Stiftung — 132
  A. Aufgaben und gesetzliche Grundlagen der Rechnungslegung — 132
    I. Rechtsgrundlagen — 132
    II. Sinn und Zweck der Rechnungslegung — 134
  B. Arten der Rechnungslegung — 135
    I. Buchführungstechniken — 135
    II. Handelsrechtlicher Jahresabschluss — 136
    III. Einnahmen-/Überschussrechnung — 136

Inhaltsübersicht

	C.	Besonderheiten der Rechnungslegung von steuerbefreiten Stiftungen	136
		I. Vor- und Nachteile der unterschiedlichen Rechnungslegungsarten für Stiftungen	136
		II. Stiftungsspezifische Besonderheiten beim kaufmännischen Jahresabschluss	137
		III. Stiftungsspezifische Besonderheiten bei der Einnahmen-/Überschussrechnung	139
	D.	Prüfung der Rechnungslegung	139
		I. Prüfung der Rechnungslegung durch die Aufsichtsbehörden	139
		II. Prüfung der Rechnungslegung durch Wirtschaftsprüfer	140
	E.	Steuererklärung und Freistellungsbescheid der steuerbefreiten Stiftung	141
		I. Stiftungsneugründung	141
		II. Steuererklärungen	142
		III. Freistellungsbescheid	142

§ 7 Vermögensausstattung und -anlage von Stiftungen 143

A.	Die Vermögensausstattung	143
	I. Art des Stiftungsvermögens	143
	II. Höhe des Stiftungsvermögens	144
	III. Anlage des Stiftungsvermögens in der Praxis	145
B.	Der Grundsatz der Kapitalerhaltung	145
	I. Umfang der Kapitalerhaltung	145
	II. Reichweite der Kapitalerhaltung	146
	III. Vorgaben des Stifters	146
C.	Die Rahmenbedingungen für die Vermögensanlage	147
	I. Steuerliche Rahmenbedingungen für die Vermögensanlage	147
	II. Stiftungsrechtliche Rahmenbedingungen für die Vermögensanlage	148
	III. Umfang der Kapitalerhaltung	149
D.	Strategien für die Vermögensanlage	150
	I. Grundsätze der Vermögensanlage	150
	II. Kapitalerhaltung durch Vermögensanlage	151
	III. Performance versus Kapitalerhalt und ordentlicher Ertrag	151
	IV. Risikomanagement	152
	V. Nachhaltige Kapitalanlagen	153
	VI. Alternative Investments	153
E.	Ausblick	155

§ 8 Die Stiftungsidee und ihre Umsetzung 156

A.	Der Stiftungszweck als Ausgangspunkt der Stiftungsidee	156
	I. Vom Stiftermotiv zum Stiftungszweck	156
	II. Kriterien für die Formulierung des Stiftungszwecks	157
B.	Die Tauglichkeit von Stiftungskonzepten	159
	I. Wahl der geeigneten Rechtsform	159
	1. Dauer der Errichtung	159

		2.	Flexibilität bei der Stiftungstätigkeit	160
		3.	Anforderungen an die Vermögensausstattung	161
		4.	Steuerliche Aspekte	161
	II.	Der Wirkungszusammenhang von Zweck, Vermögen und Organisation		162
C.	Partner bei der Ideenfindung			163

§ 9 **Die Praxis der Stiftungsarbeit gemeinnütziger Stiftungen** 164
- A. Auswahl und Durchführung geeigneter Projekte 164
  - I. Grundsätze für die Projektarbeit von Stiftungen 164
  - II. Bedarfsermittlung 165
  - III. „Förderstiftungen" und „Operative Stiftungen" 166
  - IV. Projektauswahl und Durchführung bei der operativen Stiftung 167
  - V. „Design" und Abwicklung der Tätigkeit von Förderstiftungen 169
    1. Die Formulierung von Fördergrundsätzen 169
    2. Abwicklung einer Förderung 172
       - a) Akquisition von Anträgen 172
       - b) Antragsprüfung und Entscheidung 173
       - c) Ausgestaltung der Förderung und Berichtspflichten 174
- B. Strategien der Öffentlichkeitsarbeit 176
  - I. Aufgabe der Öffentlichkeitsarbeit von Stiftungen 176
  - II. Entwicklung einer Kommunikationsstrategie 176
    1. Grundvoraussetzung jeder Kommunikationsstrategie: Das „mission statement" 176
    2. Zielgruppenorientierung 177
    3. Kommunikationsziele 177
    4. Kommunikationsinhalte 178
    5. Bausteine einer erfolgreichen Kommunikationsstrategie 178
  - III. Instrumente der Öffentlichkeitsarbeit 179
  - IV. Erst nach innen, dann nach außen kommunizieren 180
- C. Sponsoring bei gemeinnützigen Stiftungen 180
  - I. Bedeutung des Sponsoring für Stiftungen 180
  - II. Abgrenzung von Spenden und Sponsoring 180
  - III. Steuerrechtliche Besonderheiten des Sponsoring 182
    1. Steuerliche Behandlung beim Sponsor 182
    2. Steuerliche Behandlung bei der gesponserten Stiftung 182
  - IV. Zivilrechtliche Behandlung: Der Sponsoringvertrag 183
    1. Rechtsnatur 183
    2. Inhalt des Sponsoringvertrags 184
- D. Fundraising für gemeinnützige Stiftungen 184
  - I. Definition und Aufgabe des Fundraisings 184
  - II. Fundraising-Strategie 185
    1. Zieldefinition 185
    2. Zielgruppe 186
    3. Methoden und Instrumente 187
       - a) Das eigene Profil und das Fundraising-Ziel müssen klar definiert sein 187
       - b) Den richtigen Ansprechpartner finden 187

		c) Die richtige Art der Kontaktaufnahme finden	187
		d) Die Angemessenheit des Aufwands	189
	E.	Kooperationen von gemeinnützigen Stiftungen	189
		I. Motive und Gründe für Stiftungskooperationen	189
		II. Voraussetzungen erfolgreicher Kooperationsprojekte	190
		III. Der Ablauf eines Kooperationsprojektes	191
		1. Themen und Partner finden	191
		2. Projektdurchführung	192
	F.	Corporate Governance bei gemeinnützigen Stiftungen	192
		I. Die Corporate Governance Diskussion im Stiftungsbereich	192
		II. Auswirkungen auf die Stiftungspraxis	194
§ 10	Stiftung als Instrument der Vermögensnachfolgeplanung		196
	A. Sicherung und Erhaltung des Lebenswerks		196
	B. Die Stiftung im Erbfall		197
		I. Die rechtsfähige Stiftung im Erbfall	197
		II. Die Treuhandstiftung im Erbfall	198
		III. Stiftungserrichtung und Pflichtteilsrecht	199
		IV. Besteuerungsfragen beim Stiftungserwerb von Todes wegen	201
§ 11	Besonderheiten bei Stiftungen im Unternehmensbereich		203
	A. Einsatzmöglichkeiten der Stiftung bei der Unternehmensnachfolge		203
		I. Motive für die Einbeziehung von Stiftungen in die Unternehmensnachfolge	203
		II. Arten der Unternehmensstiftungen	203
		III. Unternehmenskontinuität als Leitbild	204
		IV. Sicherung der Unternehmensliquidität und Versorgung der Unternehmerfamilie	206
		V. Nachteile der Unternehmensnachfolge mit Stiftungen	206
	B. Besonderheiten der Stiftung & Co. KG		207
	C. Die „Doppelstiftung" im Unternehmensbereich		208
§ 12	Ausländische Familienstiftungen und Trusts		210
	A. Steuerliche Besonderheiten bei ausländischen Familienstiftungen und Trusts		210
		I. Begriff der Familienstiftung	210
		II. Trust	210
		III. Erbschaft- und Schenkungsteuer	211
		IV. Laufende Besteuerung von Stiftung, Stifter und Destinatären in Deutschland	212
		1. Die Besteuerung des Stifters nach dem Außensteuergesetz (AStG)	212
		2. Die Besteuerung des Stifters als Treuhänder	213
		3. Die Besteuerung der ausländischen Familienstiftung bei inländischer Geschäftsleitung.	214
		4. Die Besteuerung der Destinatäre	214
	B. Die österreichische Privatstiftung		214
		I. Errichtung, Zweck und Organisation der Privatstiftung	214

	II.	Besteuerung der Errichtung und der laufenden Tätigkeit der Privatstiftung in Österreich	215
		1. Besteuerung bei Errichtung	215
		2. Laufende Besteuerung der Privatstiftung	216
		3. Laufende Besteuerung der Destinatäre	217
	C. Die liechtensteinische Familienstiftung		218
	I.	Errichtung, Zweck und Organisation der liechtensteinischen Familienstiftung	218
		1. Die Begünstigung im Rahmen der Beistatuten	220
		2. Die Besteuerung der liechtensteinischen Familienstiftung	221
	D. Der angloamerikanische Trust		221
§ 13	Entwicklungen und Perspektiven des deutschen und europäischen Stiftungs- und Gemeinnützigkeitsrechts		223
	A. Entwicklungen des deutschen Stiftungs- und Gemeinnützigkeitsrechts		223
	B. Europäische Entwicklungen des Stiftungs- und Gemeinnützigkeitsrechts		223
	I.	Rechtsprechung des EuGH zur grenzüberschreitenden Gemeinnützigkeit	224
	II.	Deutsche Rechtslage für ausländische Körperschaften	224
		1. Kapitalverkehrsfreiheit und Gemeinnützigkeit	225
		2. Gemeinnütziger Zweck und „struktureller Inlandsbezug"	225
		3. Steuerliche Aufsicht- und Kontrollmöglichkeiten	226
	III.	Weitere Perspektiven des europäischen Stiftungs- und Gemeinnützigkeitsrechts	226
	IV.	EU-Beihilfecharakter von Steuervergünstigungen für gemeinnützige Einrichtungen	227
		1. Auswirkungen auf unternehmensverbundene Stiftungen	227
		2. Auswirkungen auf gemeinnützige Zweckbetriebe	228
§ 14	Weiteres Wissenswertes		230
	A. Gesetzliche Grundlagen		230
	I.	Bürgerliches Gesetzbuch (BGB)	230
	II.	Abgabenordnung (AO)	232
	III.	Einkommensteuergesetz (EStG)	239
	IV.	Körperschaftsteuergesetz (KStG)	241
	V.	Erbschaft- und Schenkungssteuergesetz (ErbStG)	242
	VI.	Außensteuergesetz (AStG)	246
	B. Ausgewählte Links für Stiftungen und Stifter		247
	I.	Bertelsmann Stiftung	247
	II.	Bundesarbeitsgemeinschaft der Freiwilligenagenturen	247
	III.	Bundesnetzwerk Bürgerschaftliches Engagement – BBE	247
	IV.	Bundesverband Deutscher Stiftungen e.V.	248
	V.	Deutscher Fundraising Verband e.V.	248
	VI.	European Foundation Centre (EFC)	248
	VII.	Initiative Bürgerstiftungen	248
	VIII.	Index Deutscher Stiftungen	248
	IX.	Maecenata Institut für Philanthropie und Zivilgesellschaft an der Humboldt-Universität zu Berlin	249

	X.	Stifterverband für die Deutsche Wissenschaft	249
	XI.	Stiftungskompendium	249
C.	Ausgewählte Stiftungsverwaltungen und Stiftungstreuhänder		249
	I.	Bayern LB Stiftungsmanagement	250
	II.	Delbrück Bethmann Maffei AG	250
	III.	Deutsche Stiftung Denkmalschutz	250
	IV.	Don Bosco Stiftungszentrum	250
	V.	DS Deutsche Stiftungsagentur GmbH	250
	VI.	DSZ Deutsches Stiftungszentrum	251
	VII.	DT Deutsche Stiftungstreuhand AG	251
	VIII.	Haspa Hamburg Stiftung	251
	IX.	Kinderfonds Stiftungszentrum	251
	X.	Kindernothilfe-Stiftung	251
	XI.	Landeshauptstadt München, Sozialreferat – Stiftungsverwaltung	252
	XII.	Ludwig-Maximilian-Universität München (LMU)	252
	XIII.	Maecenata Management GmbH	252
	XIV.	Malteser Stiftungszentrum	252
	XV.	Oppenheim Vermögenstreuhand	252
	XVI.	Stifterverband für die Deutsche Wissenschaft	253
	XVII.	Stiftung Deutsche Welthungerhilfe	253
	XVIII.	Stiftung Menschen in Not – Caritas Stiftung im Bistum Trier	253
	XIX.	Stiftungszentrum der Barmherzigen Brüder	253
	XX.	Unicef-Stiftung	253

Stichwortverzeichnis 254

Abkürzungsverzeichnis

a.A.	anderer Ansicht
a.a.O.	am angegebenen Ort
Abs.	Absatz
AEAO	Abwendungserlass zur Abgabenordnung
AnfG	Anfechtungsgesetz
AO	Abgabenordnung
BFH	Bundesfinanzhof
BGB	Bürgerliches Gesetzbuch
BGBl.	Bundesgesetzblatt
BGH	Bundesgerichtshof
BGHZ	Entscheidungen des BGH in Zivilsachen
BMF	Bundesministerium der Finanzen
BStBl.	Bundessteuerblatt
BT-Drs.	Bundestagsdrucksachen
BVerfG	Bundesverfassungsgericht
BVerwG	Bundesverwaltungsgericht
bzw.	beziehungsweise
ca.	cirka
d.h.	das heißt
DB	Der Betrieb
ders.	derselbe
Diss.	Dissertation
DJ	Deutsche Justiz
DJT	Deutscher Juristentag
DNotV	Zeitschrift des Deutschen Notarvereins
DNotZ	Deutsche Notar-Zeitschrift
DR	Deutsches Recht
DStR	Deutsches Steuerrecht
dt.	deutsch
DVO	Durchführungsverordnung
ebd.	ebenda
EGBGB	Einführungsgesetz zum Bürgerlichen Gesetzbuch
Einf.	Einführung
Einl.	Einleitung
Ent.	Entscheidung
ErbStG	Erbschaftsteuergesetz
EStDV	Einkommensteuer-Durchführungsverordnung
EStG	Einkommensteuergesetz
f.; ff.	folgend, folgende
FG	Finanzgericht

Abkürzungsverzeichnis

FinMin.	Finanzministerium
Fn.	Fußnote
FS	Festschrift
GBl.	Gesetzblatt
gem.	gemäß
GG	Grundgesetz
ggfs.	gegebenenfalls
GmbH	Gesellschaft mit beschränkter Haftung
Grds.	grundsätzlich
GVBl.	Gesetz- und Verordnungsblatt
h.L.	herrschende Lehre
h.M.	herrschende Meinung
Halbs.	Halbsatz
HGB	Handelsgesetzbuch
Hg.	Herausgeber
i.d.F.	in der Fassung
i.d.R.	in der Regel
i.S.d.	im Sinne des
insb.	insbesondere
InsO	Insolvenzordnung
i.V.m.	in Verbindung mit
JR	Juristische Rundschau
KG	Kommanditgesellschaft
KStG	Körperschaftsteuergesetz
LG	Landgericht
LT-Drs.	Landtagsdrucksachen
m.E.	meines Erachtens
m.w.N.	mit weiteren Nachweisen
MüKo	Münchener Kommentar
NJW	Neue Juristische Wochenschrift
Nr.	Nummer
öff.	öffentlich
OFD	Oberfinanzdirektion
OHG	offene Handelsgesellschaft
OLG	Oberlandesgericht
OVG	Oberverwaltungsgericht
Prot.	Protokolle
PSG	Privatstiftungsgesetz
Rn.	Randnummer

Rspr.	Rechtsprechung
S.	Satz, Seite
s.	siehe
sog.	so genannte
Sp.	Spalte
StbJb	Steuerberaterjahrbuch
StiftG	Stiftungsgesetz
str.	streitig
u.	und
u.a.	unter anderem
u.U.	unter Umständen
UmwG	Umwandlungsgesetz
Urt.	Urteil
UStG	Umsatzsteuergesetz
usw.	und so weiter
v.	von, vom, vor
VereinsG	Vereinsgesetz
Vfg.	Verfügung
VG	Verwaltungsgericht
VO	Verordnung
WP	Wirtschaftsprüfer
z.B.	zum Beispiel
z.T.	zum Teil
ZEV	Zeitschrift für Erbrecht und Vermögensnachfolge
Ziff.	Ziffer
zit.	zitiert
ZPO	Zivilprozessordnung
ZRP	Zeitschrift für Rechtspolitik
zugl.	zugleich
zzt.	zurzeit

Literaturhinweise

Andrick, Berndt/Suerbaum, Joachim, Stiftung und Aufsicht, München 2001;

Berndt, Hans, Stiftung und Unternehmen, 7. Aufl., Herne 2003;

Bertelsmann Stiftung (Hg.), Handbuch Stiftungen, 2. Aufl., Wiesbaden 2003;

Brömmling, Ulrich, Die Kunst des Stiftens, Berlin 2005;

Bruhn, Manfred/Mehlinger, Rudolf, Rechtliche Gestaltung des Sponsoring Bd. 1: Vertragsrecht, Steuerrecht, Medienrecht, München 1992;

Buchna, Johannes, Gemeinnützigkeit im Steuerrecht, 8. Aufl., Achim 2003;

Bundesverband Deutscher Stiftungen (Hg.), Verzeichnis Deutscher Stiftungen, 2. Aufl., Darmstadt 2005;

Christoph, Dieter/Weisner, Dieter/Ohlmann, Horst, Stifterland Deutschland? Ökonomische Auswirkungen und Gestaltungsmöglichkeiten für Kommunen, Nürnberg 2004;

Eilinghoff, Dirk/Meyn, Christian Dirk/Timmer, Karsten, Ratgeber Stiften Bd. 2: Strategieentwicklung – Förderprojekte – Öffentlichkeitsarbeit, Gütersloh 2004;

Flick, Hans/Piltz, Detlev J. (Hg.), Der internationale Erbfall, 2. Auflage, München 2008;

Förster, Lutz, Stiftung und Nachlass, Berlin 2004;

Haibach, Marita, Fundraising: Spenden, Sponsoring, Stiftungen in der Praxis, Frankfurt a.M., 3. Aufl. 2006;

Hennerkes, Brun-Hagen/Schiffer, K. Jan, Stiftungsrecht, Frankfurt am Main 2001;

Herzog, Rainer, Die unselbständige Stiftung Bürgerlichen Rechts, Baden-Baden 2006;

Hof, Hagen/Hartmann, Maren/ Richter, Andreas, Stiftungen: Errichtung, Gestaltung, Geschäftstätigkeit, München 2004;

Hopt, Klaus J./Reuter, Dieter (Hg.), Stiftungsrecht in Europa, Köln 2001;

Kaper, Altje, Bürgerstiftungen, Baden-Baden 2004;

Kapp, Reinhard/Ebeling, Jürgen, Erbschaftsteuerrecht, Köln 2005;

Kirchhof, Paul, Einkommensteuergesetz, 5. Aufl., Heidelberg 2005;

Koss, Claus, Das Rechnungswesen einer Stiftung, Berlin 2004;

Kronke, Herbert, Stiftungstypus und Unternehmensträgerstiftung, Tübingen 1988;

Liermann, Hans, Geschichte des Stiftungsrechts, Tübingen 1963;

Mecking, Christoph/Schulte, Martin, Grenzen der Instrumentalisierung von Stiftungen, Tübingen 2003;

Meyn, Christian/Richter, Andreas, Die Stiftung, Berlin 2004;

Moench, Dietmar/Albrecht, Gerd, Erbschaftsteuergesetz, München 2005;

Münchener Kommentar zum Bürgerlichen Gesetzbuch, Band 1, 5. Aufl. 2005;

Muscheler, Karlheinz, Stiftungsrecht, Baden-Baden 2005;

Pahlke, Armin/König, Ulrich (Hg.), Abgabenordnung Kommentar, München 2004;

Pues, Lothar/Scheerbarth, Walter, Gemeinnützige Stiftungen im Zivil- und Steuerrecht, 2. Aufl., München 2004;

Sandberg, Berit, Grundsätze ordnungsgemäßer Jahresrechnung für Stiftungen, Baden-Baden 2001;

Schauhoff, Stephan, Handbuch der Gemeinnützigkeit, 3. Aufl. München 2010;

Schedler Kuno/Proeller Isabella, New Public Management, Bern/Stuttgart/Wien 2003;

Schiffer, K. Jan, Die Stiftung in der anwaltlichen Praxis, Bonn 2003;

Schindler, Ambros/Steinsdörfer, Erich, Treuhänderische Stiftungen, 7. Aufl., Essen 2002;

Schlüter, Andreas/Stolte, Stefan, Stiftungsrecht, München 2007;

Schlecht &Partner/Taylor Wessing, Unternehmensnachfolge, Berlin 2004;

Schmidt, Marika, Steuerliche Aspekte der Rechtsformwahl bei privaten gemeinnützigen Organisationen Baden-Baden 2001;

Schwintek, Sebastian, Vorstandskontrolle in rechtsfähigen Stiftungen bürgerlichen Rechts, Baden-Baden 2001;

Seifart, Werner/Campenhausen, Axel von (Hg.), Handbuch des Stiftungsrechts, 3. Auflage, 2009;

Staudinger, Kommentar zum Bürgerlichen Gesetzbuch, Erstes Buch, Berlin 2011;

Strachwitz, Rupert Graf/Mercker, Florian (Hg.), Stiftungen in Theorie, Recht und Praxis – Handbuch für ein modernes Stiftungswesen, Berlin 2005;

Tipke, Klaus/Kruse, Heinrich W., Abgabenordnung, Köln 2008;

Troll, Max/Wallenhorst, Rolf/Halaczinsky, Raymond, Die Besteuerung gemeinnütziger Vereine, Stiftungen und der juristischen Personen des öffentlichen Rechts, 5. Aufl. München 2004;

Wachter, Thomas, Stiftungen, Köln 2001;

Walkenhorst, Peter/Schlüter, Andreas (Hg.), Handbuch Bürgerstiftungen, Gütersloh 2004;

Walz, Rainer W./Hüttemann, Rainer / Rawert, Peter/Schmidt, Karsten (Hg.), Non Profit Law Yearbook 2005, Köln 2006;

Weber, Martin/Schäfer, Michael/Hausmann, Friedrich L., Praxishandbuch Public Private Partnership – Rechtliche Rahmenbedingungen, Wirtschaftlichkeit, Finanzierung, München 2005;

Weiand, Neil George, Der Sponsoringvertrag (Beck'sche Musterverträge Bd. 26), München 1995;

Westebbe, Achim, Die Stiftungstreuhand, Baden-Baden 1993.

Bearbeiterverzeichnis

Es wurden bearbeitet von

Dr. Cordula Haase-Theobald	§§ 1, 6, 7
Dr. Markus Heuel	§ 4
Dr. Stefan Stolte	§§ 8, 9
Klaus Wigand	§§ 2, 3, 5, 10 bis 14

§ 1 Die Stiftungslandschaft in Deutschland

Deutschland ist ein Stiftungsland. Schon seit Jahrtausenden bewahren und bewegen Stiftungen hier Gutes. Allerdings ist das Bewusstsein um die Bedeutung von Stiftungen erst in den letzten Jahrzehnten in unserer Gesellschaft erwacht.

A. Stiftungsboom in Deutschland

Jahr um Jahr vermeldet das deutsche Stiftungswesen neue Rekordzahlen: Die Anzahl der Neugründungen ist seit 2001 auf konstant hohem Niveau und 2007 auf den Höchstwert von 1.134 neuen Stiftungen gestiegen,[1] während noch in den achtziger Jahren im Jahresdurchschnitt lediglich 150 Stiftungen gegründet wurden.[2] Derzeit sind 18.162 selbstständige Stiftungen des bürgerlichen Rechts in Deutschland belegt, hinzu kommt noch eine unbekannte Anzahl selbstständiger wie unselbstständiger kirchlicher Stiftungen, die bei weitem größer sein dürfte.[3]

Ein bundesweites, einheitliches Stiftungsregister, das alle Stiftungen erfasst, gibt es nicht. Zwar sind mittlerweile mehrere Bundesländer dazu übergegangen, Daten „ihrer" Stiftungen in entsprechenden amtlichen Stiftungsverzeichnissen zu erfassen und vorzuhalten, dennoch existiert nach wie vor kein gesamtdeutsches valides Zahlenmaterial.

Der Bundesverband Deutscher Stiftungen in Berlin hat es sich daher zur Aufgabe gemacht, größere Transparenz in den Stiftungssektor zu bringen, indem er die deutschen Stiftungen erfasst und in einem Verzeichnis dokumentiert, aus dem die o.g. Zahlen stammen. Dieses ist notwendigerweise unvollständig und kann den Nebel nur teilweise lichten. Denn neben der genauen Anzahl der deutschen Stiftungen ist vor allem völlig unklar, welches Vermögen in diesen Stiftungen gebunden ist und wie groß der volkswirtschaftliche Input dieser Stiftungen auf unsere Gesellschaft ist. Die Höhe des Kapitals aller deutschen Stiftungen ist ausschlaggebend für den Anteil gesellschaftlich gebundenen Vermögens am Bruttoinlandsprodukt. Daraus lässt sich ableiten, welchen Stellenwert der Stiftungsgedanke in einem Land hat, so dass – würden diese Daten vorliegen - eine belastbare Aussage über den Stiftungsstandort Deutschland getroffen werden könnte. Das Ausmaß der Bedeutung des Stiftungswesens für Deutschland kann noch immer aber nur erahnt werden: Schätzungen gehen von einem Gesamtvermögen der Stiftungen in Höhe von 60 bis 100 Mrd. Euro und jährlichen Ausgaben in Höhe von 15 Mrd. Euro aus.[4]

---

1 Im Jahr 2000 waren 681 Neugründungen zu verzeichnen, 2001: 829, 2002: 774, 2003: 784, 2004: 852, 2005: 880, 2006: 899, 2007: 1.134, 2008: 1020, 2009: 914, 2010: 824 Neugründungen, Bundesverband Deutscher Stiftungen, Stiftungen in Zahlen, 2011.
2 Bundesverband Deutscher Stiftungen, 2006.
3 Vorsichtige Schätzungen des Bundesverbandes Deutscher Stiftungen sprechen von weiteren über 20.000 unselbstständigen Stiftungen sowie über 30.000 kirchlichen Stiftungen, Bundesverband Deutscher Stiftungen, StiftungsReport 2008/2009; tatsächlich dürften diese Zahlen noch höher sein.
4 Bundesverband Deutscher Stiftungen, 2007.

§ 1 Die Stiftungslandschaft in Deutschland

I. Regionale Verteilung der Stiftungen

2 Länderspezifisch bestehen große Unterschiede in der Stiftungshäufigkeit.[5] Das Bundesland mit den meisten Stiftungen ist Nordrhein-Westfalen mit 3.510 Stiftungen, dicht gefolgt von Bayern mit 3.334 Stiftungen. Im Mittelfeld liegen Baden-Württemberg mit 2.707, Niedersachsen mit 1.906 und Hessen mit 1.643 Stiftungen. Schlusslichter bilden Brandenburg mit 157 Stiftungen sowie Mecklenburg-Vorpommern und das Saarland mit jeweils 151 Stiftungen.

Bezogen auf die Stiftungsdichte, d.h. die Anzahl von Stiftungen auf 100.000 Einwohner, ergibt sich ein etwas anderes Bild: Hier führt mit großem Abstand Hamburg mit 68 Stiftungen pro 100.000 Einwohner vor Bremen mit 46 Stiftungen. Hessen und Bayern mit jeweils 27 Stiftungen, dicht gefolgt Baden-Württemberg mit 25 Stiftungen, Niedersachsen mit 24 Stiftungen und Schleswig-Holstein mit 23 Stiftungen bilden das sehr enge Mittelfeld. Schlusslicht ist Brandenburg mit ganzen 6 Stiftungen auf 100.000 Einwohner.

Im Ranking der Stiftungsdichte der deutschen Großstädte hat Würzburg mit 77,3 Stiftungen pro 100.000 Einwohner Frankfurt am Main mit 72,2 Stiftungen pro 100.000 Einwohner deutlich überholt. Die ehemalige „Stiftungshauptstadt" Hamburg findet sich nur noch auf Platz 3 wieder mit 67,6 Stiftungen. Die Bundeshauptstadt Berlin findet sich mit einer Stiftungsdichte von 21,1 im untersten Quartil auf Platz 47, Schlusslichter der TOP 50 bildeten anno 2010 Mannheim mit 19,9, Ludwigshafen mit 19,6 und Dresden mit 19,0 Stiftungen pro 100.000 Einwohner.

Als Gründe für diese starken Unterschiede zwischen den Bundesländern und einzelnen Städten werden zumeist historische und ökonomische Ansätze ausgemacht: So hat die finanzielle Situation der Bürger eines Bundeslandes konsequenterweise großen Einfluss auf ihre Möglichkeit, Stiftungen zu gründen. Aber auch das Selbstverständnis, etwas für die Gesellschaft in Form einer Stiftungsgründung zu tun, ist offensichtlich unterschiedlich stark ausgeprägt. Für die „neuen" Bundesländer besteht eine Sondersituation, da dort nur wenige Stiftungen die politischen Entwicklungen der letzten Jahrzehnte überdauern konnten. Diesbezüglich ist der direkte Vergleich mit den „alten" Bundesländern zu relativieren.

II. Die ältesten Stiftungen

3 Stiftungen in Deutschland haben eine lange und traditionsreiche Geschichte. Als älteste Stiftung gilt nach neuesten Untersuchungen der von der Klosterkammer Hannover verwaltete Hospitalfonds St. Benedicti in Lüneburg aus dem Jahr 1127.[6]

Alle Stiftungen, die in den Jahren 900 nach Christus bis zum Mittelalter errichtet wurden, verfolgen soziale oder kirchliche Zwecke und fokussieren sich überwiegend auf die Altenhilfe. Der 530 nach Christus erlassene Codex Justinianus verankerte erstmals die Zulässigkeit von Vermächtnissen zugunsten der Armen oder eines Heiligen, auch konnte der Erblasser erstmals durch Stiftungen von Todes wegen oder Schenkungen ein Heim für Kranke oder Alte gründen.[7] Hintergrund war die kirchliche Lehre, dass ein Christ einen Teil für kirchlich-soziale Zwecke hinterlassen sollte, wenn er über seine Güter von Todes wegen verfüge – mit solchen Zuwendungen könne er für das Heil seiner eigenen unsterblichen Seele sorgen (pro salute animae).[8]

---

5 Alle Daten dieses Gliederungspunktes: Bundesverband Deutscher Stiftungen, Stiftungen in Zahlen, 2011.
6 Seifart/von Campenhausen, Stiftungsrechts-Handbuch, 3. Auflage 2010, § 1 Rn. 1, sowie ausführlich in der Vorauflage § 5 Rn. 5 f.
7 Seifart/von Campenhausen, Stiftungsrechts-Handbuch, 3. Auflage 2010, § 5 Rn. 8.
8 Seifart/von Campenhausen, Stiftungsrechts-Handbuch, 3. Auflage 2010, § 5 Rn. 8.

Dementsprechend war das Stiftungswesen über Jahrhunderte hinweg stark an die Kirche angelehnt, Kirchen und ihre Organisationen waren Träger und Aufsichtsinstanz der Stiftungen.[9] Erst im 13. Jahrhundert kam ein von Laien und städtischen Behörden verwaltetes Stiftungswesen auf, das außerhalb der Kirche stand.[10] Der endgültige Übergang des Stiftungsrechtes aus dem kirchlichen in das weltliche Recht erfolgte dann während der Reformation.[11] Auch hinsichtlich der verfolgten Stiftungszwecke machte sich diese Änderung bemerkbar: während früher im Wesentlichen soziale und kirchliche Zwecke verfolgt wurden, kamen nun immer mehr Stiftungen mit weltlichen Zwecken auf.[12] Zu nennen sind hier insbesondere die Franke´schen Stiftungen zu Halle, gegründet 1695 für soziale und kulturelle Zwecke sowie Bildung, und die Senckenbergische Stiftung in Frankfurt, gegründet 1763 für medizinische Zwecke und Gesundheitsfürsorge. Das 19. Jahrhundert trennte dann erstmals die selbstständigen von den unselbstständigen (fiduziarischen) Stiftungen, bis schliesslich 1896 das privatrechtliche Stiftungsrecht im BGB kodifiziert wurde.[13]

III. Vermögensgrößen der Stiftungen

Da Stiftungen grundsätzlich für die Ewigkeit errichtet werden und unsterblich sind, kommt ihrer Kapitalausstattung eine sehr große Bedeutung zu. Die finanziell größten deutschen Stiftungen sind derzeit die Robert Bosch Stiftung GmbH mit einem Vermögen von 5,25 Mrd. Euro, die Dietmar-Hopp-Stiftung gGmbH mit einem Vermögen von 2,9 Mrd. Euro, sowie die VolkswagenStiftung mit einem Vermögen von 2,3 Mrd. Euro und die Baden-Württemberg Stiftung gGmbH mit einem Vermögen von 2,2 Mrd. Euro.[14] Auffallend ist hierbei, dass drei der vier genannten Stiftungen in der Rechtsform der gemeinnützigen GmbH gegründet wurden. Ferner ist zu berücksichtigen, dass die Vermögensangaben von Bosch und der Baden-Württemberg Stiftung sich auf den Buchwert beziehen, der Verkehrswert folglich nochmal größer sein dürfte. Bezogen auf die Höhe der jährlichen Gesamtausgaben lag 2010 die VolkswagenStiftung mit 116 Mio. Euro vor der Robert Bosch Stiftung mit 81 Mio. Euro und der Alexander von Humboldt Stiftung mit 74 Mio. Euro an jährlichen Gesamtausgaben.[15]

Diese beeindruckenden Zahlen dürfen jedoch nicht darüber hinwegtäuschen, dass lediglich 28 Prozent der Stiftungen in Deutschland über ein Vermögen von mehr als einer Million Euro verfügen. 43 Prozent aller selbstständigen Stiftungen weisen ein Kapital zwischen 100.000 Euro bis eine Million Euro und weitere 29 Prozent verfügen sogar nur weniger als 100.000 Euro. Das deutsche Stiftungswesen ist daher ein Konglomerat vieler kleiner Stiftungen. Zwar ist zu berücksichtigen, dass einige der kleineren Stiftungen nur angestiftet sind und der Stifter oder Dritte zu Lebzeiten oder von Todes wegen weitere Vermögenswerte zugesagt haben. Diese Stiftungen erhalten dann in ihrer Endausstattung eine adäquate Dotierung. Dennoch ist auffällig, dass seit der Stiftungssteuerrechtsänderung in den Jahren 2000-2006 eine vermehrte Nachfrage nach Stiftungserrichtungen gerade in der Größenordnung um 307.000 Euro bestand, dies entspricht exakt dem damals neu eingeführten Sonderausgabenabzug für neu gegründete Stiftungen. Entsprechend zog die Erhöhung des Sonderausgabenabzugs auf 1 Mio. Euro ab 2007 auch den Schwellenwert vieler neu gegründeter Stiftungen nach oben.[16]

---

9   Seifart/von Campenhausen, Stiftungsrechts-Handbuch, 3. Auflage 2010, § 5 Rn. 15 ff.
10 Seifart/von Campenhausen, Stiftungsrechts-Handbuch, 3. Auflage 2010, § 5 Rn. 19 ff.
11 Kirchliche Stiftungen unterliegen selbstverständlich nach wie vor der kirchlichen Stiftungsaufsicht.
12 Seifart/von Campenhausen, Stiftungsrechts-Handbuch, 3. Auflage 2010, § 5 Rn. 29 ff.
13 Seifart/von Campenhausen, Stiftungsrechts-Handbuch, 3. Auflage 2010, § 5 Rn. 34 ff.
14 Bundesverband Deutscher Stiftungen, Stiftungen in Zahlen, 2011.
15 Bundesverband Deutscher Stiftungen, Stiftungen in Zahlen, 2011.
16 In der Praxis können regelmäßig mehr als diese 1 Mio. Euro abgesetzt werden, Einzelheiten hierzu in § 5 Rn. 45 ff.

In diesem Zusammenhang ist darauf hinzuweisen, dass die jährlichen Erfolgsmeldungen über die Anzahl der neu gegründeten Stiftungen keine Aussagen über den Umfang der damit endgültig der Gemeinnützigkeit dotierten Vermögenswerte treffen. Es ist allseits bekannt, dass einige der neu gegründeten Stiftungen nur kleine Kapitalausstattungen aufweisen, in Einzelfällen sogar noch kleiner als der gemeinhin als Mindestausstattung bezeichnete Betrag von 50.000 Euro. Die dauerhafte Überlebensfähigkeit dieser Kleinststiftungen ist realistischerweise als sehr gering zu betrachten, es muss davon ausgegangen werden, dass diese in absehbarer Zeit aufgelöst oder mit anderen Stiftungen zusammengelegt werden müssen, gelingt es nicht, das Stiftungskapital nachhaltig zu erhöhen. Dies gilt insbesondere für Kleinststiftungen, die von einer Einzelperson angestiftet wurden und nun auf Zustiftungen Dritter hoffen – im hart umkämpften Fundraising-Markt ein zuweilen hoffnungsloses Unterfangen.

Zudem ist zu berücksichtigen, dass die Stiftungsdotation nicht nur so hoch ausgestaltet sein sollte, dass der Stiftungszweck nachhaltig verwirklicht werden kann, sondern von den Einnahmen auch notwendige Verwaltungskosten mit abgedeckt werden müssen. Dies gilt umso mehr, wenn der Stifter einen erheblichen Teil der Verwaltungstätigkeiten in Eigenregie abdeckt, für die früher oder später, spätestens mit dem Ableben des Stifters, entsprechende Aufwendungen Dritter anfallen werden. Hier erscheint es als zu gewagt, ausschließlich auf das persönliche ehrenamtliche Engagement künftiger Generationen zu setzen.[17] Darüber hinaus ist zu berücksichtigen, dass das Stiftungskapital nach Möglichkeit real erhalten werden sollte, dies bedingt einen gewissen Inflationsausgleich, der gleichfalls aus den Einnahmen oder aus der Art der Vermögensanlage erwirtschaftet werden muss. Bei der derzeitigen Marktlage ist nachweisbar, dass unter der Annahme eines gewissen Verwaltungskostenanteiles und Kapitalerhaltungsrücklagen viele Stiftungen auf lange Sicht nur unzureichend ausgestattet sind – und aktuell sogar 1 Mio. Euro als Stiftungskapital für eine selbstständige Stiftung als zu niedrig angesehen werden müssen.[18]

IV. Visibilität des Stiftungswesens

Stiftungen nehmen zunehmend Raum im Bewusstsein der Öffentlichkeit ein. Es vergeht kaum eine Woche, ohne dass über einzelne Stiftungen, Stifter oder das Stiftungswesen im Allgemeinen berichtet wird. Auch die Politik erkennt immer mehr die Bedeutung von Stiftungen für die Gesellschaft, viele Politiker engagieren sich persönlich in Stiftungen und wirken nunmehr auch mit ihrer Politik auf eine stärkere Unterstützung des Stiftungswesens. Oftmals geht es dabei aber nicht nur um das Wohl der Stiftung als solches, sondern auch um die Bereitstellung alternativer Finanzierungswege für Aufgaben der öffentlichen Hand. Da der Staat zunehmend an seine Grenzen stößt und sich aus einzelnen Aufgabenbereichen zurückziehen muss, werden Stiftungen als eine Lösung angesehen, die die entstehende Finanzierungslücke füllen kann. Dieser Gedanke ist konsequent und auch insofern richtig, als diese Aufgabenbereiche nach dem Stifterwillen abgedeckt werden sollen. Stiftungen sollten allerdings nicht als Lückenbüßer des Staates missbraucht werden, die Debatte hierüber hat gerade erst begonnen.

---

17 Holger Benke, 1 Million ist zu wenig, Kleinstiftungen und Stiftungsboom – ein Zwischenruf, in: Stiftung & Sponsoring 4/2006, 30.
18 Holger Benke, 1 Million ist zu wenig, Kleinstiftungen und Stiftungsboom – ein Zwischenruf, in: Stiftung & Sponsoring 4/2006, 30 f.

Viele Portraits einzelner Stifter tun ein Weiteres, um das Stiftungswesen immer wieder in das Bewusstsein zu rufen. Während noch vor Jahrzehnten die meisten Stifter das Licht der Öffentlichkeit scheuten („Tue Gutes und rede nicht darüber") hat sich zwischenzeitlich eine größere Bereitschaft entwickelt, über die eigene Stiftung und die eigenen Beweggründe zu berichten; einige Stifter suchen und nutzen sogar medienwirksam die Öffentlichkeit. Dies liegt nicht nur in einem neuen Selbstverständnis der Stifter begründet, sondern auch an einem größeren Interesse der Gesellschaft an Stiftungen und Stiftern. Letzteres hängt sicherlich auch mit Berichten über US-amerikanische Stifter und Stiftungen zusammen, die schon seit langem in aller Selbstverständlichkeit in der Öffentlichkeit agieren.

Eines der bekanntesten Beispiele ist die philanthropische Kampagne „The Giving Pledge" mehrerer US-amerikanischer Milliardäre.[19] Bill Gates und Warren Buffett riefen 2010 die reichsten Amerikaner dazu auf, es ihnen nachzutun und die Hälfte ihres Vermögens der Philanthropie zu widmen. Über 57 US-Milliardäre sind diesem Aufruf seither gefolgt, das Gesamtvolumen ihrer Zusagen beläuft sich auf über 100 Mrd. US-Dollar. Deutschland schloß sich der Kampagne nicht an, statt dessen wurde sie stark kritisiert. Denn da die Förderbudgets der Milliarden-Stiftungen teilweise größer sind als Budgets mancher staatlichen Einrichtungen und nur den Willen eines Stifters verfolgen, wird vermutet, dass diese Großstiftungen ohne demokratisch Legitimation zu großen Einfluss auf die Gesellschaft ausüben könnten. Andererseits besteht seitens der deutschen Milliardäre schon lange eine Tradition, Vermögen zu spenden oder zu stiften. So hat mehr als die Hälfte der 300 reichsten Deutschen bereits eine Stiftung gegründet. Dennoch ist zu hoffen, dass auch in Deutschland immer mehr Stifter ihre „Stiftungsgeschichte" erzählen und sich untereinander zum Stiften anregen, denn jedes Stifter-Beispiel kann einen potentiellen Stifter anregen, es ihm nachzumachen – oder den ein oder anderen Fehler zu vermeiden helfen.

V. Kritik am Stiftungsboom

All dies führt dazu, dass weithin von einem „Boom" des Stiftungswesens gesprochen wird. Diesem ist grundsätzlich zuzustimmen, denn die Anzahl der neu gegründeten Stiftungen wächst seit einigen Jahren nachhaltig.[20]

Teilweise wird kritisiert, dass der Löwenanteil der neu gegründeten Stiftungen nicht durch natürliche Personen erfolgte, sondern durch juristische Personen oder öffentliche Körperschaften.[21] Insofern könne der Stiftungsboom nicht als Ausdruck gesteigerten bürgerlichen Verantwortungsgefühls oder als Folge der Erbschaftswelle gedeutet werden, vielmehr handele es sich um Fundraising-Zwänge öffentlicher und privater Institutionen, die ihren Förderern die Steuervorteile der Stiftung ermöglichen möchten.[22]

---

19 Siehe hierzu auch Haase-Theobald, Zeit der Entscheidungen, in: Stiftungen 2011 - Wieviel Risiko ist erlaubt?, Albrecht F. Schirmacher (Hrsg.), 2011, 51 ff.
20 Siehe hierzu ausführlich § 5 Rn. 48 f.
21 Karsten Timmer, Stiften in Deutschland, Die Ergebnisse der StifterStudie, Gütersloh 2005, S. 18 f.
22 Karsten Timmer, Stiften in Deutschland, Die Ergebnisse der StifterStudie, Gütersloh 2005, S. 18 f.

Es ist sicher richtig, dass die gemeinnützigen Organisationen, die die besonderen Steuervorteile von Stiftungen für sich nicht in Anspruch nehmen können, zunehmend Stiftungen errichtet haben, um nicht gegen die „reinen" Stiftungen im hart umkämpften Fundraisingmarkt an Boden zu verlieren. Aber eine Stiftung ist eine Stiftung, unabhängig davon, wer der Stifter ist. Zudem relativiert sich bei der Betrachtung aller Stiftungen das Bild: 67% aller Stiftungen wurden von natürlichen Personen ins Leben gerufen,[23] die Dominanz der juristischen Personen auf Stifterseite bei den Neugründungen ist somit nahezu ausschließlich durch die Steuergesetzgebung verursacht. Allerdings ist darauf hinzuweisen, dass eine andere Steueränderung durchaus negative Auswirkungen auf den Stiftungsboom hat: die Abgeltungsteuer. Denn seit der Einführung der Abgeltungsteuer läuft der erhöhte Sonderausgabenabzug bei Zuwendungen in den Vermögensstock einer Stiftung für solche Stifter, die überwiegend Kapitaleinkünfte beziehen, leer. Dieser kann seine Zuwendung nur noch mit anderen Einkunftsarten – soweit vorhanden – verrechnen. Seit Einführung der Abgeltungsteuer ist die Anzahl an Neugründungen rückläufig, inwieweit dieser Rückgang vorrangig auf der engeren Abzugsregelung beruht, wurde allerdings noch nicht analysiert.

Aber auch die Gleichstellung der Behandlung von Zustiftungen mit Neugründungen wird langfristig Auswirkungen haben. So stehen steuerliche Gründe nicht mehr entgegen, bei kleineren Kapitaldotationen eher die Zustiftung als die selbstständige Stiftung zu wählen. Sollte dies zu einer Konsolidierung der Neuerrichtungszahlen führen, wäre dies wünschenswert, da hierdurch Stiftungen vermieden werden, die infolge eines zu geringen Stiftungskapitals auf Dauer nicht überlebensfähig wären.

Mittelfristig kann somit trotz der Kritik am derzeitigen Stiftungsboom davon ausgegangen werden, dass trotz des leichten Rückganges an Neugründungen der grundsätzliche Trend eines weiteren Wachstums im Stiftungssektor anhalten wird. Nicht zuletzt wegen der demografischen Veränderungen in Deutschland – die Anzahl von Abkömmlingen wird wegen der zurückgehenden Geburtenrate weiter rückläufig sein – und der Übertragung von voraussichtlich 2,5 Billionen Euro an Vermögenswerten innerhalb der nächsten 10 Jahre auf die nachfolgende Generation, werden Stiftungen weiter in den Fokus sowohl der vererbenden als auch der erbenden Generation rücken.

Bei allen künftigen Analysen des Stiftungssektors sollten künftig sowohl die Rechtsnatur des Stifters als insbesondere auch die Höhe der Stiftungsdotation mitberücksichtigt werden, um aussagekräftigere Ergebnisse zu erzielen.

B. Motive und Beweggründe für die Errichtung einer Stiftung

8 Warum ein Stifter bereit ist, Teile seines Vermögens endgültig weg zu geben und der Allgemeinheit zukommen zu lassen, ist so unterschiedlich wie die einzelnen Stiftergeschichten selbst. Übergreifend lassen sich die folgenden Motivationslagen zusammenfassen:

I. Gründe für die Errichtung einer Stiftung

- Der Stifter möchte gesellschaftliche Anliegen, mit denen er sich identifiziert, fördern. Dabei kann es sich um Erlebnisse, Schicksale oder Interessen handeln.
- Der Stifter möchte seinen Willen für die Ewigkeit verankert sehen. Er will sicherstellen, dass seine Unterstützung unabhängig von Einzelschicksalen ist.

---

23 Bundesverband Deutscher Stiftungen, Stiftungen in Zahlen, 2011.

Motive und Beweggründe für die Errichtung einer Stiftung

- Der Stifter hat ein großes Verantwortungsbewusstsein gegenüber der Gesellschaft. Er ist der Auffassung, dass es ihm selbst gut ergangen ist und er der Gesellschaft etwas zurückgeben möchte.
- Der Stifter möchte persönliche Zufriedenheit erzielen und eine sinnvolle und erfüllende Beschäftigung haben, insbesondere auch nach der Verabschiedung aus dem aktiven Berufsleben.
- Der Stifter möchte von den besonderen steuerlichen Vergünstigungen für Stiftungen profitieren.
- Der Stifter hat keine nahen Angehörigen oder möchte diese – aus welchen Gründen auch immer – nicht bedenken. Hier fungiert die Stiftung sozusagen als „Erben-Ersatz"[24], da sie das Vermögen des Stifters im Rahmen der Nachfolgeregelung erhält.
- Der Stifter möchte mit seinem Lebenswerk in Erinnerung bleiben (ideelles Vermächtnis, Denkmal).
- Der Stifter möchte die positive Publizität eines Stifters und die damit verbundene öffentliche Anerkennung genießen.
- Bei privatnützigen Stiftungen sind insbesondere die Versorgung von Familienmitgliedern und der Zusammenhalt des Vermögens gewollt.

Soweit Stiftungen durch juristische Personen oder den Unternehmer selbst ins Leben gerufen werden, können noch folgende Motivationslagen hinzukommen:

- Die Stiftung soll an eine bedeutende Persönlichkeit oder Familie aus dem Unternehmen oder Verband erinnern.
- Der Unternehmer, das Unternehmen oder der Verband feiert ein Jubiläum.
- Besonderer Unternehmens- oder Verbandserfolg.
- Bei Fusion, Verkauf oder Börsengang soll über die Stiftung eine gewisse Tradition bewahrt bleiben.
- Bestehendes gesellschaftliches Engagement in unterschiedlichen Teilbereichen des Unternehmens oder Verbandes soll gebündelt und einer einheitlichen Strategie als corporate citizenship unterworfen werden.
- Aufwendungen für gesellschaftliches Engagement sollen aus der Gewinn- und Verlustrechnung ausgegliedert werden, damit letztlich Unabhängigkeit von der wirtschaftlichen Entwicklung des Unternehmens erzielt wird.
- Die Stiftung dient als Impulsgeber für regionale Initiativen und gesellschaftliches Handeln an Unternehmensstandorten und bestärkt so die lokale Verbundenheit des Unternehmens.
- Es wird ein positiver Abstrahlungseffekt von der Stiftung auf das Unternehmen erhofft.
- Bei unternehmensverbundenen Stiftungen kann zusätzlich noch die Fortführung des Unternehmens im Gründer- oder Familiensinne hinzukommen.

---

24 Nicht zu verwechseln mit dem erbrechtlichen Begriff des „Ersatzerben". Ein Ersatzerbe wird für den Fall bestimmt, dass ein zunächst vom Erblasser eingesetzter Erbe aus irgendwelchen Gründen nicht Erbe wird, z.B. weil dieser vorverstorben ist.

II. Ergebnisse der Stifter-Studie der Bertelsmann-Stiftung

10 Neben den vielen spannenden Einzelgeschichten zu Stiftern bestehen wenige empirische Untersuchungen über den Stifter im Allgemeinen. Hervorzuheben ist hier insbesondere die StifterStudie der Bertelsmann Stiftung, die 2004 über 1.360 Stifter nach ihren Beweggründen für die Errichtung einer Stiftung befragt hat und zu dem Ergebnis kam, dass es einen typischen Stifter nicht gibt.[25] Dennoch konnte eine Reihe von Gemeinsamkeiten herauskristallisiert werden:

Wesentlichster Aspekt einer Stiftungsgründung ist für die meisten Stifter das „Sinn-Stiften", aber auch die damit verbundene gesellschaftliche Anerkennung gewinnt zunehmend an Relevanz. Die meisten Stifter gründen ihre Stiftung bereits zu Lebzeiten, wohingegen noch vor einigen Jahren die meisten Stiftungserrichtungen erst von Todes wegen erfolgten. Hintergrund ist, dass sich heutige Stifter viel stärker persönlich in ihre Stiftung einbringen und eigene Akzente setzen wollen. Dies drückt sich auch dadurch aus, dass die meisten Stifter ihrer Stiftung nicht nur Vermögen zukommen lassen, sondern auch ihr Know-how, ihre Erfahrungen, ihre Zeit und ihre Netzwerke. Entscheidendes Kriterium ist dabei immer die Verbundenheit mit dem Stiftungszweck: es gibt so gut wie keinen Stifter, für den nicht das besondere Interesse an einem Thema, an der Bekämpfung eines Problems oder an der aktiven Mitgestaltung einer besseren Zukunft entscheidender Auslöser für die Stiftungsgründung ist. Dadurch bedingt konnte die Studie auch eine sehr hohe Zufriedenheit der Stifter mit ihrer Stiftung feststellen.

Die meisten befragten Stifter waren Unternehmer (44 %), gefolgt von Angestellten (24 %), Beamten (17 %) und Freiberuflern (13 %). 61 % der Stifter wiesen ein Privatvermögen von bis zu 2 Mio. Euro aus, 17 % zwischen 2 und 4 Mio. Euro, 22 % sogar über 4 Mio Euro. Nahezu ein Fünftel der Befragten hatte ein Privatvermögen kleiner 250.000 Euro, was zeigt, dass keineswegs nur sehr vermögende Personen stiften. 61 % aller Stifter sind bei Stiftungsgründung älter als 60 Jahre, 71 % der Stifter sind verheiratet und 58 % aller Stifter haben Kinder.

Zentrales Argument für die Entscheidung pro Stiftung sind Nachhaltigkeit und Ewigkeit der Stiftung. So sagen 71 % aller Stifter, dass sie sich für eine Stiftung entschieden haben, weil sie sicherstellen wollen, dass das Geld für sehr lange Zeit dem von ihnen gewählten Zweck zugute kommt. 43 % sagen aus, dass sie mit einer Stiftung der Nachwelt etwas Bleibendes hinterlassen wollen. Für 41 % aller Stifter war entscheidend, dass die Rechtsform der Stiftung steuerlich besonders attraktiv ist. Dabei blieb offen, ob diese Stifter ihre Gelder ansonsten anderen steuerbefreiten Institutionen zur Verfügung gestellt hätten oder ob ihr gemeinnütziges Engagement vollständig unterblieben wäre.

III. Im Fokus stehende Stiftungszwecke

11 Wenn entscheidender Anlass für die Errichtung einer Stiftung das Sinn-Stiften über den Stiftungszweck ist, stellt sich die Frage, für welche Stiftungszwecke sich Stifter am meisten interessieren.

Nach den Erhebungen des Bundesverbandes Deutscher Stiftungen[26] sind es ganz überwiegend soziale Zwecke, für die sich über 31% aller Stifter entscheiden. Erst mit großem Abstand folgen Bildung und Erziehung sowie Kunst und Kultur mit über 15 %. Wissenschaft und Forschung bevorzugen knapp 13 % aller Stifter. Wiederum mit großem Abstand folgen dann privatnützige Zwecke mit etwas über 4 % und Umweltschutz mit nicht ganz 4 %. Die restlichen knapp 18 % verteilen sich auf die Vielzahl anderer Stiftungszwecke.

---

25 Alle Angaben dieses Gliederungspunktes: Karsten Timmer, Stiften in Deutschland, Die Ergebnisse der StifterStudie, Gütersloh 2005.
26 Alle Daten dieses Gliederungspunktes: Bundesverband Deutscher Stiftungen, Stiftungen in Zahlen, 2010.

C. Alternativen zur Stiftung

Wesentlich für die Beratungspraxis ist es, mögliche Alternativen zur Stiftung auszuloten, ehe sich der Stifter endgültig für eine Stiftung entscheidet. Dies ist insbesondere daher von Relevanz, weil eine einmal errichtete Stiftung grundsätzlich nicht rückabgewickelt werden kann. Neben den unterschiedlichen Stiftungsarten und -rechtsformen, die keine Stiftung sind, aber unter dem Titel „Stiftung" auftreten (beispielsweise StiftungsGmbH oder StiftungsVerein) sind hier vor allem die Spende und die Zustiftung zu nennen. Beide kommen insbesondere dann in Betracht, wenn der potentielle Stifter nur einen „kleineren" Vermögenswert dotieren möchte oder er keine konkreten inhaltlichen Vorstellungen zur Verwirklichung des Stiftungszweckes hat. In diesem Fällen ist es oftmals sinnvoller, sich der Expertise und dem Erfahrungsschatz anderer Stiftungen oder anderer gemeinnütziger Institutionen zu bedienen.

I. Spenden

Spenden sind freiwillige und unentgeltliche Zuwendungen an gemeinnützige Organisationen für deren unmittelbare Zweckverwirklichung. Dies bedeutet, dass die Empfängerorganisation die Zuwendung sofort für ein bestimmtes Projekt ausgeben kann und dies auch tun muss. Spenden eignen sich daher insbesondere, wenn ein konkretes Projekt gefördert werden soll oder akuter Handlungsbedarf besteht.

Genaue Angaben über das Spendenaufkommen in Deutschland bestehen nicht, die Schätzungen reichen von 3 bis 5 Mrd. Euro pro Jahr.

II. Zustiftungen

Bei Zustiftungen handelt es sich gleichfalls um freiwillige und unentgeltliche Zuwendungen an gemeinnützige Organisationen, allerdings kann nur Stiftungen zugestiftet werden. Insofern ist bereits der Kreis der potentiellen Empfänger naturgemäss kleiner als bei Spenden.

Anders als Spenden lassen Zustiftungen das Vermögen der Stiftung anwachsen und erhöhen damit die ausschüttungsfähigen Erträge. Die Zustiftung selbst muss wie das Stiftungskapital dauerhaft erhalten bleiben und hilft damit, den Stiftungszweck über die gesamte Lebensdauer der Stiftung zu verwirklichen. Zustiftungen eignen sich insbesondere dann, wenn dem Zustifter eine nachhaltige Wirkung seiner Zuwendung wichtig ist und er sich im Rahmen des Stiftungszweckes der Empfängerstiftung bewegen möchte.

Die Bedeutung der Zustiftung wird auch von Beraterseite noch viel zu selten angesprochen und insgesamt unterschätzt. Oftmals wäre dem potentiellen Stifter, insbesondere dem Kleinstifter, mit einer Zustiftung besser gedient als mit einer selbstständigen Stiftung. Der Stiftungszweck könnte gemeinsam besser umgesetzt werden und der größere Aufwand und somit auch die größeren Kosten der selbstständigen Stiftung unterblieben. Eine wesentliche Verbesserung war daher die Erweiterung des Sonderausgabenabzuges von 1 Mio. Euro auch auf Zustiftungen. Aus rein steuerlichen Erwägungen muss nun niemand mehr die Gründung einer eigenen Stiftung vornehmen, vielmehr kann er sich auch mit anderen erfolgreich operierenden Stiftungen zusammenschließen.

D. Ausblick

15 Das vergangene Jahrzehnt brachte eine Dynamik in das deutsche Stiftungswesen , die ihresgleichen sucht. Der Gesetzgeber hat mit den Reformen des Stiftungssteuerrechts 2000 und 2007 sowie des Stiftungszivilrechtes 2002 das Seine hierzu getan. Aber auch die Stiftungen selbst agieren immer selbstverständlicher nicht nur nebeneinander, sondern auch miteinander, was zu einer großen Vernetzung unter den Stiftungen führt. Zunehmend erkennt die Öffentlichkeit die Bedeutung von Stiftern und Stiftungen für die Gesellschaft.

Es kann davon ausgegangen werden, dass der Wettbewerb zwischen Stiftungen um die besten und nachhaltigsten Projekte wie auch um das Einwerben von Spenden und Zustiftungen immer stärker wird. Es ist zu wünschen, dass in dem Maße, wie das Stiftungswesen an Bedeutung gewinnt, auch das Selbstverständnis und die Selbstverpflichtung gegenüber dem Gemeinwohl wächst. Stiftungen in Deutschland haben zwar eine jahrtausendlange Tradition, die Ära der Stiftungen hat aber gerade erst begonnen.

§ 2 Allgemeines über Stiftungen

A. Das Wesen einer Stiftung und ihre gesetzlichen Grundlagen

I. Was ist eine Stiftung?

Eine Stiftung ist eine juristische Person, die im Gegensatz zu anderen juristischen Personen keine Gesellschafter oder Mitglieder hat. Sie ist auf Dauer angelegt und stellt eine Zusammenfassung von Vermögen dar, das einem bestimmten Stiftungszweck gewidmet wird. Dieses Vermögen muss in seiner Substanz grundsätzlich erhalten werden.

Stiften bedeutet daher, dass ein Stifter durch Rechtsgeschäft förmlich den Willen bekundet, zur Verwirklichung eines bestimmten Zwecks eine Stiftung zu errichten, und diese mit den hierzu benötigten Mitteln und einer zweckentsprechenden Organisation ausstattet. Ziel der Stiftung ist es, einen bestimmten vom Stifter festgelegten Zweck auf Dauer, in der Regel über den Tod des Stifters hinaus, zu verwirklichen.

Zentralbegriffe des Stiftungsrechts sind der Stiftungszweck, das Stiftungsvermögen und die Stiftungsorganisation. Der Stiftungszweck, konkretisiert durch den Stifterwillen, ist Grundlage jeder Stiftung und muss im Stiftungsgeschäft unmissverständlich zum Ausdruck kommen. Der Wille des Stifters bildet die Leitlinie für die Stiftungstätigkeit und ist nach der behördlichen Anerkennung der Stiftung (§ 80 BGB) sowohl der Disposition des Stifters als auch dem Zugriff der Stiftungsorgane entzogen. Eine Zweckänderung ist nur unter strengen Voraussetzungen (§ 87 BGB) möglich, z.B. bei Unmöglichkeit der Erfüllung des Stiftungszwecks oder Gefährdung des Gemeinwohls.

In der Auswahl von Art und Umfang des Stiftungsvermögens, mit dem der Stiftungszweck erfüllt wird, ist der Stifter weitgehend frei, solange die Wahl geeignet ist, auf Dauer durch Erträge den Stiftungszweck zu erfüllen. In steuerlicher Hinsicht ist er jedoch an die Verfolgung steuerbegünstigter Zwecke gebunden, will er die damit verbundenen Steuervergünstigungen in Anspruch nehmen.

Im Stiftungsrecht gilt das Verbot der Selbstzweckstiftung, d.h. der Vermögenserhalt und die Verwaltung eigenen Vermögens darf nicht der einzige Zweck der Stiftung sein, sondern nur Mittel zur Verwirklichung weiterer Zwecke.[1]

II. Gesetzliche Grundlagen

Kern des Stiftungsrechts sind die einschlägigen Vorschriften im Bürgerlichen Gesetzbuch (§§ 80-88 BGB), die jeweiligen Landesgesetze und für Steuerfragen insbesondere die Abgabenordnung (§§ 14, 51 ff. AO), aber auch die Bestimmungen des Körperschaftsteuergesetzes, des Einkommensteuergesetzes, des Erbschaft- und Schenkungsteuergesetzes u.a.

Das Stiftungsrecht ist nicht umfassend bundeseinheitlich geregelt. Die §§ 80 ff. BGB (mit Verweisen auf das Vereinsrecht) regeln nur die rechtsfähige Stiftung des Privatrechts. Diese nimmt die Funktion eines Leitbilds für das Stiftungsrecht ein. Öffentlich-rechtliche Fragen des Stiftungsrechts, z.B. das

---

[1] Hof, Handbuch des Stiftungsrechts, § 7 Rn. 58.

Anerkennungsverfahren, die Stiftungsaufsicht und die Ausgestaltung der Stiftungsverfassung, aber auch weiterführende privatrechtliche Bestimmungen, regeln die jeweiligen Landesgesetze. Hierdurch kommt es zu einer Zersplitterung des Stiftungsrechts, da die landesrechtlichen Bestimmungen sowie die Praxis der jeweiligen Stiftungsaufsichtsbehörden voneinander abweichen.

B. Überblick über die Erscheinungsformen von Stiftungen

Stiftungen existieren in privatrechtlicher und öffentlich-rechtlicher Form. Privatrechtliche Stiftungen sind Stiftungen des bürgerlichen Rechts. Sie können als sog. Familienstiftungen oder Unternehmens- oder Beteiligungsträgerstiftungen den Privatinteressen Einzelner – etwa einer Familie, eines Unternehmens oder eines Unternehmens – dienen. Privatrechtliche Stiftungen können aber auch dem Gemeinwohl dienen, indem sie als gemeinnützige Stiftungen steuerbegünstigte Zwecke verfolgen.

Zu den öffentlich-rechtlichen Stiftungen gehören u.a. staatliche, kommunale und kirchliche Stiftungen, die von staatlichen Hoheitsträgern oder der Kirche nach eigenen Rechtsvorschriften errichtet und verwaltet werden.

Sowohl privatrechtliche als auch öffentlich-rechtliche Stiftungen sind selbstständige Stiftungen im Sinne des Stiftungsrechts mit eigener Rechtspersönlichkeit.

Darüber hinaus wird der Begriff der „Stiftung" aber auch auf andere Rechtsinstitute angewandt, die keine Stiftungen im eigentlichen Sinne sind. So werden auch unselbstständige (Treuhand-) Stiftungen ohne eigentliche Rechtspersönlichkeit ebenso als Stiftungen bezeichnet wie steuerbegünstigte Zwecke verfolgende Gesellschaften, meist gemeinnützige GmbHs („Stiftungs-GmbH") oder Vereine. Auf diese Formen von „Stiftungen" findet nicht das Stiftungsprivatrecht, sondern das allgemeine Zivil- oder Gesellschafts- oder Vereinsrecht Anwendung.[2] Die vielseitige Verwendung des Begriffs „Stiftungen" führt daher häufig zu Verwirrung und Verwechselung.

Zwischen einer Stiftung im eigentlichen Sinn und einer Handelsgesellschaft oder einem Verein als Körperschaft bestehen wesentliche Unterschiede. Die Körperschaft ist im Gegensatz zur Stiftung mitgliederabhängig und wird vom Willen der jeweiligen Mitglieder getragen und von ihren Interessen bestimmt. Stiftung und Stiftungszweck verselbstständigen sich dagegen mit ihrer Konstituierung vom Stifter, unabhängig davon, ob er eine natürliche oder juristische Person ist.[3] Die Stiftung kennt keine Mitglieder. Die Stiftung hat keine Eigentümer. Sie gehört sich selbst. Auch von der Stiftung begünstigte Personen (Destinatäre, Nutznießer des Stiftungsvermögens) haben nicht die Rechtsstellung von Mitgliedern und grundsätzlich keinen Einfluss auf die Stiftungstätigkeit.

Das Fehlen dieses mitgliedschaftlichen Elements hat die Stiftung mit der Rechtsform der Anstalt gemeinsam. Zweckbindung, Organisation, Fortbestand und Verwaltung der Anstalt sind jedoch der Beherrschung und Einflussnahme durch den Anstaltsträger ausgesetzt, während sich eine Stiftung dieser Einflussnahme des Stifters von außen nach ihrer Errichtung regelmäßig entzieht, wenn dieser nicht Organfunktion innerhalb der Stiftung ausübt.

Während die gesamte Tätigkeit einer Stiftung von Ihrem Zweck bestimmt wird, der grundsätzlich unabänderlich in der Stiftungssatzung fixiert ist, ist der Zweck jeder anderen Körperschaft grundsätzlich jederzeit abänderbar. Eine Stiftung ist damit „Sklavin ihres Zwecks", während z.B. eine Gesellschaft oder ein Verein „Herr des Zwecks" bleibt.

---

2 Vgl. Pues/Scheerbarth, Gemeinnützige Stiftung im Zivil- und Steuerrecht, S. 64.
3 Vgl. Schauhoff, Handbuch der Gemeinnützigkeit, § 3 Rn. 2.

B. Überblick über die Erscheinungsformen von Stiftungen

I. Stiftungen des bürgerlichen Rechts

Leitbild aller Stiftungen ist die in den §§ 80 ff. BGB geregelte rechtsfähige Stiftung des bürgerlichen Rechts. Stiftungen des bürgerlichen Rechts können sowohl Privatinteressen als auch dem Gemeinwohl dienen. Die dem Gemeinwohl dienenden rechtsfähigen Stiftungen bürgerlichen Rechts werden in manchen Stiftungsgesetzen der Länder als öffentliche Stiftungen bürgerlichen Rechts bezeichnet, was jedoch nur auf den der Öffentlichkeit/Allgemeinheit dienenden Zweck und nicht auf ihre Rechtsnatur als öffentlich-rechtliche Stiftung hindeutet.

Das Kriterium zur Unterscheidung von privaten und den sog. öffentlichen Stiftungen bürgerlichen Rechts ist die Privatnützigkeit. Private Stiftungen sind solche, deren Zweck einem begrenzten Personenkreis (Familie, Vereinen, Betriebsangehörigen) oder einem Unternehmen zugute kommen soll.[4]

Öffentliche Stiftungen begünstigen dagegen die Allgemeinheit. Anerkannte Zwecke öffentlicher Stiftungen sind insbesondere Religion, Wohltätigkeit, Wissenschaft, Forschung, Bildung, Erziehung, Unterricht, Kunst, Denkmalpflege, Heimatpflege und Sport.[5] Öffentliche Stiftungen in diesem Sinne erfüllen daher – nicht zwingenderweise, aber in der Regel – steuerbegünstigte Zwecke und sind damit meist steuerbefreit, d.h. gemeinnützig. Die Steuerbefreiung einer öffentlichen Stiftung des bürgerlichen Rechts richtet sich jedoch ausschließlich nach den Vorgaben der Abgabenordnung (AO).

1. Unternehmensstiftungen

Eine Unternehmensstiftung ist eine Stiftung des bürgerlichen Rechts im unternehmerischen Bereich. Der Begriff deutet auf die Anlage des Stiftungsvermögens in einem Unternehmen und die Herkunft von Mitteln aus einem Unternehmen sowie die Einflussnahme auf ein Unternehmen hin. Nach ihrer Zweckbestimmung ist die Unternehmensstiftung oft zugleich entweder eine Familienstiftung oder eine gemeinnützige Stiftung.

Unternehmensstiftungen treten u.a. als sog. Unternehmens-, Beteiligungsträger- und Komplementärstiftungen auf.[6] Zu unterscheiden sind unmittelbare und mittelbare Unternehmens-(träger)-stiftungen, die entweder unmittelbar selbst (z.B. als Einzelkaufmann) Inhaber eines Unternehmens bzw. persönlich haftende Gesellschafter einer OHG oder KG sind (z.B. Stiftung & Co. KG) oder die als Gesellschafter mittelbar beherrschenden Einfluss auf den eigentlichen Träger des Unternehmens – z.B. eine GmbH & Co. KG, GmbH oder AG – ausüben und dann auch Beteiligungsträgerstiftungen genannt werden.

Die Vorteile einer Unternehmensstiftung liegen vor allem neben der Haftungsbeschränkung und der Trennung von Herrschaftsmacht und Gesellschafterstellung in der Sicherung der Unternehmenskontinuität und der Mitbestimmungsfreiheit. Unternehmensstiftungen können daher ein wertvolles Instrument zur Bewältigung der Unternehmensnachfolge sein, indem sie die Bündelung von Gesellschafterinteressen und damit die Erhaltung des Unternehmens und seines Kapitals sowie die Kontinuität der Unternehmensführung gewährleisten (vgl. hierzu auch § 11).

---

4 Seifart/von Campenhausen, Handbuch des Stiftungsrechts, §1 Rn. 10.
5 Schauhoff, a.a.O., Grundlegung Rn. 26.
6 Richter, ZErb 2006, 75 ff.

2. Familienstiftungen

6 Wichtigste Gruppe der privaten, d.h. der „privatnützigen" Stiftungen sind die Familienstiftungen. Sie sind Stiftungen, die im besonderen Maße den Interessen oder dem Wohl einer oder mehrerer bestimmter Familien ganz oder teilweise dienen. Das Charakteristikum der Familienstiftung, das sie von anderen Stiftungen unterscheidet, liegt in ihrem ideellen, nämlich familiären Zweck.

Familienstiftungen sollen ausschließlich oder überwiegend dem Nutzen einer Familie und ihrer Abkömmlinge dienen. Ihr Vorteil besteht darin, dass das Familienvermögen durch Einbringung in die Stiftung vor zukünftiger Zersplitterung durch Erbteilungen bewahrt bleibt.[7] Familienstiftungen ermöglichen auf Dauer das Zusammenhalten von Familienvermögen und die Begünstigung bestimmter Familienangehöriger und deren Abkömmlingen.

Diese Zwecke lassen sich außerhalb einer Stiftung allenfalls durch testamentarische Verfügung mit dem Mittel einer grundsätzlich auf 30 Jahre oder auf die Lebenszeit eines Beteiligten begrenzten Dauertestamentsvollstreckung erreichen oder durch den Einsatz gesellschaftsrechtlicher Gestaltungsmittel – etwa einer Familiengesellschaft oder eines „Familienpools". Dabei bleibt jedoch die Regelungsdichte dieser Gestaltungen und deren Dauerhaftigkeit unter dem Eindruck der unterschiedlichen Interessen aller daran Beteiligten weit hinter dem einer Stiftung zurück.

Familienstiftungen werden wegen des Fehlens einer Gemeinwohlorientierung steuerlich nicht wie gemeinnützige Stiftungen behandelt und genießen daher keine Steuerbefreiungen. Gleichwohl können sich gegenüber der natürlichen Erbfolge beim Stifter durchaus erbschaftsteuerliche Vorteile ergeben, obwohl bei deutschen Familienstiftungen alle 30 Jahre die Verpflichtung zur Besteuerung des gesamten Stiftungsvermögens durch die Erbersatzsteuer besteht. Dabei wird die Erbersatzsteuer so berechnet, als würde das gesamte Stiftungsvermögen auf zwei Kinder des Stifters (Steuerklasse I) vererbt werden, was gegenüber dem Übergang des Vermögens im Erbgang oder im Wege der Schenkung auf weit entfernte oder nicht verwandte Erben des Stifters durchaus Vorteile haben kann.[8] Ein weiterer Vorteil besteht in der Möglichkeit der Familienstiftung, die Erbersatzsteuer auf die Dauer von 30 Jahren zu verrenten.

In allen Bundesländern können mittlerweile Familienstiftungen errichtet und anerkannt werden. Insoweit in einigen Bundesländern bislang noch bestehende Restriktionen wurden aufgehoben. Die meisten Landesstiftungsgesetze haben die Familienstiftung in den letzten Jahren mangels öffentlichen Interesses an der Erfüllung ihrer Zwecke sogar ganz oder zu einem Großteil aus der staatlichen Stiftungsaufsicht entlassen.

3. Bürgerstiftungen

7 Bürgerstiftungen sind Stiftungen „von Bürgern für Bürger". Sie sind rechtsfähige Stiftungen des bürgerlichen Rechts. Ihr Ziel ist es, einer größeren Zahl von Bürgern und Unternehmen in einem regionalen oder lokalen Raum – meist in einer Gemeinde – die Verwirklichung verschiedener gemeinnütziger Zwecke unter einem gemeinsamen Dach zu ermöglichen.[9] Hierbei stehen das gemeinsame bürgerschaftliche Engagement in der Gemeinde oder Region und der hierfür erforderliche langfristige Vermögensaufbau im Vordergrund. Bürgerstiftungen sind von einer Gruppe von Initiatoren

---

[7] Andrick/Suerbaum, Stiftung und Aufsicht, § 3 Rn. 27.
[8] Pues/ Scheerbarth, a.a.O., S. 148.
[9] Bertelsmann Stiftung, Bürgerstiftungen Engagement von Bürgern für Bürger, 2006, S. 4.

gegründete, steuerbefreite Gemeinschaftsstiftungen, die für den Vermögensaufbau auf Zustiftungen und für die Zweckerfüllung auf Spenden weiterer engagierter Bürger angewiesen sind. Bürgerstiftungen sind die am schnellsten wachsende Stiftungsform.[10]

4. Gemeinnützige Stiftungen

Unter dem im allgemeinen Sprachgebrauch gebräuchlichen Oberbegriff „gemeinnützige Stiftungen" werden alle Stiftungen zusammengefasst, die steuerbegünstigte Zwecke im Sinne der Abgabenordnung (§§ 51 ff. AO) erfüllen, also dem Gemeinwohl verpflichtet und daher in weitem Umfang steuerbefreit sind. Zu den steuerbegünstigten Zwecken der Abgabenordnung gehören gemeinnützige Zwecke ebenso wie mildtätige oder kirchliche Zwecke. Werden mehrere Zwecke durch die Stiftung verfolgt, so muss jeder Zweck steuerbegünstigt sein.

Eine Stiftung verfolgt gemeinnützige Zwecke im Sinne des Steuerrechts (AO), wenn ihre Tätigkeit darauf gerichtet ist, „die Allgemeinheit auf materiellem, geistigem oder sittlichen Gebiet selbstlos zu fördern". Als gemeinnützige Zwecke anerkannt sind insbesondere die Förderung von Wissenschaft und Forschung, Bildung und Erziehung, Kunst und Kultur etc. (vgl. § 52 AO).

Mildtätig sind dagegen Zwecke, die darauf gerichtet sind, Personen selbstlos zu unterstützen, die in Folge ihres körperlichen, geistigen oder seelischen Zustands auf andere angewiesen sind oder sich wirtschaftlich nicht selbst unterhalten können.

Kirchliche Zwecke werden dagegen von einer Stiftung verfolgt, wenn ihre Tätigkeit darauf gerichtet ist, eine Religionsgemeinschaft, die Körperschaft des öffentlichen Rechts ist, selbstlos zu fördern.

Da gemeinnützige Stiftungen in diesem Sinne für die Verbesserung der Lebenslagen von Menschen sowie für Entwicklungen in der Gesellschaft von großer Bedeutung sind, indem sie private Mittel und Möglichkeiten zur Lösung öffentlicher Aufgaben einbringen, führt die Anerkennung der Steuerbegünstigung der Stiftungen durch die Finanzbehörden grundsätzlich zur Befreiung von der Körperschaftsteuer. Darüber hinaus sind Zuwendungen des Stifters und Dritter von der Erbschaft- und Schenkungsteuer befreit und es bestehen weitere Steuervergünstigungen bei der Gewerbe-, Umsatz- und der Grundsteuer.

Gemeinnützige Stiftungen können rechtsfähige Stiftungen bürgerlichen Rechts, aber auch unselbstständige Stiftungen, sog. Treuhandstiftungen sein. Bürgerstiftungen, Stiftungs-GmbHs und Stiftungsvereine, kirchliche sowie kommunale Stiftungen sind in der Regel gemeinnützig. Aber auch Unternehmensstiftungen können gemeinnützige Stiftungen in diesem Sinne sein.[11]

5. Stiftungs-GmbH und Stiftungsverein

In der Praxis treten häufig auch gemeinnützige GmbH´s und gemeinnützige Vereine in rechtlich zulässiger Form nach außen als Stiftungen auf. Damit soll in der Regel nur auf die Gemeinwohlorientierung der GmbH hingewiesen werden. Die GmbH oder der Verein mit dem Zusatz „Stiftung" wird oft gewählt, um der (häufig überschätzten) staatlichen (Rechts-) Aufsicht und Kontrolle zu entgehen, der rechtsfähige Stiftungen bürgerlichen Rechts unterliegen. Häufig werden gemeinnützige Gesellschaften oder Vereine aber auch als Stiftungen bezeichnet oder führen die Bezeichnung „Stiftung" sogar in ihrer Handelsfirma, um von dem positiven Image dieser Bezeichnung zu profitieren.[12] Dies

---

10 Maecenata Institut, Bürgerengagement und Zivilgesellschaft in Deutschland, S. 8.
11 Pues/ Scheerbarth, a.a.O., S. 109.
12 Seifart/von Campenhausen, a.a.O., § 2 Rn. 19.

ist möglich, da der Begriff „Stiftung" kein geschützter Rechtsbegriff des Handelsrechts ist und auch anderen Rechtsvorschriften diese Firmierung von Handelsgesellschaften oder Vereinen nicht widerspricht.

Unabhängig von den steuerbegünstigten Zwecken und der steuerlichen Anerkennung als gemeinnützige Körperschaft unterliegen eine Stiftungs-GmbH und ein Stiftungsverein uneingeschränkt dem Handels-, GmbH- bzw. dem Vereinsrecht. Sie „gehört" den außenstehenden Gesellschafter-Eigentümern bzw. den Mitgliedern und nicht, wie eine rechtsfähige Stiftung, sich selbst. Ein etwaiger Vorteil kann in der Möglichkeit bestehen, eine Stiftungs-GmbH oder einen Stiftungsverein – unter Inkaufnahme unter Umständen erheblicher steuerlicher Nachteile – ohne große rechtliche Schwierigkeiten wieder aufzulösen. Vor dieser Entscheidung der Gesellschafterversammlung ist der „Stifterwille" bei dieser Rechtsform nicht abgesichert.

II. Unselbstständige Stiftungen/Treuhandstiftungen

10 Von der in den §§ 80 ff. BGB geregelten rechtsfähigen Stiftung ist die unselbstständige, treuhänderische – gelegentlich auch fiduziarisch genannte – Stiftung zu unterscheiden, die in der Praxis eine erhebliche Bedeutung und große Verbreitung hat. Hier überträgt der Stifter einer natürlichen oder juristischen Person als Treuhänder Vermögenswerte zur Verfolgung des von ihm vorgegebenen – gemeinnützigen – Stiftungszwecks.[13] Die Errichtung der Treuhandstiftung erfolgt entweder durch Abschluss eines Treuhand- und Geschäftsbesorgungsvertrags zwischen dem Stifter und dem Treuhänder oder durch Schenkung unter Auflage des Stifters an den Treuhänder.[14]

Auf die Treuhandstiftung finden weder die Stiftungsvorschriften des BGB noch die der Landesstiftungsgesetze Anwendung. Maßgeblich ist das Schuld-, Sachen- und Erbrecht des BGB.[15] Bei der Treuhandstiftung geht das Vermögen des Stifters in das Eigentum der Treuhänders über und bleibt dort als Sondervermögen erhalten, das vom übrigen Vermögen der Treuhänders getrennt zu verwalten ist.[16] Wie die rechtsfähige Stiftung ist die Treuhandstiftung durch eine nicht verbandsmäßige Struktur charakterisiert, durch die – allerdings nur auf vertraglicher Grundlage beruhende – Dauerhaftigkeit des von ihr verfolgten Zwecks sowie durch eine entsprechende Vermögenswidmung. Werden die Erträge des Stiftungsvermögens entsprechend den Schenkungs- oder Treuhandauflagen des Stifters vom Treuhänder für steuerbegünstigte Zwecke verwendet, genießt die gemeinnützige Treuhandstiftung dieselben Steuerbefreiungen wie eine gemeinnützige rechtsfähige Stiftung. Steuerlich werden gemeinnützige rechtsfähige Stiftungen des bürgerlichen Rechts und Treuhandstiftungen gleich behandelt.

Die Vorteile einer unselbstständigen Stiftung bestehen vor allem darin, dass für ihre Errichtung kein staatliches Anerkennungsverfahren zu durchlaufen ist, was die Errichtung innerhalb weniger Tage möglich macht; ferner unterliegt die laufende Stiftungstätigkeit nicht der staatlichen Stiftungsaufsicht, die von vielen Stiftern als zu bürokratisch und als Eingriff in ihre private Gestaltungsautonomie begriffen wird.[17] Auch unterliegt die Treuhandstiftung nicht staatlichen Vorbehalten und Genehmigungserfordernissen bei Änderungen der Stiftungssatzung und bei der Auflösung oder Umwandlung der Treuhandstiftung. Änderungen des Stiftungszwecks und der Stiftungssatzung sind daher – zumindest zu Lebzeiten des Stifters – in der Regel jederzeit möglich. Dies, die (bei fachkundiger Gestaltung) in der Regel unkomplizierte Anerkennung der Gemeinnützigkeit durch die Steuerbehörden, die erheblichen Kostenvorteile bei der Errichtung und der laufenden Verwaltung

---

13 Hennerkes/Schiffer, Stiftungsrecht, S. 71.
14 Hof, Handbuch des Stiftungsrechts, § 36, Rn. 30 ff.
15 Schauhoff, a.a.O., § 3 Rn. 184.
16 Reuter, in: Münchner Kommentar zum BGB, Vor § 80 Rn. 84.
17 Bundesverband Deutscher Stiftungen, StiftungsWelt 03/2006, 22.

der Treuhandstiftung sowie die durch die Übernahme der kompletten Stiftungsverwaltung in der Regel erreichte Entlastung des Stifters von jeglichen Verwaltungsaufgaben[18], machen die Treuhandstiftungen, insbesondere bei zu Beginn kleineren Stiftungsvermögen (z.B. unter 250.000), die erst später aufgestockt werden sollen und für Stifter, die sich eine spätere Änderung oder Erweiterung des Stiftungszwecks vorbehalten möchten, zu einer echten Alternative für Stifter (vgl. hierzu auch § 4). Die Größe des Stiftungsvermögens allein ist dagegen in der Regel kein Ausschlusskriterium für die Wahl einer Treuhandstiftung, eher dagegen die Frage der Vermögensstruktur und des Stiftungszwecks und der damit möglicherweise für den Treuhänder verbundenen Risiken (z.B. bei – eventuell fremdfinanziertem - Immobilien- oder Beteiligungsvermögen oder bei operativ tätigen Stiftungen mit eigenem Personal).

III. Stiftungen des öffentlichen Rechts

Die öffentlich-rechtliche Stiftung ist von der sog. öffentlichen Stiftung zu unterscheiden. Bei sog. öffentlichen Stiftungen (bürgerlich-rechtlichen Stiftungen mit öffentlichem, d.h. nicht privatnützigem Zweck) ist der gemeinwohlorientierte Zweck der Stiftung maßgeblich, während es für die öffentlich-rechtlichen Stiftungen auf deren Entstehung – meist durch verwaltungsrechtlichen Hoheitsakt oder Gesetz – ankommt. Bei öffentlich-rechtlichen Stiftungen handelt es sich um sog. mittelbare Staatsverwaltung, d.h. die Erfüllung öffentlicher Aufgaben durch eine Stiftung.[19] Als Träger der öffentlichen Verwaltung sind sie den für die öffentliche Verwaltung allgemein geltenden Vorschriften unterworfen. In einigen Bundesländern werden in den Landesstiftungsgesetzen sowohl die bürgerlich-rechtliche Stiftung mit öffentlichem Zweck als auch die öffentlich-rechtliche Stiftung als „öffentliche" Stiftungen bezeichnet, was gelegentlich zu Verwechselungen führt.

IV. Kirchliche Stiftungen

Kirchliche Stiftungen verfolgen ausschließlich oder überwiegend kirchliche Aufgaben und weisen eine besondere organisatorische Bindung zur Kirche auf. Sie werden durch die Kirchen gegründet und unterliegen kirchlicher Aufsicht. Sie gehören zu den ältesten Stiftungen des Landes und sind zum Teil bereits seit Jahrhunderten tätig. Kirchliche Stiftungen sind insbesondere ortskirchliche Stiftungen und sog. Pfründestiftungen.

V. Kommunale Stiftungen

Kommunale Stiftungen werden von den Gemeinden oder anderen kommunalen Gebietskörperschaften als öffentlich-rechtliche Stiftungen errichtet und verwaltet. Sie dürfen ausschließlich kommunale Zwecke verfolgen und sind damit in das Gefüge der öffentlichen Kommunalverwaltung eingebunden. Ihre Vertretung und Verwaltung obliegt den für die Vertretung und Verwaltung der Gemeinde, des Landkreises und des Bezirks zuständigen Organen, soweit die jeweilige Stiftungssatzung nicht etwas anderes bestimmt. Die Aufsicht über kommunale Stiftungen wird durch die kommunale Rechtsaufsichtsbehörde wahrgenommen.

---

18 Überblick, Stiftung & Sponsoring, Rote Seiten 6/2006: Stiftungsverwaltungen.
19 Andrick/Suerbaum, a.a.O., § 5 Rn. 41.

VI. Ausländische Stiftungen und Trusts

1. Ausländische Stiftungen

14 Ausländische Stiftungen, die nach ihrem Heimatrecht Rechtsfähigkeit erworben haben, sind grundsätzlich auch im Inland rechtsfähig. Es gilt das Recht des Staates, in dem die Stiftung ihren Sitz hat. Sie unterliegen damit aber nicht der deutschen Stiftungsaufsicht. Ausländische Stiftungen deutscher Stifter verfolgen in der Regel keine steuerbefreiten gemeinnützigen Zwecke. Meist handelt es sich um Familienstiftungen. Von besonderer Bedeutung in der Beratungspraxis sind insbesondere die österreichische Privatstiftung sowie die Stiftung nach liechtensteinischem Recht, aber auch die schweizerische Stiftung (vgl. hierzu auch § 12).

Ausländische Stiftungen werden von den deutschen Steuerbehörden häufig nicht als juristische Personen mit eigener Rechtspersönlichkeit anerkannt, wenn sich der Stifter bei Errichtung der Stiftung nach den Statuten/Beistatuten der Stiftung, deren jederzeitige Auflösung und im Zuge dessen die Rückübertragung des Stiftungsvermögens auf sich selbst vorbehalten hat oder in sonstiger Weise bestimmenden Einfluss auf die Geschicke der Stiftung nehmen kann. In diesem Fall neigt die Finanzverwaltung dazu, solche Stiftungen lediglich als Treuhandverhältnis zu behandeln und daraufhin dem Stifter sämtliche Einkünfte der Stiftung unmittelbar als eigene Einkünfte zuzurechnen – gleichzeitig aber auch auf die Besteuerung des Vermögenserwerbs der Stiftung anlässlich ihrer Errichtung mit Schenkungsteuer zu verzichten.

Besonderheiten galten bisher für ausländische Familienstiftungen insbesondere auch nach dem Außensteuergesetz im Hinblick auf die laufende Besteuerung des Stifters sowie seiner Angehörigen als Begünstigte, sofern diese in Deutschland unbeschränkt einkommensteuerpflichtig waren. Ihnen wurden Vermögen und Einkommen der Stiftung nach § 15 Abs. 1 Außensteuergesetz (AStG) unmittelbar wie Eigenes zugerechnet. Diese Regelungen wurden zum 01.01.2009 auf Druck der Europäischen Kommission entschärft. Weitere Besonderheiten gelten für ausländische Familienstiftungen im Hinblick auf die deutsche Erbschaft- und Schenkungsteuer, die bei Errichtung und bei Auflösung der ausländischen Stiftung durch einen in Deutschland unbeschränkt steuerpflichtigen Stifter in vollem Umfang zum Tragen kommt. Dies macht die Errichtung einer ausländischen Familienstiftung in der Regel wirtschaftlich uninteressant.

Dagegen unterliegen ausländische Familienstiftungen nicht der für deutsche Familienstiftungen geltenden deutschen Erbersatzsteuer.

2. Ausländische Trusts

15 Ausländische Trusts sind zweckgebundene Vermögensmassen ausländischer Rechtsordnungen, die in der Regel ebenfalls der Familie des Errichters oder dem Errichter selbst zugute kommen. Für sie gilt das Recht des Errichtungsstaats. Von Bedeutung in der hiesigen Beratungspraxis ist meist der nach anglo-amerikanischem Recht errichtete Trust, der in unterschiedlichen Gestaltungsformen vorkommt.

Ein Trust genießt in Deutschland keine Rechtsfähigkeit. Die Übertragung deutschen Vermögens auf einen ausländischen Trust bzw. der Rechtserwerb eines ausländischen Trusts in Deutschland kann daher zu erheblichen Rechts- und Umdeutungsproblemen führen. Steuerlich werden Trusts in Deutschland den ausländischen Familienstiftungen weitgehend gleichgestellt. Sie unterliegen in Deutschland zwar nicht der Erbersatzsteuer, jedoch löst die Übertragung von Vermögen auf den

B. Überblick über die Erscheinungsformen von Stiftungen

Trust ebenso wie die Auflösung des Trust und die Rückübertragung des Trustvermögens auf den in Deutschland unbeschränkt erbschaftsteuerpflichtigen Errichter oder seine Angehörigen in Deutschland Erbschaft- bzw. Schenkungsteuer aus (vgl. hierzu auch § 12).

§ 3 Die rechtsfähige Stiftung bürgerlichen Rechts[1]

A. Errichtung, Organisation und Verwaltung

1   Die wichtigste Person des Stiftungsrechts ist der Stifter. Der von ihm im Stiftungsgeschäft und in der Stiftungssatzung niedergelegte Wille ist nicht nur für die Errichtung der Stiftung bedeutsam, sondern bleibt über die Stiftungssatzung während des gesamten Bestehens der Stiftung für die gesamte Tätigkeit der Stiftung und für alle Maßnahmen der Stiftungsaufsichtsbehörde oberste Richtschnur. Dritte, die nach Errichtung der Stiftung Zuwendungen an die Stiftung machen, sind dagegen nicht Stifter und haben daher grundsätzlich keinen Einfluss auf die Tätigkeit der Stiftung oder Stiftungsaufsichtsbehörde.

Stifter können natürliche oder juristische Personen sein. Eine Stiftung kann von einem Stifter, aber auch von mehreren Stiftern, z.B. Bürgerstiftung, als Gemeinschaftsstiftung errichtet werden.

Die Entscheidung zur Errichtung einer rechtsfähigen Stiftung bedeutet praktisch die endgültige Trennung des Stifters vom Stiftungsvermögen. Dieses geht auf die Stiftung über, die die Erträge hieraus auf Dauer für den Stiftungszweck verwenden muss. Eine Auflösung der rechtsfähigen Stiftung bürgerlichen Rechts ist nur in Ausnahmefällen mit Zustimmung der zuständigen Stiftungsaufsichtsbehörde möglich, insbesondere, wenn der Stiftungszweck weggefallen ist und eine Änderung oder Anpassung des satzungsmäßigen Stiftungszwecks nicht in Betracht kommt. Bei gemeinnützigen Stiftungen muss das Vermögen selbst nach Auflösung der Stiftung zur finalen Verwendung für steuerbegünstigte Zwecke gebunden bleiben – andernfalls droht eine rückwirkende Besteuerung des Stiftungsvermögens für die zurückliegenden 10 Jahre.

Grundsätzlich möglich – und in der Praxis auch durchaus üblich – ist die Errichtung einer Stiftung in einem oder in mehreren Schritten, d.h. sowohl die schrittweise Ausstattung mit Stiftungsvermögen als auch die Erweiterung der Stiftungsorganisation, sofern dies in der Stiftungssatzung schon bei Errichtung der Stiftung als Möglichkeit vorgesehen wurde und somit dem Willen des Stifters entspricht. Der schrittweise Aufbau einer Stiftung hat den Vorteil, dass noch keine endgültige Trennung des Stifters vom gesamten Vermögen stattfinden muss, die Stiftungstätigkeit zu Lebzeiten des Stifters erprobt und die Absichten des Stifters zu dessen Lebzeiten von ihm immer wieder überprüft und angepasst werden können.

Aber auch der umgekehrte Weg des Verbrauchs des Stiftungsvermögens wird in der Praxis immer häufiger durch die Errichtung sog. „Verbrauchsstiftungen" gewählt und wird von den Stiftungsaufsichtsbehörden und den Finanzämtern in der Regel auch anerkannt. Unter der Bezeichnung „Verbrauchsstiftung" versteht man eine Stiftung, die ihr Grundstockvermögen gerade nicht auf Dauer erhalten, sondern über einen meist vorher definierten Zeitraum für die Erfüllung der eigenen Stiftungszwecke verbrauchen soll. Steuerlich werden diese Verbrauchsstiftungen in der Regel anerkannt, wenn ein wesentlicher Teil des Stiftungsvermögens zunächst für einen Zeitraum von mindestens 10 bis 15 Jahren erhalten bleibt, bevor es sukzessive verbraucht wird.

> **Praxishinweis:**
> *Häufig werden rechtsfähige Stiftungen zu Lebzeiten des Stifters mit einem solchen Stiftungsvermögen ausgestattet, das es ihm ermöglicht, den größtmöglichen Sonderausgabenabzug und damit die größten Einkommensteuerersparnisse in Anspruch zu nehmen. Zu Lebzeiten des Stifters werden dann die laufenden Ausgaben der Stiftung zur Zweckerfüllung und für die Verwaltung*

---

[1] Mit freundlicher Unterstützung von Herrn RA Hans Ferdinand Fleige, FAStR, München.

dann häufig durch laufende Spenden des Stifters unterstützt. Das Vermögen dieser Stiftungen wird dann in vielen Fällen bei Ableben des Stifters durch testamentarische Zuwendung weiter aufgestockt. Nicht selten wird die Stiftung dann auch Alleinerbe des oder der Stifter.

I. Entstehung

Die Entstehung einer rechtsfähigen Stiftung bürgerlichen Rechts ist an zwei Voraussetzungen geknüpft:
- den eigentlichen Errichtungsakt durch Unterzeichnung des Stiftungsgeschäfts und der Satzung durch den Stifter und
- die hoheitliche Anerkennung der Stiftung durch eine staatliche Institution.

1. Das Stiftungsgeschäft

Als Stiftungsgeschäft bezeichnet man die eigentliche Erklärung des oder der Stifter, eine Stiftung errichten und hierfür ein bestimmtes Stiftungsvermögen widmen zu wollen. Man unterscheidet das lebzeitige Stiftungsgeschäft von der Stiftungserrichtung von Todes wegen, bei dem das Stiftungsgeschäft regelmäßig in einer Verfügung von Todes wegen, also einem Testament oder einem Erbvertrag enthalten ist.

a) Stiftungserrichtung zu Lebzeiten

Das lebzeitige Stiftungsgeschäft ist eine einseitige und nicht empfangsbedürftige Erklärung des Stifters.[2] Sie muss erkennen lassen, dass eine selbstständige, mit eigener Rechtspersönlichkeit ausgestattete Stiftung geschaffen werden soll. Diese Erklärung bedarf grundsätzlich nicht der notariellen Form, jedoch – gemäß § 81 Abs. 1 BGB – der Schriftform. Damit erfordert jedes Stiftungsgeschäft zu Lebzeiten des Stifters eine eigenhändige Unterschrift des oder der Stifter (§ 126 BGB).

Das Stiftungsgeschäft bedarf jedoch nach allgemeinen Regeln immer dann zwingend der notariellen Beurkundung, wenn sich der Stifter darin verpflichtet, der künftigen Stiftung Vermögenswerte zu übertragen, deren Übertragung notarieller Form bedarf. Dies gilt insbesondere für die Ausstattung einer Stiftung mit Grundstücken oder GmbH-Geschäftsanteilen.

Da es sich bei der Stiftungserrichtung um ein Rechtsgeschäft unter Lebenden handelt, ist seitens des Stifters Geschäftsfähigkeit erforderlich. Steht der Stifter in Vermögensangelegenheiten unter Betreuung, ist es nach der bislang herrschenden Meinung dem Betreuer verwehrt, als gesetzlicher Vertreter des Stifters mit dessen Vermögen eine Stiftung, sei es als gemeinnützige Stiftung oder als Familienstiftung, zu gründen. Begründet wird dies mit der Unentgeltlichkeit des eigentlichen Stiftungsgeschäfts und der Tatsache, dass der Betreuer in entsprechender Anwendung vormundschaftsrechtlicher Bestimmungen des § 1804 BGB rechtlich – auch mit Zustimmung des Vormundschaftsgerichts – nicht in der Lage sei, für den Betreuten unentgeltliche Verfügungen, insbesondere Schenkungen, aus dessen Vermögen vorzunehmen.[3]

Diese Ansicht ist nicht unwidersprochen, da es sich bei der Vermögensausstattung einer Stiftung nicht um eine Schenkung im Sinne des § 1804 BGB handelt. Zudem ist die Konsequenz dieser Ansicht verfassungsrechtlich bedenklich, verwehrt man doch auf diese Weise einem Stifter bei Wegfall seiner Geschäftsfähigkeit die Errichtung einer eigenen Stiftung. Auch besteht in der Praxis gerade bei

---
2 Hof, Handbuch des Stiftungsrechts, § 6 Rn. 11.
3 Hof, a.a.O., § 6 Rn. 7.

kinderlosen und vermögenden Betreuungsfällen ein Bedürfnis, die Stiftungserrichtung auch noch im Stadium der Geschäftsunfähigkeit des Stifters durch einen gesetzlichen Vertreter zuzulassen. Die weitere Rechtsentwicklung zu diesem Punkt bleibt abzuwarten![4]

> **Praxishinweis:**
> Da nicht jede unter vormundschaftsgerichtlicher Betreuung stehende betreuungsbedürftige Person auch gleichzeitig geschäftsunfähig im Sinne des § 104 BGB und damit in der Regel auch nicht gleichzeitig testierunfähig im Sinne des § 2229 Abs. 4 BGB ist, kann die Stiftungserrichtung eines unter Betreuung stehenden Stifters mitunter noch von Todes wegen durch Testament oder Erbvertrag erreicht werden. In der Regel wird hier – schon wegen des Umfangs der letztwilligen Verfügung – nur eine notarielle Beurkundung des Testaments des Stifters in Betracht kommen. In diesem Fall empfiehlt es sich in vielen Fällen, geeignete Beweisvorsorge durch die gleichzeitige Einholung eines neurologisch-psychiatrischen Gutachtens zur Testierfähigkeit des Stifters zum Zeitpunkt der Errichtung der letztwilligen Verfügung einzuholen, um sich gegen spätere Wirksamkeitsanfechtungen besser verteidigen zu können.

b) Stiftungserrichtung von Todes wegen

5   Beim Stiftungsgeschäft von Todes wegen verfügt der Stifter testamentarisch oder mittels Erbvertrags über seinen Nachlass zugunsten einer erst nach seinem Tod zu errichtenden – in der Regel gemeinnützigen – Stiftung. Die rechtsfähige Stiftung als Empfänger kann dabei Alleinerbin, Miterbin, Vor- oder Nacherbin, Vermächtnisnehmerin oder Auflagenbegünstigte werden. Beim Stiftungsgeschäft von Todes wegen sind die besonderen erbrechtlichen Form- und Inhaltsvorschriften zu beachten.[5] Insbesondere sind dabei die Formvorschriften für die Errichtung letztwilliger Verfügungen und mögliche Pflichtteilsrechte naher Angehöriger des Stifters zu berücksichtigen. Der Stifter kann für das Stiftungsgeschäft von Todes wegen auf das eigenhändige oder notarielle Testament (§§ 2247 ff., 2256 ff. BGB) oder auf einen notariellen Erbvertrag (§§ 2274 ff. BGB) zurückgreifen. Stiftungsgeschäft und Vermögenszuwendung können hierin durch Erbeinsetzung, Vermächtnisanordnung oder Auflage erfolgen.

Die rechtliche Besonderheit bei dieser Art der Stiftungserrichtung besteht darin, dass der Stifter letztwillig eine Institution mit eigener Rechtspersönlichkeit begünstigt, die es sowohl zum Zeitpunkt der Errichtung der letztwilligen Verfügung als auch zum Zeitpunkt des Erbfalls noch gar nicht gibt, da die Stiftung erst nach dem Erbfall durch behördliche Anerkennung ihre Rechtspersönlichkeit erlangt. Dagegen steht der allgemeine erbrechtliche Grundsatz der Gesamtrechtsnachfolge (Universalsukzession), wonach unmittelbar mit dem Erbfall alle Rechte und Pflichten des Erblassers sowie alle Vermögenspositionen ohne weiteren Übertragungsakt auf den oder die Erben übergehen. Zivilrechtlich bestimmt § 84 BGB, dass die von Todes wegen zu errichtende Stiftung schon unmittelbar mit dem Erbfall als entstanden gilt, sofern sie später durch die Anerkennung Rechtsfähigkeit erlangt. Damit kann die Stiftung mit zivilrechtlicher Rückwirkung als Erbin des Stifters unter der Bedingung ihrer späteren Anerkennung und damit unter der Bedingung der späteren Erlangung der Rechtsfähigkeit im Wege der Gesamtrechtsnachfolge Träger von Rechten und Pflichten und damit Inhaber des Nachlasses werden. Rechtlich umstritten ist dabei lediglich, ob die Stiftung mit dem Tod des Erblassers unabhängig von ihrer späteren Anerkennung bereits als sog. Vorstiftung entstanden ist.[6] Da § 81 BGB mittlerweile jedoch einen gesetzlichen Anspruch auf Anerkennung der Stiftung begründet, dürfte dieser Streit kaum noch praktische Relevanz haben.

---

4   Grziwotz, ZEV 2005, 338.
5   Hennerkes/Schiffer, Stiftungsrecht, S. 85.
6   Schauhoff, Handbuch der Gemeinnützigkeit, § 3 Rn. § 39.

A. Errichtung, Organisation und Verwaltung

Will der Stifter durch Verfügung von Todes wegen schon eine konkrete Stiftungssatzung (etwa als Anlage zu seinem Testament) sowie die Besetzung der Stiftungsgremien verbindlich vorgeben und sich nicht nur auf konkrete testamentarische „Richtlinien" für die künftige Stiftungserrichtung beschränken, ist zu beachten, dass es sich dann auch bei der Stiftungssatzung selbst um einen wesentlichen Bestandteil der letztwilligen Verfügung des Stifters handelt. Damit muss auch die Stiftungssatzung selbst die Formvorschriften einer letztwilligen Verfügung (privatschriftlich oder notariell) einhalten, d.h. entweder in vollem Umfang eigenhändig vom Stifter geschrieben oder mit dem Testament beurkundet werden.[7] Die Beifügung einer beispielsweise schreibmaschinenschriftlichen Stiftungssatzung zu einem privatschriftlichen Testament macht die Vorgaben des Stifters für die Satzung somit unwirksam. In der Praxis erfolgt daher die Stiftungserrichtung von Todes wegen meist durch notarielles Testament.

> **Praxishinweis:**
> *Bei größeren Nachlassvermögen scheuen die Stifter nicht selten, die mit der Beurkundung einer letztwilligen Verfügung in Deutschland verbundenen Notarkosten. Hier kann der Stifter, insbesondere bei erheblichem Vermögen, mit einer Beurkundung der letztwilligen Verfügung mit der Stiftungssatzung im Ausland, beispielsweise in der Schweiz durch einen Schweizer Notar, viel Geld sparen, da die Gebührenerhebung dort in der Regel nicht nach dem Nachlasswert, sondern nach dem damit verbundenen Aufwand erfolgt und in der Regel auch Pauschalhonorare vereinbart werden können. Die Beurkundung einer letztwilligen Verfügung durch einen Schweizer Notar ist auch in Deutschland anzuerkennen, wenn die Urkundsperson (Notar) hinsichtlich seiner Ausbildung dem deutschen Notar und die Art der Beurkundung dem deutschen Beurkundungsgesetz entspricht, insbesondere wenn der Schweizer Notar Jurist ist und den gesamten Urkundstext dem Stifter bei der Beurkundung vorliest. Da diese Voraussetzungen nicht in allen Schweizer Kantonen gegeben sind, empfiehlt sich die sorgfältige Auswahl der Urkundsperson und des Orts der Beurkundung. Entsprechendes gilt bei der Beurkundung in anderen Staaten, sofern der Erblasser Deutscher mit Wohnsitz in Deutschland ist und über kein ausländisches Vermögen verfügt.*

Will der Stifter seiner Verfügung von Todes wegen nicht schon eine vollständige Stiftungssatzung beifügen, hat er jedoch die zur Stiftungserrichtung notwendigen Anordnungen gleichwohl in seiner letztwilligen Verfügung so konkret als möglich zu treffen, damit hieraus nach dem Erbfall – gegebenenfalls auch im Wege der Auslegung – die Stiftungssatzung formuliert werden kann. Zwingend erforderlich sind hierbei Angaben zum Stiftungszweck und zum Stiftungsvermögen sowie zur Stiftungsorganisation.

Liegt eine letztwillige Verfügung des Stifters mit einer Stiftungserrichtung von Todes wegen vor, ist gleichwohl die Anerkennung der Stiftung durch die Stiftungsaufsichtsbehörde, die Bestellung des Stiftungsvorstands und die Beantragung der vorläufigen Steuerbefreiung für die gemeinnützige Stiftung erforderlich. Sofern der Stifter und Erblasser einen Testamentsvollstrecker ernannt hat, veranlasst dieser diese Schritte. Andernfalls ist das Nachlassgericht zur Beantragung der Anerkennung der Stiftung nach den Vorgaben des Erblassers und Stifters berufen.

> **Praxishinweis:**
> *In jedem Fall ist bei einer Stiftungserrichtung von Todes wegen ratsam, gleichzeitig testamentarisch eine Testamentsvollstreckung anzuordnen und einen Testamentsvollstrecker zu benennen. Hierbei sollte dem Testamentsvollstrecker ein hinreichender Handlungsspielraum und entsprechendes Ermessen eingeräumt werden, die Stiftungssatzung auszugestalten, soweit diese nicht schon Bestandteil der letztwilligen Verfügung ist. In jedem Fall sollte dem Testamentsvollstrecker die Befugnis erteilt werden, Änderungen in der Stiftungssatzung vorzunehmen, die von der Stiftungsaufsichtsbehörde oder dem Finanzamt angeregt werden. Ist ein solcher Ermessensspielraum des Testamentsvollstreckers nicht gewünscht, ist zu empfehlen, die der letztwilligen Verfügung beizufügende Stiftungssatzung – wie bei einer lebzeitigen Stiftungserrichtung – vorab mit der Stiftungsaufsichtsbehörde und dem zuständigen Finanzamt inhaltlich abzustimmen.*

---

[7] Pues/Scheerbarth, Gemeinnützige Stiftung im Zivil- und Steuerrecht, S. 11.

Will der Stifter von Todes wegen eine Treuhandstiftung errichten, muss er in einer letztwilligen Verfügung einen Treuhänder benennen und diesen selbst als Erben, Miterben, Vermächtnisnehmer oder mittels testamentarischer Auflage begünstigen, da die Treuhandstiftung keine Rechtsfähigkeit erlangt und daher selbst nicht Erbe, Miterbe, Vermächtnisnehmer oder Auflagenbegünstigte werden kann. Der Treuhänder ist in diesen Fällen als Begünstigter mit der testamentarischen Auflage zu beschweren, das erhaltene Nachlassvermögen auf Dauer getrennt von seinem eigenen Vermögen als Sondervermögen für die Treuhandstiftung zu verwalten und ausschließlich zur Erfüllung der vorgegebenen Stiftungszwecke zu verwenden. Die Überwachung der Einhaltung dieser Auflagen kann in einer letztwilligen Verfügung des Erblassers wiederum einem Testamentsvollstrecker oder einem Auflagenvollziehungsberechtigten übertragen werden. Dabei kann sich der Treuhänder auch nach Jahren nicht darauf berufen, seine Pflicht zur Auflagenerfüllung sei verjährt, da es sich hierbei um ein Dauerschuldverhältnis handelt, bei dem eine Verjährung der laufenden Verwaltungspflichten des Treuhänders nicht in Betracht kommt.

Soweit die Errichtung einer Stiftung von Todes wegen dazu führt, dass pflichtteilsberechtige Verwandte des Stifters übergangen werden, können diese gegen die neu errichtete Stiftung als Erbe des Stifters Pflichtteilsansprüche geltend machen. Aber auch die Errichtung einer Stiftung zu Lebzeiten kann bei Ableben des Stifters innerhalb von 10 Jahren nach der Stiftungserrichtung zu Pflichtteilsergänzungsansprüchen pflichtteilsberechtigter Angehöriger führen, die sich gegen die Erben des Stifters (möglicherweise ist dies die Stiftung), aber auch gegen die Stiftung selbst (wenn diese nicht Erbe geworden ist) richten. Bisher konnten die Pflichtteilsberechtigten mitunter auf die gesamte Stiftungsdotation in Höhe ihrer Pflichtteilsquote zugreifen, entweder mittelbar über den Erben oder ersatzweise unmittelbar bei der begünstigten Stiftung. Seit der zum 01.01.2009 in Kraft getretenen Pflichtteilsreform hat sich für begünstigte Stiftungen das Pflichtteilsrisiko insoweit verringert, als die Stiftungsdotation nun um so geringere Pflichtteilsergänzungsansprüche auslöst, um so länger sie zurückliegt. So wird von einer Stiftungsdotation in Höhe von beispielsweise € 1 Mio, beim Ableben des Stifters nach einem Jahr noch ein Anteil von € 900.000,00 = 9/10 und bei Ableben des Stifters nach neun Jahren noch ein Anteil von € 100.000,00 = 1/10 (bisher: € 1 Mio.) pflichtteilsrelevant.[8] Damit können durch rechtzeitige Stiftungsdotationen wesentliche Vermögensteile des Stifters potenziellen Pflichtteilsberechtigten entzogen werden.

Ebenso können potenzielle Erben des Stifters gegen die Stiftung beim Ableben des Stifters Ansprüche erheben, wenn sie aufgrund eines Erbvertrags oder eines gemeinschaftlichen Ehegattentestaments des Stifters bereits zu seinen Lebzeiten gewisse Anwartschaftsrechte hinsichtlich ihres künftigen Erbrechts erworben haben und der Stifter durch Übertragung von Vermögen auf die Stiftung versucht hat, diese Vertragserben zu beeinträchtigen.[9]

c) Inhalt

6   In jedem Stiftungsgeschäft – ob zu Lebzeiten oder von Todes wegen – müssen die Grundlagen der Stiftung enthalten sein, die nur der Stifter selbst, nicht aber eine Verwaltungsbehörde festlegen kann. Hierzu gehören der Name und der Zweck der Stiftung, der Sitz, Angaben über das gestiftete Vermögen, die Verwendung des Vermögens, die Organe der Stiftung und die Bestellung des ersten Vorstands.[10] Sind diese Angaben, die zugleich zwingend notwendige Bestandteile der Stiftungssatzung sind, im Stiftungsgeschäft enthalten, ist die Stiftung grundsätzlich anzuerkennen. Die einzelnen Landesgesetze enthalten teilweise weitere Bestimmungen zum notwendigen Inhalt des Stiftungsgeschäfts unter Lebenden. Diese über die nach dem BGB notwendigen Bestandteile des Stiftungsge-

---

8   Vgl. Rott, Stiftung & Sponsoring 2/2008, 24 ff.; Röthel ZEV 2008, 142 ff.
9   Vgl. hierzu § 10 Abschnitt B.
10 Hof, a.a.O., § 19 Rn. 3.

schäfts hinausgehenden Regelungen in den Stiftungsgesetzen der Bundesländer stellen – auch als „Soll-Vorschriften" – lediglich Anregungen für den Stifter dar und können nicht dazu führen, dass die zuständige Stiftungsaufsichtsbehörde bei deren Nichteinhaltung die Anerkennung der Stiftung versagen kann.

In der Praxis enthält das Stiftungsgeschäft die Verpflichtung des Stifters zur Übertragung des versprochenen Stiftungsvermögens (Erstdotation der Stiftung). In der Regel enthält das lebzeitige Stiftungsgeschäft zusätzlich die Bestellung der ersten Mitglieder des Stiftungsvorstands. Der Zweck und die innere Organisation der Stiftung werden darüber hinaus in der gesonderten Stiftungssatzung verankert, die meist Anlage zum Stiftungsgeschäft ist. Bei einer Stiftungserrichtung von Todes wegen ist die letztwillige Verfügung des Stifters in der Regel das eigentliche Stiftungsgeschäft. Die Stiftungssatzung – soweit sie vom Stifter zum Inhalt seiner letztwilligen Verfügung gemacht wird – ist Inhalt der letztwilligen Verfügung oder wird dieser als Anlage – unter Einhaltung der Formvorschriften für letztwillige Verfügungen – beigefügt.

d) Widerruf des Stiftungsgeschäfts

Das Stiftungsgeschäft kann bei Stiftungserrichtungen unter Lebenden bis zur staatlichen Anerkennung der Stiftung vom Stifter jederzeit widerrufen werden (§ 81 Abs. 2 BGB). Ist der Stifter verstorben, bevor die Anerkennung ausgesprochen worden ist, können die Erben das Stiftungsgeschäft widerrufen, wenn der Stifter den Antrag auf Stiftungsanerkennung bei der Stiftungsaufsichtsbehörde noch nicht eingereicht hatte (§ 81 Abs. 2 S. 3 BGB).

Mit Erteilung der Anerkennung durch die Stiftungsaufsichtsbehörde entfällt die Widerrufsmöglichkeit; es bleibt dann nur die Aufhebung der Stiftung unter den engen Voraussetzungen des § 87 BGB, z.B. bei Unmöglichkeit der Erfüllung des Stiftungszwecks oder Gefährdung des Gemeinwohls.

2. Die Stiftungssatzung

Der Stifter stattet seine Stiftung bei der Errichtung mit einer Satzung aus, die mindestens den Namen und den Sitz der Stiftung sowie Angaben zum Zweck enthalten und die beabsichtigte Stiftungsorganisation regeln sollte.[11] Bei gemeinnützigen Stiftungen kommt hinzu, dass sich schon aus der Satzung selbst die Voraussetzungen für die Steuerbegünstigung der Stiftung ergeben müssen, um die vorläufige Anerkennung der Stiftung als steuerbefreit unmittelbar nach Errichtung der Stiftung zu ermöglichen. Die Verfassung der Stiftung wird jedoch nicht nur durch das als Satzung bezeichnete Schriftstück, sondern durch den Gesamtinhalt des Stiftungsgeschäfts sowie die Bundes- und Landesgesetze (§ 85 BGB) bestimmt.

Während das Stiftungsgeschäft der Willensakt des Stifters ist, ist Satzung der Organisationsplan der Stiftung. Es spielt dabei keine Rolle, ob die Satzung im Stiftungsgeschäft enthalten oder (wie üblich) eine Anlage des Stiftungsgeschäfts ist. Das eigentliche Stiftungsgeschäft kann sich – wie im Regelfall – auf die Zusicherung der Vermögensausstattung beschränken und die organisationsrechtlichen Einzelheiten der Stiftungssatzung bzw. der Verfassung oder dem Statut überlassen.

Die Satzung sollte so gestaltet sein, dass sie möglichst auf Dauer künftigen, insbesondere wirtschaftlichen Veränderungen – auch nach dem Tode des Stifters – angepasst werden kann.[12] Es empfiehlt sich daher, dass der Stifter in der Satzung den Vorstand oder ein anderes Organ ermächtigt, die Satzung entsprechend zu ändern, wobei hierbei die Zustimmung der jeweiligen Stiftungsaufsichts-

---

11 Schauhoff, a.a.O., § 6 Rn. 95.
12 Andrick/Suerbaum, Stiftung und Aufsicht, § 7 Rn. 13.

behörde zwingend ist. Eine Satzungsanpassung kann auch schon vor der Anerkennung durch die Stiftungsaufsichtsbehörde erforderlich sein, wenn diese eine Änderung der Satzung fordert und von dieser Änderung die Anerkennung des Stiftungsgeschäfts abhängig macht. In der Praxis wird daher der Satzungsentwurf bereits im Vorfeld der Anerkennung regelmäßig mit der Stiftungsaufsichtsbehörde abgestimmt.

> **Praxishinweis:**
> Bei der Errichtung einer Stiftung von Todes wegen sollte dem Erben oder dem Testamentsvollstrecker das Recht auf Vornahme von Satzungsänderungen im Zuge des Anerkennungsverfahrens eingeräumt werden, wobei der Stifter die genauen Voraussetzungen einer Änderung festlegen kann. Eine Satzungsänderung muss dann stets dem erklärten oder mutmaßlichen Willen des Stifters entsprechen.

In der Satzung müssen der Stiftungszweck und die Mittel und Wege, mit denen die Stiftung ihren Zweck erreichen will, so umrissen sein, dass anhand der Satzung auch eine Überprüfung der Finanzbehörden möglich ist, ob die Stiftung steuerbegünstigte gemeinnützige Zwecke verfolgt oder nicht. Um das Prüfungsverfahren durch das für die künftige Stiftung zuständige Finanzamt nicht zu verzögern, empfiehlt es sich, bei der Formulierung des Stiftungszwecks auf Formulierungen der Abgabenordnung und entsprechender Mustersatzungen der Finanzbehörden zurückzugreifen. Auch hier wird die Stiftungssatzung bereits im Vorfeld der Errichtung hinsichtlich der steuerrechtlichen Vorgaben für die künftige Steuerbefreiung der Stiftung regelmäßig mit dem zuständigen Finanzamt abgestimmt. Diese Abstimmung sollte vom Stifter oder seinem Berater selbst vorgenommen werden, wird aber häufig auch von den Stiftungsaufsichtsbehörden im Rahmen des Anerkennungsverfahrens vorgenommen.

> **Praxishinweis:**
> Die Stiftungssatzung kann Ermächtigungen der Stiftungsorgane zur künftigen Anpassung der Stiftungssatzung an geänderte Verhältnisse enthalten, insbesondere zur Anpassung des Stiftungszwecks, zur Anpassung der Organisationsstruktur der Stiftung, insbesondere auch zur Errichtung eines weiteren Stiftungskontrollorgans und zur Auflösung oder Fusion der Stiftung im Rahmen des durch Stiftungsgeschäft und Stiftungssatzung vorgegebenen Stifterwillens. Diese Ermächtigungen erleichtern den späteren Anpassungsprozess, bergen aber auch ein gewisses Risiko für den Stifter.

Die Stiftungssatzung kann aber beispielsweise auch aufschiebend auf das Ableben des Stifters bedingte Regelungen treffen, etwa erst im Ablebensfall des Stifters einen Beirat, Stiftungsrat oder ein Kuratorium mit zuvor satzungsmäßig festgelegten Rechten und Pflichten installieren oder die Rechte und Pflichten eines solchen Aufsichtsgremiums mit dem Ableben des Stifters erweitern. Dies empfiehlt sich insbesondere dann, wenn der Stifter zu Lebzeiten die alleinige Kontrolle über das Stiftungshandeln hatte, diese aber nach seinem Ableben auf Dritte übertragen werden soll.

3. Das Stiftungsvermögen

9   Schätzungen gehen davon aus, dass das Vermögen aller deutschen Stiftungen Ende 2007 ca. 100 Mrd. Euro betragen hat und die jährliche Fördersumme aller Stiftungen bei ca. 15 Mrd. Euro liegt.[13]

Das Stiftungsvermögen kann aus allen denkbaren Vermögenswerten bestehen. Die Regel ist die Ausstattung der Stiftung mit Barvermögen, Wertpapieren oder Immobilien, aber auch mit Unternehmensbeteiligungen und Rechten.[14] Sofern das Stiftungsvermögen selbst nicht oder nicht hinreichend

---
13 Quelle: Bundesverband Deutscher Stiftungen.
14 Hof, a.a.O., § 9 Rn. 35.

A. Errichtung, Organisation und Verwaltung

ertragbringend ist – z.B. bei Kunstsammlungen – wird die Stiftung in der Regel auf weiteres liquides Stiftungsvermögen des Stifters, laufende Spenden oder sonstige laufende Einnahmen angewiesen sein, um nachhaltig und dauerhaft nicht nur die eingebrachten Kunstwerke erhalten, sondern darüber hinaus den eigentlichen Stiftungszweck erfüllen zu können.

Stiftungen, die ihren Zweck mit Hilfe der aus dem Grundstockvermögen erwirtschafteten Erträge erfüllen wurden früher gelegentlich auch als sog. „Kapitalgeldstiftungen" bezeichnet. Dagegen bezeichnet man Stiftungen, die vom Stifter zu Lebzeiten nur mit einem geringen Grundstockvermögen ausgestattet werden, die aber mit dem Tode des Stifters ihre Hauptdotation erhalten sollen, gelegentlich auch als „Vorratsstiftungen".

Weder im BGB noch in den Stiftungsgesetzen der Länder finden sich Bestimmungen über eine Mindesthöhe des Stiftungsvermögens. Grundsätzlich wird seitens der Stiftungsaufsichtsbehörden eine Mittel-Zweck-Relation hergestellt, wonach der Zweck einer Stiftung mit dem Stiftungsvermögen nachhaltig und dauerhaft erfüllbar sein muss. In der Praxis bedeutet dies, dass das Stiftungsvermögen sowohl hinsichtlich der Art des Vermögens als auch hinsichtlich des Umfangs so gewählt werden muss, dass der Stiftungszweck aus den normalerweise erzielbaren Erträgen – auch unter Berücksichtigung üblicher Geldwertentwicklung – dauerhaft verwirklicht werden kann.[15] Hierbei berücksichtigen die Stiftungsaufsichtsbehörden in der Regel auch, wenn der Stifter glaubhaft nachweist, dass die Stiftung in Zukunft laufend Einnahmen erzielen wird, aus denen sie den Stiftungszweck nachhaltig erfüllen kann. Daher sind auch sog. Sammelstiftungen – meist in der Form von Bürgerstiftungen – anerkennungsfähig, die zunächst nur ein niedriges Grundstockvermögen haben, bei denen aber die begründete Aussicht auf weitere Zustiftungen in das Grundstockvermögen und laufende Spenden besteht (vgl. hierzu auch § 8 Abschnitt B. II.).

Beim Stiftungsgeschäft unter Lebenden genügt es, wenn der Stifter erläutert, wie die Stiftung nach ihrer Anerkennung in absehbarer Zeit die ihr satzungsmäßig zugesagten Mittel erhält. Nur manche Stiftungsaufsichtsbehörden machen die Anerkennung der Stiftung davon abhängig, dass das vom Stifter zugesagte Stiftungsvermögen zuvor hinterlegt wird.

Von den Stiftungsaufsichtsbehörden der Länder wird für die Gründung von selbstständigen Stiftungen mit eigener Stiftungsverwaltung häufig eine Mindestvermögensmasse von € 50.000,00 oder auch € 100.000,00 empfohlen, ohne dass dies in den Stiftungsgesetzen der Länder normiert ist. Angesichts der derzeit marktüblichen Kapitalverzinsung erscheint der dauerhafte Bestand einer rechtsfähigen Stiftung in Abhängigkeit vom konkreten Stiftungszweck jedoch häufig erst ab einem deutlich höheren Stiftungsvermögen von etwa € 500.000,00 gesichert. Dies hängt jedoch stets von den konkreten Umständen des Einzelfalls ab. Bei darunter liegenden Stiftungsvermögen wird es neben dem konkreten Stiftungszweck vor allem darauf ankommen, ob die Stiftung zur Erfüllung ihrer Zwecke in Zukunft mit weiteren Zuwendungen des Stifters oder Dritter (Spenden oder Zustiftungen) rechnen kann oder gar als Erbin oder Vermächtnisnehmerin des Stifters in Betracht kommt.

> **Praxishinweis:**
> *Bei kleineren Stiftungsvermögen sollte der Stifter auf die auch kostengünstigere Möglichkeit der Errichtung einer unselbstständige Treuhandstiftungen oder die Möglichkeit von Zustiftungen zu bereits bestehenden Stiftungen, z.B. auch zu Gemeinschafts- oder Bürgerstiftungen verwiesen werden.*

In der Praxis werden gerade gemeinnützige Stiftungen von den Stiftern im Rahmen der Erstdotation bei Errichtung häufig nur mit einem den stiftungsaufsichtsrechtlichen Vorgaben entsprechendem Mindestkapital ausgestattet; häufig orientieren sich die Stifter auch an den ihnen bei Errichtung der Stiftung einkommensteuerlich zustehenden Sonderausgabenabzugsbeträgen - von derzeit bis zu € 1

---
[15] Hof, a.a.O., § 9 Rn. 42.

Mio. je Stifter (Ehegatten bis zu € 2 Mio.) - indem er der Stiftung zu Lebzeiten Vermögenswerte bis zu dieser Höhe überlässt.

Gleichzeitig planen Stifter jedoch häufig, die Stiftung entweder durch regelmäßige Spenden oder Zustiftungen oder von Todes wegen mit weiterem Vermögen auszustatten, um die Funktionsfähigkeit der Stiftung und ihre Zweckerfüllung sicher zu stellen. Die Erwartung künftiger weiterer Zuwendungen ist auch für die Stiftungsaufsichtsbehörden ein wichtiges Kriterium bei der Beurteilung der Frage, ob das bei Stiftungserrichtung zur Verfügung gestellte Stiftungsvermögen auf Dauer ausreicht, um die satzungsmäßigen Stiftungszwecke zu erfüllen.

Die Übertragung von umfangreichem Vermögen auf eine Stiftung im Zuge deren Errichtung zu Lebzeiten des Stifters schließt nicht aus, dass sich der Stifter hierbei – wie bei Vermögensübertragungen im Wege der vorweggenommenen Erbfolge – bestimmte Rechte vorbehält oder seine Stiftung mit Auflagen beschwert. In der Praxis häufig ist die Übernahme bestimmter Verbindlichkeiten durch die Stiftung (z.B. Finanzierungsverbindlichkeiten für vermieteten Grundbesitz, Leibrentenverpflichtung zugunsten des Stifters oder Grabpflegeverpflichtung zugunsten des Stifters und seiner Angehörigen). Denkbar ist aber auch der Vorbehalt eines lebenslangen Nießbrauchsrechts (gegebenenfalls auch eines Quotennießbrauchs) zugunsten des Stifters, wenn während der Laufzeit des Nießbrauchsrechts die Stiftung ihren Stiftungszweck aus anderen Erträgen erfüllen kann.

> **❗ Praxishinweis:**
> *Eine pragmatische Gestaltung ist der Vorbehalt eines Quotennießbrauchs zugunsten des Stifters, beispielsweise bei Übertragung vermieteten Grundbesitzes auf die Stiftung, in der Weise, dass dem Stifter ein Großteil und der Stiftung – während der Lebenszeit des Stifters – nur ein kleinerer Teil der Mieterträge zusteht, aus dem die Stiftung ihren Stiftungszweck erfüllen kann. Stifter als (Quoten-) Nießbrauchsberechtigter und Stiftung als Eigentümer bilden dann nach außen und auch steuerlich eine Vermietergemeinschaft, deren Erträge zwischen Stifter und Stiftung entsprechend der vorbehaltenen Nießbrauchsquote aufzuteilen sind. Nach Ableben des Stifters stehen der Stiftung dann die gesamten Mieterträge zu.*

Der Vorbehalt derartiger Rechte bzw. die Beschwerung der Stiftung mit derartigen Auflagen ist stiftungsrechtlich ein teilentgeltliches Rechtsgeschäft und mindert daher den Wert der Vermögensausstattung der Stiftung bei ihrer Errichtung. Da die Stiftung etwaige Leistungen an den Stifter und seine Angehörigen aber aufgrund der Verpflichtungen der Stiftung im Stiftungsgeschäft (Auflagen) und nicht als freiwillige Leistungen im Rahmen der satzungsmäßigen Zweckerfüllung erbringt, gefährden nach herrschender Meinung derartige Leistungen nicht die Steuerbegünstigung der gemeinnützigen Stiftung; insbesondere finden auf derartige Leistungen der Stiftung die Bestimmungen der §§ 55 ff. AO keine Anwendung.

4. Die stiftungsrechtliche Anerkennung

10 Die staatliche Anerkennung (früher: Genehmigung) ist neben dem Stiftungsgeschäft eine weitere selbstständige und konstitutive Voraussetzung für das Entstehen der Stiftung als rechtsfähige Organisation (§ 80 S. 1 BGB). Mängel des Stiftungsgeschäfts werden durch die Anerkennung jedoch nicht geheilt. Es ist die Anerkennung durch die Stiftungsaufsichtsbehörde des Bundeslandes erforderlich, in dem sich der Sitz der künftigen Stiftung befinden soll. Hiernach beurteilt sich auch das jeweils anwendbare Landesstiftungsrecht. Durch die Wahl des Sitzes der Stiftung lässt sich daher die Anwendbarkeit eines möglichst günstigen Stiftungsrechts erreichen. Die für die Anerkennung zuständige Stiftungsaufsichtsbehörde bestimmt sich ebenfalls nach Landesrecht.

A. Errichtung, Organisation und Verwaltung

Besteht das Stiftungsgeschäft in einer Verfügung von Todes wegen (Testament, Erbvertrag), so haben die Erben, der Testamentsvollstrecker oder das jeweilige Nachlassgericht die Anerkennung zu beantragen (§ 83 BGB).

Nach der seit 2001 bestehenden Neufassung von § 80 BGB besteht nunmehr für jeden Stifter ein Rechtsanspruch auf Anerkennung seiner Stiftung, wenn hinsichtlich des Stiftungsgeschäfts die Voraussetzungen des § 81 Abs. 1 BGB erfüllt sind und keine gesetzlichen Ablehnungsgründe gegeben sind. Die Anerkennung einer Stiftung kann danach nur noch dann versagt werden, wenn die dauernde und nachhaltige Erfüllung des Stiftungszwecks nicht gesichert erscheint oder die mit ihr verfolgten Zwecke dem Gemeinwohl zuwiderlaufen (§ 87 BGB).

In der Praxis erkennen die Stiftungsaufsichtsbehörden die Errichtung einer gemeinnützigen Stiftung aber nur an, wenn die zuständige Finanzverwaltung zuvor bescheinigt hat, dass die Stiftungssatzung den Gemeinnützigkeitserfordernissen entspricht. Dabei prüft die Finanzverwaltung, ob die Stiftungszwecke in Übereinstimmung mit den Vorschriften des Gemeinnützigkeitsrechts festgelegt wurden, das Stiftungsvermögen satzungsgemäß in ausreichendem Maße gemeinnützig gebunden ist und sichergestellt ist, dass keine Personen nach den Satzungsbestimmungen durch unverhältnismäßig hohe Vergütungen begünstigt werden.

Die Anerkennung ist ein sog. privatrechtsgestaltender Verwaltungsakt.[16] Durch die Anerkennung erlangt die Stiftung ihre Rechtsfähigkeit. Ist die Anerkennung mit Auflagen verbunden oder wird diese versagt, kann dagegen nach Durchführung eines erfolglosen Widerspruchsverfahrens Anfechtungsklage vor dem Verwaltungsgericht (§ 40 Abs. 1 VwGO) erhoben werden.

Die Stiftung entsteht mit Zustellung der Anerkennung an den Antragsteller, d.h. den Stifter, seine Erben oder den Testamentsvollstrecker. Erst nach der Anerkennung hat der Stifter das im Stiftungsgeschäft zugesagte Vermögen auf die Stiftung zu übertragen (§ 82 BGB). Ist das Stiftungsgeschäft – etwa wegen Formmangels – nichtig, so besteht trotz Anerkennung der Stiftung keine Verpflichtung des Stifters zur Übertragung des zugesagten Vermögens. In diesem Fall kann die Stiftungsaufsichtsbehörde die Stiftungsanerkennung mit Wirkung für die Zukunft widerrufen.

> **Praxishinweis:**
> Um das Anerkennungsverfahren und die damit verbundene Prüfung von Stiftungsgeschäft und Stiftungssatzung zu beschleunigen, ist zu empfehlen, der Stiftungsaufsichtsbehörde rechtzeitig entsprechende Entwürfe zur Vorprüfung und Abstimmung zur Verfügung zu stellen, sich hierbei an den in der Regel von den Stiftungsaufsichtsbehörden selbst veröffentlichten Mustern zu orientieren und etwaige Änderungsvorschläge der Stiftungsaufsichtsbehörde zu berücksichtigen oder mit dem zuständigen Sachbearbeiter zu erörtern.

Sobald die Stiftung durch die Anerkennung rechtswirksam entstanden ist, müssen die in der Satzung vorgesehenen Personen – zumeist der Stifter – die Organmitglieder der Stiftung, d.h. die Mitglieder des Stiftungsvorstands oder auch des Beirats oder Kuratoriums erstmalig zu benennen bzw. zu bestellen. Die Benennung bzw. Bestellung wird wirksam mit Erklärung der benannten Personen gegenüber den benennungsberechtigten Personen, meist dem Stifter, das Amt als Organmitglied (z.B. Stiftungsvorstand) anzunehmen.[17] Die in vielen Landesstiftungsgesetzen vorgesehene Anzeige an die Stiftungsaufsichtsbehörde hat dagegen lediglich deklaratorischen Charakter.

---

16 Schauhoff, a.a.O., § 3 Rn. 20.
17 Schauhoff, a.a.O., § 3 Rn. 23.

II. Der Stiftungszweck

11 Der Stiftungszweck ist das eigentlich konstitutive Merkmal der Stiftung. Er verleiht der Stiftung Dauer und Stabilität. Der Stiftungszweck ist das „Herz" jeder Stiftung.[18] Der Stiftungszweck muss vom Stifter verbindlich vorgegeben werden und auf Dauer angelegt sein.

Der Stiftungszweck wird in der Regel im Stiftungsgeschäft und in der gleichzeitig errichteten Satzung verankert. Mindestens ein Zweck ist anzugeben. Die Stiftung kann auch mehrere Zwecke nebeneinander oder sich nacheinander ablösende, zeitlich befristete oder bedingte Zwecke haben.[19] Die Wahl mehrerer Zwecke ist dann sinnvoll, wenn die Gefahr besteht, dass einer der Stiftungszwecke irgendwann nicht mehr verwirklicht werden kann; etwa wenn eine schwere Krankheit im Laufe der Zeit heilbar wird. Mehrere Zwecke müssen nämlich nicht notwendigerweise gleichzeitig verfolgt werden. Dies sollte jedoch in der Satzung der Stiftung ausdrücklich klargestellt werden, um ein „Verzetteln" der Stiftungsaktivitäten zu vermeiden. Zu beachten ist hierbei allerdings, dass die Finanzverwaltung bei gemeinnützigen Stiftungen üblicherweise erwartet, dass alle satzungsmäßigen Stiftungszwecke innerhalb angemessener Frist (z.B. 3-4 Jahre) erfüllt werden, um die Steuerbefreiung der Stiftung nicht zu gefährden. Der Stifter kann den Zweck der Stiftung weitgehend frei bestimmen. Auch das Gemeinwohl muss nicht notwendigerweise Zweck der Stiftung sein (so z.B. bei der reinen Familienstiftung). Nur die Beschränkungen des § 87 BGB sind zu beachten, wonach unmögliche oder das Gemeinwohl gefährdende Zwecke unzulässig sind. Unzulässig ist auch eine Stiftung, deren Zweck sich nur auf die Erhaltung und Verwaltung des eigenen Stiftungsvermögens beschränkt (sog. Selbstzweckstiftung) oder deren Aufgabe sich in der Versorgung (nur) des Stifters erschöpft.[20]

Die Bestimmung des Stiftungszwecks soll den Stiftungsorganen einen eindeutigen und klar abgegrenzten Auftrag geben, um Rechtsunsicherheit und Willkür der Stiftungsverwaltung zu verhindern.

Bei kleineren Stiftungen sollte beachtet werden, dass der Zweck nicht zu anspruchsvoll für die zu erwartenden Erträge aus dem Stiftungsvermögen unter Berücksichtigung möglicher laufender Zuwendungen ist. So kann es sich für kleinere Stiftungen empfehlen, sich im Rahmen des festgelegten Stiftungszwecks mit der Unterstützung von einzelnen Maßnahmen oder Projekten Dritter zu begnügen, anstelle eigene Förderprojekte zu initiieren. Andererseits besteht bei einem allgemeiner formulierten Stiftungszweck später die Möglichkeit, die Einzelheiten der Zweckerfüllung neuen Erfordernissen anzupassen; eine generelle Änderung des Stiftungszwecks ist aber auch dann bei rechtsfähigen Stiftungen – anders als bei unselbständigen Stiftungen – nur in engen Grenzen möglich, soweit dies vom Stifter in der Stiftungssatzung nicht ausdrücklich vorgesehen wurde.

So ist nach der Errichtung der Stiftung die Änderung des Stiftungswecks nach der allgemeinen Regelung des § 87 Abs. 1 BGB durch die Stiftungsaufsichtsbehörde grundsätzlich nur noch dann möglich, wenn die Erfüllung des Stiftungszwecks unmöglich geworden ist oder dieser das Gemeinwohl gefährdet. Die Stiftungsgesetzte Bayern (Art. 8 StiftG) und Thüringen (§ 11 Abs. 1 StiftG) verweisen auf diese allgemeinen Regelungen und geben der zuständige Behörde die Befugnis, den Stiftungszweck zu ändern.

Daneben finden sich in den Landesstiftungsgesetzen Regelungen, die eine Änderung des Stiftungszwecks durch die Stiftungsorgane zwar zulassen, diese jedoch von der stiftungsaufsichtsrechtlichen Genehmigung und, soweit möglich, von der Zustimmung – z.B. § 8 Abs. 1 SiftG Bremen– oder der Anhörung – z.B. § 7 Abs. 4 StiftG Hamburg – des noch lebenden Stifters abhängig macht.

Die meisten Landesstiftungsgesetze enthalten Regelungen dahingehend, wonach Änderungen des Stiftungszwecks möglich sind, wenn schon die Stiftungssatzung eine spätere Zweckänderung zulässt

---

18 Hof, a.a.O., § 7 Rn. 1.
19 Hof, a.a.O., § 7 Rn. 55.
20 Reuter, in: Münchner Kommentar zum BGB, Vor § 80 Rn. 52.

oder die Satzung dem nicht entgegensteht oder eine Satzungsänderung aufgrund einer wesentlichen Veränderung der Verhältnisse angebracht ist; so z.B. nach § 14 StiftG Baden-Württemberg, § 5 Abs. 2 StiftG Berlin, § 8 Abs. 1 StiftG Bremen, § 10 Abs. 1 StiftGBdg, § 7 I StiftG Hamburg, § 9 Abs. 2 StiftG Hessen, § 9 StiftG Mecklenburg-Vorpommern, § 5 Abs. 1 StiftG NRW, § 8 StifG Rheinland-Pfalz, § 7 Abs. 1 StiftG Saarland, § 21 Abs. 1 StiftG Sachsen-Anhalt, § 5 Abs. 1 StiftG Schleswig-Holstein, und § 9 Abs. 1 StiftG Sachsen. In der Regel ist auch hier eine Beteiligung der Aufsichtsbehörde durch Zustimmung oder Genehmigung erforderlich.

Erweist sich der Stiftungszweck als nicht (mehr) erreichbar, so kommt in manchen Fällen statt der Änderung des Stiftungszwecks auch der Zusammenschluss mit einer anderen Stiftung oder die Auflösung der Stiftung in Betracht.[21]

Aufgrund dieser Hürden für die Änderung des Stiftungszwecks sollte der Stifter schon bei Stiftungserrichtung überlegen, sich zu Lebzeiten ein Änderungsrecht ausdrücklich in der Satzung vorzubehalten und ob bzw. unter welchen Voraussetzungen die Stiftungsorgane nach seinem Ableben die Befugnis erhalten sollen, den satzungsmäßigen Stiftungszweck anzupassen oder zu ändern. Hat der Stifter hierzu keine Bestimmungen in der Stiftungssatzung verankert, ist später der mutmaßliche Wille des Stifters im Hinblick auf etwaige Änderungsnotwendigkeiten beim Stiftungszweck durch die Stiftungsorgane und die Stiftungsaufsichtsbehörde zu ermitteln. Ergibt dieser keine Änderungsmöglichkeit beim Stiftungszweck, muss die Zweckänderung entfallen.

1. Öffentliche Zwecke

Beispielsweise im bayerischen und rheinland-pfälzischen Stiftungsrecht werden Stiftungen mit überwiegend oder ausschließlich privaten Zwecken den sog. öffentlichen Stiftungen gegenübergestellt, die überwiegend oder ausschließlich öffentliche Zwecke verfolgen. Verfolgt die Stiftung private und öffentliche Zwecke, handelt es sich um eine gemischte Stiftung. Die Qualifizierung eines Stiftungszwecks als „öffentlich" in diesem Sinn führt nicht notwendigerweise zur Einordnung der Stiftung als Stiftung des öffentlichen Rechts, da auch öffentliche Zwecke von privaten Stiftungen verfolgt werden können.[22] Auch bedeutet die Qualifizierung des Stiftungszwecks als „öffentlich" nicht notwendigerweise die Verfolgung steuerbegünstigter Zwecke im Sinne der Abgabenordnung, da sich die steuerliche Begünstigung ausschließlich nach den in den Steuergesetzen festgelegten Kriterien, nicht aber nach der Unterscheidung zwischen privaten und öffentlichen Stiftungszwecken richtet.

Als öffentliche Zwecke gelten z.B. nach Art. 1 Abs. 3 StiftG Bayern die Förderung der Religion, der Wissenschaft, der Forschung, der Bildung, des Unterrichts, der Erziehung, der Kunst, der Denkmalpflege, der Heimatpflege, des Schutzes der natürlichen Lebensgrundlagen, des Sports, sozialer Aufgaben oder die Förderung sonst dem Gemeinwohl dienender Zwecke.

Öffentliche Zwecke in diesem Sinne verfolgen auch die Gemeinschafts- oder Bürgerstiftungen, deren (öffentlicher) Zweck es ist, lokal verfügbares Kapital zu sammeln, um nachhaltig lokale Bedarfssituationen, insbesondere im kulturellen und sozialen Bereich, bewältigen zu können.[23]

---

21 Andrick/Suerbaum, a.a.O., § 7 Rn. 91.
22 Pues/Scheerbarth, a.a.O., S. 23.
23 Bertelsmann Stiftung, Bürgerstiftungen Engagement von Bürgern für Bürger, 2006, S. 4.

2. Private Zwecke

13 Dagegen dienen überwiegend privaten Zwecken insbesondere die Familienstiftungen, sowie mitunter auch Unternehmens-, Unternehmensträger- oder Beteiligungsträgerstiftungen, soweit sie ausschließlich die persönlichen Interessen einer Unternehmerfamilie oder eines Unternehmens fördern wollen.

Für derartige Stiftungen mit ausschließlich privaten Zwecken, insbesondere Familienstiftungen, galten bis vor wenigen Jahren in einigen Bundesländern teilweise einschränkende stiftungsrechtliche Bestimmungen. So waren beispielsweise privatnützige Familienstiftungen in Brandenburg gar nicht und in Bayern nur bei Vorliegen wichtiger Gründe (z.B. Erhaltung wertvoller Kulturdenkmäler) genehmigungsfähig. Durch das Gesetz zur Modernisierung des Stiftungsrechts vom 15.07.2002 wurden die Voraussetzungen für die Entstehung rechtsfähiger Stiftungen bürgerlichen Rechts im BGB bundeseinheitlich und abschließend geregelt, ohne dass dort Einschränkungen für privatnützige Stiftungen enthalten sind. In der Folge haben mittlerweile alle Bundesländer ihre Landesstiftungsgesetze der bundesrechtlichen Regelung angepasst, sodass privaten Zwecken dienende Stiftungen in allen Bundesländern anerkannt werden können, sofern (wie bei allen anderen Stiftungen auch) der Stiftungszweck das Gemeinwohl nicht gefährdet.

3. Steuerbegünstigte Zwecke

14 Unabhängig von den vorstehend beschriebenen und in einigen Landesstiftungsgesetzen verankerten Begriffen der privaten und öffentlichen Zwecke stellt das Steuerrecht eigene Regelungen darüber auf, wann ein Stiftungszweck steuerbegünstigt im Sinne der §§ 51 ff. AO ist. Diese steuerbegünstigten Zwecke decken sich zwar in vielerlei Hinsicht mit den öffentlichen Zwecken von Stiftungen im Sinne der Stiftungsgesetze, jedoch nicht in jedem Fall und notwendigerweise. Nicht jede öffentliche Zwecke verfolgende Stiftung ist daher zwingend auch gemeinnützig. Soll also eine Stiftung errichtet werden, die steuerbegünstigte Zwecke im Sinne der AO verfolgt, so ist die Stiftungssatzung stets gesondert an die Voraussetzungen der §§ 51 ff. AO anzupassen und der Finanzverwaltung vorzulegen.

Steuerbegünstigt im Sinne der AO sind gemeinnützige Zwecke (§ 52 AO), mildtätige Zwecke (§ 53 AO) und kirchliche Zwecke (§ 54 AO).

Da für die Anerkennung steuerbegünstigter Zwecke und damit der Steuerbefreiung einer Stiftung nach §§ 51 ff. AO noch weitere steuerliche Voraussetzungen einzuhalten sind, empfiehlt sich eine frühzeitige Abstimmung der Stiftungssatzung mit dem für die Stiftung zuständigen Körperschaftsteuerfinanzamt am künftigen Sitz der Stiftungsverwaltung. Dieses sollte die Gelegenheit erhalten, vorab die Stiftungssatzung und insbesondere die Stiftungszwecke und die Satzungsbestimmungen über die Verwendung des Stiftungsvermögens auf ihre Übereinstimmung mit den steuerrechtlichen Bestimmungen zu prüfen, um gegebenenfalls auch noch zweckmäßige Änderungsvorschläge oder –vorgaben unterbreiten zu können, die dann in die Stiftungssatzung Eingang finden können. Erfolgt diese Abstimmung durch den Stifter nicht zeitgleich mit der Beantragung der stiftungsrechtlichen Anerkennung der Stiftung, sind die Stiftungsbehörden gehalten, sich vor Anerkennung einer gemeinnützigen Stiftung eine solche Stellungnahme des zuständigen Finanzamts zur vorgelegten Stiftungssatzung vorlegen zu lassen oder dieses selbst dort einzuholen. Das Finanzamt prüft die formelle Übereinstimmung der Stiftungssatzung mit dem Gemeinnützigkeitsrecht und stellt für den Fall der behördlichen Anerkennung der Stiftung die vorläufige finanzamtliche Anerkennung der neuen Stiftung als steuerbefreit in Aussicht.

III. Stiftungsorganisation

Die innere Organisation gibt der Stiftung Strukturen, die der Entscheidungsfindung dienen und macht die Stiftung als juristische Person im Rechtsverkehr handlungs- und rechtsfähig. Die richtige Organisationsstruktur lässt sich nur im Einzelfall vor dem Hintergrund der Stifterabsichten, des Stiftungszwecks und der Stiftungsausstattung finden bzw. beurteilen. Dazu sind intensive Vorüberlegungen und gründliche Gespräche mit dem Stifter in der Regel noch vor Ausgestaltung und Formulierung des Stiftungsgeschäfts und der Stiftungssatzung notwendig.

1. Mindestanforderungen

Die Stiftung muss schon ab dem Zeitpunkt ihrer Anerkennung durch die staatlichen Behörden entscheidungs- und handlungsfähig sein. Sowohl das BGB als auch die Landesstiftungsgesetze enthalten jedoch nur sehr rudimentäre Regelungen über die Stiftungsorganisation. Als gesetzliches Minimalerfordernis bestimmt § 86 S.1 BGB i.V.m. § 26 Abs. 1 S.1 BGB lediglich, dass es zumindest eine Person geben muss, die die Stiftung nach außen vertritt und für sie handelt.[24] Dies soll nach der gesetzlichen Regelung der Vorstand als einziges Pflichtorgan der Stiftung sein, der jedoch aus nicht mehr als einer Person bestehen muss. Weitere gesetzliche Organisationsvorgaben gibt es für Stiftungen nicht. Die einfachste Organisationsform einer Stiftung besteht demnach aus dem Stifter selbst als einzigem Vorstand der Stiftung.

Dennoch ist es je nach Stiftungszweck, Tätigkeit und Vermögensausstattung einer Stiftung ratsam, den Stiftungsvorstand zu vergrößern und neben dem Vorstand ein beratendes oder kontrollierendes Gremium einzusetzen, um für den Fall des Ausfalls des Stifters die Handlungsfähigkeit der Stiftung durch ein oder mehrere weitere Vorstandsmitglieder aufrecht erhalten zu können. Die Einsetzung dieser Gremien und deren Besetzung sowie die Aufgabenverteilung liegen jedoch im Belieben des Stifters und sind von ihm in der Stiftungssatzung zu verankern.

> **Praxishinweis:**
> *Sinnvoll kann es auch sein, zu Lebzeiten des Stifters zunächst nur ein Stiftungsorgan vorzusehen, nämlich den Stiftungsvorstand, bestehend aus drei bis fünf Mitgliedern, hierunter stets den im Zweifel auch allein entscheidungsbefugten und seine Vorstandskollegen kontrollierenden Stifter; gleichzeitig aber schon in der Stiftungssatzung für den Ablebensfall des Stifters ein weiteres Stiftungsorgan zur Kontrolle des Stiftungsvorstands vorzusehen (z.B. Kuratorium, Stiftungsrat oder Beirat), das sich erst nach dem Ableben des Stifters nach den satzungsmäßigen Vorgaben konstituiert.*

2. Der Stiftungsvorstand

Nach § 86 i.V.m. § 26 Abs. 2 Satz 1 BGB ist der Vorstand der gesetzliche Vertreter der Stiftung. Er vertritt die Stiftung gerichtlich und außergerichtlich.

a) Anzahl, Bestellung und Ausscheiden der Vorstandsmitglieder

Der Vorstand – in einigen Stiftungssatzungen auch Präsidium oder (missverständlich) Kuratorium genannt – kann aus einer oder aus mehreren Personen bestehen. Funktion und Größe des Vorstands ist stets abhängig von der konkreten Stiftungsarbeit.[25] Zumindest die Mindest- und Höchstmitglie-

---

24 Frhr. v. Campenhausen, Handbuch des Stiftungsrechts, § 1 Rn. 13.
25 Hof, a.a.O., § 8 Rn. 20.

derzahl des Stiftungsvorstands sollte in der Stiftungssatzung verbindlich geregelt werden. Generelle Empfehlungen zur Größe und Besetzung des Stiftungsvorstands sind aufgrund der vielgestaltigen Stiftungslandschaft nicht sinnvoll. Ist der Vorstand das einzige Organ, empfiehlt sich durch eine ausreichende Zahl von Vorstandsmitgliedern eine „interne Kontrolle" des Vorstands zu erreichen. Gibt es kein anderes Stiftungsorgan, vertritt der Stiftungsvorstand die Stiftung nach außen und hat alle anfallenden Aufgaben der Stiftungsverwaltung zu erledigen, insbesondere die Vermögensverwaltung und die zur Zweckerfüllung erforderliche Geschäftsführung der Stiftung. Vorstandsmitglieder sind zwar in der Regel natürliche Personen, können aber auch juristische Personen – stets vertreten durch ihren gesetzlichen Vertreter – sein. Bei größeren Stiftungen findet man neben dem Stiftungsvorstand häufig einen oder mehrere Geschäftsführer der Stiftung, die oft auf der Grundlage eines festen Arbeits- oder Dienstvertrags die täglichen Geschäfte der Stiftung führen und diese aufgrund von Vollmachten auch nach außen vertreten können, während der Stiftungsvorstand die wesentlichen Entscheidungen der Stiftung prägt, im Übrigen aber weiterhin meist ehrenamtlich für die Stiftung tätig ist. Diese Arbeitsteilung führt oft zu einer Professionalisierung der Stiftungsarbeit.

Der Stifter kann und will in der Regel auch selbst Mitglied im Vorstand oder in einem anderen Organ werden. Meist will der Stifter befristet oder zu Lebzeiten als einziges Vorstandsmitglied, als Vorsitzender des aus mehreren Personen bestehenden Stiftungsvorstands oder als Mitglied eines Beratungs- oder Aufsichtsgremiums Einfluss auf die Stiftung und deren Tätigkeit nehmen. Nicht selten ist es dabei auch der Wunsch, dass ihm zu Lebzeiten auch immer die Mehrheit aller Stimmen bei Gremienentscheidungen zusteht, so dass er zu seinen Lebzeiten in der Stiftung stets das Sagen behält.

> **Praxishinweis:**
> *In diesen Fällen sollte in der Satzung geregelt werden, was passiert, falls der Stifter, etwa aufgrund einer altersbedingten Betreuungsbedürftigkeit, sein Vorstandsamt nicht mehr ausüben kann. Da eine Vertretung des Stifters als Vorstandsmitglied durch Dritte, etwa einen Betreuer oder Bevollmächtigten, nicht in Betracht kommt, sollte in der Stiftungssatzung geregelt werden, ob das Vorstandsamt des Stifters in dieser Zeit ruht oder er durch die übrigen Vorstandsmitglieder, gegebenenfalls mit Zustimmung der Stiftungsaufsichtsbehörde, in diesem Fall ausnahmsweise als Vorstand abberufen werden kann.*

Die Bestellung bzw. Berufung des Vorstands, aber auch weiterer Organe, kann auf verschiedene Weise erfolgen und ist in der Stiftungssatzung zu regeln. Die Mitglieder des ersten Stiftungsvorstands werden in der Regel vom Stifter selbst schon bei der Stiftungserrichtung bestellt. In vielen Stiftungen werden die Nachfolger einzelner Vorstandsmitglieder durch sog. Kooptation bestimmt, indem die verbliebenen Vorstandsmitglieder selbst einen Nachfolger eines ausgeschiedenen Vorstandsmitglieds wählen.[26] Bei der Einzelnachfolge für ein ausgeschiedenes Vorstandsmitglied ist es auch denkbar, dass die Stiftungssatzung vorsieht, dass entweder der Stifter, ein von ihm benannter Dritter als Benennungsperson oder das ausgeschiedene Vorstandsmitglied selbst einen Nachfolger bestimmt. Als außenstehende Benennungspersonen werden häufig die Familie des Stifters, der Oberbürgermeister, der Präsident eines Gerichts oder der Industrie- und Handelskammer oder ein Vertrauter des Stifters eingesetzt. Das Benennungsrecht steht im Zweifel dem jeweiligen Amtsinhaber in Person zu. Auch die Besetzung von Positionen qua Amtes – etwa durch den jeweiligen Dekan einer Fakultät oder den Oberbürgermeister – ist möglich, d.h. durch sog. geborene Mitglieder. Letztlich kann die Stiftungssatzung auch vorsehen, dass Vorstandsmitglieder auch durch ein anderes Stiftungsorgan, beispielsweise durch den Stiftungsrat, -beirat oder das Stiftungskuratorium gewählt oder bestimmt, aber auch abberufen werden können, was bei größeren Stiftungen eher die Regel ist.

Die Bestellung eines Vorstandsmitglieds wird wirksam, sobald dieses das Amt gegenüber dem bestellungsberechtigten Organ angenommen hat. Bis zur Annahme des Amts kann das bestellungsberechtigte Organ die Bestellung jederzeit widerrufen.

---

26 Hof, a.a.O., § 8 Rn. 131.

In der Stiftungssatzung sollte auch die Dauer angegeben werden, für die ein Stiftungsvorstand berufen wird. Üblicherweise beträgt die Amtsdauer drei bis fünf Jahre, gelegentlich werden Vorstandsmitglieder, insbesondere der Stifter als Vorstand, auch auf Lebenszeit bestellt. Dabei ist jedoch dafür Sorge zu tragen, dass weitere Stiftungsvorstände die Handlungsfähigkeit der Stiftung bei Ausfall des auf Lebenszeit bestellten Vorstandsmitglieds gewährleisten können.

Auch die Abberufung von Mitgliedern des Stiftungsvorstands ist zunächst Sache des zur Bestellung des Stiftungsvorstands berechtigten Organs, in der Regel des Stifters, eines von ihm in der Satzung vorgesehenen Kontrollgremiums oder eines außenstehenden Benennungs- und Abberufungsberechtigten. Die meisten Stiftungsgesetze der Länder sehen zudem vor, dass auch die Stiftungsaufsichtsbehörden bei groben Versäumnissen des Stiftungsvorstands oder einzelner Mitglieder diese aus wichtigem Grund abberufen und andere Personen neu bestellen können. Ein wichtiger Grund in diesem Sinne kann u.U. auch ein Vertrauensentzug durch untereinander zerstrittene Organmitglieder sowie eine Interessenkollision in der Person eines Vorstandsmitglieds sein. Ist der Stiftungsvorstand gänzlich unbesetzt, kann im Ausnahmefall durch das zuständige Amtsgericht gemäß § 29 BGB auch ein Notvorstand bestimmt werden.

Darüber hinaus kann ein Vorstandsmitglied sein Amt jederzeit (Ausnahme: zur Unzeit) ohne Angabe von Gründen niederlegen.

❗ Praxishinweis:

Stiftungssatzungen sollten möglichst genaue Modalitäten über die Auswahl, Bestellung und Abberufung der Vorstandsmitglieder und ihrer Nachfolger enthalten, um die ordnungsgemäße Besetzung des Vorstands und damit die gesetzliche Vertretung der Stiftung auch in Krisenfällen sicher zu stellen.

b) Vertretungsmacht des Stiftungsvorstands und ihr Nachweis im Rechtsverkehr

Ist nur ein Vorstandsmitglied bestellt, so vertritt dieses allein die Stiftung gegenüber Dritten. Sind mehrere Vorstandsmitglieder bestellt, vertreten diese die Stiftung grundsätzlich gemeinschaftlich, sofern die Stiftungssatzung nichts anderes vorsieht. Einzelnen Vorstandsmitgliedern kann Einzelvertretungsbefugnis erteilt werden. Die Erteilung einer unbeschränkten Generalvollmacht an einzelne Vorstandsmitglieder bei satzungsmäßiger Gesamtvertretung ist jedoch grundsätzlich unzulässig. Die Vertretungsmacht des Vorstands ist durch den Stiftungszweck beschränkt. Der Vorstand kann die Stiftung deshalb nicht wirksam verpflichten, soweit das abgeschlossene Geschäft erkennbar außerhalb des Stiftungszwecks liegt. Die Vertretungsmacht des Vorstands einer Stiftung kann durch die Satzung mit Wirkung gegen Dritte beschränkt werden (§ 86 S. 1 BGB i.V.m. § 26 Abs. 2 S. 2 BGB). Dies ist zwar unüblich, gleichwohl ist eine Beschränkung der Vertretungsmacht im Hinblick auf einzelne Rechtsgeschäfte (z.B. Immobiliengeschäfte) oder betragsmäßige Beschränkungen denkbar. Diese Regelungen müssen jedoch die Beschränkungen der Vertretungsmacht sowie den Umfang der Beschränkungen eindeutig erkennen lassen.

Die Vertretungsmacht des Vorstands kann nach bisher herrschender Meinung auch durch Genehmigungsvorbehalte in den Stiftungsgesetzen der Länder eingeschränkt werden mit der Folge, dass genehmigungsbedürftige Rechtsgeschäfte des Stiftungsvorstands bis zur Erteilung der Genehmigung zunächst nach §§ 182 ff. BGB schwebend unwirksam sind. Nach der Novellierung der §§ 80 ff. BGB gehen einige Stimmen in der Literatur jedoch davon aus, dass die landesgesetzlichen Genehmigungsvorbehalte die bundesgesetzlich geregelte umfassende Vertretungsmacht des Stiftungsvorstands nicht (mehr) einschränken können mit der Folge, dass auch genehmigungsbedürftige Rechtsgeschäfte des Stiftungsvorstands wirksam sind und von den Stiftungsaufsichtsbehörden nur noch nachträglich geprüft werden können. Hier bleibt die Entwicklung abzuwarten. Bis dahin sollten die bestehenden Genehmigungspflichten für Stiftungsvorstände schon aus Gründen der Rechtssicherheit und Haftung ernst genommen werden.

Die grundsätzlich umfassende Vertretungsmacht des Stiftungsvorstands kann durch die Satzung nach § 86 BGB i.V.m. § 26 Abs. 2 Satz 2 BGB für einzelne Vorstandsmitglieder auch mit Wirkung gegenüber Dritten wirksam beschränkt werden, etwa indem der Erwerb und die Veräußerung von Grundbesitz von der Zustimmung anderer Stiftungsorgane oder Mitglieder des Stiftungsvorstands abhängig gemacht werden. Liegt eine solche wirksame Beschränkung der Vertretungsmacht mit Wirkung gegenüber Dritten vor, muss dieser die Beschränkung jedoch nur dann gegen sich gelten lassen, wenn er die Beschränkung der Vertretungsmacht kannte. Kannte er sie nicht, erwirbt er gegebenenfalls wirksam vom Nichtberechtigten.

Grundsätzlich unterliegen Vorstandsmitglieder der Stiftung nach den Landesstiftungsgesetzen dem sog. Selbstkontrahierungsverbot des § 181 BGB und dürfen als Stiftungsvorstand im Namen der Stiftung und mit sich selbst im eigenen Namen oder als Vertreter eines Dritten keine Rechtsgeschäfte abschließen, es sei denn die Stiftungssatzung sieht ausdrücklich eine Befreiung vom Selbstkontrahierungsverbot vor oder die Stiftungsaufsichtsbehörde genehmigt das Rechtsgeschäft.

Die Handlungsfähigkeit der Stiftung ist nur dann gegeben, wenn der Stiftungsvorstand seine Vertretungsberechtigung im Rechtsverkehr auch gegenüber Dritten nachweisen kann. Anders als im Vereins- oder Gesellschaftsrecht gibt es im Stiftungsrecht kein Stiftungsregister mit entsprechender positiver oder negativer Publizität und dem damit verbundenen Gutglaubensschutz des Rechtsverkehrs. Zwar existieren in vielen Bundesländern mittlerweile jeweils Stiftungsverzeichnisse mit den wesentlichen Angaben zur Stiftung, wie etwa Name, Zweck, Sitz, Organe und Vertretung, jedoch genießen die darin enthaltenen Angaben keinen Vertrauensschutz des Rechtsverkehrs im Hinblick auf ihre Richtigkeit und Vollständigkeit. Zum Schutz des Rechtsverkehrs ist daher die Ausstellung sog. Vertreterbescheinigungen durch die Stiftungsaufsichtsbehörden erforderlich. Auf die Ausstellung einer solchen (in der Regel kostenpflichtigen) Vertreterbescheinigung hat jede Stiftung einen Rechtsanspruch gegenüber der Stiftungsaufsichtsbehörde. Die Vertreterbescheinigung entfaltet zwar keinen Gutglaubensschutz im Rechtsverkehr wie etwa ein Handelsregistereintrag, die Stiftung muss jedoch eine solche Bescheinigung wie eine Vollmachtsurkunde in entsprechender Anwendung der §§ 172, 173 BGB gegen sich gelten lassen, bis dem Geschäftspartner der Widerruf positiv bekannt ist.

c) Beschlussfassung des Stiftungsvorstands

Sind mehrere Vorstandsmitglieder bestellt, so erfolgt die Beschlussfassung der Vorstandsmitglieder im Innenverhältnis nach dem Mehrheitsprinzip (§ 86 BGB i.V.m. §§ 28 Abs. 1, 32, 34 BGB). Die Einzelheiten der Beschlussfassung können und sollten in der Satzung geregelt werden, da diesbezüglich gesetzliche Regelungen nicht existieren. Hierzu gehören die Modalitäten der Einberufung von und der Ladung zu Vorstandssitzungen, der Beschlussfähigkeit und der Beschlussfassung innerhalb des Vorstands. In der Stiftungssatzung können auch bestimmte Maßnahmen des Vorstands im Innenverhältnis von der vorherigen Zustimmung des Stiftungsrats, -beirats oder des Stiftungskuratoriums abhängig gemacht werden. In der Regel betrifft dies besondere bedeutsame Verwaltungsmaßnahmen (z.B. Grundstücksgeschäfte) und Maßnahmen zur Erfüllung des eigentlichen Stiftungszwecks.

20

d) Aufgaben des Stiftungsvorstands

Die Rechte und Pflichten des Stiftungsvorstands ergeben sich aus § 86 BGB i.V.m. § 27 Abs. 3 BGB. Danach gelten für die Geschäftsführung einer Stiftung durch deren Vorstand und dessen Rechtsverhältnis zur Stiftung die Regelungen des Auftragsrechts (§§ 662 ff. BGB).

21

Die Geschäftsführung des Vorstands besteht in erster Linie aus der ordnungsgemäßen Verwaltung des Stiftungsvermögens und der Verwirklichung der Stiftungszwecke im Rahmen der Stiftungssatzung durch die Erträge des Stiftungsvermögens. Dabei entscheidet der Vorstand grundsätzlich als Organ über die Geschäftsführungsmaßnahmen. Die dauerhafte Übertragung von Entscheidungskompetenzen des Vorstands auf einzelne Vorstandsmitglieder ist nur zulässig, wenn dies die Stiftungssatzung vorsieht, beispielsweise indem der Vorstand ermächtigt wird, die Geschäfts- und Ressortverteilung durch eine Geschäftsordnung zu regeln. Dies steht jedoch der Beauftragung und Bevollmächtigung einzelner Vorstandsmitglieder für bestimmte Aufgaben im Einzelfall nicht entgegen.

Der Vorstand hat seine Tätigkeit an den Vorgaben des Stifters in der Stiftungssatzung und an den Regelungen des jeweiligen Stiftungsgesetzes zu orientieren. Innerhalb dieses Rahmens entscheidet der Vorstand über das „wie" der Aufgabenerfüllung eigenverantwortlich, ohne dass dies – abgesehen von gesetzlichen Genehmigungserfordernissen nach den Landesstiftungsgesetzen – der Kontrolle durch die Stiftungsaufsichtsbehörden oder durch Gerichte unterliegt. Zur Kontrolle des Vorstands kann der Stifter in der Stiftungssatzung vorsehen, dass der Vorstand zu einzelnen bezeichneten Vorgängen die Zustimmung eines anderen Stiftungsorgans, beispielsweise des Stiftungsrats, Beirats oder des Kuratoriums einholen muss.

Der Stiftungsvorstand ist auf der Grundlage der Stiftungsgesetze der Länder zur Rechnungslegung verpflichtet (vgl. hierzu auch § 6). Die Regelungen der einzelnen Stiftungsgesetze sind dabei nach wie vor recht unterschiedlich. So ist der Vorstand zwar grundsätzlich zur Buchführung und zur Erstellung des Jahresabschlusses verpflichtet, wobei regelmäßig keine Bilanzierungspflicht besteht, sondern die Vorlage eines Vermögensverzeichnisses und einer Übersicht über die Einnahmen und Ausgaben der Stiftung, gegebenenfalls mit einem Tätigkeitsbericht genügt. Teilweise muss der Vorstand einen Haushaltsplan aufstellen, in dem die zu erwartenden Einnahmen und Ausgaben des laufenden Jahres auszuweisen sind. Darüber hinaus kann der Stifter in der Stiftungssatzung weitere Vorgaben über Art und Umfang der Rechnungslegung machen.

Der Stiftungsvorstand ist darüber hinaus zur Einhaltung der steuerlichen Pflichten der Stiftung verpflichtet (§ 34 AO) und haftet hierfür nach § 69 AO. So hat der Stiftungsvorstand insbesondere die notwendigen Steuererklärungen der Stiftung wahrheitsgemäß abzugeben.

e) Auslagenersatz und Vergütung des Stiftungsvorstands

22 Nach § 27 Abs. 3 BGB i.V.m. § 670 BGB hat jedes Vorstandsmitglied grundsätzlich Anspruch auf Ersatz seiner Auslagen, wenn der Auslagenersatz in der Stiftungssatzung nicht ausdrücklich ausgeschlossen ist. Ob der Vorstand darüber hinaus eine Vergütung erhält oder ehrenamtlich tätig ist, muss in der Stiftungssatzung klargestellt werden. Ohne entsprechende Regelung wird davon ausgegangen, dass der Stiftungsvorstand ehrenamtlich tätig wird.[27] Wird Vorstandsmitgliedern dennoch eine Vergütung bezahlt, verstößt dies auch gegen gemeinnützigkeitsrechtliche Vorgaben und gefährdet die Steuerbefreiung der Stiftung.

Eine Vergütung des Vorstands kommt auch bei entsprechender Satzungsregelung nur dann in Betracht, wenn die Erträge des Stiftungsvermögens ausreichend erscheinen, um neben der Verwendung der Erträge für gemeinnützige Zwecke Tätigkeitsvergütungen zu bezahlen und aus gemeinnützigkeitsrechtlichen Gründen die Verwaltungskosten der Stiftung insgesamt in einem angemessenen Verhältnis zu den für gemeinnützige Zwecke verwendeten Stiftungsmitteln stehen.

Maßgebend für die Höhe einer etwaigen Vergütung sind Art und Umfang der Tätigkeit des Stiftungsvorstands und etwaige Vorgaben des Stifters. Einige Stiftungsgesetze verlangen darüber hinaus eine klare schriftliche Vergütungsregelung mit Beschreibung von Art und Umfang der vom Vorstandsmitglied zu erbringenden Tätigkeit sowie der hierfür von der Stiftung geschuldeten Tätigkeit. Hierfür ist aber erforderlich, dass die Stiftungssatzung vorsieht, wer die Stiftung beim Abschluss von Verträgen mit den Mitgliedern des Stiftungsvorstands vertritt; dies ist meist der Vorsitzende des weiteren Stiftungsorgans oder der Stifter selbst. Fehlt eine solche Regelung in der Stiftungssatzung, ist die Stiftungsaufsichtsbehörde gehalten, zum Abschluss des Vertrags mit dem Vorstandsmitglied einen Notvertreter nach §§ 86, 29 BGB zu bestellen.

Die Vergütung von Vorstandsmitgliedern sollte in jedem Fall zusammen mit den weiteren Rechten und Pflichten in einem separaten Dienst- bzw. Arbeitsvertrag oder einem Geschäftsbesorgungsvertrag geregelt werden. Mit dem Dienst- oder Arbeitsvertrag wird ein echtes Anstellungsverhältnis des Vorstandsmitglieds mit der Stiftung begründet. Dieses Anstellungsverhältnis, das sich ausschließlich auf das Innenverhältnis des Stiftungsvorstands zur Stiftung bezieht, ist streng zu trennen von der Organstellung als Vorstandsmitglied, das die Vertretungsbefugnis des Vorstands im Außenverhältnis der Stiftung betrifft.

3. Weitere Stiftungsorgane

23 Ob neben dem Stiftungsvorstand weitere Organe, Beratungs- oder Entscheidungs- oder Kontrollgremien im Rahmen der Stiftungsorganisation errichtet werden, hängt von dem Stifterwillen ab und ist unter Zweckmäßigkeitsgesichtspunkten in Abhängigkeit vom Stiftungszweck, der konkreten Stiftungstätigkeit und der Vermögensausstattung der Stiftung zu beurteilen.

Insbesondere bei größeren Stiftungsvermögen und umfassender Stiftungsarbeit empfiehlt es sich, in einer Stiftung neben dem Stiftungsvorstand schon satzungsmäßig zumindest ein weiteres Stiftungsorgan vorzusehen. Hierdurch kann eine effektivere Kontrolle des Stiftungsvorstands, eine bessere Vorbereitung seiner Entscheidungen und eine bessere Einbindung anderer Wissensträger in die Stiftungsarbeit erreicht werden. Die Bezeichnungen sowie die Aufgaben der weiteren Stiftungsorgane sind dabei keineswegs feststehend, sondern müssen vom Stifter in der Stiftungssatzung festgelegt werden. Am gebräuchlichsten sind die Bezeichnungen Kuratorium, Beirat oder Aufsichts- bzw. Stiftungsrat.[28]

---

27 Schauhoff, a.a.O., § 3 Rn. 103.
28 Hof, a.a.O., § 8 Rn. 77.

Meist wird neben dem ein- oder mehrköpfigen Stiftungsvorstand als Exekutivorgan ein Aufsichtsgremium in der Form eines Kuratoriums, eines Beirats, eines Aufsichts- oder Stiftungsrats eingerichtet. Welche Befugnisse diese Aufsichts- oder Beratungsgremien im Einzelnen haben, ist in der Stiftungssatzung zu regeln. Hier hat der Stifter weitest gehenden Gestaltungsspielraum und kann in der Stiftungssatzung die neben dem Vorstand etablierten Gremien entweder mit bloßer Beratungsfunktion bis hin zu echten Entscheidungsbefugnissen und Weisungsrechten gegenüber dem Stiftungsvorstand oder auch mit Vertretungsbefugnissen gegenüber Dritten ausstatten. Hierbei kann er sich durchaus auch an den Regelungen des Aktiengesetzes orientieren.

Typische Aufgaben des Beirats, Stiftungsrats oder des Stiftungskuratoriums gegenüber dem Vorstand sind die Beratung und Bewertung seiner Tätigkeit zur Zweckverwirklichung, die Prüfung der Haushalts- und Wirtschaftsführung, der Jahresrechnung und des Haushaltsplans der Stiftung sowie die Wahl oder Abwahl und die Entlastung des Vorstands. Darüber hinaus werden dem Stiftungsrat oder Stiftungskuratorium durch die Satzung meist weitergehende Entscheidungs- oder Zustimmungsbefugnisse für bestimmte Maßnahmen des Vorstands eingeräumt, die für die Stiftung grundlegende Bedeutung haben.

> **Praxishinweis:**
>
> *Häufig wünschen sich Stifter, zu ihren Lebzeiten den Organisationsaufwand der Stiftung möglichst gering und effektiv zu halten und installieren daher bei Errichtung der Stiftung lediglich einen Stiftungsvorstand. Dort bestimmen sie häufig selbst maßgeblich die Geschicke der Stiftung. Gleichwohl möchten diese Stifter aber häufig für den Fall ihres Ablebens oder ihres Ausscheidens aus dem Stiftungsvorstand eine effektive Kontrolle der Stiftungsarbeit gewährleistet wissen. Hier kann die Stiftungssatzung die Bildung eines weiteren Kontrollgremiums auf Wunsch des Stifters, jedenfalls aber bei seinem Ableben, vorsehen und ihm für diesen Fall bereits entsprechende Befugnisse zuweisen.*

Darüber hinaus ist es auch denkbar, weitere Personen, insbesondere Spender und andere Freunde und Förderer der Stiftungsidee in die Stiftungsarbeit einzubeziehen, etwa durch Errichtung eines weiteren Gremiums mit reiner Beratungsfunktion.

Die Mitglieder weiterer Stiftungsorgane werden grundsätzlich ehrenamtlich tätig. Dies schließt jedoch nicht aus, ihnen ebenfalls Ersatz ihrer Auslagen aus dem Stiftungsvermögen in entsprechender Anwendung von § 670 BGB zu gewähren. Hierzu empfiehlt sich in jedem Fall eine klarstellende Regelung in der Stiftungssatzung.

IV. Die Geschäftsführung der Stiftung

Ziel der Geschäftsführung der Stiftung ist die Erfüllung des Stiftungszwecks im Rahmen der Stiftungssatzung, des Stiftungsgeschäfts und sonstiger Rechtsvorschriften. Hierbei kommt der Bewirtschaftung des Stiftungsvermögens eine strategische Bedeutung zu, da viele Stiftungen zur Erfüllung ihrer Zwecke auf die Erträge des Stiftungsvermögens angewiesen sind. Andere Stiftungen erfüllen ihren Zweck mit Spenden und sonstigen Zuwendungen Dritter, so dass bei ihnen das Einwerben von Drittmitteln im Rahmen des Fundraising große Bedeutung zukommt.

Es bleibt dem Stifter unbenommen, in der Stiftungssatzung oder im Stiftungsgeschäft den Organen der Stiftung Vorgaben für deren Geschäftsführung, insbesondere im Hinblick auf die Erfüllung des Stiftungszwecks, die Rechnungslegung und Rechnungsprüfung der Stiftung sowie für die Bewirtschaftung des Stiftungsvermögens zu machen. Da die Stiftung jedoch auf Dauer angelegt ist, empfiehlt sich hinsichtlich zu detaillierter Vorgaben Zurückhaltung, damit die Stiftungsgremien genügend Freiraum behalten, um generelle oder fallspezifische Entscheidungen entsprechend den Anforderungen des Einzelfalls treffen oder vermeiden und damit auf zukünftige Gegebenheiten reagieren zu können. Empfehlenswert ist es hingegen, in der Stiftungssatzung die Möglichkeit vorzusehen, dass das der Stiftungsvorstand selbst oder ein Überwachungsgremium generelle Vorgaben und Leitlinien der Geschäftsführungstätigkeit im Rahmen einer Geschäftsordnung o.ä. festlegt.

25 Die eigentliche Geschäftsführungstätigkeit der Stiftung besteht zum einen in der Bewirtschaftung des Stiftungsvermögens und zum anderen in der eigentlichen Erfüllung des Stiftungszwecks durch Ermittlung des Bedarfs an konkreten Fördervorhaben, der Vorbereitung entsprechender Förderentscheidungen sowie der Durchführung von Fördermaßnahmen entsprechend dem Stiftungszweck.

Die meisten Landesstiftungsgesetze schreiben im Rahmen des dort festgelegten Grundsatzes der sparsamen und wirtschaftlichen Verwaltung des Stiftungsvermögens vor, dass die Verwaltungskosten der Stiftung so gering als möglich zu halten sind. Dieser Grundsatz beeinflusst unmittelbar die Aufgabenerfüllung des Stiftungsvorstands. Maßgeblich hierfür ist jedoch stets die Erfüllung des konkreten Stiftungszwecks und die hierfür erforderlichen Stiftungsmittel. So liegt es auf der Hand, dass eine fördernd tätige Stiftung regelmäßig geringere Verwaltungskosten hat als eine operativ tätige Stiftung. Allgemein gültige Grundsätze zur Angemessenheit von Verwaltungskosten einer gemeinnützigen Stiftung lassen sich daher nicht aufstellen. Welche Maßnahmen der Stiftungsvorstand jedoch ergreift, um die Stiftungszwecke zu fördern, liegt allein in seinem Ermessen, solange die vom Stiftungsvorstand beschlossenen Maßnahmen geeignet sind, um den Stiftungszweck zu erfüllen (vgl. auch § 7).

26 Eine weitere Hauptaufgabe des Stiftungsvorstands ist die ungeschmälerte Erhaltung des Stiftungsvermögens in seinem Bestand und die Verwendung der Erträge des Stiftungsvermögens ausschließlich für Stiftungszwecke. Diese Grundsätze sind in den Landesstiftungsgesetzen manifestiert.

Das Gebot der Bestandserhaltung geht bei Stiftungsvermögen, das beispielsweise aus Grundbesitz oder einer Unternehmensbeteiligung besteht, in der Regel davon aus, dass dieses Stiftungsvermögen in Natur erhalten werden muss, wenn der Stifter die dauerhafte Erhaltung dieses Dotationsvermögens in der Stiftungssatzung vorgesehen hat. Besteht das Stiftungsvermögen dagegen aus Geldvermögen, bedeutet das Gebot der Bestandserhaltung in der Regel den Erhalt des realen Werts und der Ertragskraft des Vermögens. Hieraus leitet sich die Pflicht des Stiftungsvorstands ab, gegebenenfalls das Stiftungsvermögen in solche Vermögensanlagen umzuschichten, die einerseits stetige Vermögenserträge versprechen, andererseits aber Schutz vor Wertverlust bei gleichzeitigem realen Werterhalt des Kapitals bieten.[29]

---

29 Schauhoff, a.a.O., § 3 Rn. 128 f.

A. Errichtung, Organisation und Verwaltung

Hinsichtlich der konkreten Anlage des Stiftungsvermögens enthalten die Stiftungsgesetze seit einigen Jahren keine Bestimmungen mehr, die eine mündelsichere Vermögensanlage vorschreiben. Vielmehr sind Stiftungsgelder nach dem Grundsatz einer sicheren und wirtschaftlichen Vermögensverwaltung anzulegen. Dies schließt die ausschließliche Geldanlage in Festgeld- oder Girokonten ebenso aus, wie die ausschließlich spekulative und risikobehaftete Geldanlage. Im Zweifel ist jedoch die Sicherheit der Geldanlage der Rendite vorzuziehen. Zudem muss die Anlage der Stiftungsgelder so erfolgen, dass diese stetig Erträge erzielt, mit denen der Stiftungszweck verfolgt werden kann. Im Rahmen dieser Leitlinien kann die Verwaltung der Stiftungsgelder durch den Stiftungsvorstand jedoch nach billigem Ermessen erfolgen, ohne dass die Stiftungsaufsichtsbehörden hier Einfluss nehmen können.[30]

Dem Gebot des Erhalts des Stiftungsvermögens entspricht das grundsätzliche Verbot, das Stiftungsvermögen ganz oder teilweise aufzuzehren. Hieraus kann sich mitunter bei Wertverlusten im Stiftungsvermögen die Verpflichtung des Stiftungsvorstands ergeben, das Stiftungsvermögen umzuschichten und einen Teil der Erträge zur Auffüllung des Stiftungsvermögens zu verwenden.

Andererseits unterliegt die Stiftung sowohl in stiftungsrechtlicher Hinsicht als auch in gemeinnützigkeitsrechtlicher Hinsicht dem Gebot, die Vermögenserträge ausschließlich für die Stiftungszwecke einzusetzen. Hieraus leitet sich das stiftungsrechtliche Verbot ab, Vermögenserträge beliebig anzusammeln (sog. Admassierungsverbot), das mit dem gemeinnützigkeitsrechtlichen Gebot der zeitnahen Mittelverwendung korrespondiert. Beide Grundsätze schließen jedoch nicht aus, dass im Rahmen der steuerlich zulässigen Rücklagenbildung (vgl. § 58 Nr. 7a AO) Wertverluste des Stiftungsvermögens aus Teilen der Erträge des verbliebenen Stiftungsvermögens aufgefüllt werden können.

Die Geschäftsführungstätigkeit der Stiftungsorgane wird ferner bei gemeinnützigen Stiftungen durch die Anforderungen der Abgabenordnung eingeschränkt und darüber hinaus in vielen Bundesländern durch Anzeige-, Genehmigungs- und sonstige Pflichten gegenüber den Stiftungsaufsichtsbehörden. Hierdurch wird die Dispositionsfreiheit der Stiftungsgremien nicht unwesentlich beeinflusst, mitunter auch beeinträchtigt.

In den meisten Landesstiftungsgesetzen finden sich neben der Pflicht zur jährlichen Rechnungslegung, der Vorlage einer jährlichen Vermögensübersicht sowie eines Tätigkeitsberichts zwar keine Anzeigepflichten hinsichtlich der laufenden Geschäftsführung der Stiftung mehr, jedoch bestehen in einzelnen landesgesetzlichen Regelungen der Stiftungsgesetze nach wie vor noch mehr oder weniger stark ausgeprägte Anzeigepflichten oder Genehmigungsvorbehalte insbesondere bei

- Rechtsgeschäften der Stiftung mit Mitgliedern von Stiftungsorganen (Verbot des Selbstkontrahierens gemäß § 181 BGB),[31]
- Rechtsgeschäften von besonderer Tragweite für den Bestand des Stiftungsvermögens (z.B. Grundstücksgeschäfte etc.),[32]
- Rechtsgeschäften, die für die Stiftung eine besondere Belastung bedeuten (z.B. Darlehensaufnahme, Abschluss des Gesellschaftsvertrags, Eingehung einer Bürgschaft etc.)[33]
- sowie bei unentgeltlichen Zuwendungen der Stiftung, die nicht der Erfüllung des Stiftungszwecks dienen.[34]

Bei Bedarf oder Vorliegen konkreter Anhaltspunkte haben die Stiftungsaufsichtsbehörden zudem jederzeit die Möglichkeit, sich über die Angelegenheiten der Stiftung zu unterrichten und von den Stiftungsorganen Auskunft und Vorlage von Unterlagen zu verlangen (vgl. Abschnitt B).

---

[30] Näheres zur Vermögensanlage vgl. § 7.
[31] Vgl. Art 19 Bay StiftG, § 13 StiftG BW.
[32] Vgl. § 13 BW, § 7 StiftG NRW.
[33] Vgl. Art 19 Bay StiftG, § 13 StiftG BW, § 7 StiftG NRW, § 20 StiftG M-V.
[34] Vgl. § 13 StiftG BW.

Gemeinnützige Stiftungen haben darüber hinaus im Rahmen ihrer Geschäftsführungstätigkeit darauf zu achten, dass diese den Anforderungen des § 63 AO an die tatsächliche Geschäftsführung der Stiftung entspricht und mit den Mitteln der Stiftung den gemeinnützigen Stiftungszweck selbstlos, ausschließlich und unmittelbar im Sinne der §§ 55 ff. AO verwirklicht. Andernfalls droht – gegebenenfalls auch rückwirkend – die Aberkennung der Gemeinnützigkeit, was für die Stiftung existenzbedrohende Konsequenzen haben kann. Im Einzelnen wird hierzu auf die Grundlagen des Stiftungsteuerrechts (§ 5) verwiesen.

V. Die Haftung der Stiftungsorgane

29 Der Vorstand einer Stiftung haftet grundsätzlich für pflichtwidriges und schuldhaftes Verhalten oder Unterlassen für den dadurch entstandenen Schaden.[35] Zu unterscheiden ist hierbei die Haftung des Vorstands gegenüber der Stiftung selbst (Innenhaftung) und seine Haftung gegenüber Dritten (Außenhaftung). Daneben kann den Stiftungsvorstand aber auch eine steuerliche Haftung gegenüber dem Finanzamt treffen, wenn er schuldhaft steuerliche Pflichten der Stiftung verletzt, insbesondere trifft ihn persönlich eine (teilweise verschuldensunabhängige) Spendenhaftung.

30 Die Innenhaftung des Stiftungsvorstands gegenüber der Stiftung kommt dann in Betracht, wenn der Vorstand seine Pflicht zur ordnungsgemäßen Geschäftsführung der Stiftung durch Tun oder Unterlassen schuldhaft verletzt. Was konkret zum Pflichtenkreis des Stiftungsvorstands gehört, ist abhängig von Größe und Zweck der Stiftung.[36] Der Pflichtenkreis des Vorstands gemeinnütziger Stiftungen ergibt sich u.a. aus den jeweiligen Landesstiftungsgesetzen, dem KonTrG und insbesondere der Stiftungssatzung. Zum Pflichtenkreis gehört insbesondere die Erhaltung des Stiftungsvermögens, die gewissenhafte und sparsame Vermögensverwaltung, die zweckentsprechende Verwendung der Stiftungsmittel, die Anzeige bestimmter Maßnahmen bzw. die Einholung der Genehmigung bei Stiftungsaufsicht und/oder Kontrollgremien sowie die ordnungsgemäße Buchführung und die fristgerechte Aufstellung des Rechnungsabschlusses. Die Haftung des Vorstands gegenüber der Stiftung beruht entweder auf einem Dienstvertrag, wenn der Vorstand in einem Dienst- oder Anstellungsverhältnis für die Stiftung tätig ist, meist aber auf einem – in der Regel stillschweigend begründeten – Auftragsverhältnis, insbesondere bei ehrenamtlichen Vorständen oder auf einem Geschäftsbesorgungsvertrag.

Der Vorstand haftet gegenüber der Stiftung grundsätzlich für jede schuldhafte Pflichtverletzung. Bei Pflichtverletzungen mehrerer Vorstandsmitglieder haften diese als Gesamtschuldner. Für ehrenamtlich tätige Vorstandsmitglieder und solche, die eine jährliche Vergütung von bis zu € 500 erhalten gelten mittlerweile nach §§ 86, 31 a BGB gesetzliche Haftungsbeschränkungen auf Vorsatz und grobe Fahrlässigkeit im Rahmen der sog. „Innenhaftung" und eine entsprechende Verpflichtung der Stiftung zur Freistellung gegenüber Ansprüchen Dritter, wenn diese nicht auf einer vorsätzlichen oder grob fahrlässigen Pflichtverletzung des Vorstandsmitgliedes beruhen. Die generelle Beschränkung der Haftung der Vorstandsmitglieder auf Vorsatz und grobe Fahrlässigkeit ist jedoch darüber hinaus in der Regel durch Satzungsbestimmung möglich. In zahlreichen Landesstiftungsgesetzen bestehen darüber hinaus gesetzliche Haftungserleichterungen für Stiftungsvorstände, um diese zu ehrenamtlichem Engagement zu motivieren. So wird die Haftung der Vorstände in Hessen generell auf Vorsatz und grobe Fahrlässigkeit beschränkt, während dies z.B. in Sachsen-Anhalt und Bayern nur für ehrenamtliche Vorstandsmitglieder gilt. In anderen Bundesländern, beispielsweise dem Saarland und Niedersachsen, ist dagegen bislang nur die Beschränkbarkeit der Haftung durch Satzungsgestaltung auf vorsätzliches und grob fahrlässiges Handeln des Stiftungsvorstands vorgesehen. Die

---

35 Vgl. Schiffer, Stiftung & Sponsoring 2006, 26.
36 Richter, Stiftung & Sponsoring, Rote Seiten 03/2006, 3.

A. Errichtung, Organisation und Verwaltung

Haftungsrisiken von Stiftungsvorständen lassen sich daher im Einzelnen nur anhand der jeweils geltenden Landesstiftungsgesetze beurteilen.

Die Durchsetzung etwaiger Haftungsansprüche gegenüber Vorstandsmitgliedern obliegt, soweit in der Stiftungssatzung nichts anderes vorgesehen ist, den nicht beteiligten Vorstandsmitgliedern, einem etwaigen Kontrollorgan oder – je nach Ausgestaltung der Landesstiftungsgesetze – einem von der Aufsichtsbehörde bestellten Sachwalter oder der Aufsichtsbehörde selbst. Verfolgt die Stiftungsaufsicht ihr bekannt gewordene Pflichtverletzungen nicht, kann sie sich ihrerseits gegenüber der Stiftung schadensersatzpflichtig machen.[37] Etwaige Haftungsansprüche gegen Vorstandsmitglieder erlöschen, wenn diese von einem Aufsichts- oder Kontrollorgan entlastet werden, nicht aber schon mit Billigung der jährlichen Rechnungslegung durch die Stiftungsaufsicht.

Die Außenhaftung des Stiftungsvorstands gegenüber Dritten ist in der Regel erheblich eingeschränkt und kommt – sofern ein Vorstandsmitglied nicht seine satzungsmäßigen Vertretungsbefugnisse überschreitet – in der Regel nur bei deliktischem Vorstandshandeln in Betracht, insbesondere also bei schuldhafter Verletzung geschützter Rechtsgüter Dritter, wie z.B. Eigentum oder Gesundheit oder bei schuldhaften Gesetzesverletzungen, etwa bei Nichtabführung von Sozialversicherungsbeiträgen o.ä., aber auch bei schuldhaft verzögerter Insolvenzanmeldung.[38] Da ein schuldhaftes Verhalten eins Stiftungsvorstands gegenüber Dritten der Stiftung selbst zugerechnet wird, haften Vorstand und Stiftung dem Dritten gegenüber als Gesamtschuldner nebeneinander.

Die Außenhaftung von Vorstand und Stiftung kann nicht durch Satzung ausgeschlossen oder beschränkt werden. Die Stiftung kann sich auch nicht darauf berufen, das handelnde Vorstandsmitglied sorgfältig ausgewählt und überwacht zu haben. Nur im Einzelfall oder durch AGB kann in Verträgen mit Dritten die Haftung für fahrlässiges Handeln des Stiftungsvorstands ausgeschlossen werden. Dies gilt jedoch nicht für deliktische Handlungen des Vorstands.

Neben der Innen- und der Außenhaftung kann es aber auch zu einer mitunter erheblichen steuerlichen Haftung des Stiftungsvorstands gegenüber dem Fiskus kommen, da der Vorstand als gesetzlicher Vertreter der Stiftung für die Einhaltung deren steuerlicher Pflichten zu sorgen hat, insbesondere für die rechtzeitige Abgabe von Steuererklärungen und die Entrichtung der festgesetzten Steuern. Diese Steuerhaftung des Vorstands betrifft alle Unternehmenssteuern, insbesondere Körperschaft-, Umsatz- und Gewerbesteuer und die Abzugsteuern, insbesondere die Lohnsteuer. Sie entsteht bei vorsätzlichen und grob fahrlässigen Pflichtverletzungen des Stiftungsvorstands, der sich dabei grundsätzlich in rechtlicher Hinsicht nicht durch die Einschaltung eines steuerlichen Beraters entlasten kann. Allerdings gelingt in tatsächlicher Hinsicht eine erhebliche Risikominimierung durch die Zusammenarbeit mit fachkundigen Beratern wie Rechtsanwälten, Steuerberatern und Wirtschaftsprüfern, die ihrerseits gegenüber der Stiftung für Beratungsfehler haften.

Neben der allgemeinen steuerlichen Haftung als Organ der Stiftung trifft den Vorstand einer gemeinnützigen Stiftung daneben auch noch die sog. Spendenhaftung des Stiftungsvorstands gegenüber dem Fiskus. Danach haftet, wer vorsätzlich oder grob fahrlässig eine unrichtige Zuwendungsbestätigung ausstellt. Es haftet jedoch auch – und zwar ohne dass ein Verschulden erforderlich ist – wer veranlasst, dass Zuwendungen nicht zu dem in der Bestätigung angegebener steuerbegünstigten Zweck verwendet werden. Der Stiftungsvorstand haftet im Rahmen der sog. Spendenhaftung für die dem Fiskus hierdurch entgangene Steuer, die das Gesetz unwiderlegbar mit 30 % des Spendenbetrags pauschaliert.

---

37 Schiffer, a.a.O., 27.
38 Richter, a.a.O., 5.

Praxishinweis:

Trotz dieses augenscheinlich hohen Haftungsrisikos der Stiftungsvorstände sollte dies ehrenamtliches Engagement nicht bremsen. Wer sich als Stiftungsvorstand bei Amtsantritt einmal mit seinen grundlegenden Pflichten befasst hat und im Übrigen sein Amt gewissenhaft ausübt, wird selten in die Lage kommen, sich Haftungsansprüchen der Stiftung oder Dritter erwehren zu müssen. Gleichwohl empfiehlt es sich, gegebenenfalls auf fachkundigen Rat, sei es extern oder aus dem Kreise der Vorstandskollegen zurückzugreifen. Sofern große Vermögenswerte der Stiftung oder ein hohes Spendenaufkommen und damit auch höhere Haftungsrisiken im Raum stehen, sollte jeder Vorstand überlegen, sich über eine entsprechende Haftpflichtversicherung (D & O) abzusichern.[39] Vor diesem Haftungshintergrund sollte auch bei kleineren Stiftungen, deren Organe ehrenamtlich tätig sind, der Abschluss einer D & O Versicherung für die Organe stiftungsaufsichtsrechtlich nicht zu beanstanden sein.[40]

B. Die Stiftungsaufsicht der Bundesländer

I. Die Funktion der Stiftungsaufsichtsbehörden

33 Sowohl privatrechtliche Stiftungen als auch öffentlich-rechtliche Stiftungen unterliegen grundsätzlich der staatlichen Aufsicht, die als Garant für die Einhaltung des Stiftungszwecks steht.

Wer die Aufgaben der staatlichen Stiftungsaufsicht wahrnimmt, wird durch die jeweiligen Stiftungsgesetze der Länder und sonstiges Landesrecht bestimmt.

Die Aufsicht dient dem öffentlichen Interesse, nicht dem Interesse Einzelner. Sie hat den Zweck, die Stiftung vor Schäden zu bewahren. Die Behörden prüfen, ob der Stifterwille verwirklicht wird und ob die Gesetze eingehalten werden. Die Stiftungsaufsicht soll als „Garant des Stifterwillens" die Lücke überwachen, die dadurch entsteht, dass die Stiftungsverwaltung zwar an den Zweck der Stiftung gebunden ist, in der Regel aber nach dem Tod des Stifters niemand vorhanden ist, der diese Verpflichtung kontrolliert und die Zweckerfüllung durch die Stiftung durchsetzen könnte.

Neben der Funktion, die Stiftung vor Schäden zu bewahren (Schutzfunktion), und der Kontrollfunktion im Hinblick auf die Verwirklichung des Stifterwillens nimmt die Stiftungsaufsicht häufig auch Beraterfunktionen als Mittel der vorbeugenden Stiftungsaufsicht wahr. Die Verpflichtung der Stiftungsaufsichtsbehörde hierzu ist in Art. 19 des Bayerischen Stiftungsgesetzes sogar ausdrücklich geregelt.

Die Stiftungsaufsicht ist eine reine Rechtsaufsicht. Die Aufsichtsbehörde darf daher nicht an Stelle der Stiftungsorgane Entscheidungen treffen. Die Kontrolle der Einhaltung des Stiftungszwecks durch die Stiftungsverwaltung beinhaltet jedoch auch die Überprüfung der Zweckmäßigkeit des Handelns der Stiftungsorgane. Die staatliche Aufsicht kann von der Stiftung weder beschränkt noch abbedungen werden. Grundsätzlich unterliegen auch privatnützige Stiftungen der Stiftungsaufsicht. In allen Bundesländern wurden rein privatnützige Stiftungen jedoch mittlerweile ganz oder teilweise aus der Stiftungsaufsicht entlassen.

---

39 Peiniger, Stiftung & Sponsoring 6/2006, 19 ff., Schiffer, a.a.O., 26 ff., Sandberg/Magdeburg, Stiftung & Sponsoring 3/2006, 32 ff.
40 Richter/Werz, Stiftung & Sponsoring, Rote Seiten 4/2006, 23.

Die Mittel der Stiftungsaufsicht reichen von Informations- und Prüfungsrechten über Beanstandungsrechte, dem Recht zur Abberufung von Organmitgliedern, der Ersatzvornahme und Genehmigungsvorbehalten bis zur Aufhebung oder Zweckänderung der Stiftung bei Unmöglichkeit der Zweckerreichung und Gemeinwohlgefährdung. Aufsichtsmaßnahmen der Stiftungsbehörden sind nach erfolgloser Durchführung eines Widerspruchsverfahrens vor dem Verwaltungsgericht nach § 40 VwGO anfechtbar.

Die Verletzung der Aufsichtspflicht durch die Behörde kann Schadensersatzansprüche der Stiftung gegen die Aufsichtsbehörde nach § 839 BGB i.V.m. Art. 34 GG begründen. Der Schadensersatzanspruch wird jedoch gegebenenfalls durch ein mitwirkendes Verschulden des Stiftungsvorstands beschränkt.

> **Praxishinweis:**
>
> *Neben dem stiftungsaufsichtsrechtlichen Instrumentarium verfügen die Stiftungsaufsichtsbehörden, insbesondere an großen „Stiftungsstandorten", aber vor allem über eines, nämlich Erfahrung im Umgang mit Stiftern und sind in aller Regel auch gerne bereit, diese an angehende Stifter und ihre Berater weiterzugeben. Hierzu haben die Stiftungsaufsichtsbehörde nach den Landesstiftungsgesetzen auch einen ausdrücklichen Beratungsauftrag, dem sie – nach den Erfahrungen des Autors – in vielen Bundesländern in der Regel auch in ausreichendem Maße nachkommen. Mögliche Stifter, Stiftungsvorstände und ihre Berater sollten daher nicht zögern, offene Fragen zu Stiftungsthemen der Errichtung, insbesondere der Satzungsgestaltung und der Vermögensausstattung sowie der laufenden Geschäftsführung wie z.B. der Vermögensverwaltung, der Rechnungslegung oder der Rücklagenbildung vorab mit der zuständigen Stiftungsaufsicht zu erörtern. Andererseits darf man von den Stiftungsaufsichtsbehörden diesbezüglich auch nicht zu viel erwarten, die teilweise pro Sachbearbeiter zwischen 200 und 600 Stiftungen laufend zu betreuen und gleichzeitig potenzielle Stiftungen zu beraten haben.*

II. Die Aufgaben und Befugnisse der Stiftungsaufsicht der Bundesländer

Aufgabe der Stiftungsaufsichtsbehörden der Bundesländer ist es, darauf zu achten, dass die Stiftungen Gesetz, Stiftungsgeschäft und Stiftungssatzung einhalten. Hierbei haben sie stets das verwaltungsrechtliche Verhältnismäßigkeitsprinzip zu beachten.

Um diese Pflicht zu erfüllen, bestehen in den einzelnen Landesstiftungsgesetzen zum Teil ähnliche Kontrollmöglichkeiten, die jedoch in ihrer einzelnen Umsetzung in der Praxis teilweise nicht unerheblich divergieren. Die wesentlichen Aufsichtsmaßnahmen der Stiftungsaufsichtsbehörden sind:

- die Anerkennung der Stiftung
- die Beanstandung von Maßnahmen der Stiftungsorgane
- die Aufhebung von Maßnahmen der Stiftungsorgane
- die Anordnung von Maßnahmen der Stiftungsorgane, gegebenenfalls
- die Ersatzvornahme von Maßnahmen der Stiftungsorgane
- die Festsetzung von Zwangsgeld gegenüber der Stiftung
- die Abberufung von Organmitgliedern
- die Geltendmachung von Schadensersatzansprüchen gegen Organmitglieder
- Überwachung der laufenden Stiftungstätigkeit
- Genehmigung bestimmter Rechtsgeschäfte der Stiftung
- Genehmigung von Satzungsänderungen

§ 3 Die rechtsfähige Stiftung bürgerlichen Rechts

35 Zur Entstehung einer rechtsfähigen Stiftung ist nach § 80 BGB neben dem Stiftungsgeschäft die Anerkennung durch die Stiftungsaufsichtsbehörde erforderlich. Im Rahmen des Anerkennungsverfahrens prüft die Aufsichtsbehörde, ob das Stiftungsgeschäft den Anforderungen des § 81 BGB genügt, die dauernde und nachhaltige Erfüllung des Stiftungszwecks gesichert erscheint und der Stiftungszweck nicht das Gemeinwohl gefährdet. Da nur unter diesen Voraussetzungen ein Anerkennungsanspruch besteht, kommt den Stiftungsaufsichtsbehörden im Rahmen des Anerkennungsverfahrens ein vorbeugendes Aufsichtsrecht zu.

Wenn im Nachhinein der Stiftungszweck unerreichbar wird oder festgestellt wird, dass die Stiftung das Allgemeinwohl gefährdet, können die Aufsichtsbehörden nach § 87 BGB eine Änderung des Stiftungszwecks oder die Aufhebung der Stiftung veranlassen.

Soweit die Stiftungsorgane nach der Stiftungssatzung tiefgreifend in das Stiftungsgeschäft und damit den ursprünglichen Stifterwillen eingreifende Maßnahmen wie Satzungsänderungen, Zweckänderungen, Auflösung und Zusammenlegung von Stiftungen treffen können, unterliegen diese Beschlüsse grundsätzlich dem Genehmigungsvorbehalt der Stiftungsaufsichtsbehörden.

36 Neben der Überwachung der Einhaltung des Stiftungszwecks soll die Stiftungsaufsicht gewährleisten, dass das Stiftungsvermögen erhalten bleibt und die Erträge der Stiftung nur zweckentsprechend verwendet werden. Zu diesem Zweck können alle Stiftungsaufsichtsbehörden auf umfassende Auskunfts- und Informationsrechte gegenüber den Stiftungsorganen zurückgreifen. Die Aufsichtsbehörden können über alle Angelegenheiten der Stiftung Auskunft verlangen und dazu alle relevanten Unterlagen zur Einsicht anfordern. Selbst die Besichtigung und Kontrolle von Stiftungsräumlichkeiten und Einrichtungen wird in vielen Landesgesetzen der Aufsichtsbehörde zugestanden.[41]

Daneben haben die Stiftungsorgane in der Regel von sich aus die Prüfung durch die Aufsichtsbehörden zu ermöglichen, indem sie nach jedem Wirtschaftsjahr eine Jahresrechnung, eine Vermögensübersicht und einen Tätigkeitsbericht vorzulegen haben. Die Frist, innerhalb der die Berichte einzureichen sind, divergiert je nach Landesstiftungsgesetzen zwischen vier und neun Monaten nach Ende des Geschäftsjahres. Teilweise ist es möglich, anstatt jährlicher Berichte auch zusammenfassende Berichte über einen größeren Zeitabschnitt – beispielsweise über zwei oder drei Geschäftsjahre einzureichen.[42] In einigen Bundesländern wird auf eine eigenständige Prüfung der Berichte der Stiftungsorgane durch die Stiftungsaufsichtsbehörde verzichtet, wenn durch einen unabhängigen Dritten, z.B. durch einen Wirtschaftsprüfer oder einen vereidigter Buchprüfer, eine entsprechende Prüfung vorgenommen wurde.[43] Im Land Bremen sind die Berichte über die Stiftungstätigkeit von den Stiftungsorganen jeweils erst auf Anforderung der Stiftungsaufsichtsbehörde vorzulegen.[44]

Letztlich besteht in allen Bundesländern auch die Möglichkeit, dass die Stiftungsaufsichtsbehörde eine eingehende Prüfung entweder selbst durchführt oder eine eingehende Überprüfung durch einen Wirtschaftsprüfer auf Kosten der Stiftung anordnet. Bedauerlicherweise machen hiervon zahlreiche Stiftungsaufsichtsbehörden mitlerweile schon allein aufgrund Zeit- und Personalnot Gebrauch und belasten damit (teilweise auch kleinere Stiftungen) mit erheblichen Kosten.

Nach allen Landesstiftungsgesetzen sind die Zusammensetzung der Stiftungsorgane sowie deren spätere Änderungen den Stiftungsaufsichtsbehörden von den Stiftungsorganen jeweils unverzüglich und unaufgefordert mitzuteilen.

---

41 z.B. in den Ländern Bayern, Brandenburg, Niedersachsen, Sachsen-Anhalt, Schleswig-Holstein.
42 z.B. in den Ländern Baden-Württemberg, Hamburg, Rheinland-Pfalz, Saarland.
43 Art. 16 BayStG, § 8 StiftG Berlin, § 6 StiftG BB, § 5 StiftG HH, § 11 StiftG Nds, § 7 StiftG NRW, § 9 StiftG RP, § 11 StiftG Saar.
44 § 12 Abs. 2 Nr. 2 StiftG Bremen.

B. Die Stiftungsaufsicht der Bundesländer

In einzelnen Ländern wie in Baden-Württemberg, Bayern, Nordrhein-Westfalen und Schleswig-Holstein bestehen drüber hinaus unterschiedlich ausgeprägte Anzeige- und Genehmigungspflichten gegenüber der Aufsichtsbehörde für diverse bedeutende Geschäfte wie z.B. Darlehensaufnahmen oder Grundstücksverkäufe.[45] Diese Anzeige- und Genehmigungspflichten wurden bereits im Zuge der jüngsten Novellierungen der Landesstiftungsgesetze erheblich reduziert. Soweit noch konkrete Genehmigungsvorbehalte bestehen, ist die Vertretungsmacht des Stiftungsvorstands nach bisher herrschender Auffassung eingeschränkt; die genehmigungspflichtigen Rechtsgeschäfte des Stiftungsvorstands sind danach bis zur Erteilung der Genehmigung schwebend unwirksam (vgl. § 182 ff. BGB) und die Genehmigung wirkt auf den Zeitpunkt der Vornahme des Rechtsgeschäfts zurück (vgl. § 184 BGB). Es mehren sich jedoch in jüngster Zeit die Stimmen, die davon ausgehen, dass infolge der Novellierung des § 86 i.V.m. § 26 Abs. 2 Satz 1 BGB als bundesgesetzlich vorrangiger Regelung, nach der der Vorstand der Stiftung ihr gesetzlicher Vertreter ist, die landesgesetzlichen Genehmigungsvorbehalte die Vertretungsmacht des Vorstands nicht mehr begrenzen können, so dass nunmehr auch ein ohne Genehmigung der Stiftungsaufsicht abgeschlossenes (genehmigungspflichtiges) Rechtsgeschäft wirksam ist und von der Stiftungsaufsicht nur nachträglich geprüft werden kann.[46]

37

Stellen die Stiftungsaufsichtsbehörden Verstöße gegen Gesetze oder die Stiftungssatzung fest, können sie diese beanstanden und unter Fristsetzung verlangen, dass die Beanstandungen beseitigt werden. Sollten die von den Stiftungsaufsichtbehörden auferlegten Maßnahmen nicht umgesetzt werden, haben diese letztlich die Möglichkeit, diese im Wege der Ersatzvornahme auf Kosten der Stiftungen zu veranlassen.

38

Als ultimative Maßnahme der Stiftungsaufsicht besteht in der Regel auch die Möglichkeit, Organmitglieder aus wichtigem Grund abzuberufen, etwa bei grober Pflichtverletzung oder Unfähigkeit zur ordnungsgemäßen Geschäftsführung. Auch können die Stiftungsaufsichtsbehörden in vielen Bundesländern auch das weitere Tätigwerden eines Stiftungsorgans oder einzelner Organmitglieder einstweilen untersagen. Oft besteht auch die Möglichkeit, einen Sachwalter auf Kosten der Stiftung zu bestellen, wenn es zur ordnungsgemäßen Verwaltung der Stiftung erforderlich ist.[47]

In Bayern und Niedersachsen haben die Stiftungsaufsichtsbehörden zudem das Recht, eventuelle Schadensersatzansprüche der Stiftungen gegen ihre Organe oder einzelne Organmitglieder geltend zu machen. In Baden-Württemberg dagegen sieht die Aufsichtsbehörde von eigenen Kontrollmaßnahmen wie Beanstandungen, Ersatzmaßnahmen oder diversen Anzeigepflichten ab, wenn und solange eine Kontrolle durch ein in der Stiftungssatzung vorgesehenes unabhängiges Kontrollorgan gewährleistet erscheint.[48]

Bei Familienstiftungen, d.h. bei Stiftungen die überwiegend private Zwecke verfolgen, bestehen in den einzelnen Bundesländern unterschiedliche Aufsichtsregelungen. In einigen Landesstiftungsgesetzen wird kein Unterschied zwischen öffentlichen, insbesondere gemeinnützigen Stiftungen und Familienstiftungen gemacht,[49] womit die allgemeinen Aufsichtsregelungen auch für die Familienstiftungen Anwendung finden. In den meisten Ländern unterliegen Familienstiftungen aber nur insoweit der Stiftungsaufsicht, als deren Bestand und Betätigung nicht den öffentlichen Interessen zuwiderläuft[50], was schon nach § 87 BGB erforderlich ist. Darüber hinaus wird teilweise durch die Stiftungsaufsicht dafür Sorge getragen, dass die Handlungsfähigkeit der Stiftungsorgane sicherge-

39

---

45 § 13 StiftG BW, Art. 19 BayStG, § 7 StiftG NRW, § 9 StiftG Schleswig-Holstein.
46 Schauhoff, a.a.O., § 3 Rn. 67 m.w.N. zum Meinungsstand.
47 z.B. § 8 StiftG M-V, § 16 HessStiftG, § 16 StiftG Saar, § 14 StifG Schleswig-Holstein.
48 § 8 StiftG BW.
49 Mecklenburg-Vorpommern, Sachsen-Anhalt, Sachsen, Thüringen, Schleswig-Holstein.
50 § 5 StiftG Hamburg, § 21 StiftG Hessen, § 9 StiftG RP, § 6 StiftG NRW, § 4 StiftG Bbg.

stellt ist.[51] Im Übrigen unterliegt die laufende Geschäftstätigkeit von Familienstiftungen jedoch in den meisten Bundesländern keiner stiftungsaufsichtsrechtlichen Kontrolle.

C. Die Auflösung und Umstrukturierung der Stiftung

I. Die Auflösung der Stiftung

40 Die rechtsfähige Stiftung kann durch staatlichen Hoheitsakt aufgelöst werden (§ 87 Abs. 1 BGB), wenn die Erfüllung des Stiftungszwecks unmöglich geworden ist oder die Stiftung das Gemeinwohl gefährdet. Die Unmöglichkeit kann auf tatsächlichen oder rechtlichen Gründen beruhen und ist vor allem dann anzunehmen, wenn das Stiftungsvermögen endgültig wegfällt oder so sehr schrumpft, dass die Stiftung nicht mehr lebensfähig ist. Eine Gefährdung des Gemeinwohls liegt vor, wenn der Stiftungszweck nachträglich in Widerspruch zu Stiftungsgesetzen oder zu Grundentscheidungen der Rechts- oder Verfassungsordnung gerät.

Weiter ist die Stiftung dann aufzulösen, wenn entweder der Stiftungszweck erfüllt ist, ein in der Satzung festgeschriebener Beendigungsgrund eintritt oder das Insolvenzverfahren über das Stiftungsvermögen eröffnet wird (§ 86 BGB i.V.m. § 42 BGB).

Teilweise können Stiftungen selbst ihre Auflösung beschließen, wenn dies in der Satzung vorgesehen ist (vgl. § 7 Abs. 2 StiftG HH).

Bei Erlöschen einer Stiftung fällt das noch vorhandene Vermögen an die in der Stiftungssatzung bestimmten Personen (§ 88 BGB). Erst wenn die Satzung keine Bestimmungen enthält, greift das Landesrecht ein. Dann fällt das Stiftungsvermögen im Wege der Gesamtrechtsnachfolge ohne Liquidation an den Fiskus des Bundeslandes, in dem die Stiftung ihren Sitz hat, und ist von diesem entsprechend dem Stiftungszweck zu verwenden (§ 88 S. 2 BGB i.V.m. § 45 BGB).

Besonderheiten gelten nach den Bestimmungen der Abgabenordnung für gemeinnützige Stiftungen, bei deren Auflösung das Vermögen an eine in der Satzung bezeichnete ebenfalls gemeinnützige, d.h. steuerbefreite Körperschaft fallen muss. Hintergrund ist die Tatsache, dass der Fiskus die doch bedeutenden steuerlichen Vorteile für Stifter und Spender bei Vermögenszuwendungen an eine gemeinnützige Stiftung nicht nur davon abhängig macht, dass die Erträge des Stiftungsvermögens für die satzungsmäßigen gemeinnützigen Zwecke verwendet werden, sondern auch davon, dass das eingebrachte Stiftungsvermögen auf Dauer für gemeinnützige Zwecke gebunden bleibt. Deshalb muss das Stiftungsvermögen bei der Beendigung einer gemeinnützigen Stiftung an eine andere gemeinnützige Einrichtung fallen (Grundsatz der Vermögensbindung). Andernfalls ist die gesamte Steuerbefreiung der gemeinnützigen Stiftung während der vergangenen 10 Jahre gefährdet und es drohen hohe Körperschaftsteuernachzahlungen für diesen Zeitraum.

> **Praxishinweis:**
> *Um diesen steuerlichen „Supergau" zu verhindern, sollte schon in der Stiftungssatzung sowohl die Auflösung der gemeinnützigen Stiftung als auch die Auswahl des am Ende anfallberechtigten gemeinnützigen Rechtsträgers und auch die Vermögensübertragung auf diesen von der Zustimmung des zuständigen Finanzamts abhängig gemacht werden.*

---

51 § 10 StiftG Bln, § 17 StiftG Bremen, § 10 Abs. 2 NStiftG, § 15 StiftG Saar.

II. Umstrukturierung von Stiftungen durch Zusammenschluss oder Spaltung

1. Zusammenschluss mehrerer Stiftungen

Der Zusammenschluss von rechtsfähigen Stiftungen ist bislang als Gestaltungsmittel der Umstrukturierung gesetzlich nur ansatzweise geregelt. Da die Stiftung kein verschmelzungsfähiger Rechtsträger im Sinne des § 3 UmwG ist, kommt die Anwendung umwandlungsrechtlicher Grundsätze und damit eine Verschmelzung von Stiftungen nicht in Betracht. Auch das BGB enthält keine einschlägigen Regeln für den Zusammenschluss von Stiftungen. Von den Landesstiftungsgesetzen enthalten (bisher) nur einige wenige diesbezügliche Bestimmungen unterschiedlicher Regelungsdichte.

So ist beispielsweise nach § 8 StiftG Bremen und § 5 Abs. 2 StiftG Berlin eine Zusammenlegung von Stiftungen zulässig, wenn dies in der Satzung geregelt ist oder wegen wesentlicher Veränderung der Verhältnisse notwendig wird. Voraussetzung ist – sofern möglich – die Zustimmung des Stifters und die Genehmigung der Stiftungsaufsichtsbehörde. Nach § 11 Abs. 2 StiftG Thüringen und Art 8 Abs. 3 StiftG Bayern kann beim Vorliegen von Aufhebungsgründen die Stiftung auch mit einer Stiftung gleicher Art zusammen gelegt werden.

> **Praxishinweis:**
> *Soll ein Zusammenschluss mehrerer Stiftungen angestrebt werden, kann es sich empfehlen, zu versuchen, rechtzeitig vorher den Sitz der beteiligten Stiftungen in ein Bundesland zu verlegen, welches hierfür die besseren stiftungsgesetzlichen Regelungen vorsieht.*

Nach § 10 I StiftG Bbg. ist ein Zusammenschluss von Stiftungen möglich, soweit dem das Stiftungsgeschäft oder die Stiftungssatzung nicht entgegenstehen. Auch hier bedarf jedoch der Zusammenschluss der Genehmigung der Stiftungsaufsichtsbehörde. Nach § 7 Abs. 1 StiftG HH ist eine Zulegung oder eine Zusammenlegung von Stiftungen möglich, wenn in der Satzung nichts anderes bestimmt ist, ein sachlicher Grund vorliegt, der mutmaßliche Stifterwille nicht entgegen steht und die beteiligten Stiftungen einen im Wesentlichen gleichen Zweck verfolgen.

Auch wenn der Zusammenschluss von rechtsfähigen Stiftungen bislang im BGB noch keine Regelung erfahren hat und diesbezüglich die Landesstiftungsgesetze teilweise nur rudimentäre Regelungen enthalten, gibt es für den Zusammenschluss von Stiftungen ein praktisches Bedürfnis, das in Zukunft voraussichtlich noch zunehmen wird. Dies kann beispielsweise dann bestehen, wenn das Stiftungsvermögen durch Kapitalanlageverluste oder aus sonstigen Gründen so reduziert ist, dass aus den Erträgen der Stiftungszweck nicht mehr dauerhaft erfüllt werden kann. Aber auch die in Wirtschaftsunternehmen tragenden Gründe für eine Fusion spielen bei Stiftungen, insbesondere auch bei gemeinnützigen Stiftungen eine Rolle: Effizienzsteigerung, Nutzung von Synergieeffekten und Erhöhung der Wettbewerbsfähigkeit.[52]

Schließlich dürfte sich auch aus den bisherigen steuerlichen Vorgaben des § 10 b Abs. 1a EStG ein Bedürfnis nach einer Zusammenlegung von gemeinnützigen Stiftungen ergeben. Die Tatsache, dass nach den bis 31.12.2006 geltenden Regelungen Zuwendungen an steuerbegünstigte Stiftungen anlässlich deren Neugründung nur bis zur Höhe von € 307.000,00 als Sonderausgaben abzugsfähig waren, hat zur Gründung einer Vielzahl von Stiftungen geführt, von denen nicht alle auf Dauer in der Lage

---

[52] Heuer/Ringe, Stiftung & Sponsoring, Rote Seiten 03/2005, 2.

sein werden, ihren Stiftungszweck nachhaltig zu erfüllen.[53] Auch diese Stiftungen werden in Zukunft Möglichkeiten der Stiftungskooperation bis hin zu Möglichkeiten der Fusion mehrerer Stiftungen mit gleicher oder ähnlicher Zwecksetzung ins Auge fassen.

42 Die Fusion mehrerer Stiftungen kann in der Weise erfolgen, dass sich zwei Stiftungen zu einer neu errichteten dritten Stiftung vereinigen und dieser ihr Stiftungsvermögen übertragen. Hierbei handelt es sich um die sog. „Zusammenlegung von Stiftungen", die in den meisten Landesstiftungsgesetzen mehr oder weniger eingehende Regelung erfahren hat, so z.B. in § 14 Abs. 2 StiftG BW, Art. 8 StiftG Bayern, § 5 Abs. 1 StiftG Berlin, § 10 Abs. 1 StiftG Bbg. § 8 I StiftG Bremen, § 7 Abs. 1 StiftG HH, § 9 StiftG Hessen, § 7 StiftG Niedersachen, § 5 Abs. 2 StiftG NRW, § 8 Abs. 2 StiftG Rheinland – Pfalz, § 7 StiftG Saar, § 21 StiftG Sachsen-Anhalt,§ 11 Abs. 2 Thüringen, § 10 Abs. 1 StiftG Sachsen, § 5 StiftG Schleswig – Holstein.

43 Anerkannt ist jedoch auch ein Zusammenschluss mehrerer Stiftungen dergestalt, dass eine Stiftung ihr gesamtes Vermögen auf eine bereits existierende Stiftung überträgt und anschließend im Rahmen der Liquidation ihre eigene Rechtspersönlichkeit verliert. Dieser – stiftungsrechtlich als „Zulegung von Stiftungen" bezeichnete Vorgang – ist bislang erst in den Landesstiftungsgesetzen von Schleswig-Holstein (§ 5), Hamburg (§ 7), Bayern (Art. 8 Abs. 4) und Thüringen (§ 11 Abs. 3) geregelt. Der Zusammenschluss mehrerer Stiftungen bedarf insbesondere aufgrund der in weiten Teilen noch ungeklärten Rechtsfragen der sorgfältigen Vorbereitung. Im Idealfall sollte eine Stiftungssatzung bereits bei Errichtung eine Regelung für den Fall einer Fusion der Stiftung als Ausdruck des Stifterwillens enthalten.[54] Dies dürfte aber bislang eher eine Ausnahme sein. Im Zuge des Zusammenschlusses von Stiftungen sind regelmäßig Satzungs- und auch Stiftungszweckänderungen, Änderungen des satzungsmäßig Anfallberechtigten und schließlich die Übertragung des gesamten Stiftungsvermögens im Wege der Einzelrechtsnachfolge (strittig!) erforderlich.

Zudem sind steuerliche Vorgaben einzuhalten, um weder die Steuerbefreiung der künftigen Stiftung noch die Steuerbefreiung der bisherigen Stiftungen (rückwirkend) zu gefährden. So sind Zustiftungen und das Stiftungsvermögen auch künftig weiterhin ungeschmälert und auf Dauer in ihrem Bestand zu erhalten, während zeitnah zu verwendende Spenden auch weiterhin zeitnah zur Erfüllung der Stiftungszwecke der künftigen Stiftung zu verwenden sind. Besondere Schwierigkeiten bereitet hierbei die Fusion von Stiftungen, von denen die eine steuerbegünstigte Zwecke des einfachen Spendenabzugs und die andere steuerbegünstigte Zwecke des erweiterten Spendenabzugs verfolgt, also wissenschaftliche, mildtätige oder als besonders förderungswürdig anerkannte kulturelle Zwecke fördert.

Dies zeigt, dass der Zusammenschluss von Stiftungen, ungeachtet der stiftungsaufsichtsrechtlichen Vorgaben, in der Praxis nur in enger Abstimmung mit der zuständigen Stiftungsaufsichtsbehörde und dem zuständigen Finanzamt erfolgen sollte.

Auch bei Vorliegen der o.g., für einen Zusammenschluss mehrerer Stiftungen sprechenden, Gründe, wird doch der Zusammenschluss in vielen Fällen nur ultima ratio der Stiftungsverantwortlichen und der Stiftungsaufsicht sein. Oftmals wird sich zur Erreichung insbesondere größerer Effizienz von Synergien und zur Stärkung der Wettbewerbsfähigkeit gemeinnütziger Stiftungen auf dem Non-Profit-Markt auch eine mehr oder weniger weitreichende Kooperation mehrerer Stiftungen anbieten, beispielsweise durch die Zusammenlegung der Stiftungsverwaltung, die wechselseitige Spezialisierung und Förderung sowie die Zusammenarbeit in gemeinsamen Projekten und Fundraisingaktivitäten (vgl. § 9 Abschnitt E).

---

53 Heuer/Ringe, a.a.O., 2.
54 Heuer/Ringe, a.a.O., 3.

2. Spaltung einer Stiftung/Errichtung einer „Dachstiftung"

Weder die Vorschriften des Umwandlungsgesetzes noch die Stiftungsgesetze der Länder sehen die Spaltung einer Stiftung in zwei selbständige Stiftungen vor.

Sollen daher Teile des Vermögens einer Stiftung auf eine andere neue selbständige Stiftung übertragen werden, ist dies nach derzeitiger Rechtslage nur im Rahmen der Mittelverwendung und damit im Rahmen der Erfüllung des Stiftungszwecks möglich. So kann eine Stiftung eine weitere Stiftung errichten und ihr Teile des eigenen Vermögens schenkungsweise übertragen. Gemeinnützigkeitsrechtlich ist dies zulässig, solange dabei die Grundsätze der Vermögensbindung und der zeitnahen Mittelverwendung eingehalten werden. Das bedeutet, dass Stiftungsvermögen der zuwendenden Stiftung auch bei der neuen Stiftung Stiftungsvermögen werden muss; entsprechendes gilt für die zeitnah zu verwendenden Stiftungsmittel.[55]

Allerdings dürfte eine solche Spaltung einer Stiftung stiftungsrechtlich nur in Ausnahmefällen zu genehmigen sein, etwa wenn der Stifter dies in der Stiftungssatzung unter bestimmten Voraussetzungen ausdrücklich vorgesehen hat. Denkbar ist eine Genehmigung auch, wenn die Stiftung mit dem erklärten Ziel, eine weitere Stiftung errichten zu wollen, Zustiftungen und Spenden Dritter eingeworben hat, die mit einer entsprechenden Auflage der Zuwendenden beschwert sind.

Ungeachtet dessen bleibt es der Stiftung sowohl aus stiftungsrechtlicher als auch aus gemeinnützigkeitsrechtlicher Hinsicht unbenommen, im Rahmen ihres Stiftungszwecks mit Teilen ihrer Stiftungsmittel eine Treuhandstiftung zu errichten und damit als „Dachstiftung" zu fungieren, da die Stiftung dabei weiterhin Träger des Stiftungsvermögens bleibt, solange auch das Stiftungsvermögen der Treuhandstiftung der Erfüllung der originären Stiftungszwecke dient. Voraussetzung in gemeinnützigkeitsrechtlicher Hinsicht ist jedoch auch hier, dass die Grundsätze der Vermögensbindung und der zeitnahen Mittelverwendung eingehalten werden.

---

55 Schauhoff, a.a.O., § 19 Rn. 103.

§ 4 Die Treuhandstiftung

A. Wesensmerkmale der Treuhandstiftung

Die Treuhandstiftung, die wegen der möglichen verschiedenen vertraglichen Grundlagen juristisch genauer auch als unselbstständige Stiftung oder nichtrechtsfähige Stiftung bezeichnet wird, wird definiert als eine Zuwendung von Vermögenswerten durch den Stifter an eine bestehende Rechtsperson mit der Maßgabe, die übertragenen Vermögenswerte dauerhaft zur Verwirklichung eines vom Stifter festgelegten Zweckes zu verwenden.[1] Bei dieser Konstellation übereignet der Stifter somit Vermögensgegenstände wie Barvermögen, Wertpapiere oder Immobilien auf einen anderen, der als Treuhänder der Stiftung fungiert. Der Treuhänder erhält das Eigentum aber nicht zur freien Verfügung, sondern ist an die Absprachen zwischen ihm und dem Stifter gebunden, die die Verwendung des Vermögens betreffen. In der Regel hat er nach den getroffenen Absprachen den Vermögensstock wie bei einer rechtsfähige Stiftung dauerhaft zu erhalten und die erwirtschafteten Erträge für den vom Stifter bestimmten Zweck zu verwenden.

Die Treuhandstiftung basiert typischer Weise auf einer schuldrechtlichen Vereinbarung zwischen dem Stifter und dem künftigen Treuhänder der Stiftung oder einer Verfügung von Todes wegen, die mit einer entsprechenden Verpflichtung für den Treuhänder versehen ist. Demgegenüber sind in der Praxis Treuhandstiftungen öffentlichen Rechts kaum zu finden. Solche Stiftungen können auf Grundlage öffentlich-rechtlicher Normen in Trägerschaft einer juristischen Person öffentlichen Rechts errichtet werden.[2] Zwar fungieren insbesondere die Kommunen und Universitäten sehr häufig als Träger von Treuhandstiftungen, weil viele Stifter aus persönlicher Verbundenheit mit einer Stadt oder einer Universität gezielt und dauerhaft für diese etwas tun möchten. Es handelt sich bei diesen Konstellationen aber nicht um öffentlich-rechtliche Treuhandstiftungen, sondern in aller Regel um von natürlichen Personen errichtete Treuhandstiftungen bürgerlichen Rechts.

Die Wesensmerkmale der Treuhandstiftung sind die allgemeinen stiftungstypischen Merkmale Stiftungszweck, Stiftungsvermögen und Stiftungsorganisation[3] sowie als Besonderheit das Fehlen der eigenen Rechtsfähigkeit. In Abgrenzung zur rechtsfähigen Stiftung nimmt die Treuhandstiftung nicht als eigenständiges Rechtssubjekt am Rechtsverkehr teil. Für sie handelt stattdessen ihr Treuhänder, der sämtliche sich aus der Absprache zwischen ihm und dem Stifter ergebenden Aufgaben für die Treuhandstiftung vornehmen muss.

I. Abgrenzungen

Die Treuhandstiftung ist in zwei Richtungen abzugrenzen. Zum einen findet sich in der rechtsfähigen Stiftung eine komplexere rechtliche Struktur, die der Stiftung vor allem eigenständige Handlungsmöglichkeiten eröffnet, zum anderen existieren mit dem Stiftungsfonds und dem Zweckvermögen einfachere Gebilde, die den Zielen einer Treuhandstiftung relativ nahe kommen. Die Bildung von Stiftungsfonds oder Zweckvermögen bietet sich für Stifter an, die dauerhaft bestimmte Einrichtungen oder Projekte fördern möchten. Die Errichtung einer rechtsfähigen Stiftung ist hingegen angezeigt, wenn Stifter eine unabhängige Organisationsstruktur schaffen wollen, die über Generationen hinweg eigenständig einen Zweck verfolgen soll.

---

1 Neuhoff, in: Soergel, Vor § 80, Rn. 21.
2 Westebbe, Stiftungstreuhand, S. 43.
3 Vgl. dazu § 2, Rn. 1.

A. Wesensmerkmale der Treuhandstiftung

! Praxishinweis:
Der Stifter sollte schon in einem möglichst frühen Stadium der Beratung darauf hingewiesen werden, dass die von ihm ins Auge gefassten Zwecke und die konkrete Form ihrer Verwirklichung ein Kernkriterium bei der Wahl der Rechtsform sind. In Abhängigkeit von den Wünschen des Stifters können schon sehr einfache rechtliche Konstruktionen zum Ziel führen.

1. Rechtsfähige Stiftung

Die rechtsfähige Stiftung zeichnet sich im Vergleich zur Treuhandstiftung vor allem durch ihre rechtliche Eigenständigkeit aus. Sie ist in der Lage, in ihren Organen einen eigenen Willen zu bilden, und diesen dann selbstständig umzusetzen. Im Gegensatz zur Treuhandstiftung unterliegt die rechtsfähige Stiftung den stiftungsrechtlichen Regelungen der §§ 80 ff. BGB und dem jeweiligen Landesstiftungsgesetz. Diese erstrecken sich in ihrem Geltungsbereich nicht auf die Treuhandstiftungen.

Die rechtsfähige Stiftung bürgerlichen Rechts wird heute in Deutschland als Prototyp der Stiftung angesehen. In der Öffentlichkeit wird fast ausschließlich diese Organisationsform mit dem Begriff Stiftung verbunden. Rein zahlenmäßig dürften sich Treuhandstiftungen allerdings einer mindestens ebenso großen Verbreitung erfreuen und auch historisch betrachtet werden bereits seit dem Mittelalter Kapitalstiftungen mit der Übertragung von Geldvermögen auf städtische Träger als Treuhandstiftungen organisiert.[4] Als eigenständige Rechtspersönlichkeit wurde die Stiftung erst relativ spät in Folge des berühmten Rechtsfall der Städel´schen Kunststiftung in Frankfurt am Main Mitte des 19. Jahrhunderts anerkannt. Diese Entwicklung führte schließlich dazu, dass im Bürgerlichen Gesetzbuch für diese Form der Stiftung dann schließlich auch ein eigener gesetzlicher Rahmen geschaffen wurde, wovon man für die Treuhandstiftung bewusst absah.[5]

Die fehlende Rechtsfähigkeit der Treuhandstiftung hat des Weiteren zur Folge, dass die Organisation dieser Stiftungen von der rechtsfähiger Stiftungen abweicht. Da die Treuhandstiftung nicht eigenständig am Rechtsverkehr teilnimmt, verfügt sie nicht über ein eigenes Organ, das für die Stiftung im Rechtsverkehr zu handeln in der Lage wäre. Regelmäßig wird zwar auch in Treuhandstiftungen ein Gremium eingerichtet, dieses dient aber allein der internen Willensbildung etwa im Hinblick auf die Vergabe der Stiftungserträge. Die Abwicklung dieser Entscheidungen ist wiederum Aufgabe des Treuhänders, der die Stiftungsleistungen im Namen der Stiftung vergibt oder die zur Umsetzung der Entscheidungen notwendigen Verträge schließt. Zwingend notwendig ist die Einrichtung eines solchen Gremiums allerdings nicht. Bei einfachen Sachverhalten und klaren Vorgaben des Stifters ist es für den Treuhänder auch möglich, die Stiftungserträge im Rahmen dieser Vorgaben nach eigenem Ermessen zu vergeben.

Da sich die Errichtung einer Treuhandstiftung zu Lebzeiten in einer schuldrechtlichen Vereinbarung zwischen Stifter und Treuhänder erschöpft, sind – im Regelfall der gemeinnützigen Stiftung – die Gestaltungsmöglichkeiten allein durch die gemeinnützigkeitsrechtlichen Vorgaben der Abgabenordnung begrenzt. Diese ausgesprochen weit gehenden Gestaltungsmöglichkeiten werden vielfach als einer der wesentlichen Vorteile der Treuhandstiftung gegenüber der rechtsfähigen Stiftung beschrieben. Nach den jüngeren Entwicklungen im Stiftungsrecht sind aber zumindest in den Bundesländern, die wie z.B. Rheinland-Pfalz vormals verbindliche Regelungen zur Verwaltung der Stiftung und zur Änderbarkeit der Stiftungssatzung nunmehr als dispositives Recht ausgestaltet haben, auch rechtsfähige Stiftungen vom Grundsatz her ähnlich flexibel gestaltbar wie Treuhandstiftungen.[6] Als wichtiger Unterschied zur Treuhandstiftung bleibt allerdings festzuhalten, dass sich der Stifter bei

---

4   Liermann, Geschichte des Stiftungsrechts, S. 162.
5   RGZ, 105, 305 ff.
6   Vgl. §§ 7 Abs. 2 und 3, 8 Abs. 1 und 2 StiftG Rhl.-Pf.

einer rechtsfähigen Stiftung diese Freiheiten bei der Errichtung ausdrücklich vorbehalten muss. Im anderen Fall ist die Stiftungsaufsicht zur Wahrung des in der Satzung niedergelegten Stifterwillens verpflichtet.

4 Sofern die Treuhandstiftung über ein eigenes Entscheidungsgremium verfügt, ist die steuerliche Behandlung der Treuhandstiftung mit der der rechtsfähigen Stiftung identisch. Auch wenn der Treuhandstiftung die eigene Rechtsfähigkeit fehlt, so ist sie doch ein eigenständiges Steuersubjekt, das auch eine eigene steuerliche Freistellung erhält. Die Finanzverwaltung knüpft hier an die Entscheidungsbefugnis über die Verwendung der Stiftungsmittel an. Liegt diese Befugnis beim Treuhänder, so ist die Treuhandstiftung eigenständiges Körperschaftsteuersubjekt nach § 1 Abs. 1 Nr. 5 KStG. Ebenso wie die rechtsfähige Stiftung kann auch die Treuhandstiftung steuerliche Zuwendungsbestätigungen ausstellen. Sämtliche Abzugsmöglichkeiten des § 10 b EStG stehen Stiftern, Zustiftern und Spendern von Treuhandstiftungen zu.[7] Etwas anderes gilt, wenn die Treuhandstiftung kein eigenes Vergabegremium hat. Sie teilt in diesem Fall den steuerlichen Status des Treuhänders. Stiftern und Zustiftern stehen damit grundsätzlich nicht die besonderen, ausschließlich Stiftungen vorbehaltenen steuerlichen Abzugsmöglichkeiten zu.

5 Im Vergleich zur rechtsfähigen Stiftung bürgerlichen Rechts ist die Treuhandstiftung frei von staatlichen Mitwirkungserfordernissen und damit relativ schnell zu errichten, einfach in der Handhabung und von Stifter und Treuhänder auch nach der Errichtung an veränderte Vorstellungen des Stifters anzupassen. Da sich die Stiftungserrichtung in einem schlichten Vertrag zwischen Stifter und Treuhänder erschöpft, kann eine Treuhandstiftung in wenigen Tagen errichtet werden. Der Zeitaufwand beschränkt sich auf die Abstimmung des Stiftungsgeschäfts und der Stiftungssatzung zwischen den beiden Vertragsparteien. Nicht zuletzt wegen dieses Aspektes wird von Stiftern gerne auf die Treuhandstiftung zurückgegriffen, wenn die Stiftung noch in einem bestimmten steuerlichen Veranlagungszeitraum errichtet werden soll.

Auch die nachträglichen Anpassungsmöglichkeiten sind für Stifter ein sehr wichtiger Aspekt. Die Stiftungsaufsichtsbehörden sehen die Änderung der Satzung einer rechtsfähigen Stiftung in aller Regel kritisch und die erforderliche staatliche Genehmigung der Satzungsänderung ist nur schwer, oftmals gar nicht zu erreichen. Der Stifter einer rechtsfähigen Stiftung wird auch heute noch von der Stiftungsaufsicht an seinem ursprünglich in der Satzung niedergelegten Willen festgehalten. Bei allen Entscheidungen der Stiftungsaufsicht, die auf den Willen des Stifters abstellen, wird ausschließlich der in Satzung und Stiftungsgeschäft niedergelegte Stifterwille berücksichtigt, gegebenenfalls im Wege der Auslegung.[8] Der aktuelle Stifterwille spielt demgegenüber keine Rolle, eine Sichtweise, die im krassen Widerspruch zu den Erwartungen des Stifters steht. Der Gedanke der rechtlichen Eigenständigkeit der Stiftung und die daraus folgende Unabhängigkeit der Stiftung von ihrem Stifter tritt an diesem Punkt besonders deutlich zu Tage. Für Stifter, die ihre Stiftung zu Lebzeiten noch weiter aus- oder umgestalten wollen, entsteht damit das Problem, die Stiftungssatzung nicht weiter anpassen zu können. Die Treuhandstiftung eröffnet diese Möglichkeit ohne weiteres, da eine Satzungsänderung nicht mehr ist als eine Vertragsänderung zwischen Treuhänder und Stifter. Einer staatlichen Genehmigung bedarf dieser Vorgang nicht. Lediglich bei steuerbefreiten Stiftungen überprüft das Finanzamt, genau wie bei der rechtsfähigen Stiftung, ob die geänderte Satzung weiterhin den Anforderungen des Gemeinnützigkeitsrechts entspricht.

Von den Anerkennungsbehörden wird bei der Errichtung einer rechtsfähigen Stiftung gemeinhin ein Mindestvermögen von € 50.000 erwartet, ohne dass dafür eine konkrete gesetzliche Grundlage existiert. Kleineren Stiftungen wird im Anerkennungsverfahren die allgemeine Regelung der nicht ausreichenden Zweck-Mittel-Relation nach § 80 Abs. 2 BGB entgegengehalten. Die Treuhandstif-

---

7 Siehe dazu im Einzelnen § 5, Rn. 45 ff.
8 So auch die hM in der Literatur; Hof, Handbuch des Stiftungsrechts, § 11 Rn. 250.

tung kennt kein Mindestkapital, theoretisch kann sie mit einem Euro errichtet werden. In der Praxis haben aber sowohl die Finanzverwaltung als auch die Treuhänder bei der Errichtung der Stiftung eine vernünftige Relation von Aufwand und Nutzen im Blick.[9] Denn auch bei Treuhandstiftungen gilt, dass die Errichtung einer solchen Stiftung nur Sinn macht, wenn auf absehbare Zeit ein Stiftungsvermögen erreicht werden kann, dessen Erträge für die nachhaltige Verwirklichung des Stiftungszwecks ausreichen. Die Höhe des vom Treuhänder verlangten Mindestvermögens divergiert im Einzelfall sehr stark, insbesondere in Abhängigkeit vom Eigeninteresse des Treuhänders. Ein Treuhänder, der von den Erträgen der Treuhandstiftung unmittelbar selbst profitiert, wird auch sehr kleine Stiftungen in die Verwaltung nehmen.

2. Stiftungsfonds

Als alternative Organisationsform für kleinere Vermögen bietet sich die Bildung eines Stiftungsfonds in Händen eines Treuhänders an. Mit der Schaffung eines Stiftungsfonds hat der Stifter die Möglichkeit, ohne großen Aufwand auf Dauer bestimmte gemeinnützige Einrichtungen zu unterstützen. Der Stifter bestimmt diese Einrichtung in einem Treuhandvertrag und übereignet das Vermögen auf den Treuhänder, der es auf Dauer buchhalterisch separat als Sondervermögen zu führen hat. Die mit diesem Sondervermögen erwirtschafteten Erträge fließen dann der Einrichtung zu – und zwar unter einem eigenen vom Stifter bestimmten Namen. Das Wirken des Stifters bleibt für den Empfänger also stets erkennbar und die Leistungen des Stiftungsfonds gehen nicht in einer anonymen Menge unter.

Bei manchen Sachverhalten führt diese Konstruktion zwar schon sehr nah an das Wirken einer Treuhandstiftung heran, erreicht sie aber von ihrem rechtlichen Status nicht. Es ist daher wichtig, im Vorfeld der Errichtung die steuerliche Einordnung mit der Finanzverwaltung abzustimmen. Im Gegensatz zur Treuhandstiftung mit eigenem Gremium sind Stiftungsfonds keine eigenständigen Steuersubjekte und damit nicht in der Lage, steuerlich wirksame Zuwendungsbestätigungen zu erteilen. Falls der Treuhänder eine steuerbefreite Einrichtung ist, kann zwar dieser eine Zuwendungsbestätigung ausstellen, der Zuwendungsgeber kann aber grundsätzlich nicht von dem Sonderausgabenhöchstbetrag des § 10 b Abs. 1a EStG profitieren, der sich ausschließlich auf die Dotation gemeinnütziger Stiftungen bezieht.

Der Treuhänder hat bei der Aufnahme eines Stiftungsfonds wiederum darauf zu achten, dass die vom Stifter gewünschten Ziele mit denen der eigenen Satzung korrespondieren. Die Zwecke des Stiftungsfonds dürfen nur im Rahmen der Satzungszwecke des Treuhänders gesetzt werden. Sollte der Stifter darüber hinaus gehen wollen, so bleibt als Alternative nur die Errichtung einer Treuhandstiftung mit eigener steuerlicher Subjektivität.

3. Zweckvermögen

Unter Zweckvermögen versteht man eine Zuwendung an eine Einrichtung, die mit der Verfolgung eines bestimmten Zwecks verknüpft wird. Im Unterschied zum Sondervermögen wird die Zuwendung allerdings nicht im Vermögen des Empfängers separiert, sondern geht in seinem Vermögen auf. Er ist somit auch nicht verpflichtet, das Zweckvermögen dauerhaft zu erhalten. In der Regel werden diese Zuwendungen zeitnah verwendet. Zweckvermögen werden zumeist an ein bestimmtes Projekt gebunden, sie werden aber nicht gesondert benannt. Die Sichtbarkeit des Zuwendenden für außen stehende Dritte ist damit nicht ohne Weiteres gegeben.

---

9 Zur jüngsten Entwicklung bei der Kapitalausstattung von Stiftungen kritisch: Benke, Stiftung & Sponsoring, 4/2006, S. 31 f.

II. Anwendungsbereiche

7 Die Treuhandstiftung wird typischer Weise als Förderstiftung konzipiert. Die Stiftung soll dritte Projektträger oder Institutionen finanziell unterstützen. Für komplexere Sachverhalte, wie sie insbesondere eine operative Tätigkeit einer Stiftung mit sich bringt, ist diese Form der Stiftung in der Regel nicht geeignet. Die Treuhandstiftung kann keine Verträge selbstständig abschließen und damit weder eigenes Personal beschäftigen noch eigene Sachmittel erwerben. Der Treuhänder wird sich insbesondere mit der Anstellung von Personal für die Stiftung schwer tun, da ihn damit die Eigenschaft des Dienstherrn und die daraus resultierenden arbeitsrechtlichen Pflichten träfen.

Die Größe des Vermögens einer Stiftung ist demgegenüber kein zwingendes Indiz für ihre rechtliche Gestaltung. Treuhandstiftungen kennen zwar kein Mindestvermögen, ein größeres Vermögen spricht aber nicht zugleich für die rechtliche Eigenständigkeit der Stiftung. So existieren in Deutschland eine Vielzahl von Treuhandstiftungen, die mit ausgesprochen hohen Grundstockvermögen ausgestattet worden sind, wohingegen etwa 70 % der rechtsfähigen Stiftungen ein Vermögen von weniger als € 1.000.000 aufweisen.[10] In jüngster Zeit entstehen immer häufiger rechtsfähige Stiftungen, die gezielt auf Wachstum durch Zustiftungen ausgerichtet sind und bei ihrer Errichtung nicht mehr als das gemeinhin geforderte Mindestvermögen von € 50.000 erhalten.

Neben Spendensammelstiftungen sind in dieser Gruppe vor allem auch Stiftungen zu finden, die einmal als Erbe des Stifters fungieren sollen. Hier überträgt der Stifter regelmäßig nur einen kleinen Teil seines Vermögens und stattet die Stiftung in einer Höhe aus, die ihr ein sinnvolles Arbeiten ermöglicht. Die Stiftung ist in dieser Phase vor allem ein Konstrukt, das vom Stifter noch weiter ausgefeilt werden soll. Ihre endgültige Gestalt erhalten diese Stiftungen erst mit der Dotation im Testament des Stifters.

8 Eine weitere aktuelle Tendenz ist die Errichtung von Treuhandstiftungen auf Initiative von gemeinnützigen Vereinen. Für den Verein liegt der besondere Charme dieser Lösung darin, dass mit der Treuhandstiftung ein eigenständiges Vermögen geschaffen wird, mit dem dieselben Ziele oder gar die institutionelle Förderung des Vereins selbst verfolgt wird. Der Verein erhält mit der Treuhandstiftung ein zusätzliches Instrumentarium, um seinen Finanzierungsbedarf besser steuern zu können. Er erhält insbesondere die Möglichkeit, nicht unmittelbar benötigte Zuwendungen, die nicht „zeitnah" zu verwenden sind, in der Treuhandstiftung zu thesaurieren. Die Satzungszwecke von Verein und Stiftung werden in vielen Fällen sogar vollkommen identisch ausgestaltet. Darüber hinaus kann sich der Verein als Treuhänder die zentralen Kontrollmöglichkeiten innerhalb der Stiftung vorbehalten, indem er sich Benennungsrechte für die Vertreter im Stiftungsgremium und Mitspracherechte bei der Änderung der Stiftungssatzung vorbehält.

> **Praxishinweis:**
> *Mit dem Zuwendenden hat der Verein die Zustiftung des Zuwendungsbetrages in das Grundstockvermögen der Treuhandstiftung anstelle der unmittelbaren Förderung des Vereins zu vereinbaren. Dies birgt die Gefahr in sich, dass der Zuwendende die generelle Notwendigkeit seines finanziellen Engagements hinterfragt, da der Wunsch nach Thesaurierung der Zuwendung gleichbedeutend mit einem fehlenden Finanzierungsbedarf des Vereins ist.*

Steuerlich hat sich die Attraktivität dieser parallelen Konstruktion wieder relativiert durch die Abschaffung des Stiftungshöchstbetrages von € 20.450 nach § 10 b Abs. 1 EStG, der ausschließlich Zuwendungen an Stiftungen begünstigte. Zuwendungen in dieser Größenordnung sind nunmehr auch bei Vereinen voll steuerlich abzugsfähig, so dass eine Stiftung zumindest insoweit keinen besonderen

---

10 Bundesverband Deutscher Stiftungen (Hrsg.), Verzeichnis Deutscher Stiftungen, Bd. 1, S. 30

Vorteil bietet.[11] Bei Zuwendungen in Höhe des Stiftungshöchstbetrages nach § 10 b EStG ist ohnehin an die Errichtung einer Stiftung zu denken, da nur wenige Vereine sechsstellige Vermögenswerte problemlos zeitnah verwenden können.

Vereinzelt wird die Errichtung einer Treuhandstiftung von Vereinen in Betracht gezogen, wenn das Vermögen des Vereins stark angewachsen ist und eine zeitnahe Verwendung der Vereinsmittel nicht sinnvoll möglich ist. Der Transfer von Vereinsvermögen, das dem Gebot der zeitnahen Mittelverwendung unterliegt, in das Grundstockvermögen einer Stiftung ist aber nicht unmittelbar möglich. Die Zuführung in das Grundstockvermögen müsste von der Finanzverwaltung sogar als das genaue Gegenteil der zeitnahen Mittelverwendung angesehen werden, da Grundstockvermögen grundsätzlich auf alle Zeiten der unmittelbaren Verwendung für Satzungszwecke entzogen ist. Denkbar wäre aber, dass künftige Mittelzuflüsse nicht zum Verein, sondern zu der Treuhandstiftung gelenkt werden und das im Vereinsvermögen vorhandene Kapital stattdessen verbraucht wird.

B. Rechtliche Grundlagen

Besondere Regelungen zur Treuhandstiftung finden sich im Bürgerlichen Gesetzbuch nicht. Der Gesetzgeber hat sowohl bei der Schaffung des Bürgerlichen Gesetzbuches als auch bei dem Gesetz zur Modernisierung des Stiftungsrechts im Jahr 2002 die Regelungsbedürftigkeit der Treuhandstiftung geprüft, ist aber zu der Feststellung gekommen, dass die allgemeinen Regelungen des Schuld- und Erbrechts für sie ausreichend seien.[12] Die stiftungsrechtlichen Regelungen des Bürgerlichen Gesetzbuches beziehen sich ausschließlich auf die rechtsfähige Stiftung bürgerlichen Rechts. Für eine analoge Anwendung dieser Bestimmungen auf die Treuhandstiftung ist wegen der fehlenden Planwidrigkeit der Regelungslücke kein Raum. Die rechtlichen Grundlagen der Treuhandstiftung werden somit ganz maßgeblich von den beteiligten Parteien durch den vertraglichen Akt des Stiftungsgeschäftes oder durch die letztwillige Verfügung des Stifters gestaltet. Die Treuhandstiftung ist damit im Vergleich zur rechtsfähigen Stiftung in viel geringerem Maße gesetzlichen Vorgaben unterstellt und bietet damit eine breitere Palette an Gestaltungsmöglichkeiten.

I. Die Errichtung durch Stiftungsgeschäft unter Lebenden

Die Errichtung der Treuhandstiftung durch Rechtsgeschäft unter Lebenden ist heute der Regelfall. Wie auch bei rechtsfähigen Stiftungen, die aktuell zu 90 % zu Lebzeiten errichtet werden, wollen auch die Stifter einer Treuhandstiftung an dem Ergebnis ihrer Lebensleistung noch selbst teilhaben und nicht nur eine abstrakte Rechtsgestaltung in ihrem Testament niederlegen. Bei der Treuhandstiftung tritt noch der Umstand hinzu, dass nur die Errichtung zu Lebzeiten dem Stifter die Möglichkeit bietet, den Treuhänder beim Umgang mit seiner Stiftung zu beobachten, Korrekturen vorzunehmen oder notfalls die Person des Treuhänders zu wechseln.

In der Literatur zur Treuhandstiftung ist die rechtliche Einordnung des Stiftungsgeschäfts unter Lebenden uneinheitlich. Es wird hier zum Teil die ausschließliche Einordnung als Schenkung unter Auflage angenommen,[13] zum Teil wird das Rechtsgeschäft immer als uneigennützige Treuhand angesehen.[14] Die herrschende Meinung nimmt an, dass in Abhängigkeit von den konkret getroffenen Vereinbarungen und den weiteren Rahmenbedingungen der Stiftungserrichtung beide Vertrags-

---

11 Siehe dazu § 5, Rn. 50.
12 Bericht der Bund-Länder-Arbeitsgruppe Stiftungsrecht, S. 53 f.
13 Reuter, in: Münchener Kommentar, Vor § 80, Rn. 90 ff; Schlüter, Stiftungsrecht, S. 59 f.
14 Westebbe, Stiftungstreuhand, S. 188 ff.

typen vorliegen können.[15] Schließlich wird auch die Auffassung vertreten, dass das Stiftungsgeschäft ein Vertragstyp eigener Art ist, der im Wege einer Widmung des Stiftungsvermögens dieses auch bei der Treuhandstiftung soweit verselbstständigt, dass es dem wechselnden Willen der am Stiftungsgeschäft beteiligten Parteien entzogen wird.[16]

Die exakte Feststellung der rechtlichen Grundlage der Treuhandstiftung ist dabei nicht nur von rechtstheoretischem Interesse, sie hat auch weit reichende Folgen hinsichtlich der Rechte von Stifter und Treuhänder, insbesondere in Fragen der Aufhebung der Stiftung oder des Zugriffs von Gläubigern des Stifters oder des Treuhänders auf das Stiftungsvermögen.[17]

1. Auflagenschenkung

11   Die Schenkung unter Auflage ist ein zweiseitiger Vertrag, der den Schenker dazu verpflichtet, dem Beschenkten aus seinem Vermögen etwas zuzuwenden, das zu einer Bereicherung des Beschenkten führt (§§ 516, 518 BGB). Die Auflage ist eine Nebenabrede, die eine Leistungsverpflichtung des Beschenkten zum Gegenstand hat. Der Beschenkte muss diese erfüllen, sobald der Schenker seinerseits geleistet hat (§ 525 BGB). Im Hinblick auf die Treuhandstiftung ist das wesentliche Merkmal der Schenkung von besonderer Bedeutung, dass die Zuwendung grundsätzlich endgültig ist. Sie ist nur unter den engen Voraussetzungen der §§ 528 ff. BGB vom Schenker zu widerrufen, die in der Praxis in den wenigsten Fällen einschlägig sind. So ist im Fall des § 528 BGB, der ein Rückforderungsrecht bei Verarmung des Schenkers vorsieht, zunächst an die Regelung des § 58 Nr. 5 AO zu denken, der auch bei gemeinnützigen Stiftungen die Möglichkeit eröffnet, bis zu einem Drittel der jährlichen Stiftungserträge zum Bestreiten des angemessenen Lebensunterhaltes des Stifters zu verwenden. Die Stiftung würde in diesem Fall fortbestehen und verlöre auch nicht ihre Steuerbefreiung.

Von einer gewissen Tragweite ist bei der Treuhandstiftung die Widerrufsmöglichkeit des § 527 BGB, der die Nichtvollziehung der Auflage zur Voraussetzung hat. Bei Unstimmigkeiten zwischen Treuhänder und Stifter hinsichtlich der Verwaltung der Treuhandstiftung kann der Stifter die Schenkung widerrufen, wenn sich der Treuhänder außerhalb der von Stiftungsgeschäft und Satzung gesetzten Grenzen bewegt, insbesondere seinen dort definierten Pflichten nicht nachkommt.

> **❗ Praxishinweis:**
> *Die Pflichten des Treuhänders werden in der Praxis oftmals allgemein gehalten und an einer möglichst effektiven Verfolgung des Stiftungszwecks ausgerichtet. Ein Widerruf nach § 527 BGB ist in diesen Fällen kaum möglich. Wünscht der Stifter eine konkrete Verpflichtung des Treuhänders, die Stiftung in bestimmter Art und Weise zu führen, so wären diese Pflichten eigens zu vereinbaren.*

12   *Bei der Treuhandstiftung lassen sich die Grundpflichten der Vertragsparteien problemlos dem Vertragstypus Schenkung unter Auflage zuordnen. Der Stifter übereignet dem Treuhänder das Stiftungsvermögen. Der Treuhänder hat dieses wiederum getrennt von seinem sonstigen Vermögen zu verwalten und die Erträge für den vom Stifter vorgegebenen Zweck zu verwenden. Inwiefern in dieser Absprache auch eine Bereicherung des Treuhänders zu sehen ist, ist hingegen nicht in jedem Fall einheitlich zu beurteilen. Der Treuhänder ist zwar rechtlich Eigentümer des Stiftungsvermögens geworden, er kann mit diesen Vermögenswerten aber nicht frei verfahren. Bei wirtschaftlicher Betrachtung hat er keinen Vermögensvorteil erlangt, wenn Schenkung und Auflagenverpflichtung gleichwertig sind.*

---

15 Hof, Handbuch des Stiftungsrecht, § 36, Rn. 28; Wachter, Stiftungen, S. 189, Andrick, Stiftungsrecht und Staatsaufsicht, S. 46, A, Werner, in: Werner/Saenger, Die Stiftung, S. 605.
16 Koos, Fiduziarische Person und Widmung, S. 290 f.
17 Siehe dazu § 4, Rn. 20 f.

Die überwiegende Meinung in der Literatur bewertet deshalb ein Stiftungsgeschäft nur dann als Schenkung unter Auflage, wenn der Treuhänder eine materielle Bereicherung aus dem Schenkungsvertrag erfährt. Von einer materiellen Bereicherung sei immer dann auszugehen, wenn der Treuhänder in seiner Zweckausrichtung mit der der Treuhandstiftung übereinstimme.[18] Eine weiter gehende Auffassung lässt bereits eine immaterielle Bereicherung des Treuhänders ausreichen, die immer dann bestünde, wenn die Auflage auch den Interessen des Treuhänders diene.[19]

Von einer Schenkung unter Auflage kann bei der Errichtung einer Treuhandstiftung im Zweifel nur dann ausgegangen werden, wenn der Treuhänder ein eigenes Interesse an der Vollziehung der Auflage hat. Das ist insbesondere dann der Fall, wenn die von der Stiftung verfolgten Zwecke mit den vom Treuhänder verfolgten Zwecken korrespondieren. Nicht ausreichend ist hingegen, wenn der Treuhänder einen indirekten Vorteil aus der Vereinbarung gewinnt, etwa aufgrund der Entgeltlichkeit seiner Verwaltungstätigkeit.

Wird das Stiftungsgeschäft als Schenkung unter Auflage ausgestaltet, so bedarf dieses Rechtsgeschäft der notariellen Beurkundung, § 518 Abs. 1 BGB. In der Praxis wird bei der Errichtung von Treuhandstiftungen diesem Formerfordernis regelmäßig nicht entsprochen, sondern der Formmangel durch die Übertragung des Stiftungsvermögens auf den Treuhänder geheilt.

2. Treuhandvertrag

Der Treuhandvertrag erfährt im Bürgerlichen Gesetzbuch keine Regelung. In Rechtsprechung und Literatur haben sich jedoch Rechtsprinzipien entwickelt, die auf Treuhandverträge Anwendung finden. Danach wird bei Treuhandverhältnissen zwischen der eigennützigen und der uneigennützigen Treuhand unterschieden. Da Treuhandstiftungen im Interesse des Stifters errichtet werden, verwaltet der Treuhänder das Stiftungsvermögen immer uneigennützig. Der Treuhandvertrag beinhaltet typischer Weise die Verpflichtung des Stifters, dem Treuhänder das Stiftungsvermögen als Eigentum zu übertragen. Der Treuhänder hat wiederum den mit der Übertragung des Vermögens verbundenen Stiftungszweck zu erfüllen.

Der Treuhandvertrag kann sowohl entgeltlich als auch unentgeltlich ausgestaltet werden. Wird der Treuhänder unentgeltlich tätig, so ist das Auftragsrecht (§§ 671 ff. BGB) auf das Rechtsverhältnis anwendbar, bei entgeltlicher Tätigkeit das Recht der Geschäftsbesorgung (§ 675 BGB).[20]

Aus dieser rechtlichen Konstellation und der damit verbundenen Möglichkeit, das Treuhandverhältnis wieder nach § 671 BGB bzw. §§ 675, 620 BGB zu lösen, wird in der Literatur zum Teil geschlossen, dass ein Treuhandvertrag nicht Grundlage einer Treuhandstiftung sein könne, sondern diese stets eine Schenkung unter Auflage sei. Auch bei Treuhandstiftungen sei die Dauerhaftigkeit der Zweckverfolgung begriffsimmanent und eine jederzeitige Auflösungsmöglichkeit des Vertragsverhältnisses stehe dem entgegen. Der Wille der Vertragsparteien ginge vielmehr in die Richtung, das Stiftungsvermögen dauerhaft und unwiderruflich auf den Treuhänder zu übertragen. Dies werde insbesondere bei steuerbefreiten Stiftungen deutlich, bei denen der Stifter regelmäßig die Nutzung des Spendenabzuges anstrebt, dem ein Rückforderungsrecht entgegen stehen würde.[21]

Diese Auffassung orientiert sich bei der Einordnung der Rechtsgrundlage für die Entstehung der Treuhandstiftung am herkömmlichen Verständnis des Stiftungsbegriffs wie er sich bei der rechtsfähigen Stiftung entwickelt hat. Die rechtsfähige Stiftung wird gemeinhin als selbstständige Vermögensmasse verstanden, die dauerhaft an die Verfolgung eines bestimmten Zweck gebunden sein soll. Diese Sichtweise wird allerdings durch die zwischenzeitlich von Seiten des Gesetzgebers anerkannte

---

18 Andrick, Stiftungsrecht und Staatsaufsicht, S. 45 f.; Ebersbach, Handbuch des Stiftungsrechts, S. 176.
19 Rawert, in: Staudinger, Vor § 80, Rn. 165.
20 K. Schmidt, Stiftungsrecht in Europa, S. 182.
21 Reuter, in: Münchener Kommentar, Vor § 80, Rn. 89; Herzog, Die unselbständige Stiftung bürgerlichen Rechts, S. 44 f.

Möglichkeit der Errichtung einer rechtsfähigen Stiftung auf Zeit deutlich relativiert. Zudem ist das Prinzip der Dauerhaftigkeit der Stiftung nicht zwingend auf die vertragliche Vereinbarung bei einer Treuhandstiftung übertragbar. Stifter und Treuhänder steht es sehr wohl frei, eine Treuhandstiftung nur für eine gewisse Dauer zu vereinbaren.[22] Grundsätzlich sind auch die steuerlichen Folgen einer solchen Vereinbarung nicht maßgeblich für die zivilrechtliche Einordnung des Stiftungsgeschäfts. So ist bei der Auslegung der rechtsgeschäftlichen Erklärungen der Vertragsparteien aus dem Willen, einen steuerlichen Abzug geltend machen zu können, lediglich der Wille zu schließen, den Vermögensgegenstand endgültig an eine gemeinnützige Verwendung zu binden. Die Vermögensbindung kann aber auf verschiedenste Weise sichergestellt werden und geht nicht zwingend mit einer dauerhaften Überführung des Vermögens in das Eigentum eines bestimmten Treuhänders einher.

Es ist davon auszugehen, dass ein Stifter, der einen Treuhänder mit der Betreuung seiner Stiftung beauftragt, den Treuhänder typischer Weise als Dienstleister sieht, der ihm die Umsetzung seiner Vorstellungen – in der Regel gegen Entgelt – ermöglicht. Von diesem Dienstleister möchte sich der Stifter wieder trennen und die Aufgabe einem anderen übertragen bzw. die Stiftung rechtlich verselbstständigen können. Sofern also die Verfolgung des Stiftungszwecks nicht auch im unmittelbaren Interesse des Treuhänders liegt, ist das der Treuhandstiftung zugrunde liegende Rechtsgeschäft im Zweifel als Treuhandvertrag einzuordnen.

> **Praxishinweis:**
> Um Zweifel hinsichtlich der rechtlichen Einordnung des Stiftungsgeschäfts zu vermeiden, sollten diesbezüglich klare Festlegungen getroffen werden. Im Interesse des Stifters wird regelmäßig der Abschluss eines Treuhandvertrages sein, der ihm die Auflösung der vertraglichen Beziehung und die Überführung der Treuhandstiftung in dritte Hände ermöglicht.

II. Die Errichtung durch Verfügung von Todes wegen

15 Die Stiftungserrichtung von Todes wegen ist auch bei der Treuhandstiftung die Ausnahme. Sie ist vor allem dann angezeigt, wenn der Stifter sich zu Lebzeiten nicht von einem für die dauerhafte Verfolgung des Stiftungszwecks erforderlichen Vermögen trennen möchte oder er den mit der Mitwirkung an einer Treuhandstiftung verbundenen Aufwand scheut.

Bei der Errichtung einer Stiftung durch Verfügung von Todes wegen ist der Treuhänder Erbe, Miterbe oder Vermächtnisnehmer unter Auflage (§§ 1940, 2192 ff. BGB). Der Erblasser wendet dem Treuhänder letztwillentlich Vermögensgegenstände zu, die er für einen bestimmten Zweck zu verwenden hat. Die Treuhandstiftung kommt mit der Annahme der Erbschaft oder des Vermächtnisses durch den Treuhänder zustande, er ist mit dieser auch unmittelbar zur Vollziehung der Auflage verpflichtet.

> **Praxishinweis:**
> Weil für den Treuhänder im Falle der Erbschaft weit reichende Verpflichtungen entstehen, ist der Stifter gut beraten, wenn er die grundsätzliche Möglichkeit der Stiftungserrichtung und die konkreten Rahmenbedingungen der Stiftungsbetreuung mit dem Treuhänder abstimmt. Ist der Treuhänder im Einzelfall nicht gewillt, die Trägerschaft für eine Stiftung zu übernehmen, weil ihn z.B. die damit verbundenen Pflichten überfordern, so kann er die Erbschaft ausschlagen, womit im Ergebnis die Treuhandstiftung nicht entstehen würde.

16 Die den Treuhänder treffende Auflage beinhaltet neben der Errichtung der Treuhandstiftung auch die Ausgestaltung dieser Stiftung nach den Vorstellungen des Stifters. Der Stifter sollte die Auflage in Form einer Stiftungssatzung soweit konkretisieren, dass

---

22 So auch Hof, Handbuch des Stiftungsrechts, § 36, Rn. 52.

der Treuhänder in der Gestaltung der Stiftung nicht vollkommen frei ist. Zu empfehlen ist insbesondere die Einrichtung eines stiftungsinternen Gremiums, das mit der Kompetenz zur Konkretisierung des Stiftungszwecks ausgestattet ist. Die Benennung eines Testamentsvollstreckers gemäß §§ 2197 ff. BGB gewährt dem Erblasser zusätzliche Sicherheit, dass der Treuhänder den letztwilligen Anordnungen Folge leistet. Einen Anspruch auf Vollzug der Auflage haben nach § 2194 BGB auch die Erben oder Miterben bzw. die nach dem jeweiligen Landesrecht zuständige Behörde, wenn die Vollziehung der Auflage im öffentlichen Interesse liegt.

In der Praxis entstehen auch bei der Treuhandstiftung häufig Schwierigkeiten im Zusammenhang mit der Geltendmachung von Pflichtteilsansprüchen. Solche Ansprüche können das Gesamtkonzept einer Stiftungserrichtung gefährden, da das für das Grundstockvermögen der Stiftung vorgesehene Vermögen durch die Erfüllung der Pflichtteilsansprüche in der Regel deutlich geschmälert wird.

Der Stifter sollte bei dieser Konstellation versuchen, den Abschluss eines notariellen Pflichtteilsverzichtsvertrags zu erreichen. Auch gemeinnützige Stiftungen können bei entsprechender Anordnung im Testament an dritte Personen z.B. als Vermächtnis Leibrenten zahlen, die der Stifter als Kompensation für den Pflichtteilsverzicht anbieten kann. Die Höhe der Rentenzahlung kann dabei unabhängig von der Begrenzung des § 58 Nr. 5 AO festgelegt werden, da die Pflicht zur Leibrentenzahlung das auf die Stiftung übertragene Vermögen von vornherein schmälert. Der Stiftung muss allerdings ein für die nachhaltige Verfolgung des Stiftungszwecks ausreichendes Nettovermögen zufließen.

III. Die Treuhandstiftung im Rechtsverkehr

In Ermangelung eigener Rechtssubjektivität kann die Treuhandstiftung nicht wirksam im Rechtsverkehr agieren. Bei allen rechtlichen Handlungen tritt der Treuhänder auf, der die Stiftung nicht im Rechtssinne vertritt, sondern seinen eigenen, aus dem Stiftungsgeschäft erwachsenden Verpflichtungen nachkommt. Vergibt der Treuhänder also die Stiftungserträge an dritte Projektträger, so handelt er für sich selbst, wird aber die Leistungen in der Regel unter der Bezeichnung der Treuhandstiftung vergeben.

1. Rechtsgeschäftliches Handeln

Der Treuhänder wird für die Stiftung typischer Weise im Zusammenhang mit der Anlage des Stiftungsvermögens sowie der Vergabe der erwirtschafteten Erträge rechtsgeschäftlich tätig. In besonderen Fällen beschäftigt der Treuhänder für die Stiftung auch Personal, regelmäßig in Form von Werkverträgen. Seltener schließt er Dienstverträge für eine einzelne Treuhandstiftung ab, da ihn die arbeitsrechtlichen Pflichten als Dienstherr unmittelbar selbst treffen. Die Administration der Treuhandstiftungen stellen Treuhänder durch die Beschäftigung eigenen Personals sicher.

Bei der Anlage des Stiftungsvermögens ist der Treuhänder aufgrund seiner Stellung als Eigentümer grundsätzlich frei. Stifter haben allerdings vielfach im Laufe ihres Lebens Erfahrungen in der Vermögensanlage gesammelt und möchten auch in ihrer Stiftung diesen Erfahrungen Rechnung tragen. So kann etwa die Bindung an ein bestimmtes Kreditinstitut oder die Investition in ein beschränktes Anlagesegment vom Stifter gewollt sein. Sollte der Stifter eine besondere Form der Vermögensverwaltung wünschen, so wäre dieses im Stiftungsgeschäft zu vereinbaren und gegebenenfalls durch das Stiftungsgremium einzufordern.

Als Eigentümer des Stiftungsvermögens hat der Treuhänder die unbeschränkte Verfügungsmacht. Er kann damit das Stiftungsvermögen wirksam auf Dritte übertragen, auch wenn er damit gegen seine Verpflichtung aus dem Stiftungsgeschäft verstößt. Sein rechtliches Können im Außenverhältnis geht damit weiter als sein im Innenverhältnis definiertes Dürfen. Die Grenzen der Wirksamkeit rechtsgeschäftlichen Handelns ergeben sich lediglich aus den allgemeinen Vorschriften des bürgerlichen Rechts und führen nur bei besonderen Konstellationen wie dem bewusst schädigenden Zusammenwirken von Treuhänder und Dritten zur Unwirksamkeit.

Vor diesem Hintergrund wird die besondere Bedeutung der wirksamen Kontrolle des Treuhänders deutlich, gerade für die Zeit nach dem Ableben des Stifters. Die Einrichtung eines kleinen Gremiums in der Stiftung, demgegenüber der Treuhänder berichtspflichtig ist, kann hier einen positiven Effekt haben, ebenso wie die jährliche Prüfung der Stiftung durch einen unabhängigen Dritten.

> **Praxishinweis:**
> Das Gremium der Stiftung sollte im Regelfall aus drei bis fünf Personen bestehen und neben dem Stifter und dem Vertreter des Treuhänders vor allem persönliche Vertraute des Stifters zum Mitglied haben. Im Idealfall sollten die Vertrauten des Stifters nach dessen Ausscheiden seine Position einnehmen und auf die Wahrung seiner Interessen achten.

2. Namensrecht der Treuhandstiftung

19 Das Namensrecht spielt im Stiftungswesen eine immer größere Rolle, was einerseits mit dem gesteigerten Interesse der Stiftungen an einer wirksamen Öffentlichkeitsarbeit, andererseits aber auch mit dem vermehrten Auftreten von Spendensammelstiftungen zusammenhängt. Spendensammelstiftungen sind relativ häufig als Treuhandstiftung konzipiert, da ihnen vielfach das von der Anerkennungsbehörde für die Errichtung einer rechtsfähigen Stiftung geforderte Mindestvermögen von € 50.000 fehlt. Hat sich eine Stiftung durch ihre Arbeit erst einmal einen guten Namen gemacht und auf dieser Grundlage erfolgreich um Spenden geworben oder sogar einen Kreis ständiger Spender aufgebaut, so ist der Name der Stiftung von besonderem Wert, dessen Schutz für die Treuhandstiftung von zentraler Bedeutung werden kann.

Bei der Benennung der Treuhandstiftung handelt es sich nicht um einen Namen im Rechtssinne, da ein solcher nur von selbstständigen Personen oder Personenvereinigungen getragen werden kann. Die Bezeichnung, die eine Treuhandstiftung führt, kennzeichnet daher grundsätzlich nicht mehr als das Rechtsverhältnis zwischen Stifter und Treuhänder. Man kann dieses Verhältnis allerdings als besondere Geschäftsbezeichnung einordnen, die ebenfalls dem Schutz nach § 12 BGB unterliegt.[23] Der Treuhänder kann daher die unbefugte Verwendung der Bezeichnung der Stiftung durch Dritte unterbinden.

3. Haftung des Stiftungsvermögens

20 Rechtlich schwierig gestaltet sich die Frage nach der Möglichkeit des Zugriffs von Gläubigern des Stifters oder des Treuhänders auf das Stiftungsvermögen. Die Auffassungen in der stiftungsrechtlichen Literatur weichen hier zum Teil deutlich voneinander ab.[24] Unstreitig ist lediglich die Haftung des Stiftungsvermögens für Verbindlichkeiten, die der Treuhänder im Rahmen der Erfüllung seiner auf die Treuhandstiftung bezogenen Aufgaben eingegangen ist.

Im Gegensatz zur rechtsfähigen Stiftung ist das Vermögen der Treuhandstiftung nicht rechtlich verselbstständigt und damit auch nicht allein Haftungsmasse der Stiftung. Das Vermögen wird vielmehr dem Treuhänder zugerechnet, ist also potenziell dem Zugriff seiner Gläubiger ausgesetzt. Darüber hinaus kann sich unter Umständen aus dem Stiftungsgeschäft ein Herausgabeanspruch des Stifters herleiten oder Gläubiger des Stifters können die Übertragung des Stiftungsvermögens anfechten.

---

23 Heinrichs, in: Palandt, § 12, Rn. 10.
24 Einen Überblick über den Meinungsstand gibt Herzog, Die unselbständige Stiftung bürgerlichen Rechts, S. 98 ff.

Der Treuhandstiftung droht somit rechtlich von verschiedenen Seiten die Gefahr, ihr Vermögen zu verlieren.

In der Praxis der Treuhandstiftung spielt die Frage der Haftung des Stiftungsvermögens allerdings kaum eine Rolle,[25] was auch durch das weitgehende Fehlen von Rechtsprechung in diesem Bereich belegt wird. Stifter befinden sich in aller Regel in einer wirtschaftlichen Situation, die es ihnen ermöglicht, sich schon zu Lebzeiten von einem großen Teil ihres Vermögens zu trennen. Die Dotierung der Stiftung erfolgt regelmäßig in einem Umfang, der es dem Stifter erlaubt, seinen Lebensstandard problemlos beizubehalten. Darüber hinaus achten die Stifter bei der Auswahl des Treuhänders neben der Seriosität vor allem auf gesicherte wirtschaftliche Verhältnisse. Treuhandstiftungen werden daher bevorzugt juristischen Personen übertragen, deren wirtschaftliche Betätigung kein Risiko für das Stiftungsvermögen in sich birgt.

Sollte sich dennoch einmal die Gefahr des Zugriffs von Gläubigern auf das Stiftungsvermögen realisieren, so sind mit der herrschenden Meinung in der Literatur die Rechtsfolgen in Abhängigkeit vom Rechtscharakter des Stiftungsgeschäfts zu beurteilen.[26] Nehmen Gläubiger des Treuhänders Zugriff auf das Stiftungsvermögen, so kann der Stifter auf Basis eines Treuhandvertrages gemäß § 771 ZPO Drittwiderspruchsklage erheben bzw. im Fall der Insolvenz des Treuhänders nach § 47 InsO die Aussonderung des Stiftungsvermögens verlangen, da er bei wirtschaftlicher Betrachtung Eigentümer des Vermögens geblieben ist. Ist das Stiftungsgeschäft hingegen eine Schenkung unter Auflage, so haftet auch das Stiftungsvermögen für alle Verbindlichkeiten des Treuhänders.

Genau umgekehrt ist der Zugriff von Gläubigern des Stifters auf das Stiftungsvermögen zu beurteilen. Bei einem Treuhandvertrag haftet das Stiftungsvermögen für Verbindlichkeiten des Stifters und im Falle seiner Insolvenz erlischt das Treuhandverhältnis nach §§ 115, 116 InsO. Bei einer Schenkung unter Auflage haben die Gläubiger des Stifters allein unter den Voraussetzungen der §§ 1 ff. AnfG, 134 InsO ein Anfechtungsrecht hinsichtlich des Stiftungsgeschäfts.

Wird die Treuhandstiftung durch Verfügung von Todes wegen errichtet oder bedacht, so werden die Vermögensgegenstände Eigentum des Treuhänders als Erbe bzw. Vermächtnisnehmer des Stifters. In diesem Fall haftet das Stiftungsvermögen für sämtliche Verbindlichkeiten des Treuhänders.

C. Organisation

Grundlage der Stiftungsorganisation sind Stiftungsgeschäft und Stiftungssatzung sowie gegebenenfalls der Treuhand- oder Geschäftsbesorgungsvertrag. Hier wird neben den rechtlichen Rahmenbedingungen auch die Aufgabenverteilung unter den verschiedenen Beteiligten konkretisiert. Bei der Organisation der Stiftung und der Stiftungsarbeit nimmt der Treuhänder eine zentrale Stellung ein. Er ist juristisch nicht nur Eigentümer des Stiftungsvermögens, er zeichnet auch für die Zweckerfüllung und bei steuerbefreiten Stiftungen für die Beachtung der gemeinnützigkeitsrechtlichen Anforderungen verantwortlich. Es ist daher von zentraler Bedeutung, die Rechte und Pflichten des Treuhänders, die Entscheidungsbefugnisse des Stiftungsgremiums sowie eventuelle besondere Rechte des Stifters in der Satzung zu regeln und im Rahmen des Möglichen klare Abgrenzungen zu schaffen.

---

25 So auch Wachter, Stiftung, S. 192.
26 Reuter, in: Münchener Kommentar, Vor § 80, Rn. 86f; aA. Herzog, Die unselbständige Stiftung bürgerlichen Rechts, S. 100 ff.

I. Die Satzung der Treuhandstiftung

23 Die Satzung einer Treuhandstiftung mit eigenem Entscheidungsgremium unterscheidet sich auf den ersten Blick nicht wesentlich von der Satzung einer rechtsfähigen Stiftung. Die folgenden Ausführungen beschränken sich daher auf die bei Treuhandstiftungen zu findenden Besonderheiten. Im Übrigen wird auf die Ausführungen zur rechtsfähigen Stiftung unter § 3, Randnummern 8 ff. verwiesen. Neben den wichtigsten Festlegungen zu Stiftungszweck und Stiftungsvermögen findet sich bei der Treuhandstiftung zwar keine Bestimmung zu einem echten Stiftungsorgan, das für die Stiftung zu handeln in der Lage wäre, das Entscheidungsgremium einer Treuhandstiftung ist im Übrigen aber recht ähnlichen Bestimmungen unterworfen, was die Berufung der Mitglieder, die Beschlussfassung oder die Änderungsbefugnis hinsichtlich der Stiftungssatzung betrifft. Da die Treuhandstiftung keine gesetzliche Regelung erfahren hat, existieren im Unterschied zur rechtsfähigen Stiftung keine Normen, die eine von Stifter und Treuhänder in der Satzung übersehene Regelungslücke schließen könnte. Die Stiftungssatzung ist daher mit besonderer Sorgfalt auf Vollständigkeit zu prüfen.

Die Struktur der Satzung einer Treuhandstiftung mit eigenem Entscheidungsgremium ist von den drei zentralen Wesensmerkmalen einer Stiftung bestimmt: Stiftungszweck, Stiftungsvermögen und Stiftungsorganisation. Darüber hinaus enthält die Satzung auch Bestimmungen zu Name und Sitz, Satzungsänderungsbefugnissen und die Auflösung der Stiftung sowie die Rahmenbedingungen für die Verwaltungstätigkeit des Treuhänders.

Bei steuerbefreiten Stiftungen sind zudem die entsprechenden Vorgaben der Abgabenordung zu beachten, die sich vor allem in den Regelungen zum Stiftungszweck und zur Mittelverwendung niederschlagen sowie zu bestimmten Informationspflichten des Treuhänders an die Finanzverwaltung führen. Da die Treuhandstiftungen steuerlich den rechtsfähigen Stiftungen gleich stehen, unterscheiden sich die jeweiligen Stiftungssatzungen in den vom Gemeinnützigkeitsrecht geprägten Bestimmungen nicht. Sie entspricht in diesen Punkten den von der AO gemeinnützigen Körperschaften vorgegebenen Musterformulierungen.

1. Name und Sitz

24 Die Benennung der Stiftung ist wie bei der rechtsfähigen Stiftung dem Stifter vorbehalten. Auch Treuhandstiftungen werden überwiegend nach dem Stifter benannt oder der Stiftungsname unmittelbar mit der Zwecksetzung der Stiftung verbunden. Die Benennung der Stiftung hat insbesondere zur Folge, dass sie bei ihrer Zweckerfüllung von den Mittelempfängern als eigenständige Organisation wahrgenommen wird. In der Öffentlichkeit wird eine Differenzierung von Stiftungen nach ihrer rechtlichen Organisationsform nicht vorgenommen und für die Destinatäre der Stiftung ist diese ebenfalls von geringem Interesse. Auch der Stifter wünscht in aller Regel nur eine klare Erkennbarkeit seines Engagements, was durch eine entsprechende Benennung der Treuhandstiftung erreicht werden kann.

Im Unterschied zur rechtsfähigen Stiftung hat die Treuhandstiftung keinen eigenen Sitz, so dass insoweit für den Stifter keine Bestimmungsmöglichkeit besteht. Sitz der Treuhandstiftung ist immer der Sitz des Treuhänders als Rechtsträger. Er ist insbesondere maßgeblich für die Zuständigkeit des Finanzamtes.

2. Stiftungszweck

Die Bestimmungen zum Stiftungszweck sind auch bei der Treuhandstiftung das Kernstück der Stiftungssatzung. Hier finden sich die Ziele des Stifters, die ihn letztlich zu der Errichtung der Stiftung bewegt haben. Wegen des Grundsatzes der Vertragsfreiheit können Stifter und Treuhänder im Rahmen der allgemeinen Bestimmungen des Bürgerlichen Gesetzbuches jeden beliebigen Stiftungszweck vereinbaren. Dieser darf danach lediglich nicht gegen Gesetze oder die guten Sitten verstoßen (§§ 134, 138 BGB). Eine Prüfung des Stiftungszwecks durch die Stiftungsaufsicht erfolgt nicht, bei gemeinnützigen Stiftungen achtet allerdings die Finanzverwaltung auf die Einhaltung der steuerrechtlichen Vorgaben. Auch wird der Treuhänder dem Stifter nicht die Erfüllung jedes Stiftungszwecks und auch nicht jede Form der Zweckverwirklichung zusagen können.

Die Bestimmungen zum Stiftungszweck können im Wesentlichen ähnlich gefasst werden wie bei einer rechtsfähigen Stiftung, treuhandstiftungstypische Regelungen zum Stiftungszweck und zur Mittelverwendung existieren nicht. Die Bestimmungen zum Stiftungszweck richten sich in der Praxis allerdings danach aus, inwieweit die Treuhandstiftung in ihren Handlungsmöglichkeiten reicht. Es ist so zum Beispiel zwar möglich, eine operative Zweckverwirklichung als Option in der Stiftungssatzung zu verankern, für die Umsetzung dieser Vorgaben ist allerdings der Treuhänder in der Pflicht, der die entsprechenden Strukturen – auch personell – aufzubauen hätte. Stiftungstreuhänder sind regelmäßig nicht bereit oder in der Lage, auf Dauer entsprechende Zusagen zu machen, so dass in der Praxis Treuhandstiftungen gemeinhin als Förderstiftungen ausgestaltet werden. Der Stiftungszweck wird dann entweder über die Hinzuziehung dritter Projektträger umgesetzt oder unmittelbar über die finanzielle Förderung von Stipendiaten, Preisträgern oder Bedürftigen verwirklicht.

3. Stiftungsvermögen

Die Regelungsmöglichkeiten zum Stiftungsvermögen sind bei der Treuhandstiftung durch keine gesetzlichen Vorgaben beschränkt. Insbesondere eine Pflicht zum langfristigen Erhalt des Stiftungsvermögens können Stifter und Treuhänder frei vereinbaren und Möglichkeiten bis hin zum vollständigen Verbrauch des Stiftungsvermögens in einem bestimmten Zeitfenster eröffnen. Zu beachten sind in diesem Zusammenhang allerdings die Rahmenbedingungen, die von Seiten des Steuerrechts gesetzt werden. So wird die unmittelbare Verwendung des Grundstockvermögens für den Stiftungszweck nicht ohne weiteres zulässig sein, sofern von Seiten des Stifters der Höchstbetrag nach § 10 b Abs. 1a EStG geltend gemacht worden ist. Sinn dieser steuerlichen Förderung ist die langfristige Dotation von Stiftungen. Bringt ein Stifter hingegen das Grundstockvermögen in die Treuhandstiftung ein und verwendet dieses dann in den darauf folgenden Jahren unmittelbar für den Stiftungszweck, so kann diese Handhabung als Umgehung gewertet werden, weil bei wirtschaftlicher Betrachtung keine dauerhafte Dotation der Stiftung (Zustiftung), sondern die Zuwendung von Stiftungsmitteln (Spende) gewollt war. Die Zuwendung von Spenden wird steuerlich aber in deutlich geringeren Größenordnungen gefördert.

> **Praxishinweis:**
> *Bestimmungen zur konkreten Anlage des Stiftungsvermögens können auf Wunsch des Stifters in die Satzung aufgenommen werden. In der Praxis finden sich entsprechende Regelungen allerdings nur in Ausnahmefällen, da solche Bindungen in einem sich ständig fortentwickelnden Kapitalmarkt relativ schnell unzeitgemäß werden können und darüber hinaus die wirtschaftlichen Handlungsmöglichkeiten des Treuhänders stark begrenzen. Der Treuhänder sollte im Interesse einer guten Zusammenarbeit die Vermögensanlage in Abstimmung mit dem Stifter vornehmen und diesem fortlaufend über die gewählten Anlageformen und die erzielten Ergebnisse berichten.*

4. Stiftungsgremium

27 Zentrale Aufgabe des Gremiums einer Treuhandstiftung ist die Entscheidung über die Verwendung der Stiftungsmittel. Darüber hinaus wird das Gremium in der Regel auch an grundlegenden Entscheidungen, wie die Änderung der Stiftungssatzung oder die Auflösung der Stiftung, beteiligt. Die Bezeichnung des Gremiums als Stiftungsvorstand sollte vermieden werden, da mit diesem Begriff im Rechtsverkehr gemeinhin eine Vertretungsmacht verbunden wird, die bei Treuhandstiftungen nicht existiert. Verbreitet finden sich daher bei den Gremien von Treuhandstiftungen Bezeichnungen wie Kuratorium oder Stiftungsrat. Die mehr inhaltlich ausgerichtete Aufgabe des Stiftungsgremiums bringt es mit sich, dass neben dem Stifter und seinen Vertrauenspersonen vor allem Fachleute im Bereich des Stiftungszwecks im Gremium tätig sein sollten. Auch der Treuhänder entsendet regelmäßig einen Vertreter in das Gremium der Stiftung, um die konkreten Fördermaßnahmen besser abstimmen zu können und sicher zu stellen, dass die den Treuhänder treffenden steuerlichen Belange bei der Entscheidungsfindung Berücksichtigung finden.

Das Gremium einer Treuhandstiftung muss die Entscheidungsbefugnis über die Verwendung der Stiftungsmittel haben, wenn der Stifter den Höchstbetrag nach § 10 b Abs. 1a EStG steuerlich geltend machen möchte. Diese steuerliche Abzugsmöglichkeit wird nur bei der Dotierung einer Stiftung gewährt, die von der Finanzverwaltung als eigenständiges Körperschaftsteuersubjekt im Sinne des § 1 Abs. 1 Nr. 5 KStG anerkannt worden ist. Wesentliche Voraussetzung für die Anerkennung eigener Steuersubjektivität einer Treuhandstiftung ist, dass nicht der Treuhänder über die Vergabe der Stiftungsmittel entscheiden kann. Es muss sicher gestellt sein, dass hinsichtlich des Stiftungsvermögens eine wirtschaftliche Selbständigkeit gegeben ist, die im Punkt der Mittelverwendung zu einer vom Treuhänder unabhängigen Entscheidungsfindung führt.

28 Nicht jeder Stifter möchte sich aktiv in seine Stiftung einbringen, so können dem etwa gesundheitliche oder berufliche Gründe entgegenstehen. Der Stifter kann deshalb auch ihm vertraute Dritte in das Stiftungsgremium berufen oder auf die Einrichtung eines Gremiums ganz verzichten. Sofern sich der Stifter aber besondere Rechte in der Treuhandstiftung vorbehalten will, so ist das Gremium der Stiftung auch insoweit der sich bietende Anknüpfungspunkt. Zwar bleiben dem Stifter immer die im Stiftungsgeschäft festgelegten Rechte, diese sind aber eher allgemeiner Natur und haben nicht die laufenden Vorhaben der Stiftung im Blick. Der Stifter sollte daher für den Fall, dass er seine Stiftung noch weiter begleiten möchte, Mitglied des Gremiums werden und auch solange bleiben können, wie er es möchte. Zudem kann er sich Benennungs- und Abberufungsrechte im Hinblick auf die weiteren Mitglieder einräumen. Schließlich besteht noch die Möglichkeit, in der Satzung festzulegen, dass eine Änderung der Stiftungssatzung nicht gegen das Votum des Stifters erfolgen kann.

> **❶ Praxishinweis:**
> *Die Mitwirkungsrechte des Stifters lassen sich am besten dadurch absichern, dass er sich selbst im Stiftungsgeschäft auf Lebenszeit in das Gremium der Stiftung beruft, dieses Amt aber jederzeit aufgeben kann. Möchte er seine Position noch weiter stärken, sollte er sich darüber hinaus auch auf Lebzeiten das Berufungs- und Abberufungsrecht für die weiteren Gremienmitglieder vorbehalten.*

5. Pflichten des Treuhänders

29 Die besondere Position des Treuhänders als gewissen Pflichten unterworfener Eigentümer des Stiftungsvermögens bringt es mit sich, dass auch dessen Rolle in Stiftungsgeschäft und Satzung klar zu definieren ist. Für den Stifter ist es von zentraler Bedeutung, die Erfüllung der Pflichten durch den Treuhänders sicher zu stellen. Erster Schritt ist die Klarstellung, was die Grundpflichten des Treuhänders sind, insbesondere wie er den Stiftungszwecks zu erfüllen hat. Die Stiftungssatzung darf jedoch nicht mit einem Aufgabenkatalog überfrachtet werden, der sämtliche unter Randziffer 37 ff. angeführten Aufgaben definiert. Auch muss dem Treuhänder die Möglichkeit zur Änderung von Verwaltungsabläufen offen bleiben, was ebenfalls gegen eine detaillierte Festlegung spricht. Die Stiftungssatzung und ein etwaiger Treuhand- oder Geschäftsbesorgungsvertrag sollten vielmehr die Pflichten des Treuhänders ergebnisorientiert festschreiben und zusätzlich Kontrollmechanismen einrichten, die dem Stifter oder von ihm benannten Personen oder Einrichtungen Korrekturmöglichkeiten eröffnen. Neben der jährlichen Berichterstattung des Treuhänders an das Stiftungsgremium kann insbesondere die Prüfung des Treuhänders durch einen unabhängigen Dritten für eine wirksame Kontrolle sorgen.

6. Satzungsänderung und Auflösung

Eine Besonderheit der Treuhandstiftung, die im Vergleich zur rechtsfähigen Stiftung immer wieder betont wird, ist ihre große Flexibilität.[27] Vor allem die weit reichenden Möglichkeiten zur Änderung der Stiftungssatzung hilft Stiftern, ihre Stiftung an sich ändernde Rahmenbedingungen oder Vorstellungen anzupassen. Bei Treuhandstiftungen fehlt es an der für rechtsfähige Stiftungen obligatorischen Genehmigung jeder Satzungsänderung durch die Stiftungsaufsicht, was Veränderungsprozesse erleichtert. In Anbetracht der neueren Entwicklungen im Stiftungsrecht eröffnen sich aber auch für rechtsfähige Stiftungen vergleichbare Möglichkeiten, da einige der jüngst erlassenen Landesstiftungsgesetze die grundsätzliche Unveränderbarkeit der Stiftungssatzung zur Disposition des Stifters gestellt haben. So sieht das Stiftungsgesetz in Nordrhein-Westfalen vor, dass bei rechtsfähigen Stiftungen nur noch wesentliche Satzungsänderungen, die sich auf die Organisation der Stiftung oder den Stiftungszweck auswirken, der staatlichen Genehmigung bedürfen. Die Unterschiede zur Treuhandstiftung im Punkt Flexibilität relativieren sich damit zunehmend.

> **Praxishinweis:**
> *Der Stifter selbst sollte bei der Ausgestaltung der Stiftungssatzung besonderes Augenmerk auf den zeitlichen Aspekt legen. In der Regel ist er gut beraten, zwischen der Phase seiner Mitwirkung in der Stiftung und der nach seinem Ausscheiden zu differenzieren. In der ersten Phase wird ihm daran gelegen sein, die Stiftungssatzung ohne weiteres ändern zu können, was seine Nachfolger nach seinem Ableben nicht unbedingt zu tun in der Lage sein sollen. Gleiches gilt auch für die Auflösung der Stiftung. Stifter sind typischerweise daran interessiert, dass die Stiftung nach ihrem Ableben noch von einiger Dauer ist, eine Auflösung also tunlichst zu vermeiden ist. Im Gegensatz zu den Anforderungen zu Lebzeiten des Stifters, sind diese dann möglichst hoch zu setzen, um eine Auflösung nur als ultima ratio vorzusehen.*

Die Mitwirkung des Treuhänders ist bei allen Entscheidungen über die Änderung der Stiftungssatzung oder die Auflösung der Stiftung unverzichtbar.[28] Die meisten Änderungen der Stiftungssatzung wirken sich auch auf die Pflichten des Treuhänders aus oder berühren gar die Festlegungen des Stiftungsgeschäfts. Gleiches gilt für die Auflösung der Stiftung, die der Beendigung der vertraglichen Vereinbarung gleichsteht. Der Treuhänder wird demnach bereits in der Stiftungssatzung klarstellen, dass Beschlüsse über die Änderung der Stiftungssatzung oder die Auflösung der Stiftung nicht ohne seine Zustimmung gefasst werden können. Sollten Stifter und Treuhänder in Fragen der Satzungsänderung zu keiner gemeinsamen Lösung kommen, so sind die Übertragung der Stiftung auf einen anderen Treuhänder oder die Umwandlung in eine rechtsfähige Stiftung denkbare Optionen.

---

27 Hof, Handbuch des Stiftungsrechts, § 36, Rn. 10.
28 Siehe dazu auch Wachter, Stiftungen, S. 188, Rn. 4.

II. Der Treuhänder

31 Als rechtlicher Eigentümer des Stiftungsvermögens sowie als der mit der Umsetzung des Stiftungszwecks Betraute, ist die Person des Treuhänders bei der Treuhandstiftung von zentraler Bedeutung. Grundsätzlich kann die Funktion des Treuhänders jede beliebige natürliche oder juristische Person übernehmen.[29] Der Träger der Treuhandstiftung darf allein nicht personenidentisch mit dem Stifter sein, da die Errichtung einer Treuhandstiftung immer mit der Übereignung von Vermögensgegenständen durch den Stifter verbunden ist, die auf einer vertraglichen Grundlage beruht.[30]

1. Die Auswahl des Treuhänders

Welcher Treuhänder der Richtige für eine Stiftungsinitiative ist, richtet sich nach den besonderen Umständen des Einzelfalles. Es sind hier die unterschiedlichsten Konstellationen denkbar, die wiederum die unterschiedlichsten Anforderungen an den Treuhänder mit sich bringen. In Abhängigkeit von den Vorstellungen des Stifters fallen die besonderen Eigenschaften eines Treuhänders mal stärker, mal schwächer ins Gewicht.

Bereits bei der Auswahl des Treuhänders sollte sich der Stifter bewusst sein, was der Treuhänder zu leisten in der Lage sein soll und welche Aufgaben vom Stifter unmittelbar oder durch Dritte abgedeckt werden können. Ist der Stifter etwa persönlich gut vertraut mit dem von der Stiftung zu fördernden Bereich, so ist eine besondere inhaltliche Expertise des Treuhänders nicht zwingend notwendig.

Selbst der verbreitet zu findende Grundsatz, dass sich eine juristische Person besser als eine natürliche Person als Träger einer Treuhandstiftung eigne, da letztere sterblich ist, kann durch andere Aspekte entkräftet werden. So spielt dieser Punkt bei einer nur auf bestimmte Zeit errichteten Stiftung fast keine Rolle. Auch können persönliche Verbindungen zwischen Stifter und Treuhänder besonderes Gewicht haben, die den Vorteil der Unsterblichkeit einer juristischen Person aufwiegen. Unverzichtbar sind aber einige wenige Kernpunkte, die bei einem Treuhänder in jedem Fall gegeben sein sollten.

a) Vertrauenswürdigkeit

32 Mit der Vertrauenswürdigkeit findet sich die wichtigste Eigenschaft des Stiftungsträgers bereits in der Bezeichnung „Treuhandstiftung" selbst. Sie ist gleichwohl für den Stifter am schwierigsten zu fassen. Der persönliche Eindruck, der sich für einen Stifter gewinnen lässt, bezieht sich bei der Stiftungserrichtung zumeist allein auf die unmittelbaren Kontaktpersonen, die bei der Einrichtung der Stiftung behilflich sind. Darüber hinaus kann der Stifter sein Bild noch über das Renommee eines Treuhänders und vorhandene Referenzen vervollständigen. Aber auch bei einem positiven Eindruck sollte der Stifter zumindest zu seinen Lebzeiten von einer unauflöslichen Anbindung an einen bestimmten Treuhänder grundsätzlich absehen, da sich die Vertrauensbasis für eine dauerhafte Zusammenarbeit zumeist erst im Laufe der Jahre entwickeln muss und sich in einigen Fällen einfach nicht erreichen lässt.

---

29 Wachter, Stiftungen, S. 185.
30 Hof, Handbuch des Stiftungsrechts, § 36, Rn. 46.

b) Kompetenz

Unverzichtbar ist daneben die Kompetenz des Treuhänders, eine Treuhandstiftung verwalten zu können. Die vom Treuhänder zu erfüllenden Aufgaben sind, wie unter Randziffern 37 ff. näher ausgeführt wird, so vielgestaltig, dass nicht jede Person für die Betreuung einer Stiftung in Frage kommt. Die Kompetenz des Treuhänders muss in besonderem Maße bei der Verwaltung von steuerbefreiten Stiftungen gegeben sein, da die Komplexität des Gemeinnützigkeitsrechts hohe Anforderungen an die rechtlichen Kenntnisse des Treuhänders mit sich bringt. Ein weiterer zentraler Bereich ist die Anlage des Stiftungsvermögens, die ebenfalls von fachkundiger Hand getätigt werden sollte. Schließlich sollte der Treuhänder auch bei der Vergabe der Stiftungsmittel Erfahrungen aufweisen und sich in administrativen Fragen der Vergabe gemeinnütziger Gelder auskennen.

33

c) Unabhängigkeit

Der Stifter sollte sich bewusst sein, dass jeder Treuhänder ein gewisses Eigeninteresse an der Verwaltung von Treuhandstiftungen besitzt, im anderen Fall würde er den damit verbundenen Aufwand nicht auf sich nehmen. So haben viele gemeinnützige Einrichtungen die Treuhandstiftung als Möglichkeit entdeckt, ihre eigenen Zwecke auf breiterer finanzieller Basis voranzutreiben, indem sie als Treuhänder für diese Stiftungen fungieren. Andere Treuhänder haben die Betreuung von Stiftungen als allgemeine Geschäftsidee entwickelt oder wollen Kunden oder Mandanten dauerhaft an sich binden. Es ist für den Stifter in dieser Situation wichtig, die besonderen Interessen des Treuhänders seiner Stiftung zu kennen, um einerseits das Leistungsangebot des Treuhänders besser einschätzen zu können und andererseits auch die vertraglichen Absprachen in der für ihn günstigsten Form zu treffen. So kann zum Beispiel eine Treuhandstiftung rechtlich so gestaltet werden, dass ihr Vermögen auf lange Sicht zu einer von vielen Positionen im Haushalt des Treuhänders wird. Diese Gefahr der Vereinnahmung durch den Treuhänder ist insbesondere bei gleichgerichteten Zwecken gegeben. Wenn der Stifter seine Stiftung an einen inhaltlich nicht unabhängigen Treuhänder binden möchte, so sollte er zumindest auf eine möglichst große Unabhängigkeit der Treuhandstiftung von den Eigeninteressen des Treuhänders achten. Es ist in diesem Fall ganz besonders auf die inhaltliche Eigenständigkeit der Stiftung zu achten und die Einrichtung eines eigenen Vergabegremiums von zentraler Bedeutung. Verfolgt der Treuhänder mit der Verwaltung von Stiftungen hingegen lediglich wirtschaftliche Interessen, besteht diese Gefahr nicht unmittelbar. Hier sollte der Stifter wiederum das Leistungsangebot des Treuhänders und die Angemessenheit des Entgeltes im Blick haben.

34

d) Kontrollmöglichkeiten

Vor dem Hintergrund unterschiedlicher Interessenlagen hat der Stifter bei der Gestaltung von Stiftungsgeschäft und Satzung darauf hinzuwirken, dass seine Interessen ausreichend Berücksichtigung finden.[31] Der Treuhänder sollte insbesondere bereit und in der Lage sein, dem Stifter Kontrollmöglichkeiten hinsichtlich seiner Tätigkeiten einzuräumen. Neben der grundsätzlichen Entscheidung über die Vergabe der Stiftungsmittel, die der Stifter oder von ihm beauftragte Dritte im Vergabegremium steuern können, sollte der Treuhänder zudem gegenüber dem Stifter bzw. dem Stiftungsgremium jährlich Rechenschaft über seine Verwaltungstätigkeit ablegen müssen und in diesem Rahmen auch die Kosten der Betreuung der Stiftung darlegen. Schließlich sollte der Stifter auch die

35

---

31 Kritisch zu den bei Treuhandstiftungen gegebenen Kontrollmöglichkeiten äußert sich Henß, Stiftung & Sponsoring, 6/2006, S. 22 f.

2. Die Haftung des Treuhänders

36 Vor dem Hintergrund der Börsenbaisse in den Jahren nach 2000 ist die Frage der Haftung für eingetretene Vermögensverluste auch bei Stiftungen oftmals diskutiert worden. Bei der rechtsfähigen Stiftung haftet grundsätzlich der Vorstand für jedes schuldhafte Fehlverhalten, das bei der Stiftung zu einem Schaden geführt hat. Dieser Grundsatz gilt auch hinsichtlich Entscheidungen zur Vermögensanlage und ein eventueller Schadenersatzanspruch der Stiftung wäre gegenüber dem Vorstand von einem internen Kontrollgremium oder der Stiftungsaufsicht geltend zu machen. In der Praxis sind diese Fälle allerdings ausgesprochen seltene Ausnahmen, da vielfach für die Haftung des Vorstands Vorsatz oder grobe Fahrlässigkeit als Maßstab festgelegt wird und zudem in der Regel hinsichtlich der Vermögensanlage eine Beratung durch außen stehende Fachleute erfolgt, was zu einer Entlastung des Stiftungsvorstands in diesem Punkt führen kann.

Bei Treuhandstiftungen hat der Stifter gegenüber dem Treuhänder keinen gesetzlichen Anspruch auf Ausgleich eingetretener Vermögensverluste, da der Treuhänder als Eigentümer des Vermögens auch bei vorwerfbar schuldhaftem Verhalten nur sein eigenes Vermögen gemindert hat, der Schaden also bei ihm selbst eingetreten ist.[32] Die gleiche Rechtslage findet sich für den Fall, dass der Treuhänder gegen die Satzung oder steuerliche Vorschriften verstoßen hat und die Stiftung dadurch ihre Steuerbefreiung verliert. Auch hier werden sich die steuerlichen Sanktionen nur zu Lasten des betroffenen Stiftungsvermögens also das Eigentum des Treuhänders auswirken.

III. Die Verwaltung durch den Treuhänder

37 Einer der für den Stifter wichtigsten Punkte bei der Entscheidung über die Rechtsform seiner Stiftung ist die Frage der Organisation der Stiftungstätigkeit. Während bei der rechtsfähigen Stiftung die Stiftungsarbeit in der Hand des Vorstands liegt, nimmt bei der Treuhandstiftung typischerweise der Treuhänder alle Verwaltungsaufgaben wahr. Die Treuhandstiftung bietet sich damit insbesondere für Stifter an, die keine eigene Infrastruktur für ihre Stiftung aufbauen wollen oder können, gleichwohl aber den Wunsch haben, die Kontrolle über die inhaltliche Ausgestaltung der Stiftungsarbeit zu behalten. Die Mitwirkung des Stifters in der Stiftung konzentriert sich dabei auf die Entscheidungsfindung im Gremium der Stiftung, alle weiteren Aufgaben sind grundsätzlich beim Treuhänder angesiedelt.

1. Administrative Aufgaben

38 Die bei der Verwaltung einer Treuhandstiftung anfallenden administrativen Aufgaben sind vom Ziel der möglichst effektiven Erfüllung des Stiftungszwecks nach den in der Satzung vorgesehenen Abläufen geprägt. Diese sind wiederum bei steuerbefreiten Stiftungen stark geprägt von den Vorgaben der Finanzverwaltung, die die gemeinnützigkeitsrechtlich konforme Verwendung der Stiftungsmittel überprüft. Der Treuhänder hat damit sicher zu stellen, dass die Entscheidungen innerhalb der Stiftung so getroffen werden, wie es in der Stiftungssatzung festgelegt worden ist. Darüber hinaus hat er die Vergabe der Stiftungsmittel im Hinblick auf ihre gemeinnützigkeitsrechtliche Unbedenklichkeit zu überprüfen. Nicht zuletzt sind die Förderaktivitäten der Stiftung entsprechend der steuer-

---

32 Westebbe, Stiftungstreuhand, S. 113 ff.

rechtlichen Vorgaben zu dokumentieren und die Finanzverwaltung durch die Erstellung von Jahresberichten fortlaufend über die Stiftungstätigkeit zu informieren.

Ist für die Stiftung ein eigenes Gremium vorgesehen, hat der Treuhänder die Sitzungen des Stiftungsgremiums vorzubereiten, was neben den üblichen Formalitäten wie die fristgerechte Einladung und die Erstellung einer Tagesordnung insbesondere auch die Sichtung und Aufbereitung eingegangener Förderanträge zu beschlussreifen Vorlagen beinhaltet. Die Aufarbeitung der Anträge bringt oftmals weiteren Abstimmungsbedarf mit den Antragstellern mit sich, da viele Anträge nicht auf die Ziele und finanziellen Möglichkeiten der Stiftung zugeschnitten sind. Die Förderanträge sollten vom Treuhänder nur dann an das Gremium der Stiftung weitergeleitet werden, wenn sie den Bestimmungen der Satzung zum Stiftungszweck entsprechen. Bei steuerbefreiten Stiftungen umfasst das auch die Überprüfung der Anträge im Hinblick auf die gemeinnützigkeitsrechtlichen Vorgaben.

Die Sitzungen des Stiftungsgremiums sind zu protokollieren und die gefassten Vergabebeschlüsse nach diesen Vorgaben zu exekutieren. Vergabeentscheidungen haben in der Regel eine formale Bewilligung der Förderung an den Mittelempfänger zur Folge. Inhalt dieser Bewilligung ist neben der Festlegung der Fördersumme und des Förderzweckes auch die Festlegung der Rechte, die sich der Treuhänder für die Stiftung vorbehält. Hier sind insbesondere Bestimmungen zum Zeitpunkt des Abrufs, zu den Nachweispflichten über die Mittelverwendung, zu inhaltlichen Berichts- und Informationspflichten bis hin zu möglichen Rückforderungsrechten zu nennen.

> **Praxishinweis:**
>
> *Die Bewilligung der Fördermittel sollte von der Stiftung rechtlich als einseitige Zusage ausgestaltet werden, die den in der Bewilligung festgelegten Bedingungen unterworfen ist. Der Mittelempfänger hat die Einhaltung dieser Bedingungen mit dem Abruf der Fördersumme zuzusagen. Die Stiftung bindet sich mit einer solchen Zusage. Hilfreich ist es deshalb, die Zusage zeitlich zu begrenzen, so dass die Förderung von Projekten, die sich in ihrer Umsetzung schwierig gestalten, auch wieder problemlos aufgegeben werden kann.*

Schließlich obliegt dem Treuhänder auch die Erstellung des Jahresberichtes der Stiftung, die auch Grundlage der Steuererklärung ist. Die Finanzverwaltung sieht die Treuhandstiftung als eigenständiges Steuersubjekt an, dem eine eigene steuerliche Freistellung erteilt wird. Ob die Voraussetzung für die Steuerbefreiung der Treuhandstiftung weiter fortbesteht, prüft die Finanzverwaltung anhand der Steuererklärungen oder gegebenenfalls auch über Betriebsprüfungen beim Treuhänder. Dieser hat dazu die Tätigkeit der Stiftung umfassend zu dokumentieren und die Dokumente für einen Zeitraum von mindestens zehn Jahren aufzubewahren.

2. Vermögensverwaltung

Da das vom Stifter in die Treuhandstiftung eingebrachte Vermögen rechtlich Eigentum des Treuhänders wird, liegt die Entscheidung über die Vermögensanlage auch grundsätzlich in den Händen des Treuhänders. Sofern aber Treuhänder und Stifter abweichende Regelungen getroffen haben, sind diese Vorgaben für den Treuhänder als Vertragsbestandteil verbindlich. Regelmäßig wird der Treuhänder in seiner Entscheidungsbefugnis ungebunden sein, so dass die Vermögensanlage zu einer weiteren zentralen Aufgabe des Treuhänders wird. Im Ergebnis entscheidet die Kompetenz des Treuhänders in diesem Bereich über nicht weniger als den finanziellen Handlungsrahmen der Stiftung. Der Stifter sollte deshalb auch im Auge haben, inwieweit der Treuhänder dieser Aufgabe gewachsen ist und ob er insbesondere personell so aufgestellt ist, dass eine erfolgreiche Anlage des Stiftungsvermögens kein Zufallsprodukt ist.

Stiftungsrechtliche Vorgaben zur Vermögensanlage von Treuhandstiftungen finden sich in den Landesstiftungsgesetzen nicht. Gleichwohl ist der Treuhänder rechtlich nicht vollkommen ungebunden in der Auswahl der Anlageformen, er hat insbesondere die Anforderungen des Steuerrechts zu beachten. Diese bringen es mit sich, dass Stiftungen grundsätzlich nur in rentierlichen Vermögenswerten investieren dürfen, insbesondere thesaurierende Anlageformen sind zu vermeiden.

41 Darüber hinaus ist ein Treuhänder ebenfalls gut beraten, die für Stiftungen allgemein gültigen Grundsätze zu beachten, sofern die Treuhandstiftung der Grundkonzeption einer Stiftung im herkömmlichen Sinn entspricht, also auf Dauer angelegt ist und fortlaufend ihren Satzungszweck erfüllen soll. Danach sind Stiftungen vor allem auf die regelmäßige, verlässliche Ausschüttung von ordentlichen Erträgen angewiesen. Die unmittelbare Verwendung von realisierten Kursgewinnen für den Stiftungszweck ist zwar bei der Treuhandstiftung leichter möglich als bei der rechtsfähigen Stiftung, birgt aber bei stärkeren Kursschwankungen eine gewisse Unberechenbarkeit in sich. Diese kommt insbesondere dann negativ zum Tragen, wenn die Stiftung längerfristige Förderzusagen getroffen hat.

Wie die rechtsfähige Stiftung unterscheidet sich die Treuhandstiftung auch in ihrem Anlagehorizont relativ deutlich von privaten Anlegern. Stiftungen können Krisen an den Kapitalmärkten besser überdauern, da sie grundsätzlich nicht auf ihre Vermögenssubstanz zurückgreifen müssen.

In der Regel wünscht auch der Stifter einer Treuhandstiftung, dass das Stiftungsvermögen langfristig erhalten bleiben soll. Diese Anforderung impliziert nicht nur den Ausgleich des schleichenden Wertverlustes, sondern auch eine Form der Vermögensanlage, die das Risiko eines Kursverlustes gering hält. Neben der Auswahl risikoarmer Vermögensklassen ist deshalb auch eine möglichst breite Streuung des Stiftungsvermögens angezeigt. In diesem Punkt zeigt sich ein weiterer Vorteil der Anbindung an einen Treuhänder. Dieser verfügt nicht nur in der Regel über eine professionelle Vermögensverwaltung, durch die Bündelung mehrerer Stiftungsvermögen profitiert jede einzelne Treuhandstiftung, da das Gesamtvermögen der Stiftungen wesentlich breiter und damit risikoärmer angelegt werden kann und mit den Kreditinstituten aufgrund der größeren Volumina bessere Konditionen auszuhandeln sind.

3. Zweckverwirklichung

42 Auf die inhaltliche Beratung im Bereich der Zweckverwirklichung legen viele Stifter großen Wert. Sie verfügen oftmals über relativ genaue Vorstellungen hinsichtlich des Stiftungszwecks, es fehlt allerdings an Erfahrungen und Kontakten, um diese optimal umzusetzen. Einige Treuhänder weisen in bestimmten Bereichen eine besondere Expertise auf und sind damit für Stifter besonders attraktiv, die sich in einem gleich gelagerten Gebiet engagieren wollen. Die Stifter können so von den bestehenden Verbindungen und den Erfahrungen des Treuhänders profitieren, indem sie vom Treuhänder bereits einmal erlittene Fehlschläge vermeiden oder Empfehlungen im Hinblick auf besonders geeignete Kooperationspartner erhalten.

Stifter, die eine Verbindung mit einem inhaltlich gleich ausgerichteten Treuhänder suchen, sollten allerdings besonderen Wert auf die Unabhängigkeit der Treuhandstiftung bei der Entscheidungsfindung über die Mittelverwendung legen. So sollte insbesondere ein Automatismus im Hinblick auf die Unterstützung von Projekten des Treuhänders vermieden werden. Grundsätzlich ist nichts dagegen einzuwenden, dass Treuhandstiftungen Projekte ihres Treuhänders unterstützen, im Interesse des Stifters wird allerdings neben einer hohen Qualität des Projekts auch die Übereinstimmung mit den eigenen Stiftungszwecken stehen. Die eigenständige Entscheidung des Stiftungsgremiums ist in diesem Punkt der beste Garant für die Wahrung des Stifterwillens. Vor diesem Hintergrund erscheint es auch in besonderem Maße angezeigt, dass für den Stifter im Streitfall die Möglichkeit besteht, sich wieder vom

Treuhänder seiner Stiftung zu trennen, sei es durch die Überführung der Stiftung in die Rechtsfähigkeit oder durch den Wechsel zu einem anderen Treuhänder.

> **Praxishinweis:**
> *Stifter sollten sich über die vom Treuhänder verfolgten Ziele und initiierten Projekte gut informieren. Gerade für junge Stiftungen bietet es sich an, zunächst in Verbindung mit einem erfahrenen Projektträger die ersten Schritte zu wagen.*
> *Die Zusammenarbeit sollte aber streng projektbezogen bleiben und nicht zu einer Förderung des Treuhänders als Institution führen.*

Da Treuhänder in der Regel eine Vielzahl von Stiftungen verwalten, lassen sich über diese Verbindung auch unter den einzelnen Stiftungen leichter Kooperationen bilden. Der Treuhänder kann zum Beispiel über von ihm angebotene Veranstaltungen zu einer Plattform werden, die die einzelnen Stiftungen nutzen. Die Idee der Kooperation ist im Stiftungswesen noch relativ jung, da Stiftungen in der Vergangenheit sehr auf ihre Eigenständigkeit auch in der Projektierung fixiert waren. Aber auch hier greift die Erkenntnis mehr und mehr Platz, dass sich gemeinsam mehr erreichen lässt, ohne dass die Sichtbarkeit des Einzelbeitrages zwangsläufig verloren geht.

4. Rechtliche Begleitung

Die rechtliche Begleitung der Stiftung durch den Treuhänder setzt zumeist schon bei der Konzeption und der Errichtung der Stiftung ein. Stiftungstreuhänder haben in aller Regel etablierte Abläufe und Mustervorgaben, die sie für die einzelnen Stiftungsinitiativen individualisieren. Der Stifter kann sich schon in dieser frühen Phase ein recht gutes Bild von der Professionalität des Treuhänders machen.

Zu Beginn der Überlegungen ist allerdings zunächst die Frage zu klären, ob die Treuhandstiftung überhaupt geeignet ist, die Vorstellungen und Ziele des Stifters umzusetzen oder ob nicht beispielsweise die Errichtung einer rechtsfähigen Stiftung oder die Zustiftung zu einer bestehenden Stiftung der sinnvollere Weg ist. So attraktiv die Errichtung einer Treuhandstiftung für den Treuhänder auch ist, mit einem in dieser Konstruktion unzufriedenen Stifter ist keinem der Beteiligten geholfen. Ein verantwortungsvoller Treuhänder sollte den in Rechtsfragen möglicherweise unerfahrenen Stifter auch im Hinblick auf die Gestaltung seiner Rechte aufklären und dafür Sorge tragen, dass der Stifter – sofern gewünscht – die Fäden in der Hand behält. In diesen Bereich fallen neben die Entscheidungsmöglichkeit über die Vergabe der Stiftungsmittel auch Regelungen zur Umwandlung oder Übertragung der Stiftung.

Die rechtliche Betreuung der Stiftung in grundlegenden Fragen setzt sich im Rahmen der Verwaltung der Stiftung weiter fort, etwa bei der Durchführung von Satzungsänderungen oder der Anpassung der Stiftung an veränderte rechtliche Rahmenbedingungen. Bei steuerbefreiten Stiftungen ist auch die Projektierung der Stiftungsmittel geprägt von steuerrechtlichen Fragestellungen, die der Treuhänder zu beachten hat. Vielfach ist die Vergabe der Gelder einfach zu gestalten, namentlich bei der finanziellen Unterstützung von für den selben Zweck steuerbefreiten Einrichtungen. Hier reicht schon die Prüfung der beiden Satzungszwecke und die formale Bestätigung der Zuwendung durch die Empfängerinstitution, um den Anforderungen der Finanzverwaltung zu genügen. Bei der Förderung im Ausland, von Privatpersonen oder der Kooperation mit gewerblich tätigen Projektträgern werden die Fragestellungen aber sogleich wesentlich komplizierter, gleich wie die formalen Anforderungen an die Dokumentation des betreffenden Projekts. So muss hier insbesondere die inhaltliche Seite des Projekts genauestens auf die Zwecke der Stiftung abgestimmt werden. Darüber hinaus ist ein konkreter Verwendungsnachweis hinsichtlich aller zur Verfügung gestellten Stiftungsmittel anhand von Quittungen oder Rechnungen erforderlich.

Schließlich sollte der Treuhänder auch dazu Auskunft geben können, wie sich die Stiftungserrichtung und spätere Zuwendungen des Stifters an seine Stiftung bei ihm steuerlich auswirken. Die Dotierung einer Stiftung wird in besonderem Maße steuerlich gefördert. Zentrale Normen sind § 10 b EStG bzw. § 9 KStG, die eine ganze Reihe von steuerlichen Abzugsmöglichkeiten normieren, die Stifter nutzen können. Im Bereich des Spendenabzuges wird nach der Person des Stifters differenziert, natürlichen Personen stehen andere Abzugsmöglichkeiten offen als Unternehmen. Wie wichtig eine umfassende Information des Stifters über diese Möglichkeit ist, dokumentiert die Tatsache, dass sich sehr viele Stiftungserrichtungen hinsichtlich ihrer Dotation exakt an den steuerlichen Abzugsmöglichkeiten orientieren.

5. Vergütung

45 Die meisten Treuhänder erheben für ihre Verwaltungstätigkeit ein Entgelt. Ausnahmen ergeben sich zumeist dann, wenn die Treuhandstiftung unmittelbar die Zwecke des Treuhänders verfolgt oder doch zumindest mit einer ganz ähnlich gelagerten Zweckrichtung konzipiert worden ist. In diesen Fällen ist der mit der Verwaltung der Treuhandstiftung verbundene Aufwand des Treuhänders vom originären Zweck des Treuhänders gedeckt. Hat etwa ein Stifter die Förderung eines bestimmten Fachbereiches einer Universität zum Zweck seiner Stiftung erhoben, so könnte sich die Universität bereit erklären, die Treuhandstiftung ohne die Erhebung eines Verwaltungsentgeltes mit ihrer vorhandenen Infrastruktur zu betreuen.

Wünscht der Stifter hingegen eine größere Eigenständigkeit seiner Stiftung in der Zweckverfolgung oder möchte er gar eine ganze Reihe verschiedener Zwecke verfolgen, so wird regelmäßig nur eine Betreuung seiner Stiftung gegen Entgelt möglich sein. Dieses Entgelt darf entsprechend den Vorgaben der Abgabenordnung nicht unangemessen hoch sein. Die Angemessenheit des Verwaltungsentgeltes ist gesetzlich nicht weiter konkretisiert. Maßgebliche Norm ist § 55 Abs. 1 Nr. 3 AO. Als angemessen ist das anzusehen, was für eine vergleichbare Tätigkeit oder Leistung üblicherweise auch von einer nicht steuerbegünstigten Einrichtung gezahlt wird.[33] Bei Stiftungen wird in den ersten Jahren gemeinhin eine etwas höhere Verwaltungskostenquote akzeptiert, die aufgrund von Investitionen etwa in die Geschäftsausstattung oder für eine Internetpräses entsteht.

D. Die Beendigung des Treuhandverhältnisses

46 Eine Treuhandstiftung kann aufgelöst, umgewandelt oder auf einen neuen Treuhänder übertragen werden. Diese Möglichkeiten sowie deren Voraussetzungen sollten im Interesse größerer Klarheit ausdrücklich im Stiftungsgeschäft oder in der Stiftungssatzung geregelt sein. Wenn eine solche Bestimmung fehlt, sind Stifter und Treuhänder aber auch jederzeit frei, eine dem entsprechende, neue Vereinbarung zu treffen. Die Beendigung des Treuhandverhältnisses hat also nicht zwingend auch die Auflösung der Treuhandstiftung zur Folge. Diese kann mehr oder weniger unverändert in neuer Treuhand weitergeführt werden oder als eigenständige rechtsfähige Stiftung den selben Zwecken verschrieben bleiben.

In allen Fällen ist die Mitwirkung des Treuhänders als rechtlicher Eigentümer des Stiftungsvermögens unverzichtbar. Der Vertreter des Treuhänders im Stiftungsgremium muss der Maßnahme zustimmen, der Treuhänder selbst muss die entsprechenden rechtlichen Erklärungen abgeben und schließlich muss das Vermögen der Stiftung von ihm auf den neuen Eigentümer übertragen werden.

---

33 Buchna, Gemeinnützigkeit im Steuerrecht, 10. Aufl., S. 168.

D. Die Beendigung des Treuhandverhältnisses

Fehlt eine Vereinbarung über die Beendigung des der Stiftung zugrunde liegenden Vertragsverhältnisses, so kommen die allgemeinen Regelungen des Bürgerlichen Gesetzbuches zur Anwendung. In Abhängigkeit von der Rechtsnatur des Stiftungsgeschäfts richtet sich die Beendigung des Rechtsverhältnisses entweder nach Schenkungsrecht (§§ 527 ff. BGB) oder im Fall des Treuhandvertrages bei entgeltlicher Tätigkeit des Treuhänders nach dem Recht der Geschäftsbesorgung (§§ 675, 620 Abs. 2 BGB) bzw. Auftragsrecht bei unentgeltlicher Verwaltung (§ 671 BGB).[34] Zudem besteht bei einem entgeltlichen Treuhandvertrag für beide Seiten die Möglichkeit zur außerordentlichen Kündigung aus wichtigem Grund nach §§ 675, 626 BGB.

I. Auflösung

Wie bei der rechtsfähigen Stiftung sollte auch die Auflösung einer Treuhandstiftung nur die ultima ratio sein. Zuvor sind andere Möglichkeiten zu prüfen, insbesondere die Anpassung des Stiftungszwecks. Regelfall der Auflösung einer Treuhandstiftung wird daher nicht der Fall der Zweckerreichung sein, sondern ein Vermögensverfall der Stiftung. Sollte das Vermögen der Stiftung auf Dauer so gering bleiben, dass die Zweckverfolgung mit dem administrativen Aufwand, den eine Treuhandstiftung mit sich bringt, nicht mehr sinnvoll erscheint, so kann die Stiftung aufgelöst werden und das verbleibende Restvermögen einer anderen Einrichtung zur Verfügung gestellt werden. Bei steuerbefreiten Stiftungen muss der Anfallberechtigte immer auch eine steuerbefreite Institution bzw. eine Körperschaft des öffentlichen Rechts sein. Vielfach sehen die Stiftungssatzungen vor, dass das Vermögen dem Treuhänder zufällt, der es unmittelbar im Sinne des Stiftungszwecks zu verwenden hat.

II. Umwandlung

Die Umwandlung einer Treuhandstiftung in eine rechtsfähige Stiftung ist eine Möglichkeit, die sich Stifter immer häufiger im Stiftungsgeschäft der Treuhandstiftung vorbehalten. Treuhandstiftungen können auch schon von vornherein als Übergangslösung konzipiert werden, die zu einem späteren Zeitpunkt, etwa mit dem Tode des Stifters, in die Rechtsfähigkeit überführt werden sollen.

Rechtlich besteht die Umwandlung einer Treuhandstiftung aus zwei eigenständigen Vorgängen. Zunächst ist eine neue, rechtsfähige Stiftung zu errichten, in deren Stiftungsgeschäft sich der Treuhänder verpflichtet, das Stiftungsvermögen der Treuhandstiftung einzubringen. Nach Anerkennung der Stiftung ist die Treuhandstiftung aufzulösen und das Gesamtvermögen auf die rechtsfähige Stiftung zu übertragen. Die gegebene Aufteilung des Gesamtvermögens der Treuhandstiftung in Grundstockvermögen, freie Rücklage und Stiftungsmittel sollte dabei grundsätzlich beibehalten werden. Soweit es die Pflicht zur zeitnahen Verwendung der Stiftungsmittel betrifft, ist die unveränderte Übertragung dieser Position auf die rechtsfähige Stiftung sogar obligatorisch.

Folge dieser Zweiteilung ist, das Treuhandstiftung und rechtsfähige Stiftung bis zur endgültigen Übereignung sämtlicher Vermögensgegenstände für einen gewissen Zeitraum parallel zueinander existieren. Praktische Probleme resultieren aus diesem Umstand in der Regel nicht.

III. Übertragung auf einen neuen Treuhänder

Die Übertragung der Treuhandstiftung auf einen neuen Treuhänder erhält die rechtliche Grundstruktur der Stiftung. Die Stiftung bleibt Treuhandstiftung, erfährt in der Regel aber größere Verän-

---

34 Rawert, in: Staudinger, Vor § 80, Rn. 164.

derungen in den Organisationsabläufen, da die Verfahrensweisen des neuen Treuhänders von denen des bisherigen gemeinhin in vielen Punkten abweichen.

Grundlage der Übertragung einer Treuhandstiftung ist eine Übertragungs- und Treuhandvereinbarung zwischen altem und neuem Treuhänder, dem das Stiftungsgremium in der Regel ebenfalls zuzustimmen hat. In dieser Vereinbarung werden die Einzelheiten der Übertragung festgelegt, bei steuerbefreiten Stiftungen insbesondere die Verpflichtung des neuen Treuhänders, die gemeinnützigkeitsrechtlichen Vorgaben zu beachten.

Die Satzung der Treuhandstiftung ist im Wege der Satzungsänderung an die neuen Gegebenheiten anzupassen. Die Zustimmung des bisherigen Treuhänders zur neuen Fassung der Stiftungssatzung ist in der Regel erforderlich, am zweckmäßigsten ist die Zustimmung bereits Bestandteil der Übertragungs- und Treuhandvereinbarung.

§ 5 Grundlagen des Stiftungsteuerrechts[1]

A. Einführung und Überblick

Entgegen einer zumindest früher in der breiten Öffentlichkeit verbreiteten Fehlvorstellung ist eine Stiftung grundsätzlich kein „Steuersparmodell".[2] Dies gilt für nicht gemeinnützige Zwecke verfolgende, d.h. „privatnützige" Stiftungen sowohl im Hinblick auf die laufende Besteuerung der Stiftung durch Körperschaft-/Gewerbesteuer etc. als auch im Hinblick auf die Besteuerung der Stiftung bei ihrer Errichtung oder Auflösung durch Erbschaft- oder Schenkungsteuer, insbesondere aber auch für ausländische Stiftungen. Als Instrument der steueroptimierten Vermögensnachfolge eignet sich die „privatnützige" Stiftung daher nur in eingeschränktem Umfang.

Etwas anderes gilt jedoch für die gemeinnützige Zwecke verfolgenden Stiftungen, die z.B. bei der Erbschaft- und Schenkungsteuer für ihren Vermögenserwerb und bei der laufenden Besteuerung ihrer Einnahmen weitgehende Steuerbefreiung genießen. Diese umfassende Steuerbefreiung wird aber vom Staat nur um den Preis gewährt, dass der Stifter das gestiftete Vermögen auf Dauer für gemeinnützige oder andere steuerbefreite Zwecke widmet; was bedeutet, dass sich der Stifter seines gestifteten Vermögens endgültig und auf Dauer begeben muss.

Bei der Besteuerung von Stiftungen ist grundsätzlich zwischen der Besteuerung bei Errichtung der Stiftung, der laufenden Besteuerung und der Besteuerung bei ihrer Auflösung zu unterscheiden. Ferner ist zwischen der Besteuerung der Stiftung selbst und der Besteuerung des Stifters und der Begünstigten, d.h. der sog. Destinatäre der Stiftung zu unterscheiden.

So ist beispielsweise bei der Errichtung der Stiftung die Erbschaft- und Schenkungsteuer von wesentlicher Bedeutung. Weitere steuerliche Folgen, die eine unentgeltliche Übertragung von Vermögensgegenständen nach sich ziehen kann, sind im Bereich der Einkommen- oder Körperschaftsteuer zu beachten; so können hier etwa erhebliche Belastungen bei der Übertragung von Vermögenswerten aus einem Betriebsvermögen des Stifters durch Realisierung stiller Reserven entstehen. Auch bei einer Übertragung aus dem steuerlichen Privatvermögen sind steuerliche Risiken zu prüfen, wie z.B. bei Veräußerung einer wesentlichen Beteiligung oder von Grundbesitz innerhalb der Spekulationsfrist. Daneben kann die Übertragung von Vermögensgegenständen auf die Stiftung der Umsatzsteuer oder sonstigen Verkehrsteuern (z.B. Grunderwerbsteuer) unterliegen. Andererseits können solche Zuwendungen auch steuerlich von Vorteil sein, wenn sie das steuerpflichtige Einkommen des Stifters oder sonstiger Zuwendender als Betriebsausgaben oder als Spenden für steuerbegünstigte Zwecke einer gemeinnützigen Stiftung mindern.

Bei der Auflösung der Stiftung treten in der Regel die gleichen Besteuerungsfragen auf wie bei ihrer Errichtung, jedoch in umgekehrter Richtung. So unterliegen Vermögensübertragungen von der Stiftung der Erbschaft- und Schenkungsteuer sowie möglicherweise der Umsatz- und sonstigen Verkehrsteuern. Auch können bei einer Stiftung Einkommen- bzw. Körperschaftsteuern infolge der Realisierung stiller Reserven bei Übertragung von Vermögenswerten entstehen.

---

1 Mit freundlicher Unterstützung von Herrn RA Hans Ferdinand Fleige, FAStR, München.
2 Pöllath/ Richter, Handbuch des Stiftungsrechts, § 13 Rn. 19.

§ 5   Grundlagen des Stiftungsteuerrechts

Im Hinblick auf die laufende Besteuerung kommen als wesentliche Steuerarten die Körperschaftsteuer und die Gewerbesteuer in Betracht, deren Steuersubjekt die Stiftung selbst ist. Stiftungen unterliegen darüber hinaus grundsätzlich auch der Umsatz-, Grunderwerb- und sonstigen Verkehrsteuern, Familienstiftungen alle 30 Jahre der sog. Erbersatzsteuer. Ob und inwieweit eine Besteuerung in Betracht kommt, hängt von dem Umfang der Steuerbegünstigung ab.

Über 90 % aller Stiftungen haben den Status der Gemeinnützigkeit, weil sie gemeinnützige, mildtätige oder kirchliche Zwecke und damit Aufgaben des allgemeinen Wohls verfolgen. Unter welchen Voraussetzungen eine Stiftung diesen begehrten Status erhält, ist für alle Steuerarten einheitlich in der Abgabenordnung (§§ 51 ff. AO) geregelt. Stiftungen, die solche steuerbegünstigten Zwecke verfolgen, können umfassend oder hinsichtlich einzelner Steuerarten steuerbefreit sein. Die Einzelheiten und weitere Voraussetzungen für die Steuerbefreiung ergeben sich aus den Befreiungsvorschriften der einzelnen Steuergesetze.[3] Voraussetzung für die Steuerbefreiung in allen Steuerarten ist jedoch die Verwendung des Einkommens der Stiftung für steuerbegünstigte Zwecke. Die Steuerbefreiung gemeinnütziger Stiftungen erstreckt sich auch auf die Erbschaft- und Schenkungsteuer für Vermögenszuwendungen bei Errichtung und während des Bestehens der Stiftung.

Die Steuerbefreiung bei der laufenden Besteuerung einer gemeinnützigen Stiftung entfällt jedoch regelmäßig, soweit die Stiftung ihre Einkünfte aus einem wirtschaftlichen Geschäftsbetrieb erzielt. Diese Einkünfte unterliegen der laufenden Besteuerung wie ein sonstiger Gewerbebetrieb. In der Praxis stellt sich daher bei gemeinnützigen Stiftungen häufig die Frage, ob diese steuerbefreite Einkünfte aus der Vermögensverwaltung oder steuerpflichtige Einkünfte aus einem wirtschaftlichen Geschäftsbetrieb erzielen.

Steuerliche Auswirkungen auf die begünstigten Destinatäre können sich insoweit ergeben, als diese Ausschüttungen erhalten, die steuerpflichtiges Einkommen sein oder auch der Erbschaft- oder Schenkungsteuer unterliegen können.

B. Besteuerung und Steuerbefreiungen gemeinnütziger Stiftungen

I. Rechtsfähige Stiftungen und Treuhandstiftungen

Rechtsfähige Stiftungen und Treuhandstiftungen als sog. nichtrechtsfähige Vermögensmassen werden nach § 5 Abs. 1 Ziffer 9 KStG steuerlich gleich behandelt. Insbesondere gelten für Treuhandstiftungen auch die Regelungen der AO sowie die Steuerbefreiungen der Einzelsteuergesetze, so dass nachfolgend keine Unterscheidung zwischen diesen Stiftungsformen erforderlich ist.[4]

---

3   § 5 Abs.1 Nr. 9 KStG: Körperschaftsteuerbefreiung, § 3 Nr. 6 GewStG: Gewerbesteuerbefreiung, § 13 Abs. 1 Nr. 16 ErbStG: Erbschaft- und Schenkungsteuerbefreiung, § 3 Abs. 1 Nr. 3 GrStG: Grundsteuerbefreiung, § 12 Abs. 2 Nr. 8 a und b UStG: ermäßigter Umsatzsteuersatz bei vollem Vorsteuerabzug.
4   Augsten/Wolf, ZErb 2006, 160.

II. Errichtung und Auflösung einer gemeinnützigen Stiftung

1. Erbschaft- und Schenkungsteuer

Zuwendungen von Todes wegen oder unter Lebenden an eine gemeinnützige Stiftung im Sinne der Abgabenordnung sind nach § 13 Abs. 1 Ziffer 16 ErbStG von der Erbschaft- und Schenkungsteuer befreit. Hieran hat sich auch durch die zum 1. Januar 2009 in Kraft getretene Erbschaftsteuerreform nichts geändert. Die Befreiung gilt für Zuwendungen anlässlich der Errichtung der Stiftung ebenso wie für Zuwendungen während des Bestehens der Stiftung, unabhängig davon, ob die Zuwendung als Zustiftung das Stiftungsvermögen erhöht oder als Spende dazu bestimmt ist, zeitnah der Erfüllung des Stiftungszwecks zu dienen.

Die Voraussetzungen für die Steuerbefreiung der Zuwendung, d.h. Erfüllung der gemeinnützigkeitsrechtlichen Voraussetzungen nach den §§ 51 ff. AO, müssen zum Zeitpunkt der Zuwendung erfüllt sein und auch grundsätzlich 10 Jahre nach der Zuwendung erfüllt bleiben. Fallen die Voraussetzungen für die Steuerbefreiung innerhalb dieses Zeitraums weg, so kann die Steuerbefreiung für die Zuwendung rückwirkend entfallen.[5]

Diese Erbschaft- und Schenkungsteuerfreiheit der Zuwendung an eine gemeinnützige Stiftung gilt auch dann, wenn der zugewendete Gegenstand ertragsteuerlich bei der Stiftung zu einem steuerpflichtigen wirtschaftlichen Geschäftsbetrieb führen sollte, beispielsweise bei der Übertragung einer Beteiligung an einer gewerblich tätigen Personengesellschaft.[6]

Die vorstehenden Steuerbefreiungen gelten für lebzeitige Zuwendungen an steuerbefreite Stiftungen grundsätzlich neben dem Sonderausgabenabzug des Stifters, der ihm durch das Einkommensteuerrecht für Zuwendungen an Stiftungen gewährt wird. Bei Zuwendungen von Todes wegen an steuerbefreite Stiftungen ist dagegen sowohl dem Erblasser als Stifter als auch seinen Erben ein entsprechender einkommensteuerlicher Sonderausgabenabzug verwehrt.[7]

Die Errichtung einer steuerbegünstigten Stiftung oder die Zustiftung zu einer solchen schon bestehenden Stiftung kann auch für diejenigen interessant sein, die größere Vermögenswerte von Todes wegen oder durch Schenkung erworben haben und die damit verbundene Erbschaft- und Schenkungsteuerbelastung fürchten oder diese schlicht mangels Liquidität nicht bezahlen können.

Beispielhaft seien hier einige aus der Presse bekannte spektakuläre Fälle am „Neuen Markt" der Jahrtausendwende erwähnt, in denen der Unternehmensgründer und noch immer mehrheitlich beteiligte Vorstandsvorsitzende in Zeiten höchster Aktienkurse seines Unternehmens tödlich verunglückte und seine Familie weder über die erforderlichen Geldmittel im Privatvermögen verfügte, um die nach Tageskursen am Todestag errechnete Erbschaftsteuer auf das Aktienpaket des Erblassers zahlen zu können, noch aufgrund aktienrechtlicher Bindungen im Rahmen des Börsengangs in der Lage war, das ererbte Aktienpaket zu verkaufen.

Überträgt in einem solchen Fall ein Erwerber die von ihm selbst ererbten oder ihm geschenkten Vermögenswerte innerhalb von 24 Monaten auf eine steuerbegünstigte Stiftung, so ist nicht nur diese Zuwendung an die Stiftung schenkungsteuerbefreit, sondern es erlischt nach § 29 Abs. 1 Nr. 4 ErbStG zudem auch die bereits in der Person des Erben oder Beschenkten zuvor entstandene Erbschaft- bzw. Schenkungsteuer für den Vorerwerb rückwirkend. Diese Steuerbefreiung wird damit gerechtfertigt, dass der ursprünglich steuerpflichtige Erwerber nicht bereichert bleibt. Der Erbe oder Beschenkte

---

5 Vgl. auch § 10 Abschnitt B.
6 Schauhoff, Handbuch der Gemeinnützigkeit, § 7 Rn. 44.
7 Augsten/Wolf, ZErb 2006, 161.

kann jedoch in diesen Fällen die Zuwendung an die steuerbegünstigte Stiftung nach § 29 Abs. 1 Nr. 4 Satz 2 ErbStG nicht auch noch einkommensteuerlich als Spende im Rahmen seiner Sonderausgaben abziehen. Dies würde aus Sicht der Finanzverwaltung zu einer nicht gerechtfertigten Überprivilegierung führen. Bei der Einbringung ererbten oder geschenkten Vermögens innerhalb von zwei Jahren in eine gemeinnützige Stiftung ist zu beachten, dass diese Stiftung dann keinerlei Leistungen an den Erben oder Beschenkten erbringen darf – auch wenn diese in anderen Fällen nach § 58 Nr. 5 AO steuerlich unschädlich wären.

> **Praxishinweis:**
> Teilweise stellt sich die Finanzverwaltung sogar auf den (wohl irrigen) Standpunkt, dass die Stiftung noch nicht einmal in der Satzung eine solche Möglichkeit der Leistungserbringung vorsehen dürfe und stellt nicht auf die tatsächliche Leistungserbringung an den Stifter und seine Familie ab, um diesem die rückwirkende Erbschaft- und Schenkungsteuerbefreiung nach § 29 Abs. 1 Nr. 4 ErbStG zu versagen. Dies ist aber umstritten.

2. Einkommensteuer

Die Schenkung von Betriebsvermögen oder von Mitunternehmeranteilen führt nach § 6 Abs. 3 EStG grundsätzlich nicht zur Aufdeckung stiller Reserven beim Zuwendenden.

Nur ausnahmsweise kann im Vorfeld der Errichtung einer gemeinnützigen Stiftung Einkommensteuer anfallen, wenn die vom Stifter auf die Stiftung übertragenen Vermögensgegenstände aus einem Betriebsvermögen des Stifters stammen und zuvor vom Stifter dort entnommen wurden. In diesen Fällen hat der Stifter die im übertragenen Wirtschaftsgut enthaltenen stillen Reserven grundsätzlich zu versteuern. Diese Besteuerung der Entnahme aus dem Betriebsvermögen entfällt jedoch nach § 6 Abs. 1 Nr. 4, Satz 4 EStG, wenn der Stifter das entnommene Wirtschaftsgut „unmittelbar" nach dessen Entnahme aus dem Betriebsvermögen einer gemeinnützigen Stiftung unentgeltlich überlässt. Dies hat aber zur Folge, dass die Höhe des Spendenabzugs des Stifters auf den Buchwert des übertragenen Vermögens beschränkt bleibt.

Auch wenn Gegenstände des Privatvermögens, beispielsweise die Beteiligung an einer Kapitalgesellschaft, ins Stiftungsvermögen eingebracht werden, kommt es nicht zu einer steuerpflichtigen Gewinnrealisierung beim Stifter, da die Übertragung unentgeltlich erfolgt (vgl. §§ 17, 23 EStG, § 21 UmwStG).

Auf diese Weise lassen sich erhebliche stille Reserven des Betriebsvermögens auf eine gemeinnützige Stiftung steuerfrei übertragen und dort für gemeinnützige Zwecke dauerhaft nutzen.

Etwas anderes gilt beispielsweise bei der Einbringung von steuerverstricktem Privatvermögen nur dann, wenn – etwa bei Grundbesitz – die Stiftung gleichzeitig auch damit zusammenhängende Verbindlichkeiten übernimmt. Dies führt zur Teilentgeltlichkeit der Übertragung und damit gegebenenfalls zur steuerpflichtigen Realisierung stiller Reserven (zur Grunderwerbsteuer vgl. nachfolgend Ziffer 4).

3. Umsatzsteuer

Entnimmt der Stifter Vermögensgegenstände, die bisher zum vollen oder teilweisen Vorsteuerabzug berechtigt haben, aus seinem Einzelunternehmen oder seiner Personengesellschaft, um diese einer gemeinnützigen Stiftung zuzuwenden, stellt dies in der Regel eine beim Stifter als Unternehmer umsatzsteuerpflichtige unentgeltliche Wertabgabe dar.[8] Hier ist stets zu prüfen, ob im Einzelfall nicht spezifische Befreiungsvorschriften greifen. Auch die unentgeltliche Lieferung von Vermögensgegenständen von einer Kapitalgesellschaft an eine gemeinnützige Stiftung ist bei der Kapitalgesellschaft umsatzsteuerpflichtig. Wird hingegen ein Vermögensgegenstand, der ohne die Berechtigung zum Vorsteuerabzug vom Stifter erworben wurde, später in eine gemeinnützige Stiftung eingebracht, ist dieser Vorgang nicht umsatzsteuerpflichtig.

4. Grunderwerbsteuer

Bei der Grunderwerbsteuer existieren für gemeinnützige Stiftungen keine besonderen Steuerbefreiungen. Allerdings sind Grundstückserwerbe einer gemeinnützigen Stiftung nach § 3 Nr. 2 Satz 1 GrEStG insoweit von der Grunderwerbsteuer ausgenommen, als es sich um einen Grundstückserwerb von Todes wegen oder im Rahmen einer Schenkung unter Lebenden im Sinne des Erbschaftsteuergesetzes handelt. Ob der Grundstückserwerb tatsächlich Erbschaft- oder Schenkungsteuer auslöst oder nach § 13 Abs. 1 Nr. 16 ErbStG von der Erbschaft- und Schenkungsteuer befreit ist, spielt für die Grunderwerbsteuerfreiheit des Grundstückserwerbs keine Rolle. Unentgeltliche Grundstückszuwendungen des Stifters oder Dritter an eine gemeinnützige Stiftung unterliegen daher keiner Grunderwerbsteuer.

Etwas anderes gilt jedoch, wenn die Stiftung gleichzeitig auch Verbindlichkeiten des Stifters im Zusammenhang mit dem übertragenen Grundbesitz übernimmt. Da die Grundbesitzüberlassung damit teilentgeltlich wird, führt dies zum Anfall von Grunderwerbsteuer.[9]

III. Die Auflösung einer gemeinnützigen Stiftung

Die Auflösung der gemeinnützigen Stiftung löst nur dann Erbschaft- und Schenkungsteuer aus, wenn das Stiftungsvermögen nicht auch weiterhin für gemeinnützige Zwecke verwendet und hierfür auf einen anderen, ebenfalls steuerbefreiten Rechtsträger zur Erfüllung – möglichst derselben – steuerbegünstigter Zwecke übertragen wird.[10]

Wird das Stiftungsvermögen dagegen an den Stifter oder Dritte „steuerschädlich" zurückgewährt bzw. weiter übertragen, löst dies beim Stifter oder beim Dritten nicht nur Schenkungsteuer wie bei Auflösung einer nicht steuerbefreiten Stiftung aus, sondern die Stiftung kann darüber hinaus – rückwirkend für einen Zeitraum von bis zu 10 Jahren – ihren Status als steuerbefreite Stiftung verlieren. Dies wiederum hat die Rückzahlung aller in diesem Zeitraum der Stiftung gewährten Steuervorteile durch eine umfangreiche Nachversteuerung zur Folge. Hat die Stiftung in dieser Zeit auch Spenden Dritter vereinnahmt, kommt auf die Stiftung und ihre Stiftungsorgane zudem eine steuerliche Spendenhaftung in Höhe von pauschal 30 % der vereinnahmten Spenden zu (vgl. hierzu Abschnitt C. IV.).

> **Praxishinweis:**
> *Jede steuerschädliche Auflösung einer gemeinnützigen Stiftung ist daher strikt zu vermeiden. Deshalb sollte jede geplante Stiftungsauflösung (auch z.B. im Rahmen einer Zusammenlegung oder Zulegung) unter Beibehaltung des steuerbegünstigten Charakters des Stiftungsvermögens vorab mit dem zuständigen Finanzamt abgesprochen und – soweit die rechtlichen Voraussetzungen hierfür vorliegen – eine verbindliche Auskunft des Finanzamts eingeholt werden.*

---

8   Pöllath/ Richter, a.a.O., § 40 Rn. 77.
9   Schauhoff, Stiftung & Sponsoring 2001, 18 ff.
10 Heuer/Ringe, Stiftung & Sponsoring, Rote Seiten 03/2005, 7 ff.

IV. Die Besteuerung/Steuerbefreiung der laufenden Tätigkeit einer gemeinnützigen Stiftung

1. Körperschaftsteuer/Gewerbesteuer/Kapitalertragsteuer

Die laufende Tätigkeit einer gemeinnützigen Stiftung ist grundsätzlich nach § 5 Abs. 1 Nr. 9 KStG von der Körperschaftsteuer und nach § 3 Nr. 6 GewStG von der Gewerbesteuer befreit.

Ihre Kapitalerträge können der Stiftung nach § 44 a Abs. 4 EStG auch ohne Steuerabzug in Form der Kapitalertragsteuer oder des Zinsabschlags zufließen. Hierfür ist den kontoführenden Banken lediglich eine Kopie der jeweils letzten Bescheinigung des Finanzamts über die Anerkennung der Stiftung als steuerbefreite Körperschaft vorzulegen, damit diese vom Einbehalt der Kapitalertragsteuer absehen. Gegebenenfalls sind einbehaltene Kapitalertragsteuern auf Antrag der Stiftung vom Bundesamt für Finanzen zurück zu erstatten.

Diese Steuerbefreiungen gelten jedoch immer nur insoweit, als die gemeinnützige Stiftung in ihrem ideellen Bereich der Erfüllung des Stiftungszwecks Einkünfte erzielt. Erzielt die gemeinnützige Stiftung diese Einkünfte im Rahmen eines sog. wirtschaftlichen Geschäftsbetriebs, gelten diese Steuerbefreiungen nicht. Mit diesen Einkünften ist die Stiftung voll steuerpflichtig, soweit diese einschließlich Umsatzsteuer € 35.000,00 übersteigen, § 64 Abs. 3 AO (vgl. hierzu auch Abschnitt VI. 3.).

2. Umsatzsteuer

Soweit die gemeinnützige Stiftung im umsatzsteuerlichen Sinn als Unternehmer tätig ist, unterliegen – soweit keine ausdrückliche allgemeine Steuerbefreiung nach dem Umsatzsteuergesetz in Betracht kommt – die dort erzielten Umsätze der Umsatzsteuer nach den allgemeinen Regeln. Damit gilt für gemeinnützige Stiftungen keine generelle Umsatzsteuerbefreiung.

Nach § 12 Abs. 1 Nr. 8 a und b UStG gilt jedoch ein ermäßigter Umsatzsteuersatz von derzeit 7 %. Dies gilt auch, soweit die Stiftung Umsätze aus einem sog. Zweckbetrieb erzielt; nicht aber bei Umsätzen der gemeinnützigen Stiftung aus einem wirtschaftlichen Geschäftsbetrieb. Dessen Umsätze unterliegen dem Regelsteuersatz von derzeit 19 % bzw. 7 %.[11]

Die gemeinnützige Stiftung ist auch zum vollen Vorsteuerabzug nach den allgemeinen Regeln des § 15 UStG berechtigt. Dies bedeutet, dass die Stiftung Vorsteuerbeträge, die einem Steuersatz von 19 % unterlagen, voll vergütet bekommt, selbst wenn sie ihrerseits nur Umsätze zum ermäßigten Steuersatz von 7 % tätigt. Nutzt die gemeinnützige Stiftung erhaltene und zum Vorsteuerabzug berechtigende Lieferungen und Leistungen sowohl für ihren unternehmerischen als auch für ihren nicht unternehmerischen (z.B. ideellen) Bereich, ist die Vorsteuer gegebenenfalls aufzuteilen und kann nur hinsichtlich der unternehmerischen Nutzung abgezogen werden.

---

11 170 Abs. 3 UStR zu § 12 Abs. 2 Nr. 8 UStG.

V. Gemeinnützigkeitsrechtliche Anforderungen/ Anforderungen für die Steuerbefreiungen

Voraussetzung der Gemeinnützigkeit im Sinne der §§ 51 ff. AO und damit der Inanspruchnahme umfassender Steuerbefreiungen ist, dass die gemeinnützige Stiftung ihr Einkommen nur für gemeinnützige, mildtätige oder kirchliche Zwecke verwendet.

Darüber hinaus darf sie ihr Einkommen grundsätzlich nur aus Spenden und Zustiftungen oder privater Vermögensverwaltung erzielen, also insbesondere aus der Nutzung von Wertpapieren und anderem Kapitalvermögen sowie aus der Vermietung von Immobilien und anderem sowie aus sog. Zweckbetrieben im Sinne der §§ 65 ff. AO. Dagegen entfallen die Steuervergünstigungen insoweit, als die gemeinnützige Stiftung Einkommen aus einer gewerblichen Betätigung erzielt und damit einen „wirtschaftlichen Geschäftsbetrieb" unterhält. Auf die Absicht, Gewinn zu erzielen, und eine Beteiligung am allgemeinen wirtschaftlichen Verkehr kommt es dabei nicht an.[12] Ist dies der Fall, so verliert die gemeinnützige Stiftung die Steuerbefreiungen für diesen wirtschaftlichen Geschäftsbetrieb, während im Übrigen die steuerlichen Vergünstigungen erhalten bleiben. Erfüllt der wirtschaftliche Geschäftsbetrieb der Stiftung jedoch die Voraussetzung für die Annahme eines sog. Zweckbetriebs (§§ 65–68 AO), bleiben die Steuervergünstigungen insoweit erhalten.

Wegen der unterschiedlichen steuerlichen Behandlung der wirtschaftlichen Tätigkeit einer gemeinnützigen Stiftung kommt der Abgrenzung zwischen wirtschaftlichem Geschäftsbetrieb, Zweckbetrieb und der reinen Vermögensverwaltung sowie dem sog. ideellen Bereich der Stiftung, d.h. den Spenden, Zuschüssen, Schenkungen und Erbschaften an die Stiftung, entscheidende Bedeutung zu. (vgl. hierzu nachfolgenden Abschnitt VI. 1.).

1. Mittelverwendung für gemeinnützige, mildtätige und kirchliche Zwecke

Diese in §§ 51 ff. AO beschriebenen steuerbegünstigten gemeinnützigen, mildtätigen und kirchlichen Zwecke müssen stets anhand des konkreten Einzelfalls beurteilt werden.

a) Gemeinnützige Zwecke

Gemeinnützig im Sinne des § 52 AO bedeutet die Förderung des Gemeinwohls bzw. die Förderung der Allgemeinheit. Gemeinnützige Zwecke sind nach § 52 AO insbesondere gegeben, wenn die Stiftung die Allgemeinheit auf materiellem, geistigem oder sittlichem Gebiet selbstlos fördern soll. Wegen der Förderung der Allgemeinheit sind gemeinnützige Stiftungen immer öffentliche Stiftungen im Sinne des Stiftungsrechts.

Mit dem „Gesetz zur weiteren Stärkung des bürgerschaftlichen Engagements" wurden mit Wirkung zum 01.01.2007 die als gemeinnützig anerkannten Zwecke, die bisher in der EStDV beispielhaft erwähnt waren, vereinheitlicht, abschließend in § 52 Abs. 2 AO zusammengefasst und dabei auch deutlich ausgeweitet. Umfasst werden nunmehr folgende gemeinnützige Zwecke:

- die Förderung von Wissenschaft und Forschung;
- die Förderung der Religion;

---

[12] Bott, Handbuch der Gemeinnützigkeit, § 8 Rn. 42.

- die Förderung des öffentlichen Gesundheitswesens und der öffentlichen Gesundheitspflege, insbesondere die Verhütung und Bekämpfung von übertragbaren Krankheiten; auch durch Krankenhäuser im Sinne des § 67 AO, und von Tierseuchen;
- die Förderung der Jugend- und Altenhilfe;
- die Förderung von Kunst und Kultur;
- die Förderung des Denkmalschutzes und der Denkmalpflege;
- die Förderung der Erziehung, der Volks- und Berufsbildung;
- die Förderung des Naturschutzes und der Landschaftspflege im Sinne des Bundesnaturschutzgesetzes und der Naturschutzgesetze der Länder, und des Umweltschutzes, des Küstenschutzes und des Hochwasserschutzes;
- die Förderung des Wohlfahrtswesens, insbesondere der Zwecke der amtlich anerkannten Verbände der freien Wohlfahrtspflege, Ihrer Unterverbände und angeschlossenen Einrichtungen und Anstalten;
- die Förderung der Hilfe für politisch, rassisch oder religiös Verfolgte, für Flüchtlinge, Vertriebene, Aussiedler, Spätaussiedler, Kriegsopfer, Kriegshinterbliebene, Kriegsbeschädigte und Kriegsgefangene, Zivilbeschädigte und Behinderte sowie für Opfer von Straftaten; Förderung des Andenkens an Verfolgte, Kriegs- und Katastrophenopfer; Förderung des Suchdienstes für Vermisste;
- die Förderung der Rettung aus Lebensgefahr;
- die Förderung des Feuer-, Arbeits-, Katastrophen- und Zivilschutzes sowie der Unfallverhütung;
- die Förderung internationaler Gesinnung, der Toleranz auf allen Gebieten der Kultur und des Völkerverständigungsgedankens;
- die Förderung des Tierschutzes;
- die Förderung der Entwicklungszusammenarbeit;
- die Förderung von Verbraucherberatung und Verbraucherschutz;
- die Förderung der Fürsorge für Strafgefangene und ehemalige Strafgefangene;
- die Förderung der Gleichberechtigung von Frauen und Männern;
- die Förderung des Schutzes von Ehe und Familie;
- die Förderung der Kriminalprävention;
- die Förderung des Sports (Schach gilt als Sport);
- die Förderung der Heimatpflege und Heimatkunde;
- die Förderung der Tierzucht, der Pflanzenzucht, der Kleingärtnerei, des traditionellen Brauchtums einschließlich des Karnevals, der Fastnacht und des Faschings, der Soldaten- und Reservistenbetreuung, des Amateurfunkens, des Modellflugs und des Hundesports;
- die die allgemeine Förderung des demokratischen Staatswesens im Geltungsbereich der Abgabenordnung; hierzu gehören nicht Bestrebungen, die nur bestimmte Einzelinteressen staatsbürgerlicher Art verfolgen oder die auf den kommunalpolitischen Bereich beschränkt sind;
- die Förderung des bürgerschaftlichen Engagements zugunsten gemeinnütziger, mildtätiger oder kirchlicher Zwecke.

Sofern der von einer Körperschaft verfolgte Zweck nicht in diesem Katalog enthalten ist, aber die Allgemeinheit auf materiellem, geistigem oder sittlichem Gebiet entsprechend selbstlos gefördert wird, kann dieser Zweck von einer von den Bundesländern zu bestimmenden Finanzbehörde für gemeinnützig erklärt werden

B. Besteuerung und Steuerbefreiungen gemeinnütziger Stiftungen

Anders als nach der bis zum 31.12.2006 geltenden Rechtslage wird damit nicht mehr zwischen begünstigten gemeinnützigen förderungswürdigen und besonders förderungswürdigen Zwecken unterschieden und auch der entsprechende Spendenabzug für alle gemeinnützigen Zwecke vereinheitlicht (vgl. hierzu unten Abschnitt C.II.).

Da die Abgrenzung gemeinwohlorientierter Fördermaßnahmen trotz dieses Katalogs nur anhand des konkreten Einzelfalls beurteilt werden kann, wird auf die von der Rechtsprechung und Verwaltung in der Vergangenheit entschiedenen Fallbeispiele verwiesen, von denen nachfolgend einige beispielhaft aufgezählt werden:

Die Gemeinnützigkeit wurde in folgenden Fällen **bejaht:**	Die Gemeinnützigkeit wurde in folgenden Fällen **verneint:**
Akupunktur, Forschung und Lehre	Ausstellungshalle
Angeln	Campingverein
Berufsausbildung	Eheanbahnungsinstitute
Beschäftigungsgesellschaften zur Qualifizierung	Erholungsheim
Bürgerinitiative	Esoterikfachhandel
Dach- und Spitzenorganisationen	Familienstiftung
Denkmal- und Heimatpflege	Freikörperkultur
Drachen-/Modellflug	Fremdenverkehrsbetrieb
Entwicklungshilfe	Geselligkeit und Unterhaltung, Förderung
Erholungsurlaub	Hallenbauverein
Förderung durch Verein	Homosexuellenverein
Fallschirmsport	Jugendorganisation, politisch
Feuerbestattung, Friedhofskultur	Kameradschaftspflege
Förderung Funken	Krankenhauswäscherei
Golfsport	Ledigenheim
Internet (Volksbildung)	Motorsport (wegen Schädlichkeit)
Kindergarten	Orden, der Material seiner Lehre ausschließlich seinen Mitgliedern zukommen lässt
Kleingärtnerverein	Rennverein
Künstlerförderungsverein	Sparverein
Kurheim	Stiftung zur Versorgung von Witwen und Waisen von Geistlichen
Modellbau, -flug	Wettkampf, Genehmigung von Veranstaltungen
Müllverbrennung	Wohnungsbauförderung durch billige Mittel
Musikschule	Zauberkunst

Die Gemeinnützigkeit wurde in folgenden Fällen **bejaht**:	Die Gemeinnützigkeit wurde in folgenden Fällen **verneint**:
Pferdezuchtverein	Zelt- und Wohnwagenwesen
Politische Partei	
Sport	
Umweltschutzverein	
Versorgungsheim alter, kranker und hilfloser Personen	
Vertriebenenverband	
Volksgesundheit	
Wandern	
Wohnungsunternehmen	
Yoga, Meditation	

b) Mildtätige Zwecke

16 Mildtätige Zwecke im Sinne von § 53 AO verfolgt dagegen, wer Hilfsbedürftige unterstützt, d.h. Personen, die wegen ihres körperlichen, geistigen oder seelischen Zustands oder wegen ihrer wirtschaftlichen Bedürftigkeit auf Hilfe anderer angewiesen sind.

Wirtschaftlich bedürftig in diesem Sinne ist, wer allgemeine Bezüge nicht über dem vier- bzw. fünffachen des Regelsatzes der Sozialhilfe hat und seinen Unterhalt nicht zumutbar aus seinem Vermögen bestreiten kann oder aus besonderen Gründen (z.B. wegen Naturkatastrophe oder langer Krankheit) in einer wirtschaftlichen Notlage ist.[13]

c) Kirchliche Zwecke

17 Kirchliche Zwecke im Sinne des § 54 AO verfolgt eine Stiftung dagegen, wenn ihre Tätigkeit auf die Förderung einer Religionsgemeinschaft gerichtet ist, die Körperschaft des öffentlichen Rechts ist. Die Förderung anderer Religionsgemeinschaften kann gegebenenfalls als „Förderung der Religion" gemeinnützig sein.

2. Grundsatz der Ausschließlichkeit

18 Die Gewährung der Steuerfreiheit für eine Stiftung hängt nicht nur von der Verfolgung der in der Stiftungssatzung definierten steuerbegünstigten Zwecke ab, sondern auch von der Art und Weise, mit der sie tatsächlich im Rahmen der Geschäftsführung konkret ihre Zwecke verfolgt. Hierbei muss die Stiftung selbstlos, ausschließlich und unmittelbar i.S.d. §§ 55–57 AO tätig werden.

---

13   Vgl. § 53 S. 1 Nr. 2 AO.

Der Grundsatz der Ausschließlichkeit im Sinne des § 56 AO fordert, dass nur steuerbegünstigte und satzungsmäßige Zwecke verfolgt werden. Sofern mehrere Zwecke durch die Stiftung verfolgt werden sollen, muss jeder der Zwecke steuerbegünstigt sein und der Satzung entsprechen. Dies bedeutet nicht, dass jede einzelne Tätigkeit der Stiftung selbst gemeinnützig sein muss. Per se nicht gemeinnützige Verwaltungstätigkeiten, wie z.B. die Vermögensverwaltung, müssen jedoch ein taugliches Mittel sein, den gemeinnützigen Zweck der Stiftung zu fördern und dürfen nicht zum Selbstzweck der Stiftung werden.

Vor diesem Hintergrund ist beispielsweise auch der Verwaltungsaufwand der Stiftung, z.B. im Rahmen der Spendenwerbung oder für die Vergütung von Organmitgliedern zu überprüfen und stets ins Verhältnis zu den Mitteln zu setzen, die tatsächlich der gemeinnützigen Zweckerfüllung der Stiftung zugute kommen.[14] Die Verwaltung einer gemeinnützigen Stiftung darf damit nicht Selbstzweck werden, da sonst die Gemeinnützigkeit gefährdet wird. Nach Ansicht des wissenschaftlichen Beirats beim Bundesfinanzministerium wäre bei den Kosten der Mitteleinwerbung eine Obergrenze zu setzen, die bei 20 bis 25 % der eingeworbenen Spenden liegen sollte.[15]

Die Aktivitäten der Mittelbeschaffung müssen zudem letztlich immer auf Gewinnerzielung gerichtet sein, um den gemeinnützigen Zweck unterstützen zu können, weshalb dauerhaft Verluste erwirtschaftende wirtschaftliche Geschäftsbetriebe einer gemeinnützigen Stiftung gegen den Grundsatz der Ausschließlichkeit nach § 56 AO verstoßen können.

3. Grundsatz der Unmittelbarkeit

Nach dem Grundsatz der Unmittelbarkeit im Sinne des § 57 AO muss die Stiftung ihre satzungsmäßigen Zwecke selbst, d.h. durch ihre satzungsmäßigen Organe verwirklichen.

a) Einsatz von „Hilfspersonen"

Sie kann sich jedoch zur Erfüllung ihrer Zwecke Hilfspersonen bedienen, deren Handeln der gemeinnützigen Stiftung wie eigenes Handeln zugerechnet wird.[16] Eine Hilfsperson in diesem Sinne ist eine natürliche oder juristische Person, die aufgrund Vertrags oder organisatorischer Einbindung gegenüber der Stiftung so weisungsabhängig ist, dass ihr Handeln der Stiftung wie eigenes Handeln zuzurechnen ist. Je selbstständiger, d.h. unabhängiger von den Organen der gemeinnützigen Stiftung, diese dritten Personen handeln können, desto höhere Anforderungen werden von der Finanzverwaltung an den Nachweis gestellt, dass es sich hierbei tatsächlich nur um Hilfspersonen in diesem Sinne handelt.[17] Liegen diese Voraussetzungen nicht vor oder erfüllt die Hilfsperson nicht die Vorgaben der gemeinnützigen Stiftung, liegt eine gemeinnützigkeitsschädliche Mittelfehlverwendung der Stiftung selbst vor.

> **Praxishinweis:**
> *Soweit sich die Stiftung zur Zweckerfüllung Dritter als sog. Hilfspersonen bedient, sollte darauf geachtet werden, deren Weisungsabhängigkeit gegenüber der Stiftung durch geeignete und auch tatsächlich praktizierte vertragliche Vereinbarungen rechtzeitig zu dokumentieren.*

---

14 Patt/Patt, DStR 2005, 1509.
15 Gutachten des wissenschaftlichen Beirats beim BMF, August 2006, S. 26.
16 Pöllath/Richter, a.a.O., § 43 Rn. 72.
17 Vgl. AEAO zu § 57 AO.

Im Gegensatz dazu haftet eine gemeinnützige Stiftung, die ihre Mittel einer anderen, ebenfalls gemeinnützigen Körperschaft für steuerbegünstigte Zwecke zur Verfügung stellt, nicht dafür, wenn dieser Zuwendungsempfänger seinerseits unter Verstoß gegen gemeinnützigkeitsrechtliche Vorgaben seine Mittel fehlverwendet.

b) Fördernde Tätigkeiten

21 Viele gemeinnützige Stiftungen verwirklichen ihre Zwecke nicht unmittelbar durch eigene operative Tätigkeit, sondern fördern mit ihren Stiftungsmitteln andere gemeinnützige Körperschaften, Körperschaften des öffentlichen Rechts oder im Ausland ansässige Körperschaften.

Diese Art der Unterstützung kann durch Geld- oder Sachzuwendungen (vgl. § 58 Nr. 1 und 2 AO), unentgeltliche Personalüberlassung (vgl. § 58 Nr. 3 AO) oder die unentgeltliche Überlassung von Räumlichkeiten (vgl. § 58 Nr. 4 AO) erfolgen, wobei die fördernde Stiftung – gegebenenfalls durch Auflagen – sicherzustellen hat, dass die begünstigte Körperschaft die Mittel nicht zweckwidrig verwendet.

Eine gemeinnützige Stiftung, die in ihren Stiftungszwecken ausdrücklich die fördernde Tätigkeit vorgesehen hat, kann sich hierauf ausschließlich beschränken. Bei Stiftungen, bei denen die Fördertätigkeit nicht Stiftungszweck ist, dürfen die Ausgaben für die Förderung anderer gemeinnütziger Einrichtungen nicht mehr als 50% der Gesamtausgaben der Stiftung betragen, um die Steuerbefreiung der Stiftung nicht zu gefährden.[18]

Allerdings haftet die gemeinnützige Stiftung grundsätzlich nur dann für die zweckwidrige Mittelverwendung der geförderten Körperschaft, wenn entsprechende Auflagen unterlassen wurden, nicht aber, wenn die Rückforderung der zweckwidrig verwendeten Stiftungsmittel fehlschlägt oder nicht Erfolg versprechend ist.

§ 58 Nr. 1 AO sieht jedoch vor, dass die Beschaffung von Mitteln für eine unbeschränkt körperschaftsteuerpflichtige private Körperschaft voraussetzt, dass diese Körperschaft auch selbst steuerbegünstigt ist. Die Förderung von Körperschaften des öffentlichen Rechts bleibt jedoch danach möglich, auch wenn diese selbst nicht steuerbefreit sind (z.B. staatliche Museen, Theater, Zoologische Gärten und Kindergärten als Betriebe gewerblicher Art).

c) Ausnahmen vom Grundsatz der Unmittelbarkeit

22 Der Grundsatz der Unmittelbarkeit erfährt in § 58 AO einige gewichtige Ausnahmen. So geht beispielsweise die Steuerbegünstigung der Stiftung auch dadurch nicht verloren, dass die Stiftung nach ihrer Satzung Mittel für die Verwirklichung steuerbegünstigter Zwecke einer anderen steuerbegünstigten Körperschaft beschafft und somit nur fördernd tätig wird. Ferner enthält diese Bestimmung in der Praxis bedeutsame Ausnahmen vom Grundsatz der Unmittelbarkeit.

So kann die gemeinnützige Stiftung nach § 58 Nr. 5 AO ohne Beeinträchtigung des Grundsatzes der Unmittelbarkeit und damit gemeinnützigkeitsrechtlich unschädlich bis zu einem Drittel ihres Einkommens dazu verwenden, den Stifter und seine nächsten Angehörigen angemessen zu unterhalten, ihre Gräber zu pflegen und ihr Andenken zu ehren (sog. Drittelregelung).

---

18 OFD Frankfurt/M, Unterstützung anderer Körperschaften, DStR 2008, 406

Diese Regelung hat jedoch in der Praxis tatsächlich nur geringe Bedeutung, da streitig ist, ob für derartige Zuwendungen an den Stifter und seine Familie tatsächlich ein konkreter Unterhaltsbedarf vorliegen muss, der nicht aus verbliebenem Vermögen bzw. anderen Einkünften gedeckt werden kann.[19] Dies dürfte allerdings nur bei wenigen Stiftern der Fall sein. Nur dann – so bisher die Finanzverwaltung – sind diese Zuwendungen an den Stifter steuerlich unschädlich. Unstreitig hierzu dürften wohl Zuwendungen an den Stifter sein, die dazu dienen, dessen Pflegekosten im Alter zu decken. Hinzu kommt, dass – ebenfalls nach teilweise vertretener Ansicht der Finanzverwaltung – diese Art der Stifterversorgung den rückwirkenden Wegfall der einmal angefallenen Erbschaftsteuer nach § 29 Abs. 1 Nr. 4 ErbStG gefährdet, wenn der Erbe das ererbte Vermögen innerhalb von zwei Jahren nach dem Erbfall in eine gemeinnützige Stiftung einbringt.

❶ Praxishinweis:

Um eine angemessene Versorgung des Stifters und jedenfalls seiner Ehefrau ungeachtet dieser steuerlichen Einschränkungen sicher zu stellen, ist dem Stifter zu empfehlen, die Zuwendung an die Stiftung mit der Auflage der entsprechenden Versorgung (z.B. Rentenzahlung) oder mit einem Nießbrauchsvorbehalt zu verbinden. Leistungen infolgedessen erbringt die Stiftung dann aufgrund einer bei Übertragung des Stiftungsvermögens übernommenen Verpflichtung und nicht im Rahmen der Versorgungsklausel des § 58 Nr. 5 AO..

Darüber hinaus enthält § 58 AO wichtige Ausnahmen vom sog. Gebot der zeitnahen Mittelverwendung (vgl. nachfolgenden Abschnitt 5) und ermöglicht es so der gemeinnützigen Stiftung, mit Teilen ihrer Einnahmen das Stiftungsvermögen auf Dauer zu stärken und aus den laufenden Stiftungseinnahmen Rücklagen im Sinne des § 58 Nr. 6, 7 und 12 AO zu bilden.

4. Grundsatz der Selbstlosigkeit

Darüber hinaus muss die Stiftung selbstlos im Sinne des § 55 Abs. 1 AO tätig werden, indem sie nicht „in erster Linie eigenwirtschaftliche Zwecke" verfolgt und die gesetzlich normierten Anforderungen an die Mittelverwendung und Vermögensbindung einhält.

Nicht selbstlos und deshalb gemeinnützigkeitsschädlich ist es, „in erster Linie" gewerbliche Zwecke oder sonstige Erwerbszwecke der Stiftung oder des Stifters, seiner Erben oder der Begünstigten zu verfolgen. Eigenwirtschaftlich in diesem Sinne ist bereits jede Gewinnerzielung, unabhängig davon, ob diese im Rahmen eines wirtschaftlichen Geschäftsbetriebs oder im Rahmen der vermögensverwaltenden Tätigkeit der Stiftung erfolgt.

Die eigenwirtschaftlichen Zwecke der Stiftung dürfen nicht „in erster Linie" verfolgt werden, was bedeutet, dass die eigenwirtschaftliche Betätigung der Stiftung nicht im Vordergrund ihres Wirkens stehen darf.[20] Das Erwirtschaften von Gewinnen durch einen (steuerpflichtigen) wirtschaftlichen Geschäftsbetrieb oder die (steuerfreie) Vermögensverwaltung der Stiftung darf demnach also nicht zu deren Selbstzweck werden; vielmehr müssen derartige eigenwirtschaftliche Tätigkeiten der Stiftung stets im angemessenen Verhältnis zu der tatsächlichen Verwendung ihrer Stiftungsmittel zur Erfüllung der steuerbegünstigten Stiftungszwecke stehen.

Auch wenn die Stiftung nicht „in erster Linie" eigenwirtschaftliche Zwecke verfolgt, ist sie trotzdem nicht selbstlos und daher nicht steuerbegünstigt, wenn sie gegen eine der besonderen gesetzlichen Anordnungen im Hinblick auf die Mittelverwendung oder die Vermögensbindung verstößt, es sei denn, dieser Verstoß ist durch das Gesetz wiederum ausdrücklich zugelassen.

---

19 ZEV-Report, ZEV 2005, 412.
20 Tipke, in: Tipke/Kruse AO, § 55 Rn. 2.

So darf die Stiftung ihre Mittel nach § 55 Abs. 1 AO nur für satzungsmäßige Zwecke verwenden und weder offen noch verdeckt Gewinne zu anderen als satzungsmäßigen Zwecken ausschütten. Eine Stiftung darf auch dem Stifter und seinen Erben keine Zuwendungen aus Mitteln der Stiftung machen, soweit sie nicht ausdrücklich in § 58 Nr. 5 AO zugelassen sind, und auch keinen Dritten durch zweckfremde Ausgaben oder durch unverhältnismäßig hohe Vergütungen begünstigen.

Dies gilt jedoch nicht, sofern die Stiftung aufgrund von übernommenen Verbindlichkeiten oder Auflagen Mittel für den Stifter, seine Angehörigen oder Dritte verwenden muss. Eine gemeinnützige Stiftung kann die Mittel, die sie zur Erfüllung solcher Auflagen oder Verbindlichkeiten, die nicht von Entscheidungen der Stiftungsorgane abhängig sind, benötigt, ansparen, ohne dass dies den Grundsatz der Selbstlosigkeit oder das Gebot der ausschließlichen gemeinnützigen Zweckverfolgung verletzt.[21]

> **Praxishinweis:**
> Statt der Stiftung in der Stiftungssatzung die Unterhaltung des Stifters nach § 58 Nr. 5 AO („Drittelregelung") zu ermöglichen, sollte überlegt werden, die Stiftung bei Einbringung des Stiftungsvermögens mit Auflagen (Nutzungs- oder Duldungsauflagen) zugunsten des Stifters und seiner nächsten Angehörigen zu belasten, beispielsweise durch Vorbehalt eines (Quoten-) Nießbrauchs oder durch Vereinbarung von Versorgungsleistungen in Form einer Leibrente o.ä., die gegebenenfalls auch aus dem Stiftungsvermögen erbracht werden können.

5. Grundsatz der zeitnahen Mittelverwendung

a) Admassierungs- bzw. Thesaurierungsverbot

24 Zum Gebot der Verwendung der Mittel nur für satzungsmäßige Zwecke gehört auch die in § 55 Abs. 1 Nr. 5 AO festgelegte Pflicht der Stiftung, ihre verfügbaren Mittel laufend und zeitnah zu verwenden und grundsätzlich nicht zu thesaurieren. Das bedeutet konkret, dass Abfluss oder Disposition der Mittel grundsätzlich binnen eines Jahres nach Zufluss, d.h. bis zum Ende des dem Zufluss folgenden Kalenderjahres zu erfolgen haben. Diese Mittel werden im Abschluss der Stiftung regelmäßig als Mittelvortrag nach § 55 Abs. 1 Nr. 5 Satz 3 AO bezeichnet. Das Gebot der zeitnahen Mittelverwendung korrespondiert mit dem steuerlichen Verbot der Mittelansammlung, dem sog. Admassierungsverbot.[22]

Von diesen Grundsätzen werden jedoch zahlreiche Ausnahmen gemacht, die für die Stiftungsverwaltung in der Praxis von großer Bedeutung sind.

b) Zweckgebundene Rücklage nach § 58 Nr. 6 AO

25 Das Ansammeln von Mitteln ist danach insoweit unschädlich, bis genügend Mittel für die Erfüllung eines konkreten gemeinnützigen Zwecks oder zur Finanzierung eines gemeinnützigen Projekts vorhanden sind. Die Absicht, allgemein die Leistungsfähigkeit der Stiftung zu erhalten oder zu erhöhen, reicht jedoch für die zulässige Rücklagenbildung nicht aus. Erforderlich ist vielmehr die Ansammlung für konkrete Vorhaben, für die bereits konkrete Zeitvorstellungen bestehen. Hierfür kann die

---

21 Schauhoff, a.a.O., § 9 Rn. 67.
22 Hof, a.a.O., § 9 Rn. 137 ff.

Stiftung eine sogenannte zweckgebundene Rücklage nach § 58 Nr. 6 AO bilden, für die jeweils ein Beschluss der Stiftungsorgane erforderlich ist. Auf die Herkunft der Mittel kommt es dabei nicht an, so dass auch aus Spenden eine solche Rücklage gebildet werden darf.

Wird eine solche zweckgebundene Rücklage gebildet, so muss der damit verfolgte Zweck innerhalb angemessener Frist (3-5 Jahre)[23] erreichbar sein; andernfalls kann das Finanzamt eine angemessene Frist zur Auflösung dieser Rücklagen und zur Verwendung der darin gebuchten Mittel setzen. Wird das Vorhaben durch die Stiftung aufgegeben, ist die Rücklage zwingend aufzulösen. In diesem Fall sind die aus der Auflösung der Rücklage resultierenden Stiftungsmittel so zu behandeln, als wären sie der Stiftung erneut zugeflossen. Sie unterliegen damit erneut dem Gebot der zeitnahen Mittelverwendung.

Zu der Rücklage im Sinne des § 58 Nr. 6 AO gehört auch die sog. „Betriebsmittelrücklage", die für laufend wiederkehrende Ausgaben der Stiftung – z.B. Mieten, Löhne, Verwaltungskosten – für eine angemessene Zeit, in der Regel das darauffolgende Kalender- oder Wirtschaftsjahr, gebildet werden kann, um Schwankungen auf der Einnahmeseite der Stiftung, insbesondere im ideellen Bereich, ausgleichen zu können. Soweit die Stiftung ihre laufenden Ausgaben aus den laufenden Erträgen aus der Vermögensverwaltung finanzieren kann, ist dagegen eine solche Rücklagenbildung unzulässig.

c) Freie Rücklage nach § 58 Nr. 7 AO

Die Rücklagenbildung wurde schon durch das Gesetz zur weiteren steuerlichen Förderung von Stiftungen mit Wirkung zum 01.01.2000 etwas erleichtert.

Danach kann eine Stiftung nach § 58 Nr. 7 a AO zudem bis zu einem Drittel ihrer Überschüsse der Einnahmen über die Kosten aus der Vermögensverwaltung im jeweiligen Kalender- oder Wirtschaftsjahr einer sog. freien Rücklage zuführen.[24] Hierbei können also nur Erträge aus der Vermögensverwaltung einbezogen werden. Darüber hinaus können dieser freien Rücklage bis zu 10 % der sonstigen zeitnah zu verwendenden Mittel im Kalender- oder Wirtschaftsjahr zugeführt werden. Bemessungsgrundlage hierfür sind alle Einnahmen des ideellen Bereichs, insbesondere Spenden, ohne dass diesen die damit im Zusammenhang stehenden Aufwendungen entgegenzusetzen sind.[25] Ferner gehören zur Bemessungsgrundlage die Überschüsse/Gewinne aus einem wirtschaftlichen Geschäftsbetrieb der Stiftung.[26] Zu einer Saldierung aller Einnahmen/Ausgaben der Stiftung kommt es in diesem Zusammenhang nicht.[27]

Eine freie Rücklage kann zur Erfüllung steuerbegünstigter Zwecke, im Einzelfall aber auch zur Wiederherstellung des Grundstockvermögens der Stiftung, aufgelöst werden – etwa wenn dies durch Wertverluste bei der Vermögensanlage reduziert wurde. Im Übrigen dient die freie Rücklage in der Regel zur Ansammlung von Stiftungsvermögen zum Ausgleich inflationären Wertverlusts im Grundstockvermögen.

---

23 Tipke, a.a.O., § 58 Rn. 7.
24 Tipke, a.a.O., § 58 Rn. 10.
25 Vgl. AEAO Nr. 14 zu § 58 Nr. 7.
26 Vgl. AEAO, a.a.O.
27 Vgl. AEAO, a.a.O.

d) Ansparrücklage nach § 58 Nr. 12 AO

27 Darüber hinaus sieht § 58 Nr. 12 AO vor, dass gemeinnützige Stiftungen im Jahr der Errichtung und in den beiden folgenden Jahren ihre sämtlichen Überschüsse aus der Vermögensverwaltung und die Gewinne aus wirtschaftlichen Geschäftsbetrieben, dem Grundstockvermögen der Stiftung zuschlagen dürfen (sog. Ansparrücklage). Es ist umstritten, ob die Bildung dieser „Ansparrücklage" einer satzungsrechtlichen Grundlage bedarf, deshalb sollte die Stiftungssatzung die Bildung einer solchen Rücklage ausdrücklich vorsehen. In der Regel dürfte jedoch der allgemeine Verweis in den meisten Mustersatzungen für gemeinnützige Stiftungen genügen, wonach diese „ausschließlich und unmittelbar gemeinnützige und mildtätige Zwecke im Sinne des Abschnitts „Steuerbegünstigte Zwecke" der Abgabenordnung" verfolgen, um die Bildung dieser Ansparrücklage auch stiftungsrechtlich zu ermöglichen.

e) Umschichtungsrücklage

28 Neben den gesetzlich in der Abgabenordnung normierten Rücklagen kennt die Praxis auch die gesetzlich nicht geregelte zwischen den meisten Stiftungsaufsichtsbehörden und Finanzämtern aber abgestimmte sog. Umschichtungsrücklage.[28] Soweit diese nach der Stiftungssatzung zulässig ist, können dort realisierte Gewinne (und Verluste) aus der Veräußerung von Stiftungsvermögen gebucht werden wie z.B. Kursgewinne aus Aktienverkäufen oder Wertsteigerungen bei Immobilienverkäufen, da der Erlös aus einer Vermögensumschichtung grundsätzlich dann nicht dem Grundsatz der zeitnahen Mittelverwendung unterliegt, wenn das zugeordnete Vermögen selbst nicht zeitnah verwendet werden muss. Soweit aus der Umschichtung von Stiftungsvermögen Verluste entstehen, können diese innerhalb der Umschichtungsrücklage mit früheren oder späteren Umschichtungsgewinnen verrechnet werden. Dies vermeidet u.U. den bilanziellen Ausweis von Verlusten im Jahresabschluss im Rahmen des eigentlichen Stiftungsvermögens. In der Praxis wird sowohl von den Stiftungsaufsichtsbehörden als auch von den Finanzämtern akzeptiert, dass diese Rücklagen ohne zeitliche Beschränkung bestehen bleiben und später entweder zur Erhöhung des Stiftungsvermögens (entsprechend einer freien Rücklage) oder zur Erfüllung des Stiftungszwecks (entsprechend einer zweckgebundenen Rücklage) verwendet werden. Gleichwohl empfiehlt sich vor der entsprechenden Rücklagenbildung, diese vorab mit der Stiftungsaufsicht und dem Finanzamt abzusprechen und gegebenenfalls noch nachträglich die satzungsmäßigen Voraussetzungen für ihre Bildung durch Satzungsänderung zu schaffen. Obwohl sich beispielsweise die bayerischen Stiftungsaufsichtsbehörden derzeit grundsätzlich gegen solche nachträglichen Satzungsänderung bei bestehenden Stiftungen wenden, ist hierfür keine Rechtsgrundlage ersichtlich, wenn die Bildung der Umschichtungsrücklage im echten oder mutmaßlichen Interesse des (noch lebenden oder verstorbenen) Stifters liegt. Entsprechenden Ablehnungen sollte daher mit Rechtsmitteln begegnet werden.

> **Praxishinweis:**
> Es empfiehlt sich, in der Stiftungssatzung dem Stiftungsvorstand – bei bestehenden Stiftungen auch durch Satzungsänderung - die Möglichkeit der Bildung all derjenigen Rücklagen zu gewähren, die nach den Regelungen des Gemeinnützigkeitsrechts steuerlich zulässig gebildet werden können.

---

28 Vgl. AEAO Nr. 28 zu § 55 Abs. 1 Nr. 5 AO.

f) Rücklagen im wirtschaftlichen Geschäftsbetrieb und im Bereich der Vermögensverwaltung

Daneben können – über § 58 Nr. 6 und 7 AO hinaus – Rücklagen sowohl im steuerpflichtigen wirtschaftlichen Geschäftsbetrieb als auch im Bereich der Vermögensverwaltung gebildet werden, um deren Existenzgrundlage zu erhalten.[29] Nach § 58 Nr. 7a AO ist zwar die Höhe einer solchen Rücklage aus Mitteln des ideellen Bereichs oder der Vermögensverwaltung auf 10 % der zugeflossenen Mittel beschränkt, jedoch schließt dies eine weitergehende Rücklagenbildung im und aus Mitteln des wirtschaftlichen Geschäftsbetriebs nicht aus, da diese Rücklagen zur Existenzsicherung der Ertragsquelle bereits von vornherein die zeitnah zu verwendenden Mittel beschränken.[30] Allerdings muss die Bildung einer solchen Rücklage aus kaufmännischer Sicht begründet sein und ein konkreter Anlass bestehen (z.B. Betriebsverlagerung oder Kapazitätserweiterung des wirtschaftlichen Geschäftsbetriebs). Im Bereich der Vermögensverwaltung dürfen diese Rücklagen nur für die Durchführung konkreter Reparaturen oder Instandhaltungsarbeiten an Vermögensgegenständen des § 21 EStG vorgenommen werden, beispielsweise zur Instandsetzung oder Erneuerung eines undichten Daches, nicht aber für Maßnahmen, die der Vermögensmehrung dienen.[31]

g) Weitergehendes Rücklagenverbot

Außerhalb dessen und der teilweise engen gesetzlichen Vorschriften über die zulässige Bildung von Rücklagen im Stiftungsvermögen entspricht das Gebot der zeitnahen Mittelverwendung einem grundsätzlichen Rücklagenverbot. Ein Verstoß hiergegen lässt die Steuerbegünstigung der Stiftung grundsätzlich entfallen. Das Finanzamt kann jedoch eine Frist zum Verbrauch unzulässiger und damit steuerschädlicher Rücklagen setzen, bei deren Einhaltung die Mittelverwendung noch steuerunschädlich ist.[32] Von dieser Möglichkeit wird das Finanzamt in der Praxis auch regelmäßig Gebrauch machen.

Andererseits kann es auch vorkommen, dass die gemeinnützige Stiftung mehr Mittel für gemeinnützige Zwecke ausgegeben hat, als von ihr nach den Vorschriften über die zeitnahe Mittelverwendung im Kalender- oder Geschäftsjahr hätte ausgegeben werden müssen. Dieser sog. Verwendungsüberhang kann dann in den Folgejahren durch die erst später zufließenden Mittel aufgefüllt werden. Mittel, die im Vorgriff auf einen erwarteten Mittelzufluss oder trotz noch zu begleichender Verbindlichkeiten bereits für gemeinnützige Zwecke verwendet wurden, unterliegen nicht einer erneuten zeitnahen Verwendungspflicht.[33]

Der Grundsatz der zeitnahen Mittelverwendung, dessen Einhaltung von der gemeinnützigen Stiftung entweder durch den Jahresabschluss oder durch eine gesonderte Mittelverwendungsrechnung nachzuweisen ist, gilt grundsätzlich für Beiträge, Spenden und alle anderen Mittelzuflüsse der Stiftung, d.h. auch für deren Erträge, jedoch nicht für das eigentliche Stiftungskapital als Grundstockvermögen, das die Stiftung ungeschmälert und auf Dauer erhalten muss. Grundsätzlich unterliegen daher alle Mittel der Stiftung der zeitnahen Mittelverwendung, es sei denn die Stiftung weist nach, dass – beispielsweise beim Stiftungskapital – eine Verwendungspflicht nicht besteht.

---

29 Schauhoff, a.a.O., § 9 Rn. 75.
30 Schauhoff, a.a.O., § 9 Rn. 88.
31 Schauhoff a.a.O.
32 Tipke, a.a.O., § 63 Rn. 7.
33 Schauhoff, a.a.O., § 9 Rn. 77.

Der Grundsatz, Mittel nur für satzungsmäßige Zwecke zu verwenden, verbietet es der Stiftung auch, Mittel für satzungsfremde Zwecke, insbesondere für nicht steuerbegünstigte Zwecke, zu verwenden. Stiftungen ist es daher untersagt, Mittel des ideellen oder steuerbefreiten Bereichs, z.B. Spenden oder Erträge aus der Vermögensverwaltung, dauerhaft zum Ausgleich von Verlusten eines steuerpflichtigen Geschäftsbetriebs zu verwenden.

6. Grundsatz der Vermögensbindung

31   Um sicherzustellen, dass das Stiftungsvermögen auch im Falle der Auflösung ausschließlich für steuerbegünstigte Zwecke verwendet wird (Grundsatz der Vermögensbindung), ist dies nach § 55 Abs. 1 Nr. 4 AO in der Stiftungssatzung ausdrücklich zu regeln. Der Grundsatz der Vermögensbindung ist auch dann erfüllt, wenn das Stiftungsvermögen einer anderen steuerbegünstigten Körperschaft oder einer Körperschaft des öffentlichen Rechts für steuerbegünstigte Zwecke übertragen wird oder nach der Stiftungssatzung übertragen werden soll. Nur wenn der Grundsatz der Vermögensbindung in der Stiftungssatzung verankert ist, kann die Stiftung als gemeinnützig anerkannt werden (formelle Satzungsmäßigkeit). Die satzungsmäßigen Voraussetzungen der Vermögensbindung sind in den §§ 61, 61 AO geregelt.

Danach muss der Zweck, für den das Vermögen der Stiftung bei deren Auflösung oder bei Wegfall ihres bisherigen Zwecks verwendet werden soll, in der Satzung so genau bestimmt werden, dass allein anhand der Satzung geprüft werden kann, ob der genannte Verwendungszweck steuerbegünstigt ist. Zu diesem Zweck kann in der Satzung eine andere steuerbegünstigte Körperschaft bezeichnet werden, die im Falle der Auflösung der Stiftung das Vermögen für die eigenen steuerbegünstigten Zwecke zu verwenden hat. Die Bestimmung dieses Anfallberechtigten kann jedoch, insbesondere bei Stiftungen, die der staatlichen Aufsicht unterliegen, auch den Stiftungsgremien zum Zeitpunkt der Stiftungsauflösung oder des Wegfalls der steuerbegünstigten Zwecke überlassen bleiben, wenn der Zweck, für den das Stiftungsvermögen dann zu verwenden ist, in der Satzung genau genau festgelegt wird. Hierfür kann die Stiftungssatzung den späteren Verwendungszweck durchaus in Übereinstimmung mit den eigenen steuerbegünstigten Zwecken festlegen und auf die entsprechenden eigenen Satzungsbestimmungen verweisen. Dies ist in der Praxis bei der Satzungsgestaltung von gemeinnützigen Stiftungen die Regel.

Eine Verletzung dieser Bestimmung lässt die Steuervergünstigung rückwirkend für alle Steuern von Anfang an entfallen. Insoweit können Steuerbescheide erlassen, aufgehoben oder geändert werden für Steuern, die innerhalb der letzten 10 Kalenderjahre entstanden sind. Dies betrifft die laufenden Ertragsteuern der Stiftung ebenso wie die Erbschaft- und Schenkungsteuer anlässlich ihrer Errichtung.

7. Anforderungen an die tatsächliche Geschäftsführung

a) Überprüfung der tatsächlichen Geschäftsführung durch das Finanzamt

Die gemeinnützigkeitsrechtlichen Vergünstigungen nach den einzelnen Steuergesetzen werden nicht schon dann gewährt, wenn die Stiftungssatzung und insbesondere der Stiftungszweck den Anforderungen der §§ 51 ff. AO entsprechen; vielmehr muss nach § 63 Abs. 1 AO auch die tatsächliche Geschäftsführung auf die ausschließliche und unmittelbare Erfüllung der steuerbegünstigten Zwecke gerichtet sein. Die Nachweispflicht hierfür trifft den Stiftungsvorstand, der deshalb nach § 63 Abs. 3 AO ordnungsgemäße Aufzeichnungen, insbesondere über die Ausgaben und Einnahmen der Stiftung, zu führen und dem Finanzamt in der Regel einen Tätigkeitsbericht und einen Nachweis über die Bildung und Entwicklung von Rücklagen vorzulegen hat. Eine Pflicht zur Einhaltung der handelsrechtlichen Grundsätze ordnungsgemäßer Buchführung und Bilanzierung ergibt sich aus dieser Norm jedoch nicht.[34]

Ein gemeinnützigkeitsrechtlicher Verstoß im Rahmen der tatsächlichen Geschäftsführung ist insbesondere denkbar, wenn die Aktivitäten der Stiftung nicht ausschließlich auf steuerbegünstigte Zwecke ausgerichtet sind, wenn die Stiftungsmittel nicht zeitnah für steuerbegünstigte Zwecke ausgegeben werden oder wenn Stiftungsmittel steuerschädlich für nicht begünstigte Zwecke ausgegeben werden.

Liegt ein solcher Verstoß der tatsächlichen Geschäftsführung gegen gemeinnützigkeitsrechtliche Vorschriften vor, wird die Finanzverwaltung dies unter Beachtung des Verhältnismäßigkeitsgrundsatzes würdigen und hierbei einzelne Verstöße gewichten. Ein einmaliger Verstoß wird dabei selten zum Entzug der Gemeinnützigkeit führen. Vielmehr eröffnet bereits § 63 Abs. 4 AO dem Finanzamt die Möglichkeit, durch geeignete Fristsetzungen an die Stiftung auf eine ordnungsgemäße und zeitnahe Mittelverwendung hinzuwirken. In der Regel wird daher beispielsweise nur eine dauerhafte Mittelfehlverwendung oder ein vorsätzlicher und gravierender Verstoß gegen die gemeinnützigkeitsrechtlichen Vorschriften zum Entzug der Gemeinnützigkeit führen.

b) Steuerverfahrensrechtliche Praxis/Anerkennung der Gemeinnützigkeit

Da es für die Steuerbegünstigung der gemeinnützigen Stiftung neben den formalen Bestimmungen der Stiftungssatzung[35] auf die tatsächliche Geschäftsführung der Stiftungsorgane im laufenden Kalender- oder Geschäftsjahr ankommt, kann die Steuerbegünstigung einer gemeinnützigen Stiftung vom Finanzamt grundsätzlich nicht im Vorhinein, sondern immer nur nachträglich, insbesondere anhand der vom Stiftungsvorstand gefertigten Aufzeichnungen – gegebenenfalls auch im Rahmen einer steuerlichen Außenprüfung – überprüft werden. Dies erfolgt im Rahmen des jeweiligen Veranlagungsverfahrens für die jeweiligen Steuern (z.B. Körperschaftsteuer), nach dessen Abschluss eine gemeinnützige Stiftung einen sog. „Freistellungsbescheid" erhält.

---

34 Tipke, a.a.O., § 63 Rn. 5.
35 Vgl. Mustersatzung Anlage 1 zu § 60 Anwendungserlasses zur Abgabenordnung (AEAO)

Das Finanzamt erteilt jedoch regelmäßig vorab auf der Grundlage der behördeninternen Überprüfung der Stiftungssatzung eine so genannte „vorläufige Bescheinigung" über die Anerkennung der Stiftung als steuerbefreit, auf deren Grundlage die Stiftung zunächst agiert, insbesondere auch Spendenbescheinigungen erstellt und auf deren Grundlage beispielsweise Banken vom Einbehalt der Kapitalertragsteuer absehen. Diese vorläufige Bescheinigung ist jedoch kein Verwaltungsakt, nicht bindend und kann vom Finanzamt jederzeit – sogar ohne Begründung – zurückgenommen werden. Sie stellt lediglich eine nicht bindende Rechtsauskunft des Finanzamts dar. Mit der – in der Regel auf 18 Monate befristeten – vorläufigen Bescheinigung bestätigt das Finanzamt lediglich, dass die Stiftung steuerlich erfasst wurde und dass die vorgelegte Satzung den Anforderungen an die formelle Satzungsmäßigkeit genügt. Sie wird nach Überprüfung der tatsächlichen Geschäftsführung und Ablauf des ersten Besteuerungszeitraums durch den Freistellungsbescheid ersetzt.

Gleichwohl ist sie eine wichtige Grundlage für die Stiftungsarbeit in den ersten zwei Jahren nach Errichtung einer gemeinnützigen Stiftung, bis der Freistellungsbescheid für das erste Geschäftsjahr der Stiftung vorliegt. Wurde eine vorläufige Bescheinigung seitens der Finanzbehörde erteilt und erfüllt im Nachhinein die Satzung doch nicht die Anforderungen des Gemeinnützigkeitsrechts, dürfen sich jedoch aus Vertrauensschutzgründen hieraus keine nachteiligen Folgerungen für die Vergangenheit ergeben.[36] Dies gilt insbesondere für die von der Stiftung auf der Grundlage der vorläufigen Bescheinigung schon erteilten Zuwendungsbescheinigungen nach § 10 b EStG, so dass der Empfänger einer Zuwendungsbescheinigung zum steuerwirksamen Spendenabzug berechtigt bleibt, während der Aussteller ebenfalls Vertrauensschutz im Hinblick auf eine etwaige Ausstellerhaftung genießt (vgl. § 10 b Abs. 4 EStG).

VI. Die Besteuerung der wirtschaftlichen Tätigkeit gemeinnütziger Stiftungen

1. Die vier „Sphären" der Stiftungstätigkeit

34 Im Rahmen der Tätigkeit einer gemeinnützigen Stiftung unterscheidet man zwischen vier sog. Sphären bzw. Sektoren:[37]

Der sog. ideelle Bereich der Stiftungstätigkeit besteht auf der Ausgabenseite aus der Mittelverwendung zur originären Erfüllung des Stiftungszwecks und auf der Einnahmenseite aus Spenden, Zustiftungen etc..

Der Bereich der steuerfreien Verwaltung eigenen Stiftungsvermögens besteht insbesondere aus der Verwaltung des Kapital-, Immobilien- und sonstigen Vermögens der Stiftung.

Hiervon zu trennen ist der steuerpflichtige wirtschaftliche Geschäftsbetrieb einer Stiftung.

Schließlich ist von diesem wiederum der steuerfreie Zweckbetrieb der Stiftung zu unterscheiden.

Während der ideelle Bereich keine wirtschaftliche Tätigkeit der Stiftung darstellt, ist für die Frage der Besteuerung der Stiftungstätigkeit strikt zwischen den übrigen drei „Sphären" wirtschaftlicher Tätigkeit zu unterscheiden.

---

36 Praxisforum ZEV, ZEV 2005, 525.
37 Tipke, a.a.O. 2006, § 64 Rn. 5.

2. Die steuerfreie Vermögensverwaltung

Ist die Stiftung im oben beschriebenen Sinn gemeinnützig, so erstreckt sich die grundsätzlich gewährte Steuerfreiheit neben den Begünstigungen bei der Erlangung von Stiftungsmitteln (Schenkung- und Erbschaftsteuerfreiheit sowie Sonderausgabenabzug für Spenden) auf den Kernbereich der Einkommenserzielung, nämlich auf die Anlage des Stiftungsvermögens und anderer Stiftungsmittel. Regelfall der Vermögensverwaltung ist die Vermögensnutzung, z.B. die verzinsliche Anlage von Kapitalvermögen oder die Vermietung und Verpachtung von Grundbesitz. Vermögensverwaltung in diesem Sinne und daher steuerlich unschädlich ist auch eine Tätigkeit einer Kapitalgesellschaft, an der die Stiftung beteiligt ist, da das Steuerrecht die Kapitalgesellschaft als getrennten Vermögensinhaber behandelt. So kann eine Stiftung Vermögen in einer GmbH oder über eine Kapitalanlagegesellschaft in der Rechtsform einer Kapitalgesellschaft anlegen, ohne dass die Tätigkeit der Gesellschaft die Charakterisierung als Vermögensverwaltung bei der Stiftung berühren könnte. In der Regel liegt daher kein wirtschaftlicher Geschäftsbetrieb der Stiftung vor, wenn diese an einer (gewerblich tätigen) Kapitalgesellschaft beteiligt ist (vgl. aber nachfolgend Rdnr. 39).

3. Der steuerpflichtige wirtschaftliche Geschäftsbetrieb

Die Steuerfreiheit entfällt ausnahmsweise, wenn und soweit sich die Stiftung wirtschaftlich im Rahmen eines sog. wirtschaftlichen Geschäftsbetriebs betätigt und hieraus jährliche Einnahmen (einschließlich Umsatzsteuer) von mehr als € 35.000,00 erzielt. Die wirtschaftliche Betätigung ist der gemeinnützigen Stiftung grundsätzlich erlaubt, wenn und solange dieser steuerpflichtige wirtschaftliche Geschäftsbetrieb der Mittelbeschaffung dienen und damit einen Beitrag zur Finanzierung der gemeinnützigen Aktivitäten der Stiftung leisten kann. Ist dies nicht mehr der Fall – etwa wenn der wirtschaftliche Geschäftsbetrieb dauerhaft Verluste erwirtschaftet, kann seine Tätigkeit im Rahmen der gemeinnützigen Stiftung unzulässig werden und die Gemeinnützigkeit der ganzen Stiftungstätigkeit gefährden. Dies gilt insbesondere dann, wenn die Stiftung mit steuerfreien Einnahmen – etwa aus Spenden oder aus der Vermögensverwaltung – Verluste aus dem wirtschaftlichen Geschäftsbetrieb ausgleichen will.[38]

Sofern wegen eines wirtschaftlichen Geschäftsbetriebs die Steuerfreiheit entfällt, entfällt sie jedoch nur für diese Tätigkeit der Stiftung. Der wirtschaftliche Geschäftsbetrieb und lässt die Steuerbegünstigungen der Tätigkeit der Stiftung im Übrigen unberührt.

Ein wirtschaftlicher Geschäftsbetrieb liegt vor, wenn die Stiftung eine selbstständige, nachhaltige Tätigkeit zur Erzielung von Einnahmen verfolgt, die über den Rahmen einer reinen Vermögensverwaltung hinausgeht. De facto entspricht damit ein wirtschaftlicher Geschäftsbetrieb der Teilnahme am allgemeinen wirtschaftlichen Verkehr und damit der Gewerblichkeit der Tätigkeit im Sinne des § 15 EStG. Die Beispiele für wirtschaftliche Geschäftsbetriebe von gemeinnützigen Körperschaften sind vielfältig. In der Praxis häufig ist die Veranstaltung von Festen, Bällen oder Basarverkäufen, die regelmäßig steuerpflichtige wirtschaftliche Geschäftsbetriebe begründen, auch wenn deren Gewinne letztlich den gemeinnützigen Zwecken zukommen sollen. Ein wirtschaftlicher Geschäftsbetrieb wird regelmäßig auch durch kommerzielle Werbung für Wirtschaftsunternehmen und andere Sponsoren ebenso begründet, wie durch die Annahme von Anzeigen/Annoncen in einer „hauseigenen" Zeitung o.ä. der gemeinnützigen Körperschaft, wenn dies regelmäßig zu Einnahmen führt.[39]

---

[38] Schauhoff, a.a.O., § 7 Rn. 113 f.
[39] Schauhoff, a.a.O., § 7 Rn. 127 ff.

Im Einzelfall ist die Abgrenzung zwischen Vermögensverwaltung und wirtschaftlichem Geschäftsbetrieb schwierig, insbesondere bei Umschichtung von Stiftungsvermögen. So kann beispielsweise die Vereinnahmung eines Kaufpreises aus der Veräußerung einer Immobilie der Stiftung im Rahmen der Vermögensverwaltung der Stiftung steuerfrei sein, aber auch in vollem Umfang steuerpflichtig, wenn der Verkauf der Immobilie jenseits der sog. „Drei-Objekt-Grenze" nach der Rechtsprechung des Bundesfinanzhofs erfolgte und damit bei der Stiftung ein steuerpflichtiger gewerblicher Grundstückshandel fingiert wird.

38 Schwierigkeiten gibt es in der Praxis auch bei der Abgrenzung von steuerfreien Spendeneinnahmen und steuerpflichtigen Einnahmen der gemeinnützigen Stiftung aus Sponsoring. Während es sich bei Spenden um eine steuerfreie Vermögensmehrung der Stiftung handelt, für die keine Gegenleistungen seitens der Stiftung erbracht werden, können Werbeleistungen der gemeinnützigen Stiftung zu steuerpflichtige Einnahmen aus einem wirtschaftlichen Geschäftsbetrieb führen, sofern sie nicht nur einen Nebenzweck für den Zuwendenden darstellen. Nach Auffassung der Finanzverwaltung[40] ist der öffentliche Hinweis einer gemeinnützigen Körperschaft auf die Unterstützung eines Unternehmens oder einer Privatperson auf Plakaten, Veranstaltungshinweisen, Katalogen oder in anderer Weise steuerlich unschädlich, wenn dieser zwar unter Verwendung des Namens, Emblems oder Logos des Sponsors erfolge, jedoch ohne besondere, z.B. textliche oder optische Hervorhebung. Dagegen führt nach Ansicht der Finanzverwaltung die Schaffung eines Links auf der Homepage einer gemeinnützigen Körperschaft zu der Homepage des unterstützenden Unternehmens zu steuerpflichtigen Werbeeinnahmen im Rahmen eines steuerpflichtigen wirtschaftlichen Geschäftsbetriebs.[41] Derartige Sponsorenmaßnahmen bedürfen daher in der Praxis immer einer vorherigen sorgfältigen Überprüfung, um die Steuerpflichtigkeit der hieraus erzielten Einnahmen beurteilen zu können.

39 Ein wirtschaftlicher Geschäftsbetrieb kann insbesondere auch durch eine Beteiligung der gemeinnützigen Körperschaft an einer steuerpflichtigen Tochtergesellschaft begründet werden.

Schon bei einer bloßen Beteiligung an einer gewerblich tätigen Personengesellschaft besteht ein steuerpflichtiger wirtschaftlicher Geschäftsbetrieb.[42] Dies gilt jedoch nicht für die Beteiligung an einer nur vermögensverwaltenden Personengesellschaft – und zwar auch dann, wenn diese gewerblich geprägt ist und damit als GmbH & Co. KG einkommensteuerlich Einkünfte aus Gewerbebetrieb vermittelt (§ 15 Abs. 3 Nr. 2 EStG). Diese Einkünfte der gemeinnützigen Körperschaft gehören zum Bereich der steuerfreien Vermögensverwaltung.[43]

Die Beteiligung an einer steuerpflichtigen Kapitalgesellschaft gehört dagegen grundsätzlich bei der gemeinnützigen Körperschaft zum Bereich der steuerfreien Vermögensverwaltung. Dies gilt nicht, wenn es sich bei der Kapitalgesellschaft um eine Betriebsgesellschaft im Rahmen einer sog. Betriebsaufspaltung handelt, wenn also die gemeinnützige Körperschaft der Kapitalgesellschaft, an der sie mehrheitlich beteiligt ist, wesentliche Betriebsgrundlagen (z.B. ein Betriebsgrundstück) zur Nutzung überlassen hat. Dann begründet die Mehrheitsbeteiligung an dieser Kapitalgesellschaft einen steuerpflichtigen wirtschaftlichen Geschäftsbetrieb. Ein solcher wird aber nach der Rechtsprechung des Bundesfinanzhofs – ungeachtet der Beteiligungshöhe – auch dann begründet, wenn die gemeinnützige Körperschaft ständig maßgeblichen Einfluss auf die Geschäftsführung der Kapitalgesellschaft ausübt. Die Finanzverwaltung unterstellt darüber hinaus eine solche Einflussnahme und damit einen steuerpflichtigen wirtschaftlichen Geschäftsbetrieb schon dann, wenn zwischen einem Organ der gemeinnützigen Körperschaft und der Geschäftsführung der (Tochter-) Kapitalgesellschaft eine Personalunion besteht; aber auch dann, wenn eine so enge wirtschaftliche Verflechtung zwischen beiden

---

40 BMF v. 09.07.1997, BStBl.I 1997, 726; BMF vom 18.02.1998, BStBl. I 1998, 212, FinMin. Bayern vom 11.02.2000, DB 2000, 548.
41 Schauhoff, a.a.O., § 7 Rn. 52 f.
42 Pöllath/Richter, a.a.O., § 43 Rn. 131.
43 Schauhoff, a.a.O., § 7 Rn. 67.

Körperschaften besteht, dass die Beteiligung an der Kapitalgesellschaft als Betriebsteil der gemeinnützigen Körperschaft erscheint. Dagegen spielen wirtschaftliche Verflechtung oder Personalunion der gemeinnützigen Körperschaft mit der Kapitalgesellschaft dann keine Rolle, wenn die Kapitalgesellschaft nur vermögensverwaltende Tätigkeit entfaltet; in diesem Fall gehört diese Beteiligung in jedem Fall zum Bereich der steuerfreien Vermögensverwaltung der gemeinnützigen Körperschaft.[44]

4. Der steuerfreie Zweckbetrieb

Der sog. „Zweckbetrieb" ist zwar ein wirtschaftlicher Geschäftsbetrieb im vorgenannten Sinne, jedoch ausnahmsweise von der Steuerpflicht befreit und genießt damit die Steuerbegünstigungen der gemeinnützigen Stiftung.

40

Ein Zweckbetrieb muss insgesamt und unmittelbar dazu dienen, die steuerbegünstigten satzungsmäßigen Zwecke der Körperschaft zu verwirklichen. Die Verwirklichung begünstigter, aber nicht satzungsgemäßer Zwecke genügt ebenso wenig wie die nur mittelbare Zweckverwirklichung, etwa durch die bloße Abführung der Erträge, zur Verwirklichung begünstigter Zwecke.

Darüber hinaus darf der Zweckbetrieb zu nicht begünstigten Betrieben derselben oder ähnlicher Art nicht in größerem Umfang in Wettbewerb treten, als es für die Erfüllung der steuerbegünstigten Zwecke unvermeidbar ist.[45] Hierdurch soll dem Schutz nicht begünstigter Wettbewerber Rechnung getragen werden.

Die Abgrenzung zwischen steuerpflichtigem wirtschaftlichem Geschäftsbetrieb und steuerfreiem Zweckbetrieb ist im Einzelfall schwierig. Das Gesetz hat in §§ 65 ff. AO lediglich bei Einrichtungen der Wohlfahrtspflege, bei Krankenhäusern und im Hinblick auf sportliche Veranstaltungen klargestellt, wann ein steuerfreier Zweckbetrieb vorliegt und zählt im Übrigen beispielhaft einige Zweckbetriebe auf, u.a. Alten- und Pflegeheime, Kindergärten, Kinder-, Jugend- und Studentenheime, Schullandheime und Jugendherbergen, Behindertenwerkstätten, der Selbstversorgung von Körperschaften dienende Gärtnereien, Landwirtschaftsbetriebe, Schlossereien, Tischlereien sowie Behinderten- und Blindeneinrichtungen, Museen, Theater, Konzerte etc. Volkshochschulen u.a.

C. Die Begünstigung von Zuwendungen an gemeinnützige Stiftungen/Spendenrecht

I. Grundlagen des Spendenrechts

1. Rechtsgrundlagen

Wer eine Zuwendung an eine gemeinnützige Stiftung macht, will in der Regel den Betrag oder den Wert der Zuwendung möglichst als Abzugsposten (Sonderausgabe oder Betriebsausgabe/Werbungskosten) steuermindernd geltend machen.

41

Gesetzliche Regelungen zum Spendenabzug existieren in § 10 b EStG für natürliche Personen sowie in § 9 Abs. 1 Nr. 2 KStG und § 9 Nr. 5 GewStG für Körperschaften und Gewerbetreibende.

---

44 Schauhoff, a.a.O., § 7 Rn. 69 f.
45 Vgl. § 65 Nr. 3 AO.

Der Spendenanzug für Körperschaften in § 9 Abs. 1 Nr. 2 KStG entspricht weitgehend den Spendenabzugsregelungen im Einkommensteuerrecht mit dem entscheidenden Unterschied, dass Körperschaften im Gegensatz zu einkommensteuerpflichtigen Personen keinen erhöhten Spendenabzug bei der Errichtung einer gemeinnützigen Stiftung in Höhe des seit dem 01.01.2007 geltenden Höchstbetrags von € 1.000.000,00 geltend machen können.

Das Gewerbesteuerrecht enthält in § 9 Nr. 5 GewStG eine eigene Spendenabzugsregelung in Anlehnung an die einkommensteuerlichen und köperschaftsteuerlichen Bestimmungen, die aber abhängig von dem nach § 8 Nr. 9 GewStG korrigierten Gewinn des Gewerbebetriebs ist. Gewerbesteuerlich wird eine Spende nur dann zum Abzug zugelassen, wenn die Spende unmittelbar aus dem Gewerbebetrieb erfolgt, nicht aber, wenn die Spendenmittel zuvor aus dem Gewerbebetrieb entnommen wurden.

2. Spende oder Betriebsausgabe

42 Bei der Errichtung einer gemeinnützigen Stiftung wird nur ausnahmsweise der steuerliche Abzug der Zuwendung als Betriebsausgabe in Betracht kommen, da der Stifter entweder kein Unternehmer ist, der Stifter zwar Unternehmer ist, aber die Stiftung mit Privatvermögen errichtet oder eine Körperschaft eine Zuwendung als Spende macht. Dagegen können laufende Zuwendungen aus einem Betriebsvermögen durchaus Betriebsausgaben oder Spenden sein.

Spenden in diesem Sinne sind alle freiwilligen unentgeltlichen Zuwendungen an einen steuerbegünstigten Empfänger. Spenden sind daher auch die Zuwendungen des Stifters zur Erstausstattung einer Stiftung mit Stiftungskapital. Spenden aus einem Betriebsvermögen sind bei der Einkommen-. Körperschaft- und Gewerbesteuer grundsätzlich nicht abzugsfähige Betriebsausgaben, deren Abzug nur ausnahmsweise im Rahmen der Spendenhöchstbeträge steuerlich geltend gemacht werden können.

Zuwendungen an gemeinnützige Stiftungen durch einen Unternehmer oder aus einem Betriebsvermögen können jedoch auch Betriebsausgaben im Sinne des § 4 Abs. 4 EStG sein, wenn die Aufwendungen durch den Betrieb veranlasst sind. Ob es sich im Einzelfall bei einer Zuwendung um eine Spende oder eine Betriebsausgabe handelt, hängt von der Zwecksetzung und Motivation des Zuwendenden ab. Zuwendungen, für die keine Verpflichtung besteht, die also freiwillig erfolgen, können dann Betriebsausgabe sein, wenn hierdurch für den Betrieb ein bestimmter Vorteil erlangt werden soll und dies auch nach außen erkennbar wird.[46] Dagegen stehen bei freiwilligen Spenden altruistische Motive im Vordergrund. Die Abgrenzung ist im Einzelfall schwierig, insbesondere beim sog. Sponsoring. Wenn beispielsweise ein Unternehmen mit der Zuwendung für sein Unternehmen und seine Produkte werben will, ist es zum Betriebsausgabenabzug berechtigt, der grundsätzlich keine betragsmäßigen Beschränkungen kennt. Die Kehrseite dieses Betriebsausgabenabzugs auf Seiten der gemeinnützigen Stiftung ist jedoch, dass diese ebenfalls keine Spendeneinnahme im ideellen Bereich erhält, sondern eine Einnahme in einem steuerpflichtigen wirtschaftlichen Geschäftsbetrieb, für die sie grundsätzlich keine Spendenbescheinigung ausstellen darf. Zudem unterliegen diese Einkünfte grundsätzlich – als Werbeleistungen – dem reduzierten Umsatzsteuersatz (7 %).[47]

In den meisten Fällen wird jedoch für den Zuwendenden der steuerliche Abzug der Zuwendung als Spende im Sinne des § 10 EStG oder des § 9 Abs. 1 Nr. 2 KStG in Betracht kommen.

---

46 Schauhoff, a.a.O., § 11 Rn. 12.
47 Vgl. zur Abgrenzung beim Sponsoring im Einzelnen § 9.

3. Unentgeltlichkeit und Freiwilligkeit der Spende

Die Unentgeltlichkeit einer Spende setzt voraus, dass die Zuwendung schon ohne bloße Erwartung eines besonderen Vorteils oder einer Gegenleistung durch den Zuwendenden erfolgt. Zuwendungen, für die beispielsweise im Rahmen des Sponsoring eine Werbeleistung der Stiftung erbracht wird, die als Schulgeld erfolgen oder für die der Zuwendende im Rahmen eines Eintrittsgeldes für eine Veranstaltung (z.B. Wohltätigkeitsball) oder als Kaufpreis für den Erwerb von Gegenständen (z.B. Wohltätigkeitsbasar) eine Gegenleistung erhält, sind daher keine Spenden.

Die Freiwilligkeit einer Spende setzt voraus, dass sie vom Zuwendenden ohne rechtliche oder faktische Verpflichtung erbracht wird. Moralischer Druck seitens der gemeinnützigen Stiftung oder die Tatsache, dass sich der Zuwendende aus moralischen oder sittlichen Gründen zur Zuwendung verpflichtet fühlt schadet nicht. An der Freiwilligkeit der Zuwendung fehlt es beispielsweise bei der Zuwendung durch einen Erben oder Vermächtnisnehmer an eine gemeinnützige Stiftung, zu der er aufgrund testamentarischer Verfügung verpflichtet ist. Hierfür kann ihm keine Zuwendungsbestätigung ausgestellt werden. Dasselbe gilt für Zahlungen, zu denen der Zuwendende im Rahmen eines Straf- oder Bußgeldverfahrens verurteilt worden ist.

4. Sachspenden

Eine gemeinnützige Stiftung kann auch Sachspenden entgegennehmen, wenn die gespendeten Waren oder Wirtschaftsgüter einen Marktwert haben. Zu den Sachspenden gehört auch die Übertragung von Aktien, Wertpapieren oder Gesellschaftsanteilen auf die Stiftung. Nutzungen und Leistungen, etwa die unentgeltliche Überlassung von Räumlichkeiten, Arbeitskräften oder Finanzmitteln, können daher nicht steuerwirksam gespendet werden (§ 10 b Abs. 3 Satz 1 EStG).

Sachspenden sind grundsätzlich mit dem gemeinen Wert anzusetzen (§ 10 b Abs. 3 Satz 3 EStG), den die gemeinnützige Stiftung gegebenenfalls nachzuweisen hat. Stammt das gespendete Wirtschaftsgut jedoch aus einem Betriebsvermögen des Zuwendenden und wurde dort entnommen, ist der Entnahmewert anzusetzen (§ 10 b Abs. 3 Satz 3 EStG). Bei Anteilen an Personengesellschaften kommt es nach § 6 Abs. 3 EStG zur Buchwertfortführung. In der Regel wird man für die Ermittlung des Marktwerts eines Wirtschaftsguts die ursprünglichen Anschaffungskosten abzüglich üblicher Abschreibungen, einen Schätzwert oder eine Händlerbestätigung heranziehen.

Behält sich der Stifter bei Übertragung eines Wirtschaftsguts (z.B. Immobilie oder Kapitalgesellschaftsanteil) mittels Auflagen Renten- oder Unterhaltsleistungen oder andere Versorgungsleistungen, etwa ein Nießbrauchsrecht, vor, wird der gemeine Wert um den Barwert der auf die Stiftung übergehenden Verpflichtung gemindert.

II. Der Spendenabzug des Stifters bei Errichtung der Stiftung und bei laufenden Zuwendungen

Spenden sind nur im Rahmen gewisser Höchstgrenzen steuerbegünstigt. Nach § 10 b Abs. 1a EStG sind seit dem 01.01.2007 alle Dotationen in den Vermögensstock (Grundstockvermögen) einer Stiftung des öffentlichen Rechts oder einer steuerlich gemeinnützigen privatrechtlichen Stiftung unabhängig vom Datum der Stiftungsgründung als Sonderausgaben abziehbar und nicht mehr wie bis dahin nun solche Zustiftungen, die im Rahmen der Erstdotation der Stiftung oder innerhalb von zwei Jahren nach Gründung erfolgten. Damit können sowohl Erstausstattungen als auch Zustiftungen jeweils im Jahr der Zuwendung und in den darauf folgenden neun Veranlagungszeiträumen als Sonderausgaben abgezogen werden. Dieser Höchstbetrag kann innerhalb von 10 Jahren nur einmal in Anspruch genommen werden.

Gemeinsam veranlagten Ehegatten steht dieser Abzugsbetrag doppelt – insgesamt also in Höhe von insgesamt bis zu € 2.000.000,00 zur Verfügung,. wobei die Finanzverwaltung und der BFH davon ausgehen, dass jeder Ehegatte (aus eigenem Vermögen) eine maßgebliche Zuwendung leisten muss, um den Abzugsbetrag zu verdoppeln.[48]

> **Praxishinweis:**
> Um diesen Sonderausgabenabzug in voller Höhe nutzen zu können, kann mitunter ein vorgeschalteter Vermögenstransfer auf den anderen Ehegatten sinnvoll sein, damit dieser aus eigenem Vermögen die Stiftungszuwendung erbringen kann. Hierzu bietet sich neben der klassischen Geldschenkung, die die persönlichen Schenkungsteuerfreibeträge des Ehegatten verbraucht, alternativ der zu Lebzeiten schenkungsteuerbefreite Transfer des selbstgenutzten Familienwohnheims vor dessen Verkauf ebenso an wie die Vereinbarung von Gütertrennung (Beendigung des gesetzlichen Güterstandes) durch notariellen Ehevertrag und der schenkungsteuerbefreite Ausgleich des bis dahin entstandenen Zugewinns – gegebenenfalls kombiniert mit der anschließenden Neubegründung der Zugewinngemeinschaft durch Ehevertrag (sog. Güterstandsschaukel).

Dieser Gründungshöchstbetrag steht jedoch auf Antrag nur einkommensteuerpflichtigen natürlichen Personen oder Gesellschaftern von Personengesellschaften zu (und wirkt dort auch bei der Gewerbesteuer entsprechend), aufgrund der Regelung in § 9 Abs. 1 Nr. 2 KStG nicht aber körperschaftsteuerpflichtigen Körperschaften.

46 Durch das seit 01.01.2007 geltende „Gesetz zur weiteren Stärkung des bürgerschaftlichen Engagements" wurde für alle Zuwendungen (Spenden, Zustiftungen) an eine nach § 5 Abs. 1 Nr. 9 KStG steuerbefreite Körperschaft, Personenvereinigung oder Vermögensmasse, also insbesondere auch an rechtsfähige Stiftungen und Treuhandstiftungen – unabhängig von der Art der verfolgten gemeinnützigen Zwecke - eine einheitliche Höchstgrenze für den steuerlichen Sonderausgabenabzug von bis zu 20 % des Gesamtbetrags der Einkünfte oder 4 Promille der Summe der gesamten Umsätze und der im Kalenderjahr aufgewendeten Löhne und Gehälter eingeführt, der entsprechend auch für Zuwendungen von Körperschaften nach § 9 Abs. 1 Nr. 2 KStG gilt

Im Zuwendungsjahr im Rahmen dessen nicht genutzte Zuwendungsbeträge können zeitlich unbegrenzt vorgetragen werden.[49] Ein Spendenrücktrag ins Vorjahr der Zuwendung ist jedoch nicht möglich.

47 Diese steuerlichen Abzugsmöglichkeiten werden nachfolgend an einem vereinfachten Beispiel dargestellt.

---

48 vgl. Noch zur Rechtslage vor dem 01.01.2007: BayLfSt v. 19.6.2006, S. 2223-15 St32/St33, BFH v. 3.8.2005, BStBl. II 2006, 121; DStRE 2006, 10
49 vgl. BMF-Schreiben vom 18.12.2008 zu § 10b EStG

C. Die Begünstigung von Zuwendungen an gemeinnützige Stiftungen/Spendenrecht

> **Fall:**
> Ein Stifterehepaar mit einem Gesamtbetrag der Einkünfte (ohne Kapitaleinkünfte) zusammen von € 400.000,00 wendet im Jahr 2011 einer gemeinnützigen Stiftung einen Betrag von € 2.500.000,00 zu. Ihr Durchschnittssteuersatz der Jahre 2011 ff. inkl. SolZ beträgt 42 %.

Jahr	Spendenhöchst-betrag (20 %) €	Stiftungshöchst-betrag €	Verrechneter Gesamtbetrag €	Einkommensteuer-ersparnis inkl. SolZ €
2011	80.000	320.000	400.000	168.000
2012	80.000	320.000	400.000	168.000
2013	80.000	320.000	400.000	168.000
2014	80.000	320.000	400.000	168.000
2015	80.000	320.000	400.000	168.000
2016	80.000	320.000	400.000	168.000
2017	20000	80.000	100.000	42.000
	500.000	2.000.000	2.500.000	1.050.000

Diese erweiterte Förderung von Spenden und Zuwendungen in den Vermögensstock neuer und bereits bestehender Stiftungen hat seit 2007 bereits zu einer deutlichen Belebung des gemeinnützigen Sektors, zur Stärkung der Vermögensausstattung gemeinnütziger Stiftungen und zum Anstieg der gemeinnützigen Stiftungsgründungen geführt.

III. Auswirkungen der Abgeltungsteuer auf den erweiterten Spendenabzug seit 01.01.2009

Die Besteuerung von Kapitaleinkünften wurde zum 01.01.2009 durch die Einführung der allgemeinen Abgeltungsteuer in Höhe von 25 % auf Kapitalerträge reformiert. Hierbei handelt es sich um einen Sondersteuersatz, der die Kapitaleinkünfte einer (niedrigen) Pauschalbesteuerung mit Abgeltungswirkung unterwirft mit dem Ergebnis, dass diese Kapitalerträge nicht mehr in der Einkommensteuererklärung des Stifters auftauchen.

Für die gemeinnützige Stiftung hat die Einführung der Abgeltungsteuer keine Auswirkungen, da ihre Einkünfte aus Vermögensverwaltung ohnehin steuerbefreit sind.[50] Etwas anderes gilt allenfalls bei Kapitalerträgen der Stiftung im Rahmen eines wirtschaftlichen Geschäftsbetriebs.[51]

Beim Spender/Stifter sind die Auswirkungen der Abgeltungsteuer dagegen mitunter einschneidend, da die Spenden bei ihm nicht mehr zum Gesamtbetrag der Einkünfte gehören, an dessen Höhe sich der Sonderausgabenabzug für Spenden orientiert. Hinsichtlich dieser Kapitalerträge ist künftig ein Spenden- bzw. Sonderausgabenabzug nicht mehr vorgesehen.

Dies hat seit dem 01.01.2009 vor allem auf diejenigen Stifter teilweise erhebliche Auswirkungen, die überwiegend Einkünfte aus Kapitalvermögen erzielen. Diese Stifter können künftig nur noch unter engen Voraussetzungen vom erweiterten Spendenabzug profitieren.

---

[50] § 5 Abs. 1 Nr. 9, Satz 1 KStG
[51] §§ 32 Abs. 1 Nr. 1 KStG; vgl. Richter/Eichler/Fischer Stiftung & Sponsoring, Rote Seiten 2/2008, S. 12

Jedoch können im Rahmen der sog. Günstigerprüfung die Kapitaleinkünfte – allerdings nur für die Ermittlung des Spendenhöchstbetrags – in den Gesamtbetrag der Einkünfte einbezogen, also zu den sonstigen Einkunftsarten (z.B. selbständige Arbeit, Gewerbebetrieb, nichtselbständige Arbeit u.a.) - hinzugerechnet werden. Damit der gesetzlich gewährte Spendenhöchstbetrag (20 % des Gesamtbetrags der Einkünfte) in vollem Umfang ausgenutzt werden kann, müssen diese übrigen Einkünfte mindestens so hoch sein, wie die Spende, und der so errechnete Gesamtbetrag der Einkünfte muss mindestens fünf Mal so hoch sein, wie die Spende (sog. Günstigerprüfung). Dieser Ausnahmefall wird aber in der Regel nur in einem Jahr mit großen Stiftungsspenden überhaupt in Betracht kommen. Im Übrigen wird ein Spendenabzug nur dann noch in Betracht kommen, wenn unter Berücksichtigung des Spendenabzugs die Steuerbelastung des Spenders unter 25 % liegt, was nur bei geringen Kapitaleinkünften der Fall sein dürfte.

Alle anderen Spender/Stifter mit überwiegenden hohen Kapitaleinkünften werden von dem erweiterten Spendenabzug nicht mehr profitieren können – eine Folge, die bei Konzeption des „Gesetzes zur weiteren Stärkung des bürgerschaftlichen Engagements" im Jahr 2007 sowie bei Konzeption der Abgeltungssteuer so vom Gesetzgeber so nicht gedacht und gewünscht war.

Auch die Abzugsfähigkeit von Stiftungsdotationen im Rahmen der Sonderausgaben kann bei überwiegenden Kapitaleinkünften des Stifters eingeschränkt sein oder sogar ganz entfallen – je nach Höhe der Dotation.

49 Diese Problematik und Ihre negativen Auswirkungen auf die Spendenbereitschaft gerade vermögender Privatpersonen wurden zwar mittlerweile auch von der Politik erkannt. Nach Angaben aus dem Bundesministeriums für Finanzen sowie dem Bundestag soll jedoch dieses Problem vermögender Spender nicht gesetzgeberisch gelöst werden, da dieses nur eine verschwindend geringe Zahl von Spender betreffe. Ein Tätigwerden des Gesetzgebers sei daher nicht erforderlich. Damit bleibt es dabei. dass aufgrund der (grundsätzlich natürlich zu begrüßenden) niedrigeren Besteuerung von Kapitalerträgen für manchen Spender der wirtschaftliche Anreiz zum Spenden sinken oder gar ganz entfallen wird. Ob dies eine Ursache sein könnte, die zu sinkenden Gründungszahlen bei Stiftungen seit 2009 führte, ist angesichts der Finanzkrise 2008-2010 spekulation

IV. Die steuerliche Zuwendungsbestätigung

50 Voraussetzung für den Sonderausgabenabzug des Zuwendenden ist die Vorlage einer ordnungsgemäßen Zuwendungsbestätigung der Stiftung, die jedoch die Prüfung der Voraussetzungen der Steuerbegünstigung des Empfängers durch die zuständigen Finanzbehörden nicht ersetzt.

Die Zuwendungsbestätigung ist aus Vereinfachungsgründen für den Spendenabzug entbehrlich, wenn die Spende weniger als € 200,00 beträgt.

Die steuerlichen Zuwendungsbestätigungen unterliegen strengen formalen Kriterien und erfordern zwingende Inhaltsangaben. Hierfür sind amtlich vorgeschriebene Vordrucke und Muster zu verwenden (§ 50 Abs. 1 ESTDV). Die Zuwendungsbestätigungen bedürfen ferner der eigenhändigen Unterschrift eines dazu berechtigten Vertreters der Stiftung, wenn die Bestätigungen nicht maschinell in einem zuvor mit dem Finanzamt abgestimmten Verfahren erstellt werden. Die gemeinnützige Stiftung ist verpflichtet, jeweils ein Doppel der Zuwendungsbestätigung aufzubewahren.

> 🛈 **Praxishinweis:**
>
> *Stiftungsverantwortlichen ist wegen dieser einzuhaltenden formalen Kriterien unbedingt zu empfehlen, sich an die Vorgaben, Muster und Formulare der Finanzverwaltung hinsichtlich Aussehen und Inhalt dieser Bescheinigungen zu orientieren, die das Bundesfinanzministerium für Finanzen vorgegeben hat. Ab dem 01.01.2009 sind zwingend die aktuellen und dem*

neuen Spendenrecht angepassten Muster und Formulare zu verwenden, abzurufen über die Websites der zuständigen Körperschaftsteuerfinanzämter, des Bundesfinanzministeriums oder des Bundesverbandes Deutscher Stiftungen..

Grundsätzlich darf der Empfänger einer solchen Zuwendungsbestätigung auf die Richtigkeit der Bestätigung vertrauen, es sei denn, dass er die Bestätigung durch falsche Angaben erwirkt hat oder deren Unrichtigkeit kennt oder kennen musste.[52] Der redliche Besitzer dieser Bestätigung kommt daher stets in den Genuss des Sonderausgabenabzugs.

Spiegelbildlich zu diesem Vertrauensschutz des Empfängers ist die Haftung des Ausstellers unrichtiger Zuwendungsbescheinigungen für vorsätzlich oder grob fahrlässig falsch ausgestellte Bestätigungen. Hierfür haftet der Aussteller für dem Fiskus entgangene Steuern pauschal in Höhe von 30 % des Zuwendungsbetrags.[53/54]

D. Steuerliche Besonderheiten bei Familienstiftungen

I. Besteuerung bei Errichtung und Auflösung einer Familienstiftung

1. Besteuerung bei Errichtung einer Familienstiftung

Zuwendungen an eine Familienstiftung anlässlich deren Errichtung oder während ihres Bestehens unterliegen der Erbschaft- oder Schenkungsteuer. Ob der Erwerb anlässlich der Errichtung der Stiftung oder während ihres Bestehens erfolgt, hat steuerliche Auswirkungen im Hinblick auf die Entstehung der Steuer und im Hinblick auf die Steuerklasse und damit auf die Höhe der Steuerlast.

Die Steuer entsteht bei Errichtung der Familienstiftung durch Stiftungsgeschäft unter Lebenden mit der Übertragung des zugesagten Vermögens vom Stifter auf die Stiftung und bei Errichtung von Todes wegen mit dem Zeitpunkt der Anerkennung der Stiftung. Die Bewertung des übertragenen Vermögens und die Ermittlung der Erbschaft- bzw. Schenkungsteuer erfolgt nach den allgemeinen Vorschriften des Bewertungs- und Erbschaftsteuergesetzes; insbesondere werden der Stiftung bei Übertragung von unternehmerischem Vermögen auch die hierfür geltenden Vergünstigungen gewährt, wenn die gesetzlichen Voraussetzungen hierfür vorliegen.

Zwar fallen Zuwendungen an eine rechtsfähige Stiftung (ebenso an eine Stiftungs-GmbH) stets in die ungünstigste Steuerklasse III, jedoch gilt für inländische Familienstiftungen, d.h. für Familienstiftungen mit Sitz und Geschäftsleitung in Deutschland, eine Vergünstigung bei der Bestimmung der Steuerklasse nach § 15 Abs. 2 ErbStG insoweit, als der Besteuerung die für das Verwandtschaftsverhältnis zwischen dem Erblasser oder Schenker und dem entferntesten nach der Stiftungsurkunde berechtigten Verwandten Anwendung findet. An die Stelle der Steuerklasse III tritt also Steuerklasse I, wenn nach der Stiftungssatzung nur Ehegatten, Kinder, Stiefkinder und Abkömmlinge begünstigt sind. Sind auch weitere Verwandte begünstigt, z.B. Geschwister, so gilt Steuerklasse II. Diese Ver-

---
52 Vgl. § 10 b Abs. 4 S. 1 EStG.
53 Vgl. § 10 b Abs. 4 S. 3 EStG.
54 Nach einem von der FDP schon 2007 in den Bundestag eingebrachten Gesetzentwurf, sollte die Spendenhaftung erneut reformiert und der Haftungsbetrag von 30 % auf 20 % gesenkt werden. Ferner sollte hierfür nicht der zugewendete Betrag, sondern der tatsächlich nicht für steuerbegünstigte Zwecke verwendete Betrag zugrunde gelegt werden und die Spendenhaftung nur noch bei vorsätzlichem oder grob fahrlässigem Handeln in Betracht kommen (vgl. BT-Drucksache 16/7519 vom 12.12.2007). Ob diese Initiative in der derzeit laufenden Legislaturperiode wieder aufgegriffen werden wird, ist offen.

günstigungen bei inländischen Familienstiftungen gelten jedoch nur bei Zuwendungen bei der Errichtung einer Stiftung von Todes wegen nach § 3 Abs. 2 Nr. 1 ErbStG oder anlässlich der Stiftungserrichtung unter Lebenden nach § 7 Abs. 1 Nr. 8 ErbStG. Spätere Zuwendungen des Stifters, d.h. nach Errichtung der Familienstiftung, werden, soweit sie nicht ausdrücklich in der Stiftungssatzung vorbehalten sind, in Steuerklasse III erfasst.[55]

Aus der nachstehenden Tabelle ergeben sich die seit 01.01.2009 geltenden Erbschaftsteuersätze, die je nach dem Wert des steuerpflichtigen Erwerbs in den einzelnen Steuerklassen ansteigen.

Wert des steuerpflichtigen Erwerbs	Steuersatz in Prozent in der Steuerklasse		
	I	II	III
bis 75.000 Euro	7	15	30
bis 300.000 Euro	11	20	30
bis 600.000 Euro	15	25	30
bis 6.000.000 Euro	19	30	30
bis 13.000.000 Euro	23	35	50
bis 26.000.000 Euro	27	40	50
darüber	30	43	50

52 Diese Vergünstigungen gelten zudem nur für inländische Familienstiftungen. Zuwendungen an ausländische Familienstiftungen werden auch dann, wenn es sich um Familienstiftungen handelt, bei denen ausschließlich Personen der Steuerklasse I begünstigt sind, stets in Steuerklasse III der Erbschaft- und Schenkungsteuer unterworfen, soweit eine Steuerpflicht in Deutschland besteht.

Diese erbschaftsteuerlichen Vergünstigungen für inländische Familienstiftungen bei deren Errichtung sind durch sorgfältige Gestaltung der Begünstigungsregelung in der Stiftungssatzung zu beachten.

53 Auch die erbschaft- und schenkungsteuerlichen allgemeinen Freibeträge richten sich nach der maßgeblichen Steuerklasse. Rechtsfähige privatnützige Stiftungen erhalten daher in Steuerklasse III grundsätzlich nur einen Freibetrag von € 20.000,00. . Bei Zuwendungen an Familienstiftungen kommen je nach Auswahl der satzungsmäßig Begünstigten höhere Freibeträge in Betracht:

- Kinder und Enkel (deren Eltern vorverstorben sind): € 400.000
- Großeltern und Enkel (deren Eltern noch leben): € 200.000
- Verwandte der Steuerklasse II: € 20.000
- Übrige Personen der Steuerklasse III: € 20.000

Im Übrigen unterliegt die Erbschaft- und Schenkungsbesteuerung der Familienstiftung grundsätzlich keinen wesentlichen Besonderheiten gegenüber der Erbschaft- und Schenkungsbesteuerung von natürlichen Personen.

Hierbei haben sich zum 01.01.2009 weitgehende Änderungen im Zuge der Erbschaftsteuerreform ergeben. Aufgrund der Vorgaben des Bundesverfassungsgerichts, werden alle erbschaftsteuerlich relevanten Vermögenswerte, beispielsweise Geld- oder Wertpapiervermögen, bebauter und unbebauter Grundbesitz, Betriebsvermögen und Vermögen der Land- und Forstwirtschaft sowie Kapitalgesellschaften im Wesentlichen nahe dem tatsächlichen Verkehrswert bewertet.

---

55 Kapp/Ebeling, Erbschaftsteuerrecht, § 15 Rn. 62.

2. Die Besteuerung bei Auflösung einer Familienstiftung

Für die Besteuerung der Auflösung einer Familienstiftung gelten ähnliche Grundsätze wie bei der Errichtung der Familienstiftung. Der Erwerb von Vermögensgegenständen infolge der Aufhebung einer Familienstiftung gilt als Schenkung unter Lebenden, für die grundsätzlich Steuerklasse III gilt. Wird infolge der Aufhebung der Familienstiftung unternehmerisches Vermögen erworben, so können die Erwerber die allgemeinen Vergünstigungen für Betriebsvermögen grundsätzlich nicht in Anspruch nehmen.

Wie bei der Errichtung, so gibt es auch bei der Aufhebung einer Familienstiftung eine Steuerklassenvergünstigung in der Weise, dass als Schenker nicht die Stiftung und damit Steuerklasse III, sondern der Stifter selbst gilt. Allerdings ist mindestens von Steuerklasse II auszugehen, so dass auch Ehegatten, Kinder und Stiefkinder des Stifters nicht die Vergünstigungen der Steuerklasse I bei einem Vermögenserwerb infolge Aufhebung der Stiftung erhalten.

Auch der Rückfall des Vermögens an den Stifter selbst bei Aufhebung der Stiftung ist grundsätzlich in Steuerklasse III schenkungsteuerpflichtig![56] Dies lässt sich nur dann vermeiden, wenn der Rückfall an den Stifter infolge des Widerrufs der ursprünglichen Zuwendung an die Stiftung oder des Eintritts einer auflösenden Bedingung erfolgt.[57]

Neben der Erbschaft- bzw. Schenkungsteuer kann bei der Aufhebung einer Stiftung und Vermögensübertragung auf Dritte bei der Stiftung Körperschaftsteuer entstehen, wenn infolge der Aufhebung Betriebsvermögen veräußert oder entnommen wird. Die Veräußerung oder Entnahme von nichtbetrieblichem Vermögen bei Aufhebung der Stiftung löst dagegen, anders als z.B. bei der Stiftungs-GmbH, außerhalb etwaiger Spekulationsfristen keine Körperschaftsteuerpflicht der Stiftung aus, da die Familienstiftung – anders als andere Körperschaften – auch die Veräußerung von zum steuerlichen Privatvermögen der Stiftung gehörenden Vermögensgegenständen kennt.

II. Die laufende Besteuerung einer Familienstiftung

Da eine privatnützige Familienstiftungen im Inland in vollem Umfang körperschaft- und gewerbesteuersteuerpflichtig ist, unterliegen die Gewinne der Stiftung nicht unmittelbar der Besteuerung bei ihren Destinatären. Für die Ermittlung des zu versteuernden Einkommens gelten im Wesentlichen die allgemeinen körperschaft- und einkommensteuerlichen Regeln.

Anders als bei Kapitalgesellschaften, bei denen die Einkünfte stets gewerblich sind, können Stiftungen jedoch Einkünfte aus allen sieben Einkunftsarten beziehen. Dennoch unterliegen die Kapitaleinkünfte der Stiftung bei dieser nicht der Abgeltungsteuer

Zuwendungen an nicht körperschaftsteuerpflichtige Stiftungen sind nicht steuerbar und unterliegen daher nicht der Körperschaft- und Gewerbesteuer.

Im Übrigen unterliegt die Stiftung im unternehmerischen Bereich den dort üblichen Steuern, insbesondere der Umsatzsteuer wie jede andere Körperschaft.

---

[56] Kapp/Ebeling, a.a.O., § 15 Rn. 66.
[57] Strittig, vgl. Kapp/Ebeling, a.a.O., § 15 Rn. 66.1.

III. Besteuerung der begünstigten Destinatäre

56 Erhält ein privater Begünstigter satzungsmäßige oder satzungswidrige Zuwendungen der Familienstiftung, die keine Vergütung, z.B. für seine Tätigkeit oder für eine Kapitalüberlassung, darstellt, so unterliegt der Begünstigte damit der Einkommensteuer. Nach der bisherigen Verwaltungspraxis unterliegt der Begünstigte mit dieser Zuwendung der seit dem 01.01.2009 der Abgeltungsteuer.[58/59]

In der Regel sind die Leistungen der Familienstiftung an ihre Destinatäre darüber hinaus nicht schenkungsteuerpflichtig, da die Leistung nicht unentgeltlich erbracht wird, um den Bedachten zu bereichern, sondern um den vorgegebenen Stiftungszweck zu erfüllen.[60]

IV. Die Erbersatzsteuer bei Familienstiftungen

57 Inländische Familienstiftungen, die wesentlich dem Interesse einer Familie oder bestimmter Familien dienen, unterliegen seit 1974 der sog. Erbersatzsteuer, durch die alle 30 Jahre ein Erbgang im Hinblick auf das gesamte Stiftungsvermögen „fingiert" wird, um zu vermeiden, dass durch die Übertragung von Vermögen auf Familienstiftungen dieses auf Dauer der Erbschaftsteuer entzogen wird. Ausländische Familienstiftungen unterliegen grundsätzlich nicht der Erbersatzsteuer.

Die Erbersatzsteuer fällt erstmalig nach Ablauf von 30 Jahren nach dem ersten Übergang von Vermögen auf die Stiftung an.[61] Ihr unterliegt das gesamte Vermögen der Familienstiftung. Im Hinblick auf die steuerliche Bewertung des Stiftungsvermögens gelten die allgemeinen Regelungen des Bewertungs- und Erbschaftsteuergesetzes.

Da der Zeitpunkt, zu dem die Erbersatzsteuer entsteht, von vornherein feststeht, ist die Bemessungsgrundlage bei der Erbersatzsteuer plan- und beeinflussbar. Allein dieser Vorteil kann dazu führen, dass die Erbersatzsteuer erheblich günstiger ist als die „normale" Erbschaftsteuer. Vorteile können sich auch dann ergeben, wenn im normalen Erbgang eine schnellere Erbfolge als alle 30 Jahre oder ein Erbgang in einer ungünstigeren Steuerklasse als I zu erwarten ist.

58 Die bisherigen Vorteile durch rechtzeitige Vermögensumschichtungen innerhalb der Familienstiftung wurden jedoch zum 01.01.2009 stark eingeschränkt, da seit dem alle Vermögenswerte nahe am tatsächlichen Verkehrswert zum Zwecke der Erbschaft-, Schenkung- und auch der Erbersatzsteuer bewertet werden. Damit werden künftig die unvermeidbaren Belastungen für Familienstiftungen aufgrund der Erbersatzsteuer deutlich zunehmen.

Die Erbersatzsteuer wird so berechnet, als würde das Gesamtvermögen der Stiftung im Erbgang auf zwei Kinder oder andere Erwerber der Steuerklasse I übergehen. Dies gilt auch dann, wenn z.B. überhaupt keine Kinder oder mehr als zwei Kinder des Stifters unter den Begünstigten sind („fiktiver Erbgang"). Entsprechend stehen der Stiftung bei der Berechnung der Erbersatzsteuer auch zwei persönliche Freibeträge in Höhe von jeweils € 400.000,00 zur Verfügung. Durch die fiktive Aufteilung des Vermögens auf zwei Begünstigte soll die Steuerprogression der Erbersatzsteuer gemildert werden.[62]

---

58 Richter/Eichler/Fischer Stiftung & Sponsoring, Rote Seiten 2/2008, S. 15.
59 Vgl. BMF-Schreiben v. 27.06.2006, DStR 2006, 1227
60 Schiffer, DStR 2005, 508(511 f.).
61 Vgl. § 9 Abs. 1 Nr. 4 ErbStG.
62 Moench, Erbschafts- und Schenkungssteuer, § 15 Rn. 44.

D. Steuerliche Besonderheiten bei Familienstiftungen

Verfassungsrechtliche Bedenken im Hinblick auf den Gleichbehandlungsgrundsatz sowie den Grundsatz der Gleichmäßigkeit der Besteuerung nach Art 3 GG bestehen gegen diese gesetzlich festgelegte Berechnung der Erbersatzsteuer insbesondere bei (alten) Familienstiftungen, bei denen mittlerweile eine Vielzahl von Mitgliedern einer Großfamilie – gelegentlich bis zu einigen hundert Familienmitgliedern – (potenziell) begünstigt werden sollen, die bei unmittelbarer Zuwendung seitens des Stifters zweifellos mit einer geringeren Erbschaftsteuer belastet würden. Hier kann wegen der Vielzahl der Destinatäre durchaus in Frage stehen, ob es sich hierbei trotzdem noch um eine Familienstiftung im Sinne des § 1 Abs. 1 Nr. 4 ErbStG i.V.m. § 15 Abs. 2 AStG und ErbStR R 2 Abs. 2 handelt.[63]

59

Ein weiterer möglicher Vorteil der Erbersatzsteuer gegenüber der Erbschaftsteuer besteht in der Möglichkeit der ganz oder teilweisen Verrentung der Steuer auf bis zu 30 Jahre bei einer angemessenen Verzinsung.[64] Dadurch wird der durch die Erbersatzsteuer drohende Liquiditätsabfluss kalkulierbar und führt nur in Ausnahmefällen zur Auflösung der Stiftung.

Ausländische Familienstiftungen unterliegen grundsätzlich nicht der Erbersatzsteuer. Voraussetzung hierfür ist jedoch, dass die Familienstiftung weder ihren Sitz noch ihre Geschäftsleitung in Deutschland hat. Der Ort der Geschäftsleitung ist hierbei der Mittelpunkt der geschäftlichen Oberleitung der Stiftung, d.h. da, wo nach dem Gesamtbild der Verhältnisse die wichtigen Geschäftsführungsmaßnahmen angeordnet und die diesbezüglichen Entscheidungen getroffen werden.

60

Entscheidend hierfür sind nach Ansicht der Finanzverwaltung und der Finanzgerichte nicht die formellen Regelungen in den Statuten der Stiftung, sondern in der Praxis, wo die für die Willensbildung der Stiftung maßgeblichen Personen tatsächlich tätig sind.[65] Anhaltspunkte hierfür ergeben sich nach der Rechtsprechung insbesondere daraus, wo Geschäftsunterlagen der Stiftung aufbewahrt werden, wo Korrespondenz der Stiftung geführt und sonstige Arbeiten der Stiftung erledigt werden.

> **Praxishinweis:**
> *Nach der Rechtsprechung kann die Geschäftsleitung auch dann im Inland sein, wenn der im Inland wohnende Stifter oder seine Ehefrau – auch bei Einschaltung eines Treuhänders – in der Praxis letzten Endes in der Stiftung das Sagen haben; selbst wenn sie selbst nicht Mitglieder von Stiftungsorganen sind. Vor diesem Hintergrund empfiehlt es sich daher, zur Vermeidung der deutschen Erbersatzsteuer die tatsächliche Geschäftsführung einer ausländischen Familienstiftung mit fachkundigen Beratern sorgfältig abzustimmen.*

---

63 Schiffer, DStR 2006, 508 (509 f.)
64 Vgl. § 24 ErbStG.
65 Kruse, in: Tipke/Kruse Abgabenordnung, § 10 Rn. 1.

§ 6 Die Rechnungslegung und Steuererklärung einer Stiftung

1　Stiftungen sind der perpetuierte Wille eines Stifters, den sie mit dem ihnen gewidmeten Vermögen nachhaltig verwirklichen. Neben der Zweckverwirklichung und der Vermögensanlage ist die Dokumentation der Stiftungstätigkeiten eine der Hauptaufgaben der Stiftungsorgane. Hierfür unentbehrlich ist die Erstellung eines Jahresberichtes der Stiftung.

> **Praxishinweis:**
> *Immer wieder sind Stiftungsverantwortliche neu gegründeter Stiftungen überrascht, wenn seitens der Aufsichtsbehörden erstmals Jahresberichte und Steuererklärungen, zuweilen gleich für mehrere Jahre, angefordert werden. Diese müssen dann im Eiltempo, teilweise unter großen Mühen im Zusammenstellen der zugrunde liegenden Buchungsunterlagen, erstellt werden. Jeder Berater eines Stifters sollte daher – nicht zuletzt im Eigeninteresse – mit diesem schon im Vorfeld die Reportinganforderungen bei Stiftungen besprechen. Ist der Stiftungsvorstand dann in Amt und Würden, kann er von Beginn an alles Erforderliche tun, damit die Jahresberichte umfassend, schnell und effizient erstellt werden.*

A. Aufgaben und gesetzliche Grundlagen der Rechnungslegung

I. Rechtsgrundlagen

2　Die Ausgestaltung der Rechnungslegung ist geprägt durch Stiftungsrecht, insbesondere durch die Landesstiftungsgesetze, das BGB sowie gegebenenfalls die Stiftungssatzung als materielles Stiftungsrecht, das Steuerrecht, hier insbesondere die Vorschriften über die Gemeinnützigkeit in der Abgabenordnung (AO) sowie das Handelsrecht. Hinzu kommen die berufsständischen Regelungen des Instituts der Wirtschaftsprüfer (IDW). Dessen „Verlautbarungen des IDW" haben wie Satzungen zwar keinen Gesetzesrang, sind aber von Wirtschaftsprüfern zu beachten und üben somit faktischen Einfluss auf die Rechnungslegung von Stiftungen aus.

Bundesgesetzlich bestimmt § 86 iVm §§ 27 Abs. 3, 666, 259, 260 BGB, dass die Stiftung eine geordnete Zusammenstellung der Einnahmen und Ausgaben, Belege sowie ein Verzeichnis über den Bestand an Vermögensgegenständen vorzulegen hat.[1] Dies sind nur Mindestanforderungen, weitergehende Regelungen hat der Bundesgesetzgeber den Ländern überlassen.

Landesgesetzlich verlangen alle Bundesländer eine Jahres(ab)rechnung mit Vermögensübersicht. Eine Verpflichtung der Stiftung zur laufenden; ordnungsmäßigen Buchführung sprechen darüber hinaus die landesgesetzlichen Regelungen in Baden-Württemberg, Bayern, Saarland, Sachsen, Sachsen-Anhalt sowie in Schleswig-Holstein aus. In einzelnen Bundesländern wird weiterhin ein Bericht zur Erfüllung des Stiftungszweckes (alle Bundesländer bis auf Sachsen-Anhalt) verlangt.

Soweit landesgesetzlich auf die Grundsätze ordnungsmäßiger Buchführung (GoB)[2] verwiesen wird,

---

[1] Im Rahmen der Stiftungszivilrechtsreform 2002 wurde vereinzelt eine Rechnungslegung nach den für Kaufleute geltenden Grundsätzen gefordert. Diese Forderung wurde als insbesondere für kleinere Stiftungen zu aufwendig abgelehnt. Siehe hierzu auch unten Rn. 12 f.
[2] Hierzu unten Rn. 9.

kann daraus nicht geschlossen werden, dass Stiftungen zu einer Rechnungslegung entsprechend den handelsrechtlichen GoB verpflichtet wären. Auch der Terminus „Jahres(ab)rechnung" bedeutet nicht, dass hiernach eine kaufmännische Rechnungslegung unzulässig wäre. Vielmehr sind die Begriffe Jahres(ab)rechnung und GoB in den Landesstiftungsgesetzen als Oberbegriff auszulegen und erlauben demnach sowohl die Erstellung einer Einnahmenüberschussrechnung als auch eines kaufmännischen Jahresabschlusses. Insofern besteht für Stiftungen eine weitgehende Gestaltungsfreiheit in der Wahl ihrer Rechnungslegung. Lediglich das Land Berlin verlangt Jahresabschlüsse nach von ihm vorgegebenen Mustern und akzeptiert handelsrechtliche Jahresabschlüsse beispielsweise nur mit Testat durch einen Wirtschaftsprüfer.[3]

Eine Pflicht zu einer bestimmten Art der Rechnungslegung kann sich auch aus dem in der Stiftungssatzung verankerten Stifterwillen ergeben. Insbesondere kann die Satzung die Erstellung eines handelsrechtlichen Abschlusses verlangen oder aber die BGB-Vorschriften abbedingen, § 86 S. 1 BGB.

Handelsrechtlich gelten die Rechnungslegungsvorschriften für Kaufleute (§§ 238–263 HGB) auch für Stiftungen, wenn diese einen Gewerbebetrieb unterhalten, dessen Gegenstand oder Art oder Umfang die Eintragung in das Handelsregister erfordert, §§ 1, 2, 33 Abs. 1 HGB.

Weiterhin finden die ergänzenden Rechnungslegungsvorschriften für Kapitalgesellschaften (§§ 264-335 HGB) sinngemäß Anwendung, sofern die Stiftung mit ihrem Unternehmen dem Publizitätsgesetz (PublG) unterliegt. Das PublG knüpft die Pflicht zur Rechnungslegung für die Stiftung daran an, dass sie ein Gewerbe betreibt, § 3 Abs. 1 Nr.4 PublG. Unter den Begriff des Gewerbebetriebs fallen dabei nur solche gemäß § 1 HGB und § 2 HGB. Des Weiteren müssen mindestens zwei der folgenden drei Merkmale für jeweils drei aufeinanderfolgende Abschluss-Stichtage auf die gewerbetreibende Stiftung zutreffen:

- die Bilanzsumme übersteigt € 65 Mio.,
- die Umsatzerlöse in den letzten 12 Monaten vor dem Abschlussstichtag übersteigen € 130 Mio.,
- es werden mehr als 5.000 Arbeitnehmer in den letzten 12 Monaten vor dem Abschlussstichtag beschäftigt.

Steuerrechtlich gilt, dass sofern eine gesetzliche Verpflichtung zur Buchführung und Aufzeichnung besteht, sich diese infolge der abgeleiteten Buchführungspflicht (§ 140 AO) auch auf steuerliche Zwecke erstreckt. Eine originäre Buchführungspflicht besteht darüber hinaus bei Überschreiten der Grenzen des § 141 AO. Dies ist der Fall, wenn die Stiftung wirtschaftliche Geschäftsbetriebe unterhält und diese in einem Geschäftsjahr einen Umsatz von mehr als 500.000 Euro oder einen Gewinn von mehr als € 30.000 überschreiten. Für land- und forstwirtschaftliche Betriebe gilt zusätzlich der Bestandswert von mehr als € 25.000.

Für steuerbefreite Stiftungen folgt die Pflicht zur Rechnungslegung aus § 63 Abs. 1 und Abs. 3 AO, der eine ordnungsgemäße Aufzeichnung über die Einnahmen und Ausgaben der Stiftung verlangt. Als zusätzliche Anforderung an die Rechnungslegung steuerbefreiter Stiftungen gilt, dass die Aufzeichnungspflicht für jeden der bis zu vier Tätigkeitsbereiche, die eine Stiftung haben kann, getrennt zu erfüllen ist:

(1) Ideeller Bereich

(2) Vermögensverwaltung

(3) Zweckbetrieb(e)

(4) Steuerpflichtige(r) wirtschaftliche(r) Geschäftsbetrieb(e)

---

[3] Die Stiftungsaufsicht beruft sich hierbei auf § 8 Abs. 1 Nr. 2 S. 2 StiftG Bln: „Die Jahresberichte müssen den Anforderungen der Aufsichtsbehörde entsprechen."

Die Trennung der steuerbefreiten Bereiche (ideeller Bereich, Vermögensverwaltung und Zweckbetrieb) vom steuerpflichtigen wirtschaftlichen Geschäftsbetrieb muss sich bereits aus der Rechnungslegung nachvollziehen lassen, da sonst die Stiftung nicht selbstlos tätig wäre und ihre Steuerbefreiung insgesamt gefährden würde.

5 Von den Verlautbarungen des IDW sind von und für Stiftungen insbesondere drei zu beachten:[4]
- HFA 4/1995 zur Rechnungslegung und Prüfung Spenden sammelnder Organisationen
- IDW RS HFA 5 zur Rechnungslegung von Stiftungen
- IDW PS 740 zur Prüfung von Stiftungen

Diese Verlautbarungen gelten für rechtsfähige Stiftungen des privaten Rechts, Stiftungen des öffentlichen Rechts sind hiervon nicht erfasst. Wohl aber richten sich die Verlautbarungen auch an rechtlich unselbstständige Stiftungen, wenn deren Rechtsträger dem privaten Recht zuzuordnen ist. Für die Anwendung der Verlautbarungen ist es nicht entscheidend, ob die Stiftung steuerbefreit ist oder nicht, sie richten sich an beide.

II. Sinn und Zweck der Rechnungslegung

6 Hauptaufgabe der Rechnungslegung bei Stiftungen ist die Dokumentation der ordnungsgemäßen Mittelverwendung und der Kapitalerhaltung des Stiftungsvermögens. Die Rechnungslegung dient damit zur internen Dokumentation und Selbst-Information der Verwaltungsorgane der Stiftung sowie als Planungsgrundlage für die Zukunft.

Extern informiert die Rechnungslegung der Stiftung vor allem die Aufsichtsbehörden. Über die Rechnungslegung führt die Stiftung den Nachweis gegenüber der Finanzverwaltung, dass ihre tatsächliche Geschäftsführung auf die ausschließliche und unmittelbare Erfüllung steuerbegünstigter Zwecke gerichtet ist. Die Finanzverwaltung kann damit bei steuerbefreiten Stiftungen kontrollieren, ob die Aufwendungen bzw. Ausgaben für die satzungsgemäßen steuerbefreiten Zwecke verwandt werden und ob dies ausschließlich, selbstlos und unmittelbar geschieht.

Der Stiftungsaufsicht dient die Rechnungslegung zur Kontrolle des Bestandes der Stiftung sowie der Einhaltung des Stifterwillens, insbesondere im Hinblick auf den Erhalt des Stiftungsvermögens und die Verwirklichung der in der Satzung genannten Zwecke.

Teilweise erwartet auch die Öffentlichkeit Informationen über die Tätigkeiten und die Finanzlage der Stiftung, auch hierfür ist die Rechnungslegung bestens als Informationsgrundlage geeignet. Allerdings besteht in Deutschland – anders als beispielsweise in den USA – keine Veröffentlichungspflicht des Jahresabschlusses und der Steuererklärung, sofern die Grenzen des Publizitätsgesetzes nicht überschritten sind. Leider machen nicht allzu viele Stiftungen von der Möglichkeit der freiwilligen Veröffentlichung ihrer Finanzdaten und Tätigkeiten Gebrauch, obwohl das öffentliche Interesse hieran sicher gross und wohl auch berechtigt ist, insbesondere, wenn es sich um eine spendensammelnde Stiftung handelt. Etwas mehr Transparenz wäre hier für den ganzen Gemeinnützigkeitssektor sicherlich von Vorteil und würde das berechtigte Vertrauen sowohl der interessierten Öffentlichkeit als auch insbesondere von Spendern in Stiftungen noch weiter verstärken.

7 Ziel der Rechnungslegung ist es, ein zutreffendes, vollständiges und klares Bild der Erzielung von Erträgen und deren Verwendung sowie insbesondere der Vermögenslage der Stiftung zu vermitteln.

---

[4] Weiterhin einschlägig für von Wirtschaftsprüfern testierte Jahresberichte ist IDW PS 450 zur ordnungsgemäßen Berichterstattung bei Abschlussprüfung.

B. Arten der Rechnungslegung

Die verschiedenen Arten der Rechnungslegung greifen auf unterschiedliche Buchführungstechniken zurück.

I. Buchführungstechniken

Die kameralistische Buchführung wird vorwiegend bei der öffentlichen Verwaltung, öffentlichen Betrieben aber auch öffentlichen Stiftungen angewendet. Kennzeichnend für die Kameralistik ist der Abgleich zwischen Soll- und Istbeständen sowie die Betrachtung von Einnahmen und Ausgaben. Laufend werden sämtliche Zahlungsvorgänge mit den geplanten Werten verglichen und alle Abweichungen vorgetragen. Erträge, Aufwendungen, Vermögen und Schulden werden in der Kameralistik nicht erfasst.

Bei der doppelten Buchführung wird, wie der Name schon sagt, jeder Geschäftsvorfall immer auf zwei Sachkonten gleichzeitig verbucht. Auch das Jahresergebnis wird doppelt ermittelt: das Ergebnis der Bestandskonten fliesst in die Bilanz ein und die Erfolgskonten in die Gewinn- und Verlustrechnung, d.h. die Differenz zwischen Vermögen und Schulden ist identisch mit der Differenz von Erträgen und Aufwendungen.

Durch diese mehrfache Dopplung aller Geschäftsvorfälle garantiert die doppelte Buchführung ein hohes Mass an Sicherheit. Fehler fallen sofort auf, da dann die Bestandskonten auf der Aktiv- und auf der Passivseite nicht ausgeglichen sind oder das Jahresergebnis gemäss den Bestandskonten nicht dem gemäss den Erfolgskonten entspricht. Zudem ist die doppelte Buchführung sehr aussagekräftig, da das Jahresergebnis sowohl der Bestands- als auch der Erfolgskonten in jeder Einzelheit nachvollziehbar ist. Vermögen und Schulden werden in der Bilanz vollständig fortgeschrieben, der Erfolg des Berichtszeitraumes wird in der Gewinn- und Verlustrechnung ermittelt.

Beim kaufmännischen Jahresabschluss sind die bereits erwähnten Grundsätze ordnungsmäßiger Buchführung (GoB) zu beachten. Die GoB sind teils geschriebene, teils ungeschriebene Regeln zur Buchführung und Bilanzierung, die sich vor allem aus Wissenschaft und Praxis, der Rechtsprechung sowie Empfehlungen von Wirtschaftsverbänden ergeben. Die GoB legen sowohl formelle Mindestanforderungen an die äußere Form und Systematik als auch materielle Anforderungen an den Inhalt der Buchführung fest.

Die Vorgaben der kaufmännischen Rechnungslegung für eine Ordnungsmäßigkeit der Rechnungslegung gelten zwischenzeitlich auch als Grundsätze ordnungsmäßiger Stiftungsrechnungslegung und sind daher auch für die Einnahmenüberschussrechnung anzuwenden[5]:

- Richtigkeit und Willkürfreiheit
- Klarheit und Übersichtlichkeit (§ 243 Abs. 2 HGB)
- Vollständigkeit und Saldierungsverbot (§ 246 HGB)
- Einzelbewertung der Vermögens- und Schuldposten (§ 252 Abs. 1 Nr. 3 HGB)
- Vorsichtige Bewertung von Vermögen und Schulden (§ 252 Abs. 1 Nr. 4 HGB)
- Realisationsprinzip (§ 252 Abs. 1 Nr. 4 HGB)
- Imparitätsprinzip (§ 252 Abs. 1 Nr. 4 HGB)
- Grundsatz der Periodenabgrenzung (§ 252 Abs. 1 Nr. 5 HGB)

---

5 IDW Stellungnahme zur Rechnungslegung: Rechnungslegung von Stiftungen (IDW RS HFA 5), 25.02.2000, in: Die Wirtschaftsprüfung 8/2000, S. 394.

- Bewertungs- und Gliederungsstetigkeit (§ 252 Abs. 1 Nr. 6, 265 Abs. 1 HGB)
- Bewertung unter Berücksichtigung einer Fortführung der Tätigkeit (Going Concern, § 252 Abs. 1 Nr. 2 HGB)

II. Handelsrechtlicher Jahresabschluss

10 Der handelsrechtliche Jahresabschluss wird aus der Bilanz und der Gewinn- und Verlustrechnung gebildet, § 242 Abs. 3 HGB. Die Bilanz ist eine Aufstellung aller Vermögenswerte, der sog. Aktiva, und der Darstellung der Finanzierung dieser Vermögenswerte, der sog. Passiva. Die Gewinn- und Verlustrechnung (GuV) stellt Erträge und Aufwendungen des Geschäftsjahres dar und weist das Jahresergebnis aus.

III. Einnahmen-/Überschussrechnung

11 Ist die Stiftung gesetzlich nicht zur Erstellung einer Bilanz verpflichtet oder hat sie sich nicht freiwillig hierzu entschieden, kann sie ihre Rechnungslegung auch mit einer Einnahmen-/Überschussrechnung erstellen. Bei der Einnahmen-/Überschussrechnung werden nur Zu- und Abflüsse erfasst, Bestandsveränderungen bleiben hingegen unberücksichtigt, § 4 Abs. 3 EStG. Daraus folgt auch der große Nachteil der Einnahmen-/Überschussrechnung: Aus den Zu- und Abflüssen selbst ist nicht erkennbar, für welchen Zeitraum sie erfolgt sind, d.h. ob sie nur das laufende Jahr oder mehrere Rechnungslegungsperioden betreffen. Daher ist ein aussagefähiger Vergleich mehrerer Jahresergebnisse mittels Einnahmen-/Überschussrechnung nicht möglich.

Nach § 55 Abs. 1 Nr. 5 S. 3 AO wird für die Bestimmung der Frist für die zeitnahe Mittelverwendung auf den Zufluss der Mittel abgestellt. Hat die Stiftungen feste Mittelzusagen erhalten, so unterliegen diese (noch) nicht der zeitnahen Verwendungspflicht. Diesbezüglich geht der Gesetzgeber eindeutig vom Zufluss-/Abflusssystem aus.

C. Besonderheiten der Rechnungslegung von steuerbefreiten Stiftungen

12 Stiftungen sind, wie dargestellt, in der Wahl ihrer Rechnungslegungsart grundsätzlich frei. Dennoch ist die Rechnungslegungsart von entscheidender Bedeutung, da sie Basis für vielfältige Entscheidungen im Management der Stiftung ist.

I. Vor- und Nachteile der unterschiedlichen Rechnungslegungsarten für Stiftungen

13 Für die Einnahmen-/Überschussrechnung spricht, dass sie sehr einfach zu erstellen ist. Daher ist sie insbesondere bei kleineren Stiftungen sehr beliebt. Nachteil ist jedoch, dass die Einnahmen-/Überschussrechnung lediglich Veränderungen der Zahlungsmittelbestände erfasst und nicht die periodengerechte Erfassung von Aufwendungen und Erträgen ermöglicht. Ein Vergleich über mehrere Jahre oder gar Jahrzehnte ist damit nicht möglich, was gerade für unendlich existierende Stiftungen sehr aussagekräftig wäre. Zudem ist aus der Einnahmen-/Überschussrechnung nicht ersichtlich, ob Stiftungsmittel vorzeitig verwendet werden und somit de facto das Stiftungskapital angegriffen wird.

Hingegen gewährleistet die kaufmännische doppelte Buchführung eine hohe Sicherheit der Rechnungslegung. Auch werden alle Geschäftsvorfälle eindeutig auf die zugehörigen Perioden aufgeteilt, dies macht einen aussagekräftigen Vergleich mehrerer Jahre möglich. Zuweilen wird an der kaufmännischen Rechnungslegung kritisiert, dass sie zu aufwendig sei, insbesondere für kleinere Stiftungen und dass diese einen hohen Transparenzgrad gar nicht benötigen würden. Diese Aussage kann so nicht stehen gelassen werden: Gerade bei relativ übersichtlichen kleineren Stiftungen ist die kaufmännische Rechnungslegung kaum aufwendiger als eine Einnahmen-/Überschussrechnung, Komplexität wird erst bei komplexen Sachverhalten entfaltet, denen ein höherer Grad an Transparenz wiederum gut tut. Zudem ist die Gefahr von Fehlern bei der kaufmännischen Rechnungslegung geringer, was wiederum die Aussagekraft des Jahresberichtes erhöht.

Wegen ihrer Vorteile hinsichtlich Aussagekraft und Sicherheit ist Stiftungen insofern grundsätzlich die kaufmännische Rechnungslegung anzuraten. Dabei ist allerdings darauf hinzuweisen, dass die Umstellung der Rechnungslegung von der Einnahmen-/Überschussrechnung auf die kaufmännische Rechnungslegung oftmals mit erheblichem Aufwand verbunden ist, insbesondere in Bezug auf die periodengerechte Abgrenzung von Aufwendungen und Erträgen sowie auf die Bewertung der Vermögensgegenstände.

Auch das IDW schlägt Stiftungen vor, ihre Rechnungslegung freiwillig nach den Grundsätzen einer kaufmännischen Bilanzierung auszugestalten.[6] Anderenfalls ist der Wirtschaftsprüfer angewiesen, die Art der Rechnungslegung der Stiftung zu beurteilen, insbesondere ob eine Einnahmen-/Überschussrechnung wegen Komplexität und Größe der Stiftung noch sachgerecht ist.[7] Bestehen hier Differenzen zwischen Stiftungsverantwortlichen und Wirtschaftsprüfer, so kann Letzterer nicht die Anwendung kaufmännischer Rechnungslegung verlangen. Ihm bleibt nur die Prüfung, ob auch mit der Einnahmen-/Überschussrechnung den Grundsätzen ordnungsgemäßer Stiftungsrechnungslegung entsprochen wird.[8]

II. Stiftungsspezifische Besonderheiten beim kaufmännischen Jahresabschluss

Da die Stiftung weder von ihrer Geschäftstätigkeit noch von ihren Anforderungen her mit einem Wirtschaftsunternehmen vergleichbar ist, müssen naturgemäß Spezifizierungen in Bilanz und Gewinn- und Verlustrechnung vorgenommen werden.

So sind auf der Passivseite der Bilanz spezielle Eigenkapitalkonten für das Stiftungskapital und Zustiftungen vorzuhalten sowie für gebildete Rücklagen gemäß § 58 AO, insbesondere für die Freie Rücklage und Projektrücklagen. Auch ist es sinnvoll, Verbindlichkeiten gegenüber Destinatären gesondert auszuweisen. Diese liegen bereits dann vor, wenn der Stiftungsvorstand einen entsprechenden Ausschüttungsbeschluss gefasst und dieses dem Empfänger mitgeteilt hat, die Ausschüttung als solche aber noch nicht ausgeführt bzw. abgerufen wurde, also ein Abfluss noch nicht erfolgt ist.

> **Praxishinweis:**
> *Gerade für Stiftungen mit „angespannter" Ertragslage ist die Einstellung von Verbindlichkeiten gegenüber Destinatären probater Bestandteil der Selbstdisziplin. Dadurch, dass diese Beschlüsse bei der kaufmännischen Rechnungslegung bereits im Jahr der Beschlussfassung ertragswirksam werden, wenn sie Außenwirkung erlangt haben, wird verhindert, dass der zufällig gleichzeitige Abruf mehrerer Destinatäre die Stiftung finanziell so stark belastet, dass evtl. sogar ein negatives Jahresergebnis entsteht.*

---

6 IDW RS HFA 5, in: Die Wirtschaftsprüfung 8/2000, S. 394.
7 IDW PS 740, in: Die Wirtschaftsprüfung 8/2000, S. 387.
8 IDW PS 740, in: Die Wirtschaftsprüfung 8/2000, S. 387. IDW PS 740, in: Die Wirtschaftsprüfung 8/2000, S. 387.

§ 6 Die Rechnungslegung und Steuererklärung einer Stiftung

Auch hier ist der kaufmännische Jahresabschluss ganz eindeutig im Vorteil vor der Einnahmen-/Überschussrechnung, bei der die Beschlussfassung noch keinerlei Auswirkungen hat und daher bei dem ein oder anderen Stiftungsvorstand zuweilen zu einer überhöhten „Ausschüttungsfreudigkeit" führt.

Gerade bei bilanzierenden Stiftungen stellt sich immer wieder die Frage nach der Höhe des erhaltungspflichtigen Stiftungskapitals, zumal in einigen Landesstiftungsgesetzen ausschließlich der Begriff „Stiftungsvermögen" verwandt wird.

❗ Praxishinweis:

Zur sauberen Abgrenzung zwischen erhaltungspflichtigem und nicht erhaltungspflichtigem Stiftungsvermögen empfiehlt sich in Anlehnung an die bilanzielle Terminologie der Begriff „Kapital" für das erhaltungspflichtige Stiftungsvermögen (auf der Passiva als „Stiftungskapital" ausgewiesen) und der Begriff „Stiftungsvermögen" für alle Vermögensgegenstände einer Stiftung (in der Bilanz auf der Aktivseite verbucht).

Da die meisten Stiftungsvermögen schwerpunktmäßig in Wertpapiervermögen angelegt sind, stellt sich gleichfalls immer wieder die Frage nach der Behandlung von Kursveränderungen bei Wertpapieren. Hierbei ist entscheidend, dass jedes Wertpapier für sich gesondert betrachtet werden muss, eine Zusammenfassung des gesamten Wertpapierbestandes ist wegen des Grundsatzes der Einzelbewertung unzulässig. Möchte der Stiftungsvorstand Volatilitäten einzelner Wertpapiere minimieren, so kann er dies lediglich über Investitionen in strukturierte Produkte, Investmentfonds oder Spezialfonds tun. Dieses bündeln unterschiedliche Einzelanlagen unter einem Dach und gelten derzeit als nur eine einzige Vermögensposition.

Treten nun bei Wertpapieren im Vergleich zum Anschaffungskurs Wertminderungen (Kursverluste) auf, so ist zu differenzieren: ist die Wertminderung voraussichtlich dauerhaft, so müssen diese Wertpapiere mit dem niedrigeren Wert angesetzt werden. Ist dies nicht der Fall, kann der niedrigere Wert angesetzt werden, § 253 Abs. 2 HGB. Wird folglich beispielsweise ein festverzinsliches Wertpapier über pari gekauft, so reduziert sich der Kurs Jahr um Jahr bis zur Endfälligkeit, hier ist der Wertverlust jedes Jahr zwingend abzuschreiben. Liegt hingegen eine Aktie durch Marktusancen unter ihrem Anschaffungskurs, was aber inhaltlich keinesfalls gerechtfertigt erscheint, so kann abgeschrieben werden, es muss aber nicht. Dies gilt, soweit Wertpapiere im Anlagevermögen gehalten werden, sind diese hingegen im Umlaufvermögen, ist zwingend abzuschreiben. Zumeist werden Wertpapiere im Anlagevermögen gehalten, da diese dauerhaft der Stiftung dienen und nur die Erträge ausgeschüttet werden; ein vollständiger Verbrauch, wie er im Umlaufvermögen möglich wäre, ist für Stiftungsvermögen regelmäßig nicht zulässig.

Nur in wenigen Fällen ist allerdings die Bestimmung einer voraussichtlich dauerhaften Wertminderung so einfach wie in dem genannten Beispiel. Um zu einheitlichen Beurteilungen zu kommen, nimmt das IDW für die Bewertung von Kapitalanlagen bei Versicherungsunternehmen eine voraussichtlich dauerhafte Wertminderung an, wenn der Verkehrswert des Wertpapieres in den sechs Monaten vor dem Bilanzstichtag permanent mehr als 20 % unter dem Buchwert liegt oder der Durchschnittswert der täglichen Börsenkurse des Wertpapieres in den letzten 12 Monaten um mehr als 10 % unter dem Buchwert liegt.[9] Grundsätzlich ist aber für jede einzelne Kapitalanlage die Feststellung, ob eine voraussichtlich dauerhafte Wertminderung vorliegt, gesondert zu treffen.

Im Rahmen der Finanzmarktkrise 2008 wurden angesichts der gestörten Märkte die Bilanzierungsregeln für bestimmte Finanzinstrumente klargestellt.[10] Grundsätzlich werden Finanzinstrumente mit ihrem Marktwert bilanziert. Kann aber ein objektiver Marktwert nicht festgestellt werden, so können bei vorübergehende Marktverzerrungen andere Bewertungsmodelle angewandt werden.

---

9 Versicherungsfachausschuss des IDW zur Bewertung von Kapitalanlagen bei Versicherungsunternehmen, 2002.
10 Bundesministerium der Finanzen, Maßnahmenpaket zur Stabilisierung der Finanzmärkte vom 13.10.2008.

Anwendung können insbesondere Barwertmodelle finden, bei denen die ökonomische Werthaltigkeit durch eine stärkere Gewichtung der stattfindenden und erwarteten Zahlungsströme unter Berücksichtigung von Ausfallrisiken bemessen werden. Eine weitere Möglichkeit stellt die Umklassifizierung in andere Anlageklassen, z. B. aus dem Handelsbestand in den Anlagebestand, dar.

Werden Abschreibungen vorgenommen, so mindern diese das Ergebnis der Gewinn- und Verlustrechnung und sind damit ergebnisrelevant. Gleiches gilt auch für erforderliche Zuschreibungen, wenn sich die Kurse wieder erholt haben, sog. Wertaufholungsgebot. Diese Zuschreibungen erhöhen dann das Ergebnis der Gewinn- und Verlustrechnung.

In der Gewinn- und Verlustrechnung sind auf der Einnahmenseite im Wesentlichen Spenden zu nennen, die gesondert vorzuhalten sind, da diese der zeitnahen Mittelverwendung unterliegen. Auf der Ausgabenseite stellen die Ausgaben für den Stiftungszweck einen Schwerpunkt dar, ebenso nach § 58 Nr. 5 AO eine eventuelle Grabpflege für den Stifter. Soweit Beschlüsse externe Wirkung entfalten und als Verbindlichkeit eingestellt werden, finden sich die entsprechenden Positionen auch auf der Ausgabenseite der Gewinn- und Verlustrechnung.

III. Stiftungsspezifische Besonderheiten bei der Einnahmen-/Überschussrechnung

Wie im Rahmen des kaufmännischen Jahresabschlusses sind Spenden gesondert auszuweisen. Gleiches gilt für alle Aufwendungen, die in Erfüllung des Satzungszweckes erfolgt sind, einschließlich der Grabpflege für den Stifter, soweit dies die Stiftungssatzung vorsieht. 15

Aus Gründen der Übersichtlichkeit sollten nach der AO gebildete Rücklagen, wie beispielsweise die Freie Rücklage, gesondert berechnet und vorgehalten werden. Dies gilt auch für die Mittelverwendungsrechnung und die Vermögensübersicht.

D. Prüfung der Rechnungslegung

Da sich die Rechnungslegung der Stiftung auch an externe Adressaten richtet, kommt ihrer Prüfung eine besondere Bedeutung zu. 16

I. Prüfung der Rechnungslegung durch die Aufsichtsbehörden

Eine Prüfung der Rechnungslegung erfolgt zunächst durch die beiden Aufsichtsbehörden. Die Stiftungsaufsicht fokussiert sich dabei vor allem auf die Erhaltung des Stiftungskapitals und die Verwirklichung des Stifterwillens. Einzelne Landesstiftungsgesetze weisen der Stiftungsaufsicht zudem die Befugnis zu, die Rechnungslegung der Stiftung prüfen zu lassen.[11] Aber schon aus der in den meisten 17

---

[11] Teilweise wird in den Landesstiftungsgesetzen das Recht der Stiftungsaufsicht kodifiziert, die Verwaltung der Stiftung selbst zu prüfen (§ 9 Abs. 3 StiftG B-W, Art. 16 Abs. 2 StiftG Bayern, § 8 Abs. 3 StiftG Berlin, § 6 Abs. 2 StiftG Brandenburg, § 12 Abs. 1 StiftG Bremen, § 5 Abs. 2 StiftG Hamburg, § 12 Abs. 1 StiftG Hessen, § 5 StiftG M-V, § 11 Abs. 1 StiftG Niedersachsen, § 7 Abs. 1 StiftG NRW, § 9 Abs. 2 StiftG RLP, § 11 StiftG Saarland, § 6 Abs. 2 StiftG Sachsen, § 19 Abs. 1 StiftG Sachsen-Anhalt, § 8 Abs. 2 StiftG Schleswig-Holstein, § 8 Abs. 4 StiftG Thüringen) oder die Prüfung durch Dritte vornehmen zu lassen (§ 9 Abs. 3 StiftG B-W, § 16 Abs. 4 StiftG Bayern, § 8 Abs. 2 StiftG Berlin, § 6 Abs. 3 StiftG Brandenburg, § 12 Abs. 1 StiftG Bremen, § 12 Abs. 2 StiftG Hessen, § 5 StiftG M-V, § 11 Abs. 4 StiftG Niedersachsen, § 7 Abs. 3 StiftG NRW, § 9 Abs. 3 StiftG RLP, § 11 Abs. 3 StiftG Saarland, § 6 Abs. 3 StiftG Sachsen, § 19 Abs. 1 StiftG Sachsen-Anhalt, § 8 Abs. 2 StiftG Schleswig-Holstein).

Stiftungsgesetzen verankerten Pflicht von Stiftungen, Bücher zu führen und Jahresberichte bei der Stiftungsaufsicht einzureichen, kann eine Prüfungsbefugnis der Stiftungsaufsicht abgeleitet werden.

Das Finanzamt achtet darüber hinaus darauf, dass die Stiftung die Vorgaben des Gemeinnützigkeitsrechtes erfüllt, ob sie also zu Recht steuerbefreit ist oder nicht.[12]

II. Prüfung der Rechnungslegung durch Wirtschaftsprüfer

18 Zunehmend lassen Stiftungen ihren Jahresabschluss durch einen Wirtschaftsprüfer testieren. Aufgabe des Wirtschaftsprüfers ist dabei primär die Prüfung der Buchführung sowie des Jahresabschlusses. Zumeist wird der Prüfungsgegenstand auch um die Prüfung der Erhaltung des Stiftungskapitals und der satzungsgemäßen Mittelverwendung erweitert. Prüfungsgegenstand und -umfang sind schriftlich in einer Auftragsvereinbarung aufzunehmen. Dabei ist darauf zu achten, dass die Bestellung des Wirtschaftsprüfers auch durch das hierfür zuständige Organ erfolgt. In einigen Stiftungssatzungen obliegt die Auswahl des Prüfers einem Kontrollorgan (Stiftungsrat, Kuratorium), nicht dem Stiftungsvorstand selbst. Ist in der Stiftungssatzung jedoch hierzu keine explizite Regelung getroffen, so kann der Stiftungsvorstand den Wirtschaftsprüfer auswählen.

Das IDW hat zur Prüfung von Stiftungen einen eigenen Prüfungsstandard entwickelt, der für seine Berufsangehörigen verbindlich ist.[13] Hiernach gilt insbesondere Folgendes:[14]

- Bei der Prüfung der Erhaltung des Stiftungskapitals muss der Stiftungsvorstand einen plausiblen Kapitalerhaltungsplan vorlegen.
- Im Rahmen der Prüfung der satzungsgemäßen Mittelverwendung müssen die geförderten Projekte oder Begünstigten mit den in der Satzung festgelegten Stiftungszwecken übereinstimmen. Dabei erfolgt aber keine Überprüfung der Zweckmäßigkeit der satzungsgemäßen Mittelverwendung im Sinne einer Evaluationsprüfung.
- Die Prüfung der tatsächlichen Geschäftsführung der Stiftung erstreckt sich insbesondere darauf, dass Stiftungsorgane ordnungsgemäß besetzt sind und ihre Aufgaben erfüllen, die Organisationsstrukturen sowie das Rechnungswesen der Stiftung sachgerecht geregelt sind und ob ein Kontrollsystem besteht. Auch hier gilt, dass keine Evaluation der inhaltlichen Arbeit und der Effizienz der Stiftungstätigkeit erfolgt.
- Neben der zeitnahen satzungsgemäßen Mittelverwendung werden insbesondere die Rücklagendotierung sowie die Behandlung von Zweckbetrieben und wirtschaftlichen Geschäftsbetrieben geprüft.

Das Ergebnis der Prüfung wird in dem sog. Bestätigungsvermerk, auch „Testat" genannt, zusammengefasst. Der Bestätigungsvermerk genießt zwar keinen öffentlichen Glauben, dennoch übernimmt der testierende Abschlussprüfer in einem gewissen Umfang die Verantwortung für Ordnungsmäßigkeit und Gesetzmäßigkeit der Rechnungslegung der von ihm geprüften Stiftung.

Die Prüfung der Rechnungslegung durch einen Wirtschaftsprüfer verursacht natürlich entsprechende Testatskosten, die den Verwaltungsaufwand der Stiftung erhöhen. Dennoch hat die Prüfung und das unbeschränkte Testat durch einen Wirtschaftsprüfer viele Vorteile: Der Stiftungsvorstand hat die Ordnungsmäßigkeit seiner Stiftungsgeschäftsführung dokumentiert und kann dies intern gegenüber seinen eigenen Gremien kommunizieren. Aber auch für die Öffentlichkeitsarbeit der Stiftung ist ein Testat nützlich, dies gilt im besonderen Masse für Stiftungen, die im Fundraising aktiv sind. Schließlich bedeutet ein testierter Jahresbericht für Stiftungsaufsicht und Finanzamt, dass diese ihre eigene

---

12 Im Einzelnen zur Steuererklärung bei der steuerbefreiten Stiftung unten Rn. 21.
13 IDW Prüfungsstandard: Prüfung von Stiftungen (IDW PS 740) vom 25.02.2000, in: Die Wirtschaftsprüfung 8/2000, S. 385 ff.
14 Alle Unterpunkte: IDW PS 740, in: Die Wirtschaftsprüfung 8/2000, S. 387.

Prüfung nicht mehr in voller Tiefe durchführen müssen.

E. Steuererklärung und Freistellungsbescheid der steuerbefreiten Stiftung

Alle Stiftungen sind zunächst ganz normal steuerpflichtig, erst bei Vorliegen bestimmter Voraussetzungen können sie von fast allen Steuern befreit werden. Erforderlich für eine Steuerbefreiung ist insbesondere die Förderung des Allgemeinwohls in der Stiftungssatzung, die tatsächliche Geschäftsführung sowie die zeitnahe Mittelverwendung.

I. Stiftungsneugründung

Bei Stiftungsneugründungen empfiehlt sich schon im Vorfeld der Errichtung eine Abstimmung des Stiftungskonzeptes mit dem später zuständigen Körperschaftsteuerfinanzamt. Zu diesem Zeitpunkt kann das Finanzamt die Regelungen der Stiftungssatzung dahingehend überprüfen, ob sie den Anforderungen der Gemeinnützigkeit entsprechen. Sollte dies nicht der Fall sein, so wird das Finanzamt dem Stifter entsprechende Hinweise geben, die dieser in sein Stiftungskonzept aufnehmen kann, wenn er an der Steuerbefreiung seiner Stiftung festhalten möchte. Durch dieses sog. Vorprüfungsverfahren wird vermieden, dass zwar als gemeinnützig geplante Stiftungen errichtet werden, das Finanzamt diesen dann aber beispielsweise wegen in der Stiftungssatzung fehlender Regelungen zur Vermögensbindung die Steuerbefreiung versagen muss – mit den entsprechenden schenkungsteuerlichen Auswirkungen auf Seiten des Stifters. Soweit ein wirtschaftlicher Geschäftsbetrieb in einer sonst steuerbefreiten Stiftung geplant ist, empfiehlt sich auch hier die Vorabstimmung mit dem Finanzamt, damit insbesondere eine saubere Trennung zwischen dem steuerpflichtigen und dem steuerbefreiten Bereich besteht und vermieden wird, dass die Steuerpflicht des wirtschaftlichen Geschäftsbetriebes durchschlägt und den Rest der Stiftung „infiziert".

Ist die Stiftung dann neu errichtet, so kann das Finanzamt naturgemäß noch nicht nachprüfen, ob die Stiftung auch tatsächlich die Allgemeinheit fördert. Wie schon im Vorpüfungsverfahren kann nur aufgrund der Stiftungssatzung festgestellt werden, ob diese den Vorgaben des steuerlichen Gemeinnützigkeitsrechtes entspricht. Die Prüfung der tatsächlichen Geschäftsführung muss dann im Nachhinein im Rahmen der normalen körperschaftsteuerlichen Veranlagung erfolgen.[15] Insofern kann eine neugegründete Stiftung nur unter Vorbehalt als steuerbefreit anerkannt werden, dies erfolgt mit der sog. vorläufigen Bescheinigung gemäß AEAO Nr. 4, 5 zu § 59 AO. Diese stellt ausdrücklich keine Entscheidung über die Steuerbefreiung dar, sondern ist lediglich eine Auskunft über das Vorliegen der satzungsmäßigen Voraussetzungen für die Steuerbefreiung.[16]

Wirkung der vorläufigen Bescheinigung ist, dass die Stiftung zunächst von der Körperschaft- und Gewerbesteuer, der Grundsteuer, der Erb- und Schenkungsteuer sowie von Ertragsteuern befreit ist, für evtl. anfallende Umsatzsteuer gilt ein ermäßigter Satz. Gleichfalls ist der Stiftungsvorstand berechtigt, Zuwendungsbestätigungen nach den amtlichen Mustern auszustellen, mit denen der Zuwendende im Rahmen seiner einkommen- oder körperschaftsteuerlichen Veranlagung den Spendenabzug geltend machen kann. Die Gültigkeit der vorläufigen Bescheinigung beläuft sich regelmäßig nur auf 18 Monate ab Ausstellungsdatum, spätestens dann muss eine Körperschaftsteuererklärung abgegeben werden.

---

15 Hierzu unten Rn. 21.
16 Buchna/Seeger/Brox, Gemeinnützigkeit im Steuerrecht, 10. Auflage 2010, S. 516.

II. Steuererklärungen

21 Stiftungen haben wie alle Steuersubjekte Steuererklärungen abzugeben, es gibt keine Sonderregelungen für steuerbefreite Körperschaften. Allerdings können die Finanzbehörden auf die jährliche Abgabe von Steuererklärungen verzichten, dann erfolgt die Überprüfung regelmäßig im 3-Jahres-Rhythmus, AEAO Nr. 7 zu § 59 AO. Einzelne Finanzämter prüfen jedoch nach wie vor jedes Jahr, bei größeren Stiftungen ist dies die Regel.

Um das tatsächliche Vorliegen der Voraussetzungen für die Steuerbefreiung nachzuweisen, muss die Stiftung anhand eines besonderen Formulars[17] Erklärungen zur Körperschaft- und Gewerbesteuer abgeben. Der Jahresbericht der Stiftung sowie ggfs. weitere Unterlagen sind beizufügen. Sind die Voraussetzungen der Steuerbefreiung gegeben, erlässt das Finanzamt den sog. Freistellungsbescheid. Liegen dessen Voraussetzungen nicht vor, erhält die Stiftung einen „normalen" Steuerbescheid. Unterhält die Stiftung einen wirtschaftlichen Geschäftsbetrieb, so ist sie für diesen steuerpflichtig, allerdings besteht eine Freigrenze von € 35.000,– (inklusive Umsatzsteuer) pro Jahr, § 64 Abs. 3 AO. Zu beachten ist hierbei, dass ein nur geringfügiges Überschreiten der Freigrenze mit Erträgen aus dem wirtschaftlichen Geschäftsbetrieb den kompletten Betrag steuerpflichtig macht. Liegt ein steuerpflichtiger wirtschaftlicher Geschäftsbetrieb vor, so muss die Stiftung jedes Jahr Steuererklärungen abgeben, der 3-Jahres-Rhythmus greift nicht mehr.

Mit Betriebsprüfungen am Ort der Geschäftsführung der Stiftung ist jederzeit zu rechnen.

III. Freistellungsbescheid

22 Entspricht nicht nur die Satzung, sondern auch die tatsächliche Geschäftsführung der Stiftung den Anforderungen der Gemeinnützigkeit, so erlässt das Finanzamt einen Freistellungsbescheid. Mit dem Freistellungsbescheid werden das betroffene bzw. die betroffenen Geschäftsjahre der Stiftung rückwirkend als gemeinnützig anerkannt, es besteht keine Steuerpflicht für diesen Zeitraum. Insoweit ist der Freistellungsbescheid wie ein Steuerbescheid zu behandeln, § 155 Abs. 1 S. 3 AO.

Der Freistellungsbescheid entfaltet zwar keine Wirkung über die veranlagten Geschäftsjahre hinaus, allerdings enthält er Hinweise zur Ausstellung von Zuwendungsbestätigungen. Hier kann das Finanzamt die Stiftung berechtigen, auch für die dem Veranlagungszeitraum folgenden Jahre Zuwendungsbestätigungen auszustellen. Diese Regelung ist mit der vorläufigen Bescheinigung bei Stiftungsneugründung vergleichbar, auch hier wird der Entscheidung über die Steuerbefreiung nicht vorgegriffen.

---

[17] Erklärungen zur Körperschaftsteuer und Gewerbesteuer von Körperschaften, die gemeinnützigen, mildtätigen oder kirchlichen Zwecken dienen.

§ 7 Vermögensausstattung und -anlage von Stiftungen

Aufgabe einer Stiftung ist es, mit Hilfe eines vom Stifter dotierten Vermögens dauerhaft einen bestimmten Zweck zu verfolgen. Da Stiftungen grundsätzlich für die Ewigkeit errichtet werden, kommen sowohl der Vermögensausstattung als auch der Vermögensanlage besondere Bedeutung zu.

A. Die Vermögensausstattung

Eine Stiftung ist dann anerkennungsfähig, wenn der Stiftungszweck nachhaltig aus ihrem Kapital verwirklicht werden kann. Absolute Beträge im Sinne einer Mindestvermögensausstattung gibt der Gesetzgeber nicht vor, gleiches gilt für die Art des Stiftungsvermögens. Aber nicht alle Arten von Vermögenswerten sind gleichermaßen als Stiftungskapital für eine Stiftung geeignet.

I. Art des Stiftungsvermögens

Grundsätzlich kann der Stifter alle Bestandteile seines Vermögens an eine Stiftung übertragen, unabhängig davon, um was es sich konkret handelt. Insbesondere kommen in Betracht: Kunstwerke, Immobilien, Bar- und Wertpapiervermögen, gewerbliches Vermögen, Edelmetalle, Patente, Nießbräuche oder gar Tiere. Allerdings sind einige dieser Vermögensarten als Stiftungsvermögen geeigneter als andere.

> **Beispiel**
> Ein Sammler von Goldmünzen bringt diese in eine Stiftung ein. Goldmünzen werfen jedoch keinen laufenden ordentlichen Ertrag ab, der für Ausschüttungszwecke der Stiftung zur Verfügung stehen würde. Zwar erhöhen Wertveränderungen des Materials der Münzen, abgebildet durch den Goldpreis, deren Verkehrswert – dies ist jedoch für die Ertragsseite der Stiftung unerheblich, solange die Wertveränderung nicht durch einen Verkauf realisiert wird. Der Materialwert der Sammlung kann somit steigen oder fallen, ohne dass sich dies auf der Ertragsseite der Stiftung abbildet.

In einem solchen Fall würde der Stiftungsvorstand die Goldmünzensammlung oder Teile davon veräußern und in Vermögen anlegen, welches laufende Erträge generiert oder bei dem mit einer zuversichtlichen Wertsteigerung gerechnet werden kann.

Im Regelfall soll eine solche Veräußerung einer über Jahre hinweg mit viel Engagement zusammengetragenen Sammlung aber gerade vermieden werden, vielleicht kommt es dem Stifter sogar ausdrücklich darauf an, seine Sammlung für künftige Generationen dauerhaft zusammenzuhalten. Der Verkauf durch den Stiftungsvorstand wäre dann nicht im Sinne des Stifters und hätte zu unterbleiben.

> **Beispiel**
> Die Goldmünzensammlung hat einen über den reinen Materialwert hinausgehenden numismatischen Wert. Der Goldmünzensammler möchte seine Kollektion gerne langfristig in einer Stiftung erhalten und der Öffentlichkeit zugänglich machen (bspw. in einem Museum). Wendet der Sammler der Stiftung ausschließlich die Goldmünzen zu, so stellt sich zwar gleichfalls das o.g. Problem des Nichtvorhandenseins laufender Erträge. Allerdings wäre in diesem Fall die Erhaltung der Goldmünzensammlung der Zweck der Stiftung, so dass bereits durch die Form der Vermögensanlage der Stiftungszweck verwirklicht wird. Wird die Sammlung der Öffentlichkeit zudem gegen Entgelt zugänglich gemacht, bspw. in einem Museum, würden entspre-

chende Erträge anfallen, die wiederum für den Stiftungszweck (Erhaltung der Goldmünzensammlung) verwendet werden können.

In der Praxis ist es oftmals problematisch, Sammlungen der Öffentlichkeit zugänglich zu machen. Viele Museen oder öffentliche Gebäude verfolgen bestimmte Schwerpunkte, die zuweilen nicht mit der Sammlung des Stifters in Einklang zu bringen sind. Sollte sich kein Partner für eine geeignete Ausstellungsvariante finden, so müsste der Sammler sich auch hierum kümmern, bspw. indem er oder seine Stiftung selbst ein Museum betreiben.

In jedem Fall ist zu berücksichtigen, dass alle Stiftungen, die ausschließlich mit Sachwerten dotiert werden sollen, ohne die weitere Zuwendung liquider Mittel durch den Stifter oder Dritte nicht überlebensfähig sind. Denn zumindest die Kosten für die Versicherung sowie den laufenden Unterhalt der Sachwerte fallen an und müssen aus Erträgen gedeckt werden. Generieren die Sachwerte nun selbst keine Erträge, ist dies ein nahezu unüberwindbares Hindernis. Soweit Zuwendungen Dritter Bestandteil des Stiftungskonzeptes sind, sollten diese in einer die laufende Kostenbasis deckenden Größenordnung bereits fest zugesagt sein. Hingegen erscheint das hoffnungsvolle Verlassen auf eifrige Spender für genau diesen einen Stiftungszweck als zu gewagt für eine langfristige Lösung, insbesondere im Hinblick auf die Unsterblichkeit der Stiftung.

> **Praxishinweis:**
> *Kein potentieller Stifter hört gerne, dass sein Stiftungskonzept, so wie er es sich vorgestellt hat, nicht tragfähig ist. Eine der wichtigsten Aufgaben eines Beraters ist es aber gerade, den Mandanten auf mögliche Problemstellungen hinzuweisen und alternative Lösungsvorschläge zu entwickeln.*

II. Höhe des Stiftungsvermögens

5   Es gibt keine gesetzlichen Regelungen über die Höhe des Stiftungsvermögens, insbesondere ist kein Mindestbetrag für bestimmte Stiftungsarten festgeschrieben.[1] Entscheidend ist vielmehr, dass der Zweck der Stiftung mit dem zugesagten Stiftungsvermögen nachhaltig erfüllt werden kann, sog. Zweck-Mittel-Relation. Auch die einzelnen Stiftungsaufsichtsbehörden handhaben diesen Aspekt unterschiedlich, in der Regel wird für die Anerkennung einer selbstständigen Stiftung ein Mindeststiftungskapital von € 50.000 verlangt, teilweise können selbstständige Stiftungen auch mit kleinerem Stiftungskapital errichtet werden.

Wesentlich ist hierbei auch, ob der Stifter die Stiftung „angestiftet" hat und beabsichtigt, zu Lebzeiten und von Todes wegen weitere Vermögenswerte einzubringen oder ob es sich bei der Gründungsdotation bereits um den Endbetrag des vom Stifter zu erwartenden Vermögens handelt und dieser auf Zustiftungen Dritter hofft (Fundraising).

> **Praxishinweis:**
> *Möchte ein Stifter lediglich einen kleineren Betrag stiften und liegt kein Fall der Anstiftung vor, so sollten alternative Gestaltungsmöglichkeiten zur Errichtung einer selbstständigen Stiftung geprüft werden. In Betracht kommen insbesondere die Zustiftung zu einer bereits bestehenden Stiftung mit vergleichbarer Zwecksetzung sowie die Errichtung einer treuhänderischen Stiftung.*

---

1   Einzige Ausnahme: Die StiftungsGmbH ist eine „normale" GmbH und benötigt daher auch den rechtsformabhängigen Mindestbetrag von € 25.000.

> **Praxishinweis:**
> *Liegt ein Fall der Anstiftung vor, so sollte auch dies im Stiftungszweck berücksichtigt sein. So könnte sich die Stiftung während der Zeit der geringeren Kapitalausstattung nur auf einen Teilbereich der Stiftungszwecke konzentrieren oder als reine Förderstiftung aktiv sein und erst nach der umfangreicheren Ausstattung alle vorgesehenen Zwecke erfüllen und operativ tätig werden. Voraussetzung hierfür ist allerdings eine entsprechende Verankerung dieser Regelungen in der Stiftungssatzung.*

> **Beispiel:**
> *Auch ein vermeintlich großes Stiftungskapital kann für den vorgesehenen Zweck zu gering sein. Sollen wissenschaftliche Expeditionen zur Erkundung des Weltalls erfolgen, wäre eine Stiftungsausstattung mit € 5 Mio. offensichtlich zu gering. Insofern müsste die Stiftung aufgestockt oder der Stiftungszweck auf einen bestimmten Teilbereich der Weltraumforschung fokussiert und eine Kooperation mit anderen Partnern gesucht werden.*

III. Anlage des Stiftungsvermögens in der Praxis

Nach einer älteren Analyse des Bundesverbandes Deutscher Stiftungen[2] sind knapp zwei Drittel des Stiftungsvermögens in Finanzanlagen angelegt (74%), 21% in Immobilien und 54% in Bankguthaben. Unternehmensbeteiligungen, Kunstwerte und sonstige Sachwerte stellen nur einen geringeren Teil des Anlagevermögens von Stiftungen dar.

B. Der Grundsatz der Kapitalerhaltung

Stiftungen zeichnen sich gerade dadurch aus, dass ihr Stiftungskapital dauerhaft zu erhalten ist und lediglich die daraus erwirtschafteten Erträge zur Ausschüttung gelangen. Dieser sog. Kapitalerhaltungsgrundsatz ist Voraussetzung für das langfristige Wirken der Stiftung.

Nahezu alle Landesstiftungsgesetze manifestieren den Grundsatz der Kapitalerhaltung, auch findet sich ein entsprechender Passus in nahezu allen Stiftungssatzungen. Allerdings definieren die Landesstiftungsgesetze den Begriff der Kapitalerhaltung nicht näher, sondern betonen lediglich, dass „das Stiftungskapital in seinem Bestand zu erhalten ist".[3]

Einzige Ausnahme vom Kapitalerhaltungsgrundsatz ist die sog. Verbrauchsstiftung. Verbrauchsstiftungen sind auf eine bestimmte Dauer angelegt, ihr Stiftungskapital wird nach einem bestimmten Zeitpunkt oder über einen bestimmten Zeitraum sukzessive aufgebraucht.

> **Praxishinweis:**
> *Eine Verbrauchsstiftung liegt nur dann vor, wenn der Verzehr des Stiftungskapitals ausdrücklich in der Stiftungssatzung niedergelegt ist. Eine nachträgliche Änderung einer „klassischen" unendlichen Stiftung in eine Verbrauchsstiftung ist nicht möglich, hier müssten die Wege der Aufhebung oder der Zusammenlegung von Stiftungen gegangen werden.*

I. Umfang der Kapitalerhaltung

Der Kapitalerhaltungsgrundsatz soll gewährleisten, dass die Stiftung ihren Stiftungszweck über ihre

---

[2] Bundesverband Deutscher Stiftungen: Zahlen, Daten, Fakten zum deutschen Stiftungswesen, 2011 (Mehrfachnennungen möglich).
[3] Einzige Ausnahme ist das Stiftungsgesetz von Sachsen, dort wird ausdrücklich die reale Erhaltung des Stiftungskapitals verlangt.

gesamte Lebensdauer verwirklichen kann. Dies setzt notwendigerweise einen Ausgleich der Inflation voraus, sonst bleibt die Ertragskraft der Stiftung nicht gleich. Diese sog. reale Kapitalerhaltung findet mehr und mehr Zustimmung im Stiftungsrecht und erstmals sogar Niederschlag als materielles Stiftungsrecht.

Leider akzeptiert das Stiftungssteuerrecht den Grundsatz der realen Kapitalerhaltung noch immer nicht, sondern verfolgt die nominelle Kapitalerhaltung. Hiernach ist der Kapitalerhaltung bereits dann Genüge getan, wenn das Stiftungskapital mit seinem nominellen Wert erhalten geblieben ist. Problematisch an dieser Regelung ist, dass ohne Ausgleich der Inflation die Ertragskraft des Stiftungskapitals immer geringer wird, bis irgendwann die Stiftung ihren Zweck nicht mehr erfüllen kann. Um diese Gefahr zu mindern, erlaubt das Stiftungssteuerrecht die Bildung einer Kapitalerhaltungsrücklage, der sog. Freien Rücklage nach § 58 Nr. 7a AO. Allerdings ist nachweisbar, dass die maximale Bildung der Freien Rücklage die Substanz des Stiftungsvermögens zwar stärkt, gleichwohl noch nicht ausreichend ist, um langfristig einen Inflationsausgleich zu gewährleisten. Möchte die Stiftung ihre Ertragskraft dauerhaft stärken, so muss sie dies neben der Bildung der Freien Rücklage auch über die Art ihrer Vermögensanlage tun.

> **Praxishinweis:**
> *Handelt es sich nicht um eine Verbrauchsstiftung, so sollte der Stiftungsvorstand zumindest die Möglichkeit der Bildung einer Freien Rücklage in jedem Jahr nutzen. Unterbleibt die Bildung der Rücklage in einem Jahr, so kann sie zu einem späteren Zeitpunkt für dieses Jahr nicht mehr nachgeholt werden. Die Chance zur Substanzstärkung des Stiftungskapitals auf diesem Wege ist damit für dieses Jahr endgültig vertan.*

II. Reichweite der Kapitalerhaltung

Das dem Kapitalerhaltungsgebot unterliegende Stiftungsvermögen umfasst neben der ursprünglich eingebrachten Erstdotation (teilweise Grundstockvermögen genannt) auch Zustiftungen des Stifters oder Dritter. Nicht erfasst sind hingegen die Erträge dieses Kapitals, diese unterliegen wie Spenden der Pflicht zur zeitnahen Mittelverwendung. Erträge, die aus Umschichtungen des Stiftungskapitals entstanden sind (realisierte Gewinne) müssen hingegen nicht ausgeschüttet werden, sie können thesauriert werden und dienen dann der langfristigen Substanzstärkung. Der Stiftungsvorstand kann allerdings auch beschließen, dass er Umschichtungsgewinne der Mittelverwendung zuführt, sofern die Stiftungssatzung nichts Gegenteiliges manifestiert. Hierzu empfiehlt sich die Bildung einer sog. „Umschichtungsrücklage".[4] Vereinzelt wird die Ausschüttung von Umschichtungsgewinnen allerdings als nicht zulässig betrachtet.

Zeitlich gilt das Kapitalerhaltungsgebot unbeschränkt, d.h., zu jedem Zeitpunkt des Bestehens der Stiftung muss das Stiftungskapital in seinem Bestand erhalten sein. In der Praxis folgt die Prüfung der Kapitalerhaltung durch die Stiftungsverantwortlichen in turnusmäßigen Abständen: zum Ablauf des Kalenderjahrs bei kleineren oder auf monatlicher Basis bei größeren Stiftungen. In Anbetracht der Unendlichkeit der Stiftung ist es nach Ansicht der Verfasserin überlegenswert, den Nachweis der Kapitalerhaltung in größeren zeitlichen Abständen zu führen, etwa in Drei- oder Fünfjahresperioden. Allerdings ist jeder dieser Zeiträume wie auch die jährliche Betrachtungsweise willkürlich gewählt und müsste insofern vom Gesetzgeber verankert werden.

---

4   Vergl. hierzu § 5 Rn. 28.

III. Vorgaben des Stifters

Der Stifter kann explizit in der Stiftungssatzung vorsehen, dass bestimmte Vermögenswerte nicht veräußert werden sollen, z.B. Anteile eines Unternehmens, eine Immobilie, bestimmte Kunstwerke oder Wertpapiere. Solche Vorgaben binden die Stiftungsorgane als materielles Stiftungsrecht und führen zu einer Einschränkung ihrer Entscheidungsbefugnisse. Im Interesse der Handlungsfähigkeit von Stiftungsorganen über Generationen hinweg sollten derartige Vorgaben daher nur dann aufgenommen werden, wenn sie ausdrücklicher Stifterwille sind (z.B. Erhalt eines Unternehmens).

C. Die Rahmenbedingungen für die Vermögensanlage

Die Verwaltung des Stiftungsvermögens ist neben der Zweckverwirklichung Hauptaufgabe des Stiftungsvorstandes. Er ist für die ordnungsgemäße Bewirtschaftung des Stiftungsvermögens verantwortlich und damit sowohl für die Erhaltung des Stiftungskapitals als auch für die Generierung ausreichender Erträge für den Stiftungszweck. Damit müssen die Stiftungsorgane zwei einander vom Grundsatz her widersprechende Ziele verfolgen: das Stiftungskapital muss möglichst sicher angelegt werden, damit dem Kapitalerhaltungsgrundsatz Genüge getan ist. Auf der anderen Seite muss das Kapital doch so chancenreich angelegt sein, dass auskömmliche Erträge erwirtschaftet werden können. Ziel ist folglich, mit möglichst geringem Risiko eine möglichst hohe Rendite zu erwirtschaften. Insofern unterscheiden sich Stiftungen nicht von Privatanlegern, für die zumeist die gleichen Anlageziele gelten. Allerdings können sich Privatanleger für das Eingehen größerer Verlustrisiken entscheiden, wenn ihnen im Gegenzug entsprechend höhere Erträge winken. Stiftungen sind in ihrer Anlagepolitik zwar grundsätzlich auch frei, sie müssen aber erheblich behutsamer vorgehen.

I. Steuerliche Rahmenbedingungen für die Vermögensanlage

Wesentlichster Unterschied von gemeinnützigen, mildtätigen oder kirchlichen Stiftungen zu Privatpersonen oder steuerpflichtigen Institutionen ist ihre Steuerbefreiung. Eine steuerliche Optimierung der Vermögensanlage, wie sie für Privatpersonen und steuerpflichtige Institutionen sinnvoll sein kann, ist daher nicht erforderlich.

> **Praxishinweis:**
>
> Immer wieder finden sich im Anlagevermögen von Stiftungen steueroptimierte Produkte. Sei es, dass der Stifter diese zu seinen Lebzeiten eingebracht hat, diese Bestandteil des Nachlasses des Stifters waren oder der Stiftungsvorstand diese neu angeschafft hat.
>
> Wird die Stiftung Erbin des Stifters, sind solche Produkte in ihrem Anlagevermögen nicht verhinderbar, es sei denn, dass der Stifter noch zu Lebzeiten sein Vermögen auf die Anforderungen der künftigen Erbin hin anders allokiert. Zwar mag es solche Fälle der lebzeitigen Umstrukturierung geben, in der Regel wird der Stifter aber bei seiner steueroptimierten Anlagestrategie bleiben wollen.
>
> Bei Einbringungen zu Lebzeiten eines Stifters macht es mehr Sinn, andere Vermögensbestandteile an die Stiftung weiterzugeben und die steueroptimierten Produkte im Privatvermögen zu belassen, wo sie weiterhin den gewünschten Effekt erzielen.
>
> Neuanschaffungen steueroptimierter Produkte seitens eines Stiftungsvorstandes sollten vollständig unterbleiben, da die Stiftung wegen ihrer Steuerbefreiung die erzielten steuerlichen Effekte nicht nutzen kann, was zu Lasten der Gesamtrendite ginge.

§ 7 Vermögensausstattung und -anlage von Stiftungen

13 *Allerdings bedeutet die Steuerfreiheit der Stiftung nicht, dass mögliche steuerliche Implikationen bei der Vermögensanlage völlig außer Acht gelassen werden könnten – das Gegenteil ist der Fall. Vielmehr sind die Rahmenbedingungen für die Vermögensanlage steuerbefreiter Stiftungen zu beachten:*

So verlangt das steuerliche Admassierungsverbot in § 55 Abs. 1 Nr. 5 AO, dass steuerbefreite Stiftungen die Erträge ihres Stiftungsvermögens nicht für eigenwirtschaftliche Zwecke verwenden dürfen. Stattdessen sind alle Erträge zeitnah, d.h. spätestens im Folgejahr des Anfalles der Erträge für den Stiftungszweck auszuschütten. Dem unbeschränkten Wachstum des Stiftungskapitals durch bloße Thesaurierung der Erträge sind damit Grenzen gesetzt. Zulässig ist die Thesaurierung nur in bestimmten Fällen, die in den §§ 58 Nr. 6, Nr. 7a und b sowie Nr. 12 AO abschließend normiert sind. Die Thesaurierung von Umschichtungsgewinnen als Saldo realisierter Gewinne und Verluste ist jedoch nach § 10 AEAO zu § 55 AO explizit zulässig, so dass der Stiftungsvorstand bereits durch die Wahl der Vermögensanlage Einfluss auf die Art der Einkünfte und damit auf deren Ausschüttungspflicht hat.

Weiterhin ist darauf zu achten, dass die Vermögensanlage im Rahmen der „Vermögensverwaltung" im Sinne des § 14 AO erfolgt, denn nur dann sind die hierdurch generierten Einnahmen für die Stiftung auch tatsächlich steuerfrei zu vereinnahmen. Anderenfalls ist ein sog. „wirtschaftlicher Geschäftsbetrieb" gegeben, dessen Einnahmen auch von grundsätzlich steuerbefreiten Körperschaften zu versteuern sind.

Nach § 14 AO liegt eine Vermögensverwaltung „in der Regel vor, wenn Vermögen genutzt, zum Beispiel Kapitalvermögen verzinslich angelegt oder unbewegliches Vermögen vermietet oder verpachtet wird." Hingegen ist ein steuerpflichtiger wirtschaftlicher Geschäftsbetrieb „eine selbstständige nachhaltige Tätigkeit, durch die Einnahmen oder andere wirtschaftliche Vorteile erzielt werden und die über den Rahmen einer Vermögensverwaltung hinausgeht. Die Absicht, Gewinn zu erzielen, ist nicht erforderlich."

> **❗ Praxishinweis:**
>
> *Viele Stiftungen betreiben bewusst einen wirtschaftlichen Geschäftsbetrieb, bspw. indem sie einen Verlag führen. Da sie hier mit anderen am Markt befindlichen Anbietern in Wettbewerb treten, besteht kein Grund für eine Steuerbefreiung. Zuweilen geraten Stiftungen jedoch ungewollt in einen wirtschaftlichen Geschäftsbetrieb, sei es, weil sie gewisse steuerliche Vorgaben nicht kennen oder diese anders deuten als die Finanzverwaltung.*

14 Als grundsätzliche Abgrenzung kann festgehalten werden, dass das Ziehen von Nutzungen steuerfreie Vermögensverwaltung, die Einkunftserzielung durch Betätigung hingegen steuerpflichtiger wirtschaftlicher Geschäftsbetrieb ist. Daraus ist allerdings nicht zu folgern, dass der Stiftungsvorstand nur passiv agieren darf (Fruchtziehung) – im Gegenteil: der Stiftungsvorstand ist zu einer aktiven Geschäftsführung der Stiftung verpflichtet. Darüber hinaus ist die Messlatte des § 14 AO für jeden Vermögensgegenstand anders zu ziehen – für Immobilien gelten andere Regelungen als für Wertpapiere.

II. Stiftungsrechtliche Rahmenbedingungen für die Vermögensanlage

15 Stiftungsrechtlich gibt der Grundsatz der Kapitalerhaltung eine gewisse Hinwendung zu möglichst „sicheren" Vermögensanlagen vor, zudem verlangen einige Landesstiftungsgesetze, dass das Stiftungsvermögen möglichst wirtschaftlich anzulegen ist. Wie ein Stiftungsvorstand diese Vorgaben interpretiert, ist seine Aufgabe, alle Landesgesetzgeber halten sich diesbezüglich sehr bedeckt und grenzen die Investitionsarten nicht weiter ein.[5] Dieses ist auch sinnvoll, da die Vermögensanlage von Stiftungen wie alle For-

---

[5] Seit einiger Zeit sind alle Eingrenzungen aus den Landesstiftungsgesetzen verschwunden, insbesondere überholte Vorgaben wie die der Mündelsicherheit (zuletzt noch im bayerischen Stiftungsgesetz bis 1995 vertreten) oder Beschränkungen bei Umschichtungen (bis 2004 mussten nach Rheinland-Pfälzischem Stiftungsgesetz Umschichtungen der Verwirklichung des Stiftungszwecks oder der Steigerung der Stiftungsleistung noch „dienlich" sein). Hinzugekommen ist die Vorgabe der realen Kapitalerhaltung in § 4 Abs. 3 S. 1 Sächsisches Stiftungsgesetz.

C. Die Rahmenbedingungen für die Vermögensanlage

men der Vermögensanlage dem Wandel der Zeit unterliegt und von der Praxis ständig weiterentwickelt wird. Ein ständiger Anpassungsbedarf des Gesetzgebers wäre sonst die Folge.

> **Praxishinweis:**
> Die Stiftungssatzung selbst sollte keine zu konkreten Vorgaben für die Vermögensanlage enthalten, es sei denn, es bestehen Besonderheiten hinsichtlich einiger Vermögenswerte. So sollte in einer Stiftungssatzung auf jeden Fall festgehalten sein, ob eine vom Stifter dotierte Sammlung nach Möglichkeit als Ganzes erhalten bleiben soll oder ob Umschichtungen einzelner Werke oder gar der Gesamtverkauf zulässig sind. Gleiches gilt vor allem für besondere Immobilien oder Unternehmensbeteiligungen, die erhalten werden sollen. Für Wertpapiere im Allgemeinen oder Renditeimmobilien hingegen sollten keine spezifischen Vorgaben erfolgen, um dem Stiftungsvorstand einen den aktuellen Marktbedingungen angemessenen Handlungsspielraum zu verschaffen. Sollen auch für diesen Bereich Spielregeln festgehalten werden, so empfiehlt es sich, dies außerhalb der Stiftungssatzung zu tun, beispielsweise in speziellen Anlagerichtlinien. Großer Vorteil dieser Lösung ist, dass die Anlagerichtlinien Änderungen sowohl im Anlegerverhalten als auch bei den rechtlichen und insbesondere steuerrechtlichen Rahmenbedingungen erheblich einfacher abfangen und umsetzen können als die Stiftungssatzung.

Darüber hinaus verlangt das stiftungsrechtliche Kapitalerhaltungsgebot insbesondere, dass das Stiftungsvermögen nicht verbraucht (es sei denn, es liegt der Fall der sog. Verbrauchsstiftung vor), nicht verschenkt und nicht unter Wert verkauft wird (sog. gemischte Schenkung). Erhaltungspflichtig ist dabei nur das Stiftungskapital, welches sich aus der Erstausstattung der Stiftung sowie späteren Zustiftungen zusammensetzt. Die Erträge dieses Stiftungskapitals aus der Vermögensanlage, auch wenn sie in Rücklagen eingestellt sind, sowie Spenden sind hingegen nicht erhaltungspflichtig – im Gegenteil: sie unterliegen der zeitnahen Mittelverwendung.

III. Umfang der Kapitalerhaltung

Im Wesentlichen bestehen zwei Theorien, wie das Stiftungskapital zu erhalten ist: das Nominalwertprinzip sowie das Realwertprinzip. Nach dem Nominalwertprinzip ist der Kapitalerhaltung bereits dann Genüge getan, wenn das Stiftungskapital am Ende einer Periode nominell in gleicher Höhe vorhanden ist wie am Anfang dieser Periode (Anfangsvermögen 1 Million = Endvermögen 1 Million). Das Realwertprinzip hingegen verlangt für die Kapitalerhaltung zusätzlich, dass auch die Inflation über den Zeitablauf dieser Periode ausgeglichen wird, damit die Ertragskraft des Stiftungskapitals gleich bleibt und der Stiftungszweck auch in der Zukunft noch in gleichem Umfang gefördert werden kann wie zuvor.

Es ist eindeutig, dass das Nominalwertprinzip zwar die einfachste Form des Nachweises der Kapitalerhaltung ist, aber einen dauerhaften Erhalt des Stiftungskapitals über Generationen nicht ermöglicht. Inflationsbedingt wird die Kaufkraft des Stiftungskapitals und damit der Umfang der Zweckverwirklichung Jahr um Jahr immer geringer, bis irgendwann der Stiftungszweck nicht mehr aus den Erträgen finanziert werden kann und die Stiftung aufgelöst werden muss. Aus diesem Grund ist das Realwertprinzip vorzuziehen. Demnach ist das Stiftungskapital jedes Jahr zumindest um die entsprechende Inflationsrate aufzustocken.

Anders sieht es leider nach wie vor das Stiftungssteuerrecht. Aus den eingeschränkten Möglichkeiten der Rücklagenbildung ergibt sich eindeutig, dass das Stiftungssteuerrecht dem Nominalwertprinzip folgt. Eine automatische Thesaurierung in Höhe der jeweiligen Inflationsrate ist daher unzulässig und unter Umständen sogar schädlich für die Steuerbefreiung der Stiftung. Hintergrund ist, dass Grundlage der Steuerbefreiung der Stiftung nicht deren Selbsterhalt ist, sondern die dauerhafte Ausschüttung von Erträgen zugunsten der Allgemeinheit. Daher achtet der Steuergesetzgeber genau darauf, wie viele Stiftungsmittel thesauriert und wie viele ausgeschüttet werden.

Es ist vielfach nachgewiesen, dass die steuerlichen Gestaltungsmittel zur Rücklagenbildung, insbesondere die Freie Rücklage, nicht ausreichend sind, um das Stiftungskapital langfristig real zu erhalten. Daher ist es für eine reale Kapitalerhaltung zumeist nicht ausreichend, dass der Stiftungsvorstand die gegebenen Möglichkeiten der Rücklagenbildung ausschöpft, er muss das Ziel der Kapitalerhaltung auch über die Form seiner Vermögensanlage verfolgen.

D. Strategien für die Vermögensanlage

Jede Stiftung muss die für ihre Ziele und ihr Risikoprofil geeignete Form der Vermögensanlage selbst definieren. Grundsätze, die für alle Investoren gelten, sind dabei selbstverständlich auch zu beachten.

> **Praxishinweis:**
> *Zunächst muss sich der Stiftungsvorstand auf Basis der Stiftungssatzung, eventueller Anlagerichtlinien und eigenen Erfahrungen über das gewünschte Chancen- / Risikoprofil sowie den Anlagehorizont der Stiftung im Klaren sein. Wesentlich sind ferner ein klares Kapitalerhaltungskonzept sowie realistische Ertrags- und Performanceerwartungen. Dies ist ein notwendiger Schritt, der in der Praxis leider allzu oft übersprungen wird.*

I. Grundsätze der Vermögensanlage

17 Unter Asset Allocation wird die Aufteilung eines angelegten Vermögens auf verschiedene Anlageklassen, wie beispielsweise festverzinsliche Wertpapiere, Aktien, Immobilien oder Währungen verstanden. Sowohl für die Rendite als auch für das Gesamtrisiko eines Portfolios ist die Asset Allocation entscheidend. Wesentlich ist dabei die Erkenntnis, dass nicht jede einzelne Anlage alle geforderten Voraussetzungen in sich selbst erfüllen muss,[6] sondern dass das Zusammenspiel aller Anlagen das gewünschte Chancen- und Risikoprofil ergibt. Insofern können selbstverständlich einzelne Anlagen ein höheres Chancen- und Risikoprofil aufweisen, wenn es zugleich andere Anlagen mit niedrigerem Risikoprofil gibt oder andere erwünschte Effekte erzielt werden können. Entscheidend ist, dass das Stiftungsportfolio insgesamt das gewünschte Profil erzielt.[7]

18 Gleiches gilt für thesaurierende Wertpapiere. Grundsätzlich sollte das Stiftungsvermögen so allokiert sein, dass es möglichst ertragreich angelegt ist. Ertragreich bedeutet sowohl die Erwirtschaftung ordentlicher Erträge, wie bspw. Zinsen, Dividenden, Mieteinnahmen, als auch Wertsteigerungen in den Einzelanlagen, ob sie nun realisiert werden oder nicht, bspw. Umschichtungsgewinne und stille Reserven. Die ordentlichen Erträge sind zeitnah für den Stiftungszweck zu verwenden, Wertsteigerungen dienen dem realen Kapitalerhalt und unterliegen nicht der Ausschüttungspflicht. Nicht erforderlich ist, dass jede einzelne Anlage im Stiftungsvermögen ordentliche Erträge generiert, in einem gewissen Umfang kann auch in thesaurierenden Anlagen investiert werden. Entscheidend ist hierbei, dass die Summe aller Einzelanlagen zureichende ausschüttungsfähige ordentliche Erträge bereitstellt. Insofern müssen thesaurierende Anlageformen nicht zwangsläufig ausgeschlossen sein oder mit Mühe und unter Verursachung entsprechender Strukturierungskosten zu Lasten der Rendite ausschüttend umgestaltet werden. Auch thesaurierende Anlageformen sind somit grds. stiftungsgeeignet, da sie zum realen Kapitalerhalt beitragen, dabei ist jedoch auf ein ausgewogenes Verhältnis zwischen ausschüttenden und nicht ausschüttenden Anlageformen zu achten.

---

6 Die sog. **prudent man rule** war lange die vorherrschende Ansicht in der Vermögensverwaltung.
7 Diese sog. **prudent investor rule** hat die prudent man rule abgelöst und ist Bestandteil der modernen Portfoliotheorie.

D. Strategien für die Vermögensanlage

🛈 Praxishinweis:

Erfahrungsgemäß ist das Kriterium der Diversifikation für Stiftungen besonders relevant, da zuweilen in die Anlageentscheidung auch nichtanlagespezifische Erwägungen miteinfließen. So finden sich beispielsweise noch immer sehr häufig Stiftungsportfolien, die ausschließlich in Deutschland investiert sind. Jede Konzentration auf ein einziges Anlageland oder gar einzelne Werte stellt jedoch ein großes Risiko dar und widerspricht dem Grundsatz der Diversifikation. Dies gilt nicht nur für Finanzanlagen, sondern insbesondere auch für Renditeimmobilien. Bei letzteren ist oftmals zusätzlich noch eine regionale oder sogar lokale Konzentration zu beobachten. Das Bewusstsein für die hieraus entstehenden Risiken ist dabei verhältnismäßig gering.

II. Kapitalerhaltung durch Vermögensanlage

Gemeinhin werden die unterschiedlichen Formen der Vermögensanlage nur im Hinblick auf ihre Ertragsmöglichkeiten betrachtet. Erst nach und nach kommt die Erkenntnis hinzu, dass Ertragschancen ohne Berücksichtigung des damit verbundenen Risikos nur die halbe Wahrheit sind, so dass zunehmend auch Risikoparameter bei der Auswahl Berücksichtigung finden. Noch seltener allerdings wird die Form der Vermögensanlage im Hinblick auf ihre Bedeutung für die Kapitalerhaltung analysiert und strukturiert. 19

Am Beispiel der festverzinslichen Wertpapiere lässt sich dies besonders gut darstellen: Ein festverzinsliches Wertpapier wird zu einem bestimmten Kurs, mit einer bestimmten Laufzeit und einem bestimmten Coupon erworben. Der während der Laufzeit ausgezahlte Coupon unterliegt der zeitnahen Mittelverwendung und wird vollständig (ggfs. abzüglich der Bildung der Freien Rücklage) für den Stiftungszweck ausgeschüttet. Der Kurs des festverzinslichen Wertpapieres verändert sich durch Zinsänderungen während der Laufzeit, bei entsprechender Bonität des Emittenten erfolgt am Ende der Laufzeit eine Rückzahlung zum Nominalwert. Kursgewinne, die während dieser Laufzeit entstanden sind, unterliegen nicht den zeitnah zu verwendenden Erträgen, gleiches gilt für entsprechende Verluste, die beispielsweise bei Käufen über pari zwingend entstehen. Da sämtliche Zinszahlungen für den Stiftungszweck ausgeschüttet werden und der Nominalwert am Anfang der Laufzeit mit dem des Rückzahlungszeitpunktes identisch ist, eignen sich festverzinsliche Wertpapiere hervorragend für eine Kapitalerhaltung nach dem Nominalwertprinzip. Für eine Kapitalerhaltung nach dem Realwertprinzip hingegen sind sie völlig unzureichend, weil sie keinerlei Inflationsausgleich beinhalten, es sei denn, es ist ein entsprechender Kursgewinn entstanden, der thesauriert wird.

Ferner ist festzuhalten, dass zwei festverzinsliche Wertpapiere mit gleicher Performance über einen bestimmten Zeitraum zu völlig unterschiedlichen Ergebnissen im Hinblick auf die Kapitalerhaltung kommen können. So erzielt beispielsweise das festverzinsliche Wertpapier mit einem höheren Coupon und einem Kurs über pari größere ausschüttungspflichtige Erträge als das festverzinsliche Wertpapier mit einem niedrigeren Coupon und einem Kurs unter pari. Kommt es dem Stiftungsvorstand auf möglichst hohe ausschüttungsfähige Erträge an, so wäre – bei gleicher Performance – das erste Papier vorzuziehen. Möchte der Stiftungsvorstand hingegen dem Kapitalerhaltungsgebot auch über die Form der Vermögensanlage Rechnung tragen, so ist das zweite Papier vorzugswürdig. Die Performance allein ist daher kein geeignetes Kriterium der Beurteilung von Vermögensanlagen für Stiftungen.

III. Performance versus Kapitalerhalt und ordentlicher Ertrag

Die Performance ist eine Messgröße zur Erfolgsbeurteilung von Kapitalanlagen, daher ist sie ein probates Mittel, um bei gleichen Anlagerichtlinien verschiedene Vermögensverwalter miteinander zu 20 vergleichen.[8] Keine Aussagekraft hat die Performance aber im Hinblick auf den Erhalt des Stiftungskapitals und die Höhe der ausschüttungsfähigen Erträge. Je nachdem, aus welchen Vermögensbestandteilen die Performance erwirtschaftet wurde, bspw. aus ordentlichen Erträgen, aus nicht realisierten Kursveränderungen oder aus realisierten Kursveränderungen, sind die ausschüttungsfähigen Erträge hoch, aber die Substanzsteigerungen im Stiftungskapital niedrig (so bei einer Performance, die aus ordentlichen Erträgen erwirtschaftet wurde) oder umgekehrt (so bei einer Performance, die aus nicht realisierten Kursveränderungen stammt).

> **Praxishinweis:**
> *Die zuweilen noch von Stiftungsverantwortlichen unterstellte Annahme, bei einer Performance von 8 % genau diese 8 % für den Stiftungszweck ausschütten zu können, ist zu kurz gesprungen. Weder wird hierbei berücksichtigt, dass die Performance aus stiftungssteuerlich unterschiedlich zu behandelnden Anlageformen, d.h. der zeitnahen Mittelverwendung unterliegenden ordentlichen Erträgen oder nicht ausschüttungspflichtigen Umschichtungsgewinnen erwirtschaftet wurde, noch sind evtl. anfallende Kosten berücksichtigt. Bei Ausschüttungsprognosen sollten die Stiftungsverantwortlichen neben der Einnahmenseite daher auch immer ihre Ausgabenseite mitberücksichtigen.*

IV. Risikomanagement

21 Klassischerweise wird das Risiko liquider Vermögensanlagen nach wie vor über die Aktienquote gemessen. Die Höhe der Aktienquote ist allerdings nur ein Indiz für den Anteil chancen- und risikoreicher Anlageformen. So können insbesondere auch festverzinsliche Wertpapiere ein hohes Risiko beinhalten, beispielsweise wenn die diese Papiere emittierenden Länder Rückzahlungsschwierigkeiten haben oder die Währung verfällt. Eine Aktie kann hierzu vergleichsweise kapitalgarantierend sein. Auch ein Stiftungsportfolio mit einer 50 %-igen Aktienquote kann de facto ein niedrigeres Risiko haben als ein Stiftungsportfolio mit einer 20 %-igen Aktienquote, wenn die dort vorhandenen Aktien erheblich riskanter sind als die des zweiten Portfolios. Festzuhalten ist somit, dass die Aktienquote alleine keine Aussage über das in der Stiftung vorhandene Risiko treffen kann.

Erheblich genauere Aussagen können mit verschiedenen Risikokennziffern berechnet werden, wie Volatilität, Sharpe Ratio oder Value at Risk (VaR). Der VaR bspw. ist ein Risikomaß, das mit einer bestimmten Wahrscheinlichkeit den maximalen Verlust einer Anlage nach einem vorgegebenen Zeitraum angibt. Der VaR stellt dabei nur auf mögliche Verluste ab, ohne die entsprechenden Chancen zu berücksichtigen („downside-risk"). Stiftungen können somit anhand des VaR abschätzen, wie viel Vermögen sie bei einer bestimmten Anlagestrategie mit einer gewissen Wahrscheinlichkeit in einem festgelegten Zeitraum verlieren können. Damit lässt sich das mit der Anlage verbundene Risiko erheblich genauer einschätzen. Noch aussagekräftiger ist der CVaR, der Conditional Value at Risk. Dieser weist den gemittelten Verlust auf, der in in den schlechtesten Renditeverläufen eintreten kann. So zeigt beispielsweise der CVaR 95% den gemittelten Verlust, der in 5% der negativsten Fälle auftreten kann. Gerade im Hinblick auf das Kapitalerhaltungsgebot kann diese Kennzahl Stiftungsorgane bei der Beurteilung unterschiedlicher Anlagestrategien unterstützen.

---

8 Wird eine solche Strategie verfolgt, ist es wiederum sinnvoll, alle Einzelportfolios gesamthaft zu konsolidieren und das Risiko zu analysieren, um falls erforderlich gegensteuern zu können. Denn verfolgen mehrere Vermögensverwalter identische Anlagerichtlinien, ist die Gefahr relativ hoch, dass in einzelnen Anlageformen ein „Klumpenrisiko" entsteht, weil jeder Vermögensverwalter diese spezifische Anlageform zwar in einem moderaten Rahmen vorhält, die Gesamtsumme aller aber das Gebot der Diversifikation verletzen kann.

V. Nachhaltige Kapitalanlagen

Bei den sog. nachhaltigen Kapitalanlagen werden neben den „klassischen" ökonomischen Kriterien auch soziale und umweltbezogene Kriterien miteinbezogen.[9] Dabei wird davon ausgegangen, dass nachhaltige Unternehmen langfristig eine überdurchschnittliche Wertentwicklung haben werden, weil sie sowohl Ressourcen besser nutzen als auch Risiken besser managen als herkömmliche Unternehmen. Derzeit kann festgehalten werden, dass sich nachhaltige Anlagen zwar nicht besser, aber auch nicht schlechter entwickeln als herkömmliche Anlagen. Zuweilen ist die Entwicklung parallel. Stiftungen, die nachhaltig investieren, müssen im direkten Vergleich mit einem nicht nachhaltigem Portfolio gleicher Anlagestruktur keine Renditeeinbußen hinnehmen.

Zuweilen wird kritisiert, dass Nachhaltigkeitsanalysen zu einer Verengung des Anlageuniversums führen und damit das Gesamtrisiko eines Stiftungsportfolios erhöhen. Dem wird entgegengehalten, dass die Nachhaltigkeitsanalyse gerade die Risiken verringern soll, die sich aus materieller oder immaterieller Wertschöpfung ergeben können. Für den Teil des nachhaltigen Universums mag dies richtig sein – daher auch die bereits erwähnte Parallelität der Performance. Allerdings ist das nachhaltige Universum sowohl regional als auch hinsichtlich der Anlageklassen beschränkt. Denn da einige Anlageklassen oder Regionen grundsätzlich als nicht nachhaltig gelten (wie bspw. Emerging Markets, Private Equity, Rohstoffe), scheiden sie von vornherein aus dem zur Verfügung stehenden Anlageuniversum heraus. Hierbei handelt es sich um potenzielle Renditebringer, insofern hat die Beschränkung auf nachhaltige Anlagen negative Auswirkungen auf die Renditeerwartung. Dies sollte der Stiftungsvorstand bei seiner Entscheidung pro oder contra Nachhaltigkeit abwägen.

Nicht zu verwechseln sind nachhaltige Anlagen mit ethischen Investments. Da jeder Anleger seine eigenen Werte hat, muss auch jeder selbst festlegen, was für ihn ethisch vertretbar ist und was nicht. Die Vermögensanlage nach ethischen Kriterien erfolgt daher nach den subjektiven Vorstellungen der Stiftung – bei nachhaltigen Investments hingegen nach objektiven Maßstäben, die für ein nachhaltiges Wirtschaften von Unternehmen als wesentlich erachtet werden.

Je nach dem Stiftungszweck oder reputativen Erwägungen können nachhaltige Anlagen geradezu zwingend sein. So könnte bspw. eine Umweltschutzstiftung an Glaubwürdigkeit verlieren, wenn sie in Aktien großer Umweltsünder investiert oder eine kirchliche Stiftung in Rüstungsaktien. Auch Stiftungen, die in der Öffentlichkeit stehen, unterliegen einer immer genaueren Analyse ihrer Einzelinvestments.[10]

VI. Alternative Investments

Unter Alternativen Investments werden solche Anlagen verstanden, die sich von den „klassischen Anlagen" (Renten, Aktien, Immobilien) durch eigenständige Merkmale und Charakteristika unterscheiden, sie sind eben „alternativ". Im Wesentlichen erfüllen diese Voraussetzungen Hedge Funds, Private Equity und Rohstoffe.

Hedge Funds ist ein Sammelbegriff für eine Vielzahl unterschiedlicher Anlagestrategien und Risikoprofile. Besonderheit dieser Fonds ist, dass sie regelmäßig dem Absolute Return-Gedanken folgen, d.h., dass sie auch in fallenden Märkten Gewinn erwirtschaften wollen. Da dies auch das

---

9 Unter Nachhaltigkeit wird allgemein eine Entwicklung verstanden, die den Bedürfnissen der heutigen Generation entspricht, ohne die Möglichkeiten künftiger Generationen zu gefährden, ihre eigenen Bedürfnisse zu befriedigen, Gro Harlem Brundtland, 1987.

10 So kam im Januar 2007 die Bill und Melinda Gates Foundation in die Kritik. Die Stiftung investiert unter anderem in Unternehmen, die wiederholt mit Ethikverstößen in Zusammenhang gebracht werden. Die Gates Foundation nahm diese Diskussion zum Anlass, ihre Vermögensanlage zu überprüfen.

Anlageziel von Stiftungen ist, spricht dies zunächst für eine hohe Übereinstimmung beider Anlageziele und könnte zu der voreiligen Schlussfolgerung führen, dass Stiftungen ausschließlich in Hedge Funds investieren sollten.

24 Hedge Funds sind allerdings nicht reglementiert und können nahezu frei von gesetzlichen Bestimmungen agieren. Dementsprechend können sie auch sehr große Risiken eingehen. Entscheidend ist dabei die Fähigkeit des jeweiligen Hedge Fund Managers, Ineffizienzen an den Märkten zu nutzen oder besonderes Know How zu nutzen. Um Manager- und Anlegerinteressen weitgehend gleich zu schalten, sind Hedge Fund Manager regelmäßig mit ihrem eigenen Vermögen in ihrem Fonds investiert. Da sich Hedge Funds zudem durch eine große Intransparenz auszeichnen, spielt die Due Diligence, also die Prüfung des Fonds und die laufende Überwachung eine sehr große Rolle.

> **Praxishinweis:**
> Hedge Fund ist nicht gleich Hedge Fund. Bevor sich Stiftungen von Horrorgeschichten über Hedge Funds abschrecken lassen, lohnt sich eine differenzierte Betrachtung. Es gibt Hedge Funds, die ein kleineres Risiko als festverzinsliche Wertpapiere haben, aber ein ungleiches Mehr an Rendite aufweisen können. Umgekehrt sind andere Hedge Funds aufgrund ihres Chancen-/Risikoprofils eher für den Stifter im Privatvermögen geeignet, weniger für die Stiftung.

25 Private Equity ist eine von noch nicht börsennotierten Unternehmen genutzte Form der Fremdfinanzierung. Der Private Equity-Investor stellt dem Unternehmen Eigenkapital und regelmäßig auch fachliches Know-how zur Verfügung, hierfür erhält er Anteile am Unternehmen. Die Erwartung ist, das Unternehmen so weiter zu entwickeln, dass eine Wertsteigerung in den Unternehmensanteilen generiert wird und es beispielsweise an die Börse gebracht werden kann. Entscheidend für den Erfolg und damit die Rendite dieses Investments ist dabei die Auswahl der „richtigen" Unternehmen und deren nachhaltige Weiterentwicklung.

> **Praxishinweis:**
> Da viele unterschiedliche Faktoren entscheidend sind, ob sich ein Unternehmen auch tatsächlich erwartungsgemäß entwickelt, ist die Auswahl nur eines Unternehmens mit einem hohen Risiko verbunden. Daher ist es gerade für Stiftungen sinnvoll, das mit jeder Private Equity-Investition verbundene Risiko zu streuen und in ein Portfolio aus mehreren Objekten zu investieren, wie dies bspw. bei Private Equity-Fonds der Fall ist.

Da Private Equity-Beteiligungen wie jede unternehmerische Beteiligung steuerpflichtige Einnahmen generieren, müssen steuerbefreite Stiftungen insbesondere darauf achten, nicht unwissentlich in einen steuerpflichtigen wirtschaftlichen Geschäftsbetrieb zu kommen. Daher sind bei jeder Private Equity-Beteiligung durch Stiftungen gewisse Strukturierungsanforderungen zu beachten, die keinesfalls ohne Hinzuziehung steuerlicher Experten vorgenommen werden sollten.

26 Rohstoffe gewinnen in der Asset Allocation gleichfalls zunehmend an Bedeutung, zumal sie mit den klassischen Investmentklassen niedrig korreliert sind. Das bedeutet, dass sie regelmäßig eine gegenläufige Entwicklung beispielsweise zu Aktien oder Renten aufweisen. Für Stiftungen hat die Investition in Rohstoffe darüber hinaus den Vorteil, dass einige Rohstoffe Bestandteil des die Inflation bildenden Warenkorbes sind. Investiert die Stiftung in diese Werte, kann sie zumindest für diesen Teil die Inflationsentwicklung kompensieren.

> **Praxishinweis:**
> Auch für Rohstoffe gilt das oberste Gebot der Diversifikation. Zudem sollte wegen der höheren Fungibilität, d.h. der besseren Möglichkeit, von einer Investitionsart in eine andere Investitionsart umzuwandeln, regelmäßig in ihrerseits in Rohstoffe investierende Investmentvehikel angelegt werden, weniger in den Rohstoffen selbst. Dies gilt insbesondere für Öl, Gas und Lebensmittel, nicht aber für Wald – hier kann die Direktinvestition unter Umständen stiftungsopportuner sein.

E. Ausblick

In den letzten Jahrzehnten haben sich große Veränderungen in der Anlage von Stiftungsvermögen ergeben. Auch die Finanzkrisen des letzten Jahrzehnts hatten Auswirkungen auf die Anlagepolitik und das Risikobewusstsein von Stiftungen. Es kann davon ausgegangen werden, dass in Zukunft die Anforderungen sowohl seitens der Stiftungen selbst wie auch von der Öffentlichkeit an ihren Ertrag wie an ihre reale Kapitalerhaltung weiter wachsen werden. Daher wird die Vermögensanlage von Stiftungen in Zukunft noch stiftungsspezifischer und risikobewusster ausgestaltet werden müssen.

§ 8 Die Stiftungsidee und ihre Umsetzung

A. Der Stiftungszweck als Ausgangspunkt der Stiftungsidee

I. Vom Stiftermotiv zum Stiftungszweck

1 Das zentrale Wesensmerkmal einer Stiftung ist ihr Zweck. Am Anfang jedes Stiftungsimpulses steht der Wunsch, ein bestimmtes – zumeist philantrophisches – Ziel zu erreichen. Die juristische Definition der Stiftung als „zweckgebundenes Vermögen" verdeutlicht den Stellenwert des Stiftungszwecks: In ihm verkörpert sich unmittelbar der Stifterwille, und dieser bindet die Stiftungsorgane bei dem Umgang mit dem Stiftungsvermögen und ihrer gesamten Geschäftsführung.[1]

Der Zweck in dem hier angesprochenen Sinne ist von dem Motiv zu trennen, das den Impetus des Stifters zur Stiftungsgründung darstellt. Der Errichtung einer Stiftung kann ein ganzes Motivbündel zugrunde liegen.[2] Zuweilen ist es der reine Wunsch, ein bestimmtes ideelles Ziel zu verfolgen – etwa die Erforschung einer bestimmten Krankheit aus persönlicher Betroffenheit. In den meisten Fällen treten weitere Motive hinzu: das Bestreben des Stifters, nicht in Vergessenheit zu geraten, das Lebenswerk – sei es, ein größeres Geldvermögen, eine Kunstsammlung oder ein Unternehmen – zu erhalten und vor Zersplitterung und Diskontinuitäten zu bewahren,[3] oder andere, oft höchst persönliche Gründe.[4]

2 Aufgabe des mit der Stiftungserrichtung befassten Beraters ist es an dieser Stelle, die Motivation des angehenden Stifters zu erkunden. Dabei sind durchaus auch psychologische Aspekte zu beachten. Um für die Umsetzung der Stiftermotive eine nachhaltig tragfähige Form zu finden, ist es hilfreich, zumindest ansatzweise mit psychologischen Modellen menschlichen Verhaltens vertraut zu sein. Nach den Erkenntnissen der Psychologie wird Verhalten im Wesentlichen durch die Motive Leistung, Anschluss und Macht geprägt.[5] Das Leistungsmotiv bedeutet den Wunsch, etwas in Bezug auf einen Vergleichsmaßstab besser zu machen. Das Anschlussmotiv hat zum Inhalt, Beziehungen zur sozialen Umwelt aufzubauen und aufrechtzuerhalten. Das Machtmotiv schließlich äußert sich darin, Einfluss auf die soziale Umwelt nehmen und sie nach den eigenen Vorstellungen gestalten zu wollen. Jeder Mensch verfügt hinsichtlich der Ausprägung dieser Motive über ein eigenes, im Erwachsenenalter kaum modifizierbares Profil. Fallen Motivation und tatsächliches Verhalten auseinander, führt dies zu Frustrationseffekten. Die Kenntnis der stifterischen Motive ermöglicht es dem Berater daher, die für den Stifter attraktiven Aspekte des Stiftungszwecks zu konkretisieren sowie eine für ihn befriedigende Rolle in der Stiftung zu gestalten.[6] Dies soll an kurzen Praxisbeispielen verdeutlicht werden:

---

1 Staudinger/Heilkmann/Rawert Vorbem. zu §§ 80 ff. Rn. 5 spricht von der „Seele" der Stiftung.
2 Siehe bereits oben, § 1 Rn. 8.
3 Näher hierzu § 10 Rn. 1 ff., § 11 Rn. 1 ff.
4 Rupert Graf Strachwitz, Strategische Optionen für Stifter – Überlegungen zu einer investiven Philanthropie, in: Bertelsmann Stiftung (Hg.), Handbuch Stiftungen, 2. Aufl. Wiesbaden 2003, S. 631 ff. (638).
5 Lisa Krelhaus, Die Psychologie des Stiftens, in: Bernd Andrick/Karlheinz Muscheler, 1. Stiftungsrechtstag an der Ruhr-Universität Bochum am 19. Januar 2007 (Tagungsband), Bochum 2007, S. 5 ff. (6).
6 Krelhaus, ebd.

A. Der Stiftungszweck als Ausgangspunkt der Stiftungsidee

> **Beispiele:**

Ein Stifter, der stark durch das Anschlussmotiv geprägt ist, wird sich langfristig eher mit einer mildtätigen Stiftung identifizieren können. Ein stark leistungsmotivierter Stifter könnte hingegen zufriedener mit einer Stiftung sein, die durch Förderung von Wissenschaft zur Lösung konkreter Sachfragen beiträgt. Schließlich dürfte sich ein stark durch das Machtmotiv geprägter Stifter, der also selbst gestalten will, kaum in einer reinen Förderstiftung wieder finden, sondern eher in einer operativen Stiftung.

Um Missverständnissen vorzubeugen: Es kann nicht ernstlich Ziel einer Stiftungsberatung sein, den angehenden Stifter einer laienpsychologischen Analyse zu unterziehen. Dennoch kann es dem dauerhaften Erfolg des Stiftungsprojektes dienen, dass Berater und Stifter gemeinsam reflektieren, welche Vision hinter dem Stiftungswunsch steckt und ob diese nicht nur prinzipiell realisierbar und sinnvoll, sondern auch für den Stifter selbst emotional positiv besetzt ist.

Die Konzeption einer Stiftung sowie das Finden und die Formulierung des für den Stifter idealen Stiftungszwecks setzen voraus, dass das – noch auf einer hohen Abstraktionsebene angesiedelte – Stiftermotiv zum „Stifterwillen" konkretisiert und in Richtung auf die Ausgestaltung der Stiftung operationalisiert wird. Der Stifterwille ist gleichbedeutend mit der Gesamtheit der Vorstellungen, die der Stifter in Bezug auf Zweckverfolgung, Organisation sowie Vermögensmanagement der Stiftung hat. Er stellt das Bindeglied zwischen den persönlichen Motiven des Stifters und der Stiftung her. Da er die materielle Grundlage der Formulierung von Stiftungsgeschäft und Stiftungssatzung darstellt, ist er zugleich für deren Auslegung ausschlaggebend.[7] Im Gegensatz zum Stiftermotiv besitzt der Stifterwille daher juristische Relevanz.[8] Seine Beachtung ist in den Landesstiftungsgesetzen durch eine Vielzahl von Regeln abgesichert, so etwa durch Zustimmungs- oder Anhörungsrechte des Stifters im Falle von Zweck- oder Satzungsänderungen.[9]

Ergebnis und Bestandteil des Stifterwillens ist der Stiftungszweck. Er bestimmt, welchen externen Nutzen die Stiftung bewirken soll.[10] Seine zentrale Bedeutung zeigt sich auch darin, dass er im Fall der rechtsfähigen Stiftung nur noch unter engen Voraussetzungen abänderbar ist.[11] Bei seiner Formulierung ist daher höchste Sorgfalt anzulegen. Im Folgenden wird aufgezeigt, nach welchen Kriterien sich dies richtet.

II. Kriterien für die Formulierung des Stiftungszwecks

Zunächst ist festzustellen, dass eine Stiftung grundsätzlich für jeden beliebigen Zweck gegründet werden darf. Mit einer Stiftung können sowohl eigennützige als auch gemeinnützige Motive verfolgt werden. Insbesondere entspricht es einem weit verbreiteten Irrtum, dass eine Stiftung gemeinnützig sein muss: Eine Stiftung kann als Instrument der Nachfolgeplanung in einem Unternehmen oder auch allgemein im unternehmerischen Bereich eingesetzt werden, sie kann der Erhaltung des Familienvermögens sowie der Versorgung der eigenen Familie dienen etc. In der Praxis haben allerdings die gemeinnützigen Stiftungen eine so herausgehobene Bedeutung,[12] dass sich die folgende Darstellung insbesondere auf ihre spezifischen Anforderungen konzentriert.

Für alle Stiftungen gilt, dass ihr Zweck über die eigene Existenz bzw. die Verwaltung des eigenen Vermögens hinausgehen muss. Die Stiftung ist niemals ein Selbstzweck, sondern ein Instrument. Dieser

---

7 Seifart/v. Campenhausen § 8 Rn. 6 ff.
8 Das Stiftermotiv wird für die Stiftungsorgane nur dann verbindlich, wenn es in die Stiftungssatzung oder das Stiftungsgeschäft einfließt und dadurch objektiviert wird, vgl. Seifart/v. Campenhausen § 8 Rn. 3.
9 Seifart/v. Campenhausen § 8 Rn. 18 ff.
10 Näher oben, § 3 A II.
11 Siehe oben, § 3 Rn. 11.
12 Weit über 90 % aller bekannten Stiftungen sind gemeinnützig, vgl. näher oben, § 5 Rn. 2.

Gedanke findet seinen Ausdruck darin, dass die Erträge einer Stiftung grundsätzlich ausgeschüttet und für den Satzungszweck verwandt werden müssen. Eine reine Thesaurierung würde dazu führen, dass die Stiftung als so genannte „Selbstzweckstiftung" unzulässig wäre.

7 Soll eine Stiftung gemeinnützig sein und die damit verbundenen steuerlichen Begünstigungen genießen, so muss sich der Stiftungszweck an den §§ 51 ff. AO orientieren. Dies sind insbesondere die Förderung von Wissenschaft und Forschung, Bildung und Erziehung, Kunst und Kultur, Religion und Völkerverständigung, Entwicklungshilfe, Umweltschutz, Jugendhilfe, Altenhilfe usw. Verbindendes Element dieser Zwecke ist es, dass es sich um Aufgaben handelt, die dem Gemeinwesen insgesamt nutzen.

> **Praxishinweis:**
> *Insbesondere bei solchen Finanzbehörden, die weniger häufig mit der Erteilung von Freistellungsbescheinigungen für gemeinnützige Stiftungen befasst sind, kann es sich empfehlen, die Formulierung des Stiftungszwecks eng an die Abgabenordnung anzulehnen. Individuelle Formulierungen können unklar oder mehrdeutig sein, was die Subsumtion unter die in der Abgabenordnung genannten Tatbestandsmerkmale im Einzelfall erschwert und die Erteilung einer Freistellungsbescheinigung verzögert.*

8 Die Formulierung des Stiftungszwecks ist immer eine Gratwanderung zwischen fehlendem und verengtem Fokus: In der Regel wird der Stifter das Ziel verfolgen, dass die Stiftung möglichst alterungsbeständig ist.[13] Dies kann erreicht werden, indem der Stiftungszweck sehr allgemein und weit gefasst wird, z.B. „Förderung der Wissenschaft auf dem Gebiet der Medizin". Hier ist absehbar, dass die Stiftung ihren Zweck immer verfolgen können wird, da eine derartige Fördertätigkeit niemals unnötig oder gar unmöglich werden wird. Ein Beispiel für einen besonders zeitlosen und allgemeinen Stiftungszweck bietet die berühmte, im Jahre 1913 gegründete Rockefeller-Foundation: „… to promote the well-being of mankind throughout the world". Zugleich will ein Stifter in der Regel eine fehlende Profilbildung der Stiftung und inhaltliche Beliebigkeit des Stiftungszwecks verhindern, die nämlich dazu führen könnte, dass sich die tatsächliche Stiftungstätigkeit früher oder später nicht mehr mit seinen Vorstellungen deckt – insbesondere wenn er keinen Einfluss mehr auf die Stiftungsgremien nehmen kann. Dieses Ziel wird erreicht, indem der Stifter seinen Willen so präzise fixiert, dass spätere Organwalter die Stiftungsmittel nur für genau die Ziele verwenden dürfen, die der Stifter ursprünglich im Blick hatte. Formuliert der Stifter den zulässigen Förderbereich wiederum zu eng, kann dadurch den Stiftungsorganen die Möglichkeit genommen werden, auf eventuell völlig veränderte Lebenswirklichkeiten zu reagieren. Verfolgt die Stiftung beispielsweise das Ziel, wissenschaftliche Projekte zu fördern, die auf die Entdeckung eines Impfstoffes für eine bestimmte Krankheit gerichtet sind, würde die Stiftungstätigkeit sinnlos, sobald das gesuchte Medikament entwickelt wurde. Die daraus folgende Auflösung der Stiftung widerspräche dem typischen Stifterwillen, der auf deren theoretisch unbegrenzte Existenz gerichtet ist. Im Ergebnis ist Stiftern zu raten, den Stiftungszweck aus den dargelegten Gründen so weit wie möglich und so eng wie nötig zu formulieren.

9 Ein weiteres Kriterium bei der Findung und Formulierung des Stiftungszwecks ist der angestrebte „Mehrwert" der Stiftung für die Gesellschaft. Die Generierung eines solchen Mehrwerts setzt grundsätzlich voraus, dass der Stifter zunächst prüft, ob möglicherweise bereits andere Stiftungen den gleichen Stiftungszweck verfolgen. In diesem Fall könnte es sein, dass der gesellschaftliche Grenznutzen durch Hinzutreten einer weiteren Stiftung abnimmt. Zugleich gilt, dass auch kleine Stiftungen viel bewirken können, wenn sie beispielsweise ein wissenschaftliches Nischenfach fördern, wie etwa die – aus der betriebswirtschaftlichen Perspektive der Forschungsabteilungen von Pharmaunternehmen häufig nicht tragbare – Erforschung einer seltenen Krankheit o.ä.

---

13 Bei der „Stiftung auf Zeit" spielt dieser Gesichtspunkt naturgemäß keine ausgeprägte Rolle.

Weiter sollten Stifter auch aktiv reflektieren, ob sie gerade das für die Rechtsform der Stiftungen spezifische Potenzial ausschöpfen: Da Stiftungen ihre Tätigkeit – anders als Unternehmen – weder gegenüber Aktionären und Kunden noch – wie der Staat – gegenüber Wählern rechtfertigen müssen, können sie auch Vorhaben mit ungewissem Ausgang unterstützen. Diese Möglichkeit des Einsatzes von Wagniskapital („philanthropic venture capital") verleiht Stiftungen eine hohe Innovationskraft. Daraus folgt, dass Stifter einen optimalen gesellschaftlichen Mehrwert generieren, wenn sie den Anspruch verfolgen, sich auch Themen abseits des Mainstreams zu widmen, Randgruppen und Minderheiten zu unterstützen oder „Orchideenfächer" am Leben zu erhalten etc.

B. Die Tauglichkeit von Stiftungskonzepten

Ob ein Stiftungskonzept geeignet ist, den vom Stifter bezweckten Erfolg herbeizuführen, hängt neben einer überlegten Formulierung des Stiftungszwecks (s.o.) auch davon ab, dass die richtige Rechtsform gewählt wird. Denn neben der Stiftung im Sinne der §§ 80 ff. BGB existiert eine Mehrzahl von Ersatzformen, wie – an erster Stelle – die unselbstständige Stiftung,[14] aber auch Körperschaften, wie die Stiftungs-GmbH, der Stiftungs-Verein[15] und die Stiftungs-AG. Diese Ersatzformen können durch bestimmte Satzungsgestaltungen so modifiziert werden, dass sie funktional der rechtsfähigen Stiftung im Sinne der §§ 80 ff. BGB nahe kommen. Dennoch weisen sie erhebliche rechtliche und organisatorische Unterschiede auf, die für den Stifter – je nach seiner Motivlage – einen Vorteil oder auch ein Ausschlusskriterium darstellen können.

Sofern der jeweils einschlägige Rechtsformzusatz GmbH, AG oder e.V. verwandt wird, kann der Name einer solchen Körperschaft durchaus die Bezeichnung „Stiftung" enthalten, da diese nicht der Stiftung im Sinne der §§ 80 ff. BGB vorbehalten ist. Allerdings verlangt die Rechtsprechung dafür, dass die Körperschaft bzw. der Verein tatsächlich – wie es für Stiftungen typisch ist – ein Vermögen verwaltet, das einem bestimmten Stiftungszweck gewidmet ist.[16]

Sodann ist bei der Konzeption einer Stiftung besonderes Augenmerk auf die Organisation der Gremien, d.h. deren Größe, Berufung, Zusammensetzung sowie den Wirkungszusammenhang mit Stiftungszweck und Vermögensausstattung, zu legen. Diese zwei Problemkreise werden im Folgenden dargestellt.

I. Wahl der geeigneten Rechtsform

Die wesentlichen und für die Stiftungspraxis entscheidenden Unterschiede der Ersatzformen im Vergleich zur Stiftung nach den §§ 80 ff. BGB liegen in der Schnelligkeit der Gründung, der Dauerhaftigkeit und der Flexibilität der Stiftungstätigkeit, den Anforderungen an die Vermögensausstattung sowie in steuerlichen Aspekten.[17]

1. Dauer der Errichtung

Selbst wenn das Verfahren zur Gründung einer Stiftung im Sinne der §§ 80 ff. BGB ohne Störungen und erheblichere Abstimmungserfordernisse zwischen Stifter und Anerkennungsbehörde verläuft, dauert es etwa drei Monate, eventuell auch länger. Die bei gemeinnützigen Stiftungen erforderli-

---

14 Hierzu ausführlich § 4.
15 Siehe bereits § 2 Rn. 9.
16 OLG Köln, NJW RR 1997, S. 1531; BayOLG, NJW 1973, S. 249; OLG Stuttgart, NJW 1964, S. 1231.
17 Ausführlich hierzu Andreas Schlüter, Ersatzformen der Stiftung, in: Bertelsmann Stiftung (Hg.), Handbuch Stiftungen. Ziele – Projekte – Management – Rechtliche Gestaltung, 2. Aufl. Wiesbaden 2003, S. 867-887 (868 ff.).

che Anerkennung durch das Finanzamt wird demgegenüber in der Regel wesentlich zügiger erteilt. Besonders routinierte Finanzämter, die häufiger mit gemeinnützigkeitsrechtlichen Fragestellungen befasst sind, können eine Freistellung bereits innerhalb von einer Woche erteilen. Alle Ersatzformen der selbstständigen Stiftung bürgerlichen Rechts können in der Regel schneller errichtet werden, insbesondere die durch privatschriftlichen Vertrag zu gründende Treuhandstiftung.

Das kann für den Stifter bei der Wahl der Rechtsform insbesondere dann entscheidend sein, wenn eine Zuwendung an die zu gründende Stiftung noch in einem bestimmten Besteuerungszeitraum durchgeführt werden soll, um steuerwirksam geltend gemacht werden zu können.

2. Flexibilität bei der Stiftungstätigkeit

13 Generell gesprochen gewinnt der Stifter durch die Wahl einer Ersatzform zur rechtsfähigen Stiftung ein großes Maß an Flexibilität. Denn nur die Stiftung im Sinne der §§ 80 ff. BGB unterliegt der Stiftungsaufsicht und ist damit etwaigen Eingriffen, Genehmigungsvorbehalten bei Satzungsänderungen und Auskunftspflichten ausgesetzt.[18] So kann der Stifter, der zu Lebzeiten noch aktiv die Stiftung begleiten will und aufgrund seiner Erfahrungen in der Stiftungsarbeit spätere Änderungen an Zweck oder Organisation vornehmen will, mit einer Ersatzform besser beraten sein. Denn dort kann die Satzung entweder – bei der Treuhandstiftung – durch schlichten Änderungsvertrag zwischen Stifter und Treuhänder oder aber – bei den Stiftungskörperschaften – durch Beschluss des jeweils zuständigen Organs angepasst werden.

Auch kann die selbstständige Stiftung – anders als die Ersatzformen – nicht ohne Weiteres aufgelöst werden, nämlich nur dann, wenn die Erfüllung des Stiftungszwecks unmöglich geworden ist.[19] Nach § 87 Abs. 1 BGB ist sie auf theoretisch unbegrenzte Dauer angelegt. Die Errichtung einer zeitlich beschränkten Stiftung im Sinne der §§ 80 ff. BGB setzt voraus, dass dies von Anfang an in der Satzung vorgesehen ist, dass die Stiftung ihren Zweck zumindest für eine gewisse Zeit verfolgt, welche eine Verselbstständigung der Organisation rechtfertigt.[20] Die grundsätzliche Zulässigkeit der „Stiftung auf Zeit" bzw. der „Verbrauchsstiftung" ist zwar in der Literatur weitgehend anerkannt; bei dem Errichtungsverfahren muss sich ein Stifter indes noch auf eine eher zurückhaltende Anerkennungspraxis einstellen.

Die Treuhandstiftung kann dagegen durch einen Aufhebungsvertrag zwischen dem Stifter und dem Treuhänder beendet werden.[21] Die Stiftungskörperschaften können durch Beschluss des jeweils dafür zuständigen Organs aufgelöst werden.

14 Das Fehlen der Stiftungsaufsicht bietet zwar die genannte Flexibilität. Dies birgt aber zugleich das Risiko, dass die Stiftungsorgane den Stifterwillen nicht mehr beachten, sondern den Stiftungszweck ändern, die Stiftung auflösen o.ä. Dies gilt insbesondere dann, wenn der Stifter keinen Einfluss auf sie nehmen kann bzw. nach seinem Ableben. Damit ist die Wahl der Rechtsform für den Stifter auch eine Frage des Vertrauens in die Personen, die über die Stiftung bestimmen. Bei der Treuhandstiftung ist dies der Treuhänder gemeinsam mit den Erben des Stifters, bei den Stiftungskörperschaften (GmbH, AG, Verein) sind es die jeweiligen Vorstände bzw. Geschäftsführer. Allzu leichte Änderungen der Satzung kann der Stifter allerdings auch bei Körperschaften verhindern, indem er beispielsweise bestimmt, dass ein einstimmiger Beschluss erforderlich ist, die Zustimmung eines Aufsichtsrates bzw. Kuratoriums o.ä. erforderlich ist.[22]

---

18 Zu den Aufgaben und Befugnissen der Stiftungsaufsicht siehe § 3 Rn. 33.
19 Siehe § 3 Rn. 40.
20 MüKo/Säcker/Rixecker, 5. Aufl. 2006, § 85 Rn. 11.
21 Siehe § 4 Rn. 47.
22 Ausführlich zu denkbaren kautelarjuristischen Gestaltungen K. Jan Schiffer, Die Stiftung in der Beraterpraxis, 2. Aufl. Bonn 2009.

3. Anforderungen an die Vermögensausstattung

In den §§ 80 ff. BGB wird zwar kein absolutes Mindestvermögen für rechtlich selbstständige Stiftungen des privaten Rechts für die Anerkennung vorausgesetzt, aber § 80 Abs. 2 BGB bestimmt, dass die Anerkennung nur dann zu erteilen ist, wenn „die dauernde und nachhaltige Erfüllung des Stiftungszwecks gesichert erscheint". In der Praxis werden daher in der Regel Stiftungen nicht anerkannt, die über ein Grundstockvermögen verfügen, das € 50.000 unterschreitet.[23] Anders verhält es sich mit den Ersatzformen: Der Stiftungsverein verfügt über gar kein in der Satzung festgelegtes Stammkapital, so dass es auch keine Anforderungen an eine Mindestausstattung gibt. Die Aktiengesellschaft muss hingegen nach § 7 AktG über ein Grundkapital zum Nennbetrag von mindestens € 50.000 verfügen, während die GmbH ein Mindestkapital in Höhe von € 25.000 aufweisen muss (§ 5 Abs. 1 GmbHG).

Auch darf das Kapital grundsätzlich nicht angetastet werden; die Stiftungstätigkeit muss allein aus den Erträgen bestritten werden.[24] Anders verhält es sich bei den Ersatzformen Treuhandstiftung und Stiftungskörperschaften: Hier gilt der Grundsatz der Kapitalerhaltung zumindest nicht von Gesetzes wegen, so dass der Stifter ein erhöhtes Maß an Flexibilität genießt. Gerade in der Startphase einer Stiftung – die vielleicht noch über kein besonders großes Vermögen verfügt – kann es gewünscht sein, dass der Stiftung durch größere Förderprojekte eine erhöhte öffentliche Sichtbarkeit zuteil wird. Dies kann im Einzelfall einen temporären Angriff des Stiftungsvermögens bedeuten, der erst später wieder ausgeglichen wird. Vorbehaltlich einer entsprechenden landesrechtlichen Regelung ist ein solches Vorgehen bei Stiftungen im Sinne der §§ 80 ff. BGB grundsätzlich nicht möglich.

4. Steuerliche Aspekte

Insbesondere, wenn der Stifter das Ziel verfolgt, Spenden und Zustiftungen einzuwerben, ist die Wahl der Rechtsform von großer Bedeutung, da sie Einfluss auf mehrere steuerliche Aspekte hat.[25] Im Hinblick auf die vorgelagerte Frage, ob eine Stiftung im Sinne der §§ 80 ff. BGB oder ihre Ersatzformen als gemeinnützig anerkannt werden können, macht das Steuerrecht keinen Unterschied: Sofern eine Körperschaft oder eine Treuhandstiftung einen steuerbegünstigten Zweck im Sinne der Abgabenordnung (§§ 51 – 54 AO) verfolgt, kann sie als gemeinnützig und damit als steuerbegünstigt anerkannt werden. Dies hat zum einen Folgen für die Steuerpflicht der Stiftung selbst,[26] aber zum anderen auch für diejenigen, die Zuwendungen an die steuerbegünstigte Einrichtung vornehmen.[27] Grundsätzlich werden die Rechtsformen im Hinblick auf beide Tatbestände gleichbehandelt.

Wichtige Ausnahmen gelten für selbstständige und treuhänderische Stiftungen, da sie nach dem zum 1.1.2007 in Kraft getretenen „Gesetz zur weiteren steuerlichen Stärkung des bürgerschaftlichen Engagements"[28] über noch weitergehende Steuervorteile verfügen.

Der so genannte Gründungshöchstbetrag (§§ 10 b Abs. 1a EStG, 9 Nr. 5 S. 5 GewStG) gilt ausschließlich für rechtlich selbstständige und treuhänderische Stiftungen, nicht aber für die übrigen Ersatzformen.[29]

Schließlich bieten nur rechtsfähige und treuhänderische Stiftungen die in § 58 Abs. 5 AO geregelte

---

23 Siehe oben, § 3 Rn. 9. Eine Übersicht der Behördenpraxis in den Ländern findet sich bei Damrau/Wehinger, ZEV 1998, S. 178 f.
24 Zum Grundsatz der Kapitalerhaltung siehe § 7 B.
25 Im Detail siehe Marika Schmidt, Steuerliche Aspekte der Rechtsformwahl bei privaten gemeinnützigen Organisationen, Baden-Baden 2001.
26 Siehe § 5 Rn. 3 ff.
27 Siehe § 5 Rn. 41 ff.
28 BGBl. I Nr. 33 vom 25.7.2000, S. 1034.
29 Vgl. zu den geplanten Gesetzesänderungen auch § 4 Abschnitt C. IV.

Option, die Stiftungserträge – beschränkt auf maximal ein Drittel – zum angemessenen Unterhalt des Stifters, seiner nächsten Angehörigen sowie zu deren Grabpflege und Ehrung auszuschütten.[30] Bei den übrigen Ersatzformen würde dies einen Verstoß gegen das Gebot darstellen, die Vermögenserträge ausschließlich für gemeinnützige Zwecke zu verwenden, und damit die steuerliche Freistellung gefährden.

> **Praxishinweis:**
> Das Ergebnis dieser so genannten Drittelregelung kann jedoch auch bei den übrigen Ersatzformen der Stiftung erreicht werden, indem der Stifter den zu versorgenden Personen ein entsprechendes Nießbrauchsrecht an seinem Vermögen einräumt, bevor er es auf die Stiftungskörperschaft überträgt. Denn dann handelt es sich um steuerunschädliche Leistungen aus einem bereits von Anfang an belasteten Vermögen (AEAO zu § 55 Nr. 5).

II. Der Wirkungszusammenhang von Zweck, Vermögen und Organisation

21 Eine nachhaltig wirksame Stiftungsarbeit setzt voraus, dass das Stiftungskonzept einen optimalen Wirkungszusammenhang zwischen Stiftungszweck, Vermögensausstattung und Organisation der Stiftung vorsieht. Das bedeutet, dass alle drei Elemente in einem angemessenen Verhältnis zueinander stehen müssen: Der Zweck kann beispielsweise eine mehr oder weniger komplexe Organisation erfordern und eine mehr oder minder große Vermögensausstattung voraussetzen. Letztere stellt im Gegenzug einen limitierenden Faktor für die mögliche Zweckverfolgung und auch für den Organisationsaufbau der Stiftung dar.[31] Bei der rechtsfähigen Stiftung bürgerlichen Rechts wird genau dieser Zusammenhang im Rahmen des Anerkennungsverfahrens von der Stiftungsbehörde geprüft. Denn sie fragt gemäß § 80 Abs. 2 BGB in jedem Einzelfall danach, ob die „dauernde und nachhaltige Erfüllung des Stiftungszwecks gesichert erscheint". Dies ist dann gegeben, wenn das Vermögen ausreichend ist, um aus seinen Erträgen sowohl den vom Stifter formulierten Zweck mit den geplanten Förderinstrumenten zu verfolgen als auch die satzungsmäßig vorgesehenen Organe unterhalten zu können.

> **Beispiel:**
> Ist das Stiftungsvermögen eher klein, wäre etwa die Errichtung einer operativen Stiftung, die eigene Projekte zur Förderung der Krebsforschung durchführen soll, kaum zielführend. Hier würde sich die Gründung einer Förderstiftung empfehlen, die keine eigenen Projekte durchführt, sondern ihren Zweck durch jährliche Zahlungen an den Deutsche Krebshilfe e.V. erfüllt. Selbst eine solche Stiftung würde allerdings wiederum ein größeres Vermögen benötigen, wenn sie über ein komplexes System aus mehreren, evtl. mit zahlreichen Personen besetzten Gremien verfügt, da deren Vergütungen und Aufwandsentschädigungen die Vermögenserträge zu stark belasten könnten.

Dieser Aspekt hat zugleich einen Einfluss auf die Wahl der Rechtsform. Denn beispielsweise benötigt die Treuhandstiftung gar kein eigenes Entscheidungsgremium. Bei der Stiftung im Sinne der §§ 80 ff. BGB ist immerhin ein Vorstand zwingend, der sie im Rechtsverkehr vertritt. Die Stiftungskörperschaften setzen demgegenüber jeweils mindestens zwei Organe voraus.

---

30 Näher § 5 Rn. 22.
31 Ausführlich hierzu Craig Kennedy/Dirk Rumberg/Volker Then, Die Organisation von Stiftungen: Personalentwicklung und Ressourcenmanagement, in: Bertelsmann Stiftung (Hg.), Handbuch Stiftungen, Wiesbaden, 2. Aufl. 2003, S. 393 ff. (398).

C. Partner bei der Ideenfindung

Damit aus dem Wunsch, eine Stiftung zu gründen, möglichst reiche Früchte erwachsen, ist die Beratung durch einen erfahrenen Stiftungsmanager in den meisten Fällen unabdingbar. Da das Stiftungswesen ein Wachstumsbereich ist, widmet sich eine steigende Zahl von Anwälten und Notaren der Beratung von angehenden Stiftern. Auch Banken bieten Stiftungsberatung an – meist unter besonderer Schwerpunktsetzung auf Fragen der Vermögensanlage. Gerade bei mittleren und größeren Stiftungsprojekten ist es allerdings ratsam, die Art und Thematik der geplanten Fördertätigkeit, die Stiftungsorganisation und -strategie in die Stiftungsberatung mit einzubeziehen. Dies ist dann gewährleistet, wenn das Projekt durch einen professionellen Stiftungsmanager begleitet wird, der neben Kompetenz in einschlägigen juristischen und buchhalterischen Fragestellungen sowie der Vermögensanlage auch über Erfahrung im Bereich der geplanten Mittelverwendung und der Förderpolitik verfügt. Diese Bündelung von Know-how ist insbesondere bei Stiftungen und Verbänden vorhanden, die neben der Verwaltung von Stiftungen auch eigene Förderprogramme durchführen.[32]

Anregungen im Rahmen der Stiftungserrichtung können sich Stifter auch durch die Teilnahme an Fachtagungen, etwa des Bundesverbandes Deutscher Stiftungen, den vom Stifterverband, vom Bundesverband sowie von Sparkassen und Banken durchgeführten Stiftertagen etc., holen. Schließlich können sich Stifter auch an bereits bestehende Stiftungen wenden und deren Förderprogramme als Ideenquelle nutzen.

Nicht zuletzt seien die Stiftungsaufsichtsbehörden genannt. Sie verstehen sich als Berater angehender Stifter und stellen in einigen Fällen auch Stiftungsregister zur Verfügung, in denen sich recherchieren lässt, welche Förderfelder evtl. bereits abgedeckt sind und wo noch Nischen vorhanden sind.

---

32 Eine zentrale Stellung nimmt hier das Deutsche Stiftungszentrum GmbH im Stifterverband für die Deutsche Wissenschaft e.V. ein. Weitere Stiftungsberater finden sich im Anhang.

§ 9 Die Praxis der Stiftungsarbeit gemeinnütziger Stiftungen

A. Auswahl und Durchführung geeigneter Projekte

I. Grundsätze für die Projektarbeit von Stiftungen

1　Zunächst haben die Stiftungsorgane bei der Auswahl geeigneter Projekte und Fördermaßnahmen zu prüfen, inwieweit die Stiftungssatzung ihnen überhaupt Spielräume für eine eigene Schwerpunktsetzung lässt. Das hängt davon ab, wie eng die Satzung den Stiftungszweck und die Instrumente zur Verwirklichung dieses Zwecks formuliert.

> **Beispiel:**
> Eine Satzung sieht vor, dass die Stiftung durch die Verbreitung und Aufführung der Werke eines bestimmten Komponisten den steuerbegünstigten Zweck der „Kultur" im Sinne der Abgabenordnung fördert. Der Stiftungszweck soll durch Unterstützung von Musikerinnen und Musikern verwirklicht werden, die Werke des Komponisten öffentlich aufführen, z.B. durch Stellung von Notenausgaben oder durch Zahlung von Honoraren oder Zuschüssen.

In diesem Fall haben die Stiftungsorgane kaum eigene Gestaltungsmöglichkeiten, da sie sowohl hinsichtlich der inhaltlichen Konkretisierung des Förderzwecks „Kultur" als auch im Hinblick auf die Zweckverwirklichungsinstrumente festgelegt sind. Die einzige Entscheidungsfreiheit besteht darin, ob die Künstler durch Stellung von Noten, Zahlung von Honoraren oder – und das indiziert die Abkürzung „z.B." – durch ähnliche Maßnahmen unterstützt werden sollen.

Im Gegensatz dazu sind auch Satzungsgestaltungen möglich, die den Stiftungsorganen weitgehend freie Hand lassen.

> **Beispiel:**
> Eine andere Satzung sieht vor, dass der Stiftungszweck in der Förderung von Wissenschaft und Technik in Forschung und Lehre besteht. Die Fördermittel seien als zweckgebundene Zuwendungen für förderungswürdige Einrichtungen der Wissenschaft und Technik in Forschung und Lehre zu vergeben.

In diesem Fall ist zwar hinsichtlich der Ausgestaltung der Förderung eine Eingrenzung gegeben, aber die „Förderung von Wissenschaft und Technik in Forschung und Lehre" ist ein so weites Feld, dass die Stiftungsorgane einen wesentlich größeren Einfluss auf die Schwerpunkte der Stiftungtätigkeit haben.

Wichtig ist in diesem Zusammenhang, dass viele Satzungen ein erhöhtes Maß an Flexibilität dadurch gewährleisten, dass sie bei der Konkretisierung des inhaltlichen Förderzwecks und/oder bei der Benennung möglicher Zweckverwirklichungsinstrumente die Formulierung „insbesondere" nutzen. Damit wird klargestellt, dass die jeweilige Aufzählung nicht abschließend gemeint ist, sondern nur beispielhaften Charakter besitzt.

> **Beispiel:**
> Diese Formulierungstechnik nutzt etwa die folgende Satzung: Der Stiftungszweck besteht in der Förderung von Wissenschaft und Bildung, insbesondere in den Bereichen der Physik und Chemie.

Hier wäre es nach der Satzung nicht ausgeschlossen, dass die Stiftung ihre Fördertätigkeit auch etwa im Bereich der Biologie entfaltet. Da Physik und Chemie Disziplinen der Naturwissenschaften darstellen, kann die Satzung so ausgelegt werden, dass z.B. auch Projekte zur Förderung der Biologie durchgeführt werden dürfen.

Im Rahmen dessen, was die Satzung an Entscheidungsfreiheit lässt, sollten Stiftungsorgane nicht nach dem „Gießkannenprinzip" vorgehen, sondern sich auf Förderschwerpunkte spezialisieren. Nur so können sie die erforderliche Expertise darüber aufbauen, wie geeignete Destinatäre zu finden sind bzw. wo operative Projekte ansetzen sollten, um nachhaltig zu wirken. In diesem Stadium ist wiederum das zu berücksichtigen, was auch bei der Formulierung der Satzung selbst gilt: In erster Linie sollten Stiftungen versuchen, Nischen ausfindig zu machen, in denen andere Akteure (Staat, Stiftungen etc.) noch nicht, nicht mehr oder nicht in ausreichendem Maße aktiv sind.[1]

Darüber hinaus erleichtert eine Schwerpunktsetzung die Entwicklung eines spezifischen Profils und ermöglicht so eine zielgerichtete Öffentlichkeitsarbeit sowie das Einwerben von Spenden und Zustiftungen.

Stehen die Tätigkeitsschwerpunkte der Stiftung fest, so ist es Aufgabe der Stiftungsorgane zu ermitteln, wo der dringendste konkrete Bedarf an Fördermitteln bzw. Einflussnahme durch operative Programme besteht (dazu der nachfolgende Abschnitt II). Ist danach entschieden, in welchem Bereich die Stiftung tätig werden soll, ist zu entscheiden, ob sie ihren Zweck unmittelbar selbst („operativ") oder durch Unterstützung Dritter bei der Verfolgung des inhaltlich gleichen Zwecks („fördernd") verwirklichen soll. Dazu werden im Folgenden die Merkmale der operativen Stiftung sowie der Förderstiftung vorgestellt (III).[2] Sodann folgen Hinweise für die Praxis der Arbeit beider Stiftungsformen (IV und V).

II. Bedarfsermittlung

Grundsätzlich gilt, dass eine Stiftung sich nicht darauf beschränken darf zu warten, bis ihr durch Antragstellungen stiftungszweckbezogene Bedarfe mitgeteilt werden.[3] Sie muss eine Strategie entwickeln, um ihr Angebot gerade in den Kreisen bekannt zu machen, in denen sie geeignete Destinatäre vermutet. Auch operative Stiftungen sollten keine Programme durchführen, von deren Notwendigkeit sie sich nicht überzeugt haben. Instrumente zur Feststellung entsprechender Bedarfe können mit der Einrichtung eines wissenschaftlichen Beirates oder Kuratoriums ebenso geschaffen werden wie mit der Veranstaltung von Experten-Workshops, dem Dialog mit anderen Stiftungen[4] und gemeinnützigen Einrichtungen. Schließlich besteht die Möglichkeit der Programmberatung durch Stiftungsmanager, die auf bestimmte Themenfelder (Medizinstiftungen, Stiftungen zur Förderung der Bildung etc.) spezialisiert sind und daher über Erfahrung, Kontakte

---

1 Siehe § 8 Rn. 9.
2 Die Arbeit der Anstaltsstiftung ist demgegenüber so individuell auf den Einzelfall bezogen, dass sich kaum allgemeine Aussagen über die Praxis der Verfolgung ihres Stiftungszwecks treffen lassen. Die Darstellung beschränkt sich daher auf die Förderstiftung und die operative Stiftung.
3 Hagen Hof/Maren Hartmann/Andreas Richter, Stiftungen – Errichtung, Gestaltung, Geschäftstätigkeit, München 2004, S. 123.
4 Der Bundesverband Deutscher Stiftungen e.V. bietet einen Stiftungsindex an, über den Stiftungen recherchiert werden können, die in einem bestimmten Förderbereich tätig sind.

und einen Überblick verfügen, wo Nischen in bestimmten Förderbereichen bestehen.[5]

III. „Förderstiftungen" und „Operative Stiftungen"

4 Bei der praktischen Fördertätigkeit haben Stiftungen – eine entsprechende Satzungsgestaltung vorausgesetzt – die Wahl, ob sie ihre Satzungszwecke durch eigene Projekte verfolgen wollen (operative Stiftung) oder ob sie andere bei entsprechenden Projekten unterstützen (Förderstiftung).

> **Beispiel:**
> Folgende Satzungsklausel erlaubt eine „operative" Stiftungstätigkeit: Zweck der Stiftung ist die Förderung von Wissenschaft und Forschung. Der Satzungszweck wird insbesondere verwirklicht durch die Durchführung und Unterstützung von Maßnahmen, die die Bedeutung von Wissenschaft und Forschung in der Öffentlichkeit stärken. Alternativ wäre allein eine fördernde Tätigkeit zulässig, wenn es in einer Stiftungssatzung etwa heißt: „Der Satzungszweck wird verwirklicht durch die Beschaffung von Mitteln für die Verwirklichung der steuerbegünstigten Zwecke anderer Körperschaften".

Diese Abgrenzung von Förderstiftung und operativer Stiftung stammt von der steuerrechtlichen Trennung zwischen den §§ 57 und 58 Nr. 1 bis 4 AO ab. Im Falle von § 57 AO („Eine Körperschaft verfolgt unmittelbar ihre steuerbegünstigten satzungsmäßigen Zwecke, wenn sie selbst diese Zwecke verwirklicht.") wird von operativer Stiftungsarbeit gesprochen. Bei der Zweckverfolgung im Sinne des § 58 Nr. 1 bis 4 AO tritt die Stiftung in einer Mittlerposition auf, da sie finanzielle Zuwendungen an Dritte leistet – dort allerdings nur an andere steuerbegünstigte Körperschaften. Die in der AO vorgenommene Differenzierung ist daher nicht deckungsgleich mit der herkömmlichen terminologischen Unterscheidung zwischen Förderstiftung und operativer Stiftung. Denn auch eine Förderstiftung, die Stipendien an Dritte vergibt, wäre eine „operative" Stiftung im Sinne des Steuerrechts, da sie ihre Ziele unmittelbar und selbst verfolgt, also unter § 57 AO fällt.

Förderstiftungen unterstützen in der Praxis beispielsweise häufig Forschungsarbeiten durch Druckkostenbeihilfen und andere Sachmittelzuschüsse oder sie leisten Zuwendungen an andere gemeinnützige Einrichtungen, die den gleichen Satzungszweck verfolgen o.ä.

Die operative Stiftung verwirklicht stattdessen den Stiftungszweck unmittelbar selbst, indem sie z.B. eigene Forschungsarbeiten durchführt, Politikberatung betreibt oder Anstöße durch Wettbewerbe und Preisverleihungen gibt.[6]

In der Praxis sind die beiden Ausprägungen kaum in Reinform anzutreffen; viele Stiftungen werden auf beide Arten tätig und stellen insoweit Mischformen dar. Die Unterscheidung ist daher zunächst von theoretischer Bedeutung. Sie kann allerdings bei der Konzeption der Form der Zweckverwirklichung fruchtbar gemacht werden. Die Entscheidung, ob eine Stiftung fördernd oder operativ tätig werden will, ist in vielen Fällen von der finanziellen Ausstattung der Stiftung bzw. der Frage abhängig, wie viel administrativen Aufwand die Stiftungsorgane für angemessen halten. Denn die Durchführung eigener Projekte ist in der Regel mit einem erhöhten personellen, zeitlichen und finanziellen Aufwand verbunden, was die meisten kleineren Stiftungen bereits gar nicht bewältigen können. Förderstiftungen, die – im „Idealfall" – feste Destinatäre haben, benötigen kein Antragswesen, keine aufwendig besetzten Entscheidungsgremien etc. und sind daher mit einem administrativen Minimalaufwand zu betreiben. Je größer bei einer Förderstiftung der Entscheidungsspielraum der Organe ist, desto mehr liegt in der Setzung von Förderschwerpunkten, der Formulierung von Förderkri-

---

[5] Beispielhaft sei hier die DSZ – Deutsches Stiftungszentrum GmbH im Stifterverband für die Deutsche Wissenschaft genannt.
[6] Hagen Hof/Maren Hartmann/Andreas Richter, Stiftungen – Errichtung, Gestaltung, Geschäftstätigkeit, München 2004, S. 14.

terien und Auswahlverfahren auch ein operatives Element,[7] und der administrative Aufwand nähert sich dem der operativen Stiftung an.

Unabhängig davon, ob eine Stiftung steuerrechtlich als operativ oder fördernd einzuordnen wäre, muss sie sich damit auseinandersetzen, welcher Arbeits- und Mittelaufwand erforderlich ist bzw. eingesetzt werden kann, um den Stiftungszweck zu verfolgen, ob hauptamtliche Mitarbeiter erforderlich sind, ob die erforderliche Expertise im Hause vorhanden ist oder „eingekauft" werden muss. Darüber hinaus stellt sich immer die Frage nach der Zweck-/Mittelrelation und danach, welche Maßnahmen der Qualitätssicherung getroffen werden müssen und wie der Erfolg eines Projektes gemessen werden kann.[8]

IV. Projektauswahl und Durchführung bei der operativen Stiftung

In der Regel behandeln operative Stiftungen strukturelle Fragen, wie etwa solche der gesellschaftlichen, politischen, staatlichen oder wirtschaftlichen Ordnung, soziale Problemstellungen etc.[9] Die Themen sind häufig so breit angelegt, dass eine punktuelle Förderung nur einen Tropfen auf den heißen Stein bedeuten würde. Operative Stiftungen sehen ihre Chance, tatsächlich etwas zu bewirken, daher zumeist darin, Projekte mit Modellcharakter bzw. Wettbewerbe durchzuführen, um innovative Lösungen zu finden. Daraus ergibt sich, dass Stiftungen im Hinblick auf ihre operativen Tätigkeitsfelder keine Anträge entgegennehmen, sondern von sich aus tätig werden. Bei der Planung von Projekten operativer Stiftungen ist zu überlegen, ob zunächst eine Tagung, ein Pilotprojekt oder eine Erkundung des Arbeitsumfeldes durchgeführt werden sollte, um die Gefahr einer Fehlinvestition zu verringern.[10] Denkbar ist auch die Staffelung eines Projektes in mehrere Phasen, bei denen der nächste Schritt erst nach Erfolg der vorangehenden Projektphase getan wird.

Für die operative Stiftung ist – anders als für die Förderstiftung – der Aspekt der Öffentlichkeitsarbeit bei der Zweckverfolgung selbst von Bedeutung: Um die gewünschte Wirkung zu erzielen, müssen operative Stiftungen ihre Ziele und Absichten möglichst klar in die angesprochene Öffentlichkeit kommunizieren. Ein besonders erfolgreiches Instrument operativer Stiftungsarbeit, das insbesondere auch gut zur Herstellung dieser Publicity geeignet ist, ist der so genannte Best-practice-Wettbewerb. Er wird daher im Folgenden als Beispiel operativer Stiftungstätigkeit vorgestellt.

Die Zielsetzung eines Best-practice-Wettbewerbes besteht darin, zur Lösung einer spezifischen Fragestellung beizutragen, indem durch Auslobung eines Preises ein Wettlauf um die besten Konzepte, Ideen und nachahmenswerten Lösungen angeregt wird. Die unterschiedlichen Vorgehensweisen werden dann systematisch evaluiert, ein oder mehrere „Best-practice"-Modelle werden identifiziert und lassen sich von Dritten auf die eigene Organisation übertragen.[11] Besonders gewinnbringend kann dieses Instrument angewandt werden, wenn strukturelle Probleme in gesellschaftlichen oder institutionellen Bereichen gelöst werden sollen, die wenig wettbewerblich geprägt sind[12] – beispiels-

---

7   Frank Adloff, Operative und fördernde Stiftungen, in: Rupert Graf Strachwitz/Florian Mercker (Hg.), Stiftungen in Theorie, Recht und Praxis – Handbuch für ein modernes Stiftungswesen, Berlin 2005, S. 135 ff. (135).
8   Frank Adloff, ebd., S. 140.
9   Zu den Motiven für die Gründung der Bertelsmann Stiftung siehe etwa Reinhard Mohn, Ziele einer operativen Stiftung, in: Bertelsmann Stiftung (Hg.), Operative Stiftungsarbeit: Strategien – Instrumente – Perspektiven, S. 26 f.
10 Hagen Hof/Maren Hartmann/Andreas Richter, Stiftungen: Errichtung, Gestaltung, Geschäftstätigkeit, München 2004, S. 127.
11 Vgl. Schreiterer, U.: Benchmarking, in: Hanft, A. (Hg.), Grundbegriffe des Hochschulmanagement, Neuwied 2001, S. 21 ff.
12 Grundlegend Volker Meyer-Guckel, Best Practice als Methode – Funktion, Bewertung und Kommunikation von Beispielen guter Praxis im Rahmen von Wettbewerben im Hochschulsystem, in: Benz/Kohler/Landfried (Hg.), Handbuch Qualität in Studium und Lehre, Berlin 2006, Teil E 7.9.

weise im Management öffentlicher Einrichtungen,[13] wie z.B. in der Hochschulverwaltung.[14]

8 Der Best Practice-Wettbewerb ist für operative Stiftungen ein sehr zweckmäßiges und zunehmend verbreitetes Instrument, um mit beschränkten Programmmitteln eine möglichst nachhaltige und großflächige Wirkung zu erzielen. Denn im Idealfall besteht der Effekt nicht allein in der finanziellen Förderung des „Siegers" und der Realisierung dessen Projektes, sondern auch in politischen, reformerischen und kommunikativen Wirkungen.[15] Diese liegen zunächst darin, dass für das behandelte Thema ein „agenda setting" erreicht wird, d.h. eine Konkretisierung der Handlungsfelder und Maßnahmen, die zur Behebung eines bestehenden Defizites erforderlich sind. Ausgangspunkt sind dabei die Erfahrungen und Expertisen, über welche die Wettbewerbs-teilnehmer bereits verfügen, denn schließlich sollen gerade praxisgeprüfte und nachhaltig erfolgreiche Methoden identifiziert werden. Die Bestandsaufnahme der verschiedenen Herangehensweisen führt zu einem Überblick des „state of the art", also denkbarer Lösungsmodelle, die bereits erfolgreich angewandt werden.

Darüber hinaus eignet sich ein Best Practice-Wettbewerb aber auch zur Lösung neuer und bislang kaum beantworteter Fragestellungen, also für „junge Themen". Er verfolgt dann primär das Ziel, ein Thema überhaupt in der gesellschaftlichen, politischen etc. Diskussion zu etablieren, Problembewusstsein zu schaffen und zugleich die Entwicklung von Modellen zur Lösung der jeweiligen Problemlage anzuregen.

> **Beispiel:**
> Der Stifterverband für die Deutsche Wissenschaft verfolgt das Ziel, zur strukturellen Verbesserung des Hochschulwesens beizutragen, indem er auf einen allmählichen Umbau von einem System staatlicher Steuerung hin zu einer dynamischen Wettbewerbsstruktur hinwirkt. Er nutzt das Instrument des Best Practice – Wettbewerbes in diesem Zusammenhang beispielsweise in seinem hochschulpolitischen Programm „Akademisches Personalmanagement", um für Hochschulen Anreize zu setzen, innovative und wissenschaftsadäquate Modelle des Personalmanagements zu entwickeln. Bislang haben nur sehr wenige Hochschulen überhaupt Konzepte für ein professionelles Personalmanagement, so dass es Zweck des Wettbewerbs war, das Thema überhaupt erst in der Diskussion zu etablieren.

9 Im Folgenden sollen einige Hinweise zu den in der Praxis entscheidenden Erfolgsfaktoren eines Best-Practice-Wettbewerbes gegeben werden.[16] Voraussetzung ist zunächst, dass der Wettbewerb bei den beteiligten Institutionen, in der Politik und in der Öffentlichkeit eine ausreichende Resonanz findet. Nur dann ist eine fruchtbare Auseinandersetzung mit seinen Themen und Ideen gewährleistet. Weiter ist notwendig, dass die Teilnehmer bereit sind, durch den Wettbewerb zu lernen und ihre Organisation weiterzuentwickeln. Bei der Entwicklung der Bewertungsmaßstäbe muss sorgfältig darauf geachtet werden, dass diese angemessen sind: Zu niedrige Hürden stören den Wettbewerb ebenso wie zu hohe. Denn gerade bei einer zu rigiden und strengen Definition der Messlatte kann es geschehen, dass besonders innovative und originelle Vorschläge aus dem Raster fallen und den Wettbewerb nicht mehr bereichern können. In diesem Zusammenhang ist es für die ausrichtende Stiftung eine besonders anspruchsvolle Aufgabe, in einem ständigen Dialog mit den Teilnehmern zu bleiben und die Bewertungsmaßstäbe – gleichsam induktiv – laufend auf ihre Angemessenheit zu prüfen und erforderlichenfalls anzupassen. Schließlich muss durch eine nachfolgende Evaluation sichergestellt werden, dass das ausgelobte Preisgeld zweckmäßig und effizient zur Umsetzung des Best Practice-Modells eingesetzt wird. Und am Ende des Wettbewerbs müssen dessen Ergebnisse und Beurteilungsergebnisse so publiziert oder anderweitig verbreitet werden, dass der Ausstrahlungseffekt und die Möglichkeit eines externen Nutzens durch Nachahmung des Nachahmenswerten gewährleistet sind. Die Höhe des Preisgeldes ist für den Erfolg des Wettbewerbes vergleichsweise unwichtig. Viel entscheidender ist der Gewinn an Ansehen, der für die Teilnehmer mit einer erfolgreichen Bewerbung verbunden ist. Letzteres setzt natürlich eine professionelle Kommunikationsstrategie

---

13 Schedler, K./Proeller, I., New Public Management, Bern 2003.
14 Frank Ziegele/Yorck Hener, Benchmarking in der Hochschulpraxis, in: Benz/Kohler/Landfried (Hg.), Handbuch Qualität in Studium und Lehre, Berlin 2006, Teil E 7.2.
15 Volker Meyer-Guckel a.a.O. S. 1.
16 In Anlehnung an Volker Meyer-Guckel, a.a.O. S. 12 ff.

voraus, so dass der Gewinner des Wettbewerbs tatsächlich eine angemessene Publicity erhält und die „Leuchtturm"-Funktion wahrnehmen kann.

V. „Design" und Abwicklung der Tätigkeit von Förderstiftungen

1. Die Formulierung von Fördergrundsätzen

Stiftungen, die nicht über feste Destinatäre verfügen, sondern Anträge annehmen, entwerfen Richtlinien für die Fördertätigkeit, um diese zu veröffentlichen und insbesondere potentiellen Antragstellern zugänglich zu machen. Sie formulieren darin die Grundsätze, nach denen sie ihre satzungsmäßigen Ziele verfolgen. Selbstverständlich dürfen die Fördergrundsätze nicht den Satzungsbestimmungen widersprechen. Mit der Formulierung und Veröffentlichung von Fördergrundsätzen verfolgen Stiftungen im Wesentlichen drei Ziele:

Gründe für die Veröffentlichung von Fördergrundsätzen:
1. Definition des Stiftungsprofils,
2. Steuerung der Qualität und Quantität von Anträgen,
3. Verbesserung und Vereinfachung der Antragsbearbeitung.

Die Definition des Stiftungsprofils dient dabei sowohl der Selbstvergewisserung über die eigenen Ziele als auch der Verbesserung der Kommunikation der Zielsetzung der Stiftung nach außen. Dies erhöht die Chancen bei der Einwerbung von Spenden und Zustiftungen und ist damit ein wichtiges Element einer Fundraisingstrategie.[17] Darüber hinaus kann die Veröffentlichung von Fördergrundsätzen – etwa auf der Internetseite der Stiftung, in einer Broschüre o.ä. – helfen, die Qualität und Quantität von Förderanträgen zu steuern. Eine unspezifische PR-Aktivität kann zu einer höheren Anzahl von qualitativ minderwertigen Anträgen führen als eine ausgedehnte Öffentlichkeitsarbeit, die eindeutige Förderbedingungen kommuniziert. Denn potentielle Antragsteller erfahren hierdurch wesentlich eindeutiger als bei der Lektüre der Stiftungssatzung, welche Vorhaben die Stiftung unterstützt und welche nicht. Weiter können in Förderrichtlinien Hinweise dazu gegeben werden, in welcher Form und in welchem Verfahren Anträge gestellt werden können. Auch dies hilft Interessenten zu erkennen, ob ihr Antrag Erfolgsaussichten hat, wie sie ihn formulieren sollen, welche Anlagen sie beifügen müssen, wann mit einer Entscheidung zu rechnen ist etc. Dadurch werden sowohl Antragsteller als auch die Stiftungsadministration vor zeit- und kostenintensiven Antragsverfahren aufgrund unvollständiger Anträge oder Anträgen für nicht förderbare Vorhaben etc. geschützt. Diese, die Anzahl der Anträge begrenzende Funktion von Förderrichtlinien, wird in der Zukunft voraussichtlich noch an Bedeutung gewinnen. Aufgrund der zunehmenden Einrichtung von Stiftungsregistern bei Stiftungsaufsichtsbehörden, der vermehrten öffentlichen Berichterstattung über das Stiftungswesen und dem Rückzug des Staates aus einigen Tätigkeitsbereichen werden Stiftungen mit einem erhöhten Antragsaufkommen zu rechnen haben.

Die Formulierung von Fördergrundsätzen hat neben diesen Entlastungsfunktionen noch einen weiteren Vorteil: Die Stiftungsgremien erhalten objektivere Maßstäbe, um über Anträge zu entschei-

---
17 Näher hierzu unten, Rn. 37.

den.[18] Das kann die Ablehnung von ungeeigneten Anträgen erleichtern und führt durch eine erhöhte Überzeugungskraft auch zu einer gesteigerten Akzeptanz bei dem Antragsteller.

Ein formalisiertes Verfahren erhöht die Legitimität der Bewilligung oder Verweigerung einer Förderung, denn die Gefahr von Willkürentscheidungen, d.h. Entscheidungen, die sich nicht an zulässigen Sachkriterien orientieren, wird beschränkt.[19] Dies spielt insbesondere bei öffentlich-rechtlichen Stiftungen eine große Rolle, da ihre Entscheidungen einer verwaltungsgerichtlichen Kontrolle unterliegen. Hier würde ein Verstoß gegen das öffentlich-rechtliche Willkürverbot sowie auf Ermessensfehlerfreiheit der Entscheidung geprüft.[20] Antragsteller haben bei öffentlich-rechtlichen oder sonst (z.B. aufgrund einer Ausstattung mit öffentlichen Mitteln) an öffentlich-rechtliche Vorschriften gebundene Stiftungen zwar keinen Anspruch auf Leistung, aber nach Art. 3 Abs. 1 GG einen Anspruch auf Gleichbehandlung mit anderen Antragstellern. Diese kann durch eine Orientierung an objektiven Maßstäben gewährleistet werden, die in Förderrichtlinien enthalten sind.[21]

Stiftungen privaten Rechts, die nicht an öffentlich-rechtliche Normen gebunden sind, genießen die in Art. 2 Abs. 1 GG verbürgte Privatautonomie. Ihre Antragsteller können Förderentscheidungen daher nicht mit Aussicht auf Erfolg angreifen, wenn sie sich auf eine ermessensfehlerhafte Entscheidung bzw. eine ungleichförmige Anwendung der Förderrichtlinien berufen.[22]

11 Im Folgenden werden zweckmäßige und häufig in Förderrichtlinien enthaltene Regelungsbereiche aufgeführt:

Wichtige Regelungsbereiche von Förderrichtlinien:

1. Gefördertes Sachgebiet, z.B. Förderung der Medizinwissenschaft nur auf dem Gebiet der Dialyseforschung,
2. Mögliche Förderinstrumente, z.B. nur Druckkostenbeihilfen, aber keine Stipendien,
3. Einschränkung des Kreises möglicher Förderungsnehmer, z.B. nur Studenten und Studenten eines bestimmten Bundeslandes,
4. Kriterien für die Förderungswürdigkeit, z.B. Übernahme von Druckkosten nur für Dissertationen, die mit summa cum laude bewertet wurden,
5. Limitierung des Umfangs der Förderung, z.B. bei Stiftungsprofessuren nur Personal-, aber keine Sachkosten,
6. Bedingungen für die Förderung, z.B. der Antragsteller muss weitere Förderer finden. Geläufig ist auch: Druckkostenzuschuss nur dann, wenn der Antragsteller zuvor Stipendiat der Stiftung war. Zweckmäßig kann auch sein: Förderung nur von Vorhaben, die noch nicht begonnen wurden oder gar abgeschlossen sind.
7. Befristung der Förderung, z.B. die Stiftung darf einen Antragsteller für maximal 5 Jahre unterstützen,
8. Form der Antragstellung, z.B. nur schriftlich, Nutzung bestimmter Formulare, erforderliche Anlagen (Zeugnisse etc.),
9. Evtl. Angabe von Stichtagen, z.B. für die Antragsbearbeitung innerhalb einer bestimmten Frist werden nur Anträge bis zum jeweiligen Quartalsende berücksichtigt.

---

18 Hieraus ergibt sich, dass Förderrichtlinien nur dann zweckmäßig sind, wenn ein Gremium zur Verfügung steht, welches ihre Einhaltung kontrollieren kann.
19 Fokke Peters, Praxis der Entwicklung von Fördergrundsätzen, in: Rupert Graf Strachwitz/Florian Mercker (Hg.), Stiftungen in Theorie, Recht und Praxis – Handbuch für ein modernes Stiftungswesen, Berlin 2005, S. 735 ff. (736).
20 OVG Münster, Urteil vom 23.06.2004, in: ZSt 11/2004, S.312 ff. (314).
21 BverfGE 40, S. 237 ff. (254).
22 Seifart/v. Campenhausen, § 8 Rn. 143; Fokke Peters, a.a.O., S. 737.

10. Weitere Angaben zum Entscheidungsverfahren, z.B. ob der Eingang des Antrags bestätigt wird, ob die Unterlagen im Falle der Ablehnung bei der Stiftung verbleiben, ob mehrfache Antragstellung zulässig ist etc.,
11. Gegenleistung des Geförderten, z.B. Wunsch nach einem angemessenen Hinweis auf den Druckkostenzuschuss im Vorwort der geförderten Doktorarbeit. Regelmäßig wird eine Dokumentation der Mittelverwendung verlangt.

Bei der Ausformulierung der Förderrichtlinien sind einige allgemeine Regeln zu beachten. Zunächst ist im Sinne einer weitgehenden Transparenz, Verständlichkeit und Rechtssicherheit darauf zu achten, dass die Sprache präzise, knapp und deutlich ist. Die Regelungen sollten nicht über Gebühr ins Detail gehen, damit die Förderrichtlinien möglichst alterungsbeständig sind. Zugleich sollte das Vokabular nicht zu technisch und formalistisch, sondern möglichst eingängig sein, damit die Förderrichtlinien als ein Instrument der strategischen Kommunikation nutzbar bleiben. Schließlich sollte der Grad an Komplexität und Formalisierung in einem angemessenen Verhältnis zur Größe der Stiftung stehen: Förderrichtlinien sollen die Stiftungstätigkeit nicht durch übermäßige Bürokratie behindern, sondern im Gegenteil durch eine Vereinfachung der Administration erleichtern.

Bei den einzelnen Regelungen sind einige inhaltliche Besonderheiten zu berücksichtigen. So kann es hilfreich sein, zur Definition des Sachgebietes und der möglichen Instrumente einen möglichst plastischen Positiv- und Negativkatalog zusammenzustellen. Solche Beispiele können potentiellen Antragstellern besser verdeutlichen, ob ihr Antrag Erfolgsaussichten hat als abstrakte Formulierungen.

Bei der Eingrenzung des Kreises möglicher Destinatäre müssen bei gemeinnützigen Stiftungen die Anforderungen der Abgabenordnung beachtet werden: Nach § 52 Abs. 1 Satz 1 AO verfolgt eine Körperschaft nur dann gemeinnützige Zwecke, wenn ihre Tätigkeit darauf gerichtet ist, die „Allgemeinheit" zu fördern. Was für die Stiftungssatzung gilt, muss auf die Förderrichtlinien als Ausgangspunkt der tatsächlichen Geschäftsführung übertragen werden (§ 59 AO: „…; die tatsächliche Geschäftsführung muss diesen Satzungsbestimmungen entsprechen."). Die Allgemeinheit in diesem Sinne wird nach § 52 Abs. 1 Satz 2 AO nicht gefördert, *„wenn der Kreis der Personen, dem die Förderung zugute kommt, fest abgeschlossen ist, zum Beispiel Zugehörigkeit zu einer Familie oder zur Belegschaft eines Unternehmens oder infolge seiner Abgrenzung, insbesondere nach räumlichen oder beruflichen Merkmalen, dauernd nur klein sein kann."*. So würde eine Förderrichtlinie beispielsweise gegen § 52 Abs. 1 AO verstoßen, wenn die Gruppe der Destinatäre nach Kriterien eingegrenzt wird, die sich nicht am gemeinnützigen Zweck selbst, sondern an sachfremden Kriterien orientiert.[23] Dasselbe gilt, wenn die Gruppe möglicher Destinatäre dauerhaft nur klein sein kann – es sei denn, der Kreis ist nur zufällig tatsächlich klein, stellt aber grundsätzlich einen Ausschnitt der Allgemeinheit dar.[24] Dies ist im Einzelfall zu beurteilen.[25]

Bei der Regelung etwaiger Gegenleistungen der oder des Geförderten stellt sich die Frage der Vereinbarkeit mit dem Grundsatz der „Selbstlosigkeit" aus § 52 Abs. 1 Satz 1 AO. Danach ist das Handeln der Stiftung nur dann steuerbegünstigt, wenn die Stiftung hierdurch nicht in erster Linie eigenwirtschaftliche Zwecke verfolgt. Dies wäre der Fall, wenn die Stiftung im Streben nach eigenem Nutzen und in Ansehung eines Anspruchs auf eine bestimmte Gegenleistung tätig würde.[26] Denn Selbstlosigkeit ist geprägt durch uneigennütziges, altruistisches Handeln zum Wohle Dritter.[27] Dabei reduziert § 55 AO die Selbstlosigkeit allerdings allein auf den materiellen Eigennutz, so dass die von den

---
23 Johannes Buchna, Gemeinnützigkeit im Steuerrecht, S. 35.
24 Lothar Pues/Walter Scheerbarth, Gemeinnützige Stiftungen im Zivil- und Steuerrecht, 2. Aufl., München 2004, S. 105.
25 Vgl. Wallenhorst in Troll/Wallenhorst/Halaczinsky, Die Besteuerung gemeinnütziger Vereine, Stiftungen und der juristischen Personen des öffentlichen Rechts, 5. Aufl. München 2004, Kap. D Rn. 38.
26 Wallenhorst in Troll/Wallenhorst/Halaczinsky, Die Besteuerung gemeinnütziger Vereine, Stiftungen und der juristischen Personen des öffentlichen Rechts, Kap. C 60.
27 Armin Pahlke/Ulrich König (Hg.), Abgabenordnung Kommentar, München 2004, § 55 Rn. 4.

Beteiligten erstrebten ideellen Vorteile unschädlich sind.[28] Daraus ergibt sich, dass der bloße Wunsch der Stiftung, als Förderer genannt zu werden, keinen Verstoß gegen den Grundsatz der Selbstlosigkeit darstellt. Anders zu bewerten wäre beispielsweise eine Klausel, nach der die Unterstützung eines wissenschaftlichen Projektes mit der Verpflichtung verbunden ist, alle Rechte an Forschungsergebnissen auf die Stiftung zu übertragen.

In Förderrichtlinien werden regelmäßig Berichtspflichten der Destinatäre gegenüber der Stiftung statuiert. Dies kann mehreren Zwecken dienen. Zunächst ermöglichen sie es der Stiftung, die Effektivität der Fördermaßnahme zu evaluieren, was wichtig für den laufenden Lernprozess bei der Suche nach geeigneten Maßnahmen und Destinatären ist. Zudem stellen Berichte über erfolgreiche Fördermaßnahmen hervorragende Quellen für die Öffentlichkeitsarbeit der Stiftung dar. Indem sie z.B. in Jahresberichten behandelt werden, kann die Stiftung ihr Profil schärfen, ihre zielführende Stiftungsstrategie unter Beweis stellen und damit im Ergebnis potentielle Spender und Zustifter überzeugen. Für gemeinnützige Stiftungen ist darüber hinaus ein weiterer Punkt von zentraler Bedeutung: Die Stiftung ist nach § 63 Abs. 3 AO dazu verpflichtet, gegenüber dem Finanzamt durch Vorlage ordnungsgemäßer Aufzeichnungen über Einnahmen und Ausgaben den Nachweis darüber zu führen, dass ihre tatsächliche Geschäftsführung den Anforderungen von Stiftungssatzung und Abgabenordnung entspricht. Sie ist in diesem Zusammenhang darauf angewiesen, dass ihre Destinatäre angemessen darüber Bericht erstatten, wie die Stiftungsmittel verwandt wurden. Form, Inhalt und Umfang dieses Berichts sollten in den Förderrichtlinien beschrieben werden, damit sich der Antragsteller darauf einstellen und erforderliche Informationen rechtzeitig sammeln und fixieren kann.

Schließlich enthalten Förderrichtlinien häufig Stichtage für die Einreichung von Anträgen. Hierbei muss abgewogen werden zwischen der damit bezweckten Verwaltungsvereinfachung und dem Einfluss auf die Qualität der Anträge. Grundsätzlich sind Stichtage zweckmäßig, wenn z.B. umfangreich besetzte Gremien über die Anträge entscheiden, denn sie tagen in der Regel nicht ständig, sondern in einem festgelegten Turnus. Die Antragsteller wissen dann, dass mit einer Entscheidung über den Antrag erst eine bestimmte Zeit nach dem jeweiligen Stichtag zu rechnen ist. Diese Vorgehensweise erleichtert es auch der Stiftung, die Qualität der eingehenden Anträge zu vergleichen, da zu Stichtagen in der Regel mehr Anträge gleichzeitig vorliegen, als wenn die Stiftung laufend Anträge entgegennimmt. Die Praxis zeigt allerdings auch Nachteile der Stichtagsregelung: Zuweilen leidet die Qualität der Anträge daran, dass Antragsteller ihre Anträge der Stiftung nicht erst dann einreichen, wenn sie ausgereift sind, sondern unter dem Zeitdruck, den nächsten Stichtag einzuhalten. Zwischen diesen Gesichtspunkten muss im Einzelfall unter Berücksichtigung der Größe der Stiftung und der Anzahl der zu bearbeitenden Anträge abgewogen werden. Eine angemessene Gestaltung der Förderrichtlinien hat dann den individuellen Gegebenheiten der Stiftung Rechnung zu tragen.

2. Abwicklung einer Förderung

a) Akquisition von Anträgen

14   Gemeinnützige Stiftungen müssen ihre Mittel den satzungsmäßigen, steuerbegünstigten Zwecken zuführen. Das bedeutet, dass sie darauf angewiesen sind, entsprechende Anträge zu erhalten. Die Destinatäre einer Stiftung sind also nicht Bittsteller, denen die Stiftungsorgane großzügig eine Leistung zuteil kommen lassen, sondern unverzichtbare Partner bei der Aufgabe, den Stiftungszweck zu verwirklichen. Daraus ergibt sich für Stiftungen die Notwendigkeit, taugliche Anträge zu akquirieren. Bei Stiftungen, deren Existenz öffentlich ohnehin weitgehend bekannt ist, liegt der Schwerpunkt

---

28 Finanzgericht Hamburg, EFG 1986, S. 516.

der Akquisition nicht darin, die Stiftung noch weiter in das allgemeine öffentliche Bewusstsein zu rücken, sondern zielgerichtet genau dort aktiv zu werden, wo sie besonders erfolgversprechende Antragsteller vermuten.

Als Instrumente der Antragsakquisition dienen in erster Linie Ausschreibungen. Diese können als Annoncen in den Publikationen geschaltet werden, die von der gewünschten Zielgruppe gelesen werden, also bei der Förderung wissenschaftlicher Projekte in einem entsprechenden Fachmagazin. Soll der Kreis der Antragsteller regional begrenzt werden, sind auch Aushänge, z.B. in Schulen, Universitäten etc., geeignet. Ist die Stiftung ohnehin in den zu adressierenden Kreisen ausreichend bekannt, kommt eine Ausschreibung auf der stiftungseigenen Internetseite in Betracht. Bei besonders speziellen Förderprojekten mit nur wenigen potentiellen Destinatären ist ein zielgerichteter Versand von Informations- und Antragsunterlagen – z.B. auch per Email – zweckmäßig.

b) Antragsprüfung und Entscheidung

Bei Eingang eines Antrags muss die Stiftung zuerst prüfen, ob er den Anforderungen einer eventuell vorhandenen Förderrichtlinie genügt, beispielsweise ob die Formvorschriften eingehalten und alle notwendigen Anlagen beigefügt wurden.

Sodann ist zu klären, ob der Antragsteller alle allgemeinen Kriterien erfüllt, die nach der Ausschreibung in der Person vorliegen müssen (z.B. geographische Herkunft, Geschlecht, akademischer Abschluss etc.).

In einem nächsten Schritt ist der Antrag unter inhaltlichen Aspekten zu betrachten, also ob er thematisch in das ausgeschriebene Förderprogramm passt. Wurde beispielsweise eine Druckkostenhilfe für eine rechtshistorische Habilitation ausgeschrieben, könnten bereits an dieser Stelle Anträge abgelehnt werden, die sich auf die Förderung einer rechtssoziologischen Arbeit beziehen.

Gegebenenfalls kann der Antrag nun dahingehend begutachtet werden, ob der Antragsteller die mit dem Projekt verbundenen Herausforderungen voraussichtlich bewältigen kann. Seine Qualifikation und die Beschreibung seines Vorhabens stellen dafür wesentliche Gesichtspunkte dar.[29] Bei dieser komplexen Fragestellung kann die Einbeziehung externer Experten erforderlich sein, z.B. in der Form der Erstellung von Gutachten über die Projektkonzeption und Interviews mit dem Antragsteller.[30] Auf der Grundlage der Gesamtbetrachtung aller zu bescheidenden Anträge kann die Stiftung dann – entweder durch ihre Organe oder ein externes Entscheidungsgremium – feststellen, welcher der grundsätzlich förderungswürdigen Antragsteller der geeignetste ist.

In Abhängigkeit von der Größe der Stiftung sowie der Anzahl und der Komplexität der eingegangenen Förderanträge kann eine arbeitsteilige Antragsprüfung erforderlich sein. Es muss jedoch gewährleistet werden, dass das mit der Prüfung befasste Personal über die zur Erfüllung ihrer Aufgabe erforderlichen fachlichen Kenntnisse verfügt.

Das Prüfungsverfahren ist mit der Mitteilung an den Destinatär abzuschließen, dass seinem Antrag stattgegeben wurde. Häufig erfolgt diese unter der Einschränkung, dass die Förderung zwar grundsätzlich übernommen werden kann, für die endgültige Bewilligung jedoch auf Seiten des Destinatärs noch einige Voraussetzungen erfüllt werden müssen. Beispielsweise sind Zustimmungen Dritter einzuholen, Unterlagen nachzureichen oder die Kostenplanung zu präzisieren. In diesen Fällen sollten eindeutige Fristen gesetzt werden, so dass die Stiftung die Bewilligung notfalls einem anderen Kandidaten erteilen und ihre Stiftungsmittel in der steuerrechtlich gebotenen Frist dem Satzungszweck entsprechend ausschütten kann.

---

29 Hagen Hof/Maren Hartmann/Andreas Richter, Stiftungen: Errichtung, Gestaltung, Geschäftstätigkeit, München 2004, S. 124.
30 Näher Wilhelm Krull, Auswahl des Besten, in: Stiftung&Sponsoring 2/2001, S. 12 ff.

Weitere zweckmäßige – und bestenfalls vor der Auszahlung schriftlich von Stiftung und Destinatär zu vereinbarende – Inhalte der Bewilligung betreffen Zweck, Betrag und Zeitraum der Förderung, eventuelle Auflagen und Berichtspflichten sowie – bei einer Leistung in Raten – einen Zahlungsplan, Hinweise zur technischen Abwicklung sowie Angaben darüber, welche Folgen eine nicht planmäßige Durchführung des geförderten Projektes haben kann.[31]

c) Ausgestaltung der Förderung und Berichtspflichten

17 Die Beziehung zwischen Stiftung und Destinatär kann in Abhängigkeit von der Zahl der geförderten Personen und der Größe des Projektes mehr oder weniger individuell ausgestaltet sein. Allgemein gültige Aussagen darüber, wie diese Beziehung ausgestaltet sein sollte, sind deshalb kaum möglich. Idealerweise geht sie über die reine Abwicklung der finanziellen Zuwendung hinaus und umfasst beispielsweise auch inhaltliche Unterstützung, Vermittlung von Kontakten oder Hilfe bei der Einwerbung zusätzlicher Mittel.[32]

Hinsichtlich der finanziellen Zuwendung sind in Bezug auf die mit der Gemeinnützigkeit der Stiftung zusammenhängenden steuerrechtlichen Aspekte sowie auf das bei finanziell und zeitlich aufwendigen Projekten erforderliche laufende Controlling einige Punkte zu beachten. Sie betreffen den Umfang der Förderung sowie die Möglichkeit des Nachweises der dem gemeinnützigen Satzungszweck entsprechenden Mittelverwendung durch die Stiftung. Letzteres setzt voraus, dass der Destinatär seine Berichtspflichten erfüllt. Generell ist jedoch zu berücksichtigen, dass der Geförderte nicht mit unangemessen weitgehenden Berichtspflichten belastet werden sollte. Die Stiftung kann zwar Informationen über erfolgreiche Förderprojekte durchaus gewinnbringend für Zwecke der Öffentlichkeitsarbeit und des Fundraisings – etwa als Bestandteil ihrer Jahresberichte – verwenden, allerdings gilt es, ein gewisses Augenmaß walten zu lassen. Der Destinatär sollte nicht dazu gezwungen sein, mit hohem Aufwand Informationen zu liefern, welche die Stiftung möglicherweise gar nicht verarbeiten kann.[33]

Zwingend ist hingegen die Lieferung der Informationen, welche die Stiftung benötigt, um ihre Pflicht zum Nachweis der satzungsmäßigen Mittelverwendung nach § 63 Abs. 3 AO erfüllen zu können. Dies erfordert eine ordnungsgemäße Aufzeichnung der Ausgaben. Es gelten insoweit die §§ 145 ff. AO, wo insbesondere die Aufbewahrungsfristen angeordnet sind. Nach § 147 Abs. 3 Satz 1 AO sind Unterlagen, die für die Besteuerung von Bedeutung sind (u.a. Bücher, Aufzeichnungen und Buchungsbelege), zehn Jahre lang aufzubewahren.

Welche Nachweise aufzubewahren sind, hängt von der Art der Förderung und der Art des Destinatärs ab. Grundsätzlich gehören jedoch die Buchungsunterlagen über alle Zahlungen an Destinatäre dazu.

18 Ist der Empfänger eine Einzelperson und dient die Förderung deren Unterstützung beim allgemeinen Lebensunterhalt (Stipendium), ist kein weiterer Verwendungsnachweis durch den Stipendiaten erforderlich. Anders verhält es sich, wenn die Zuwendung zweckgebunden erfolgt, z.B. in Form eines Druckkostenzuschusses. Dann muss die Verwendung gerade für diesen Zweck nachgewiesen werden. Dasselbe gilt bei Zuwendungen an alle privaten Organisationen. Auch hier sind Nachweise über die satzungsgemäße Verwendung der Mittel in Form von Beleg- und Quittungskopien notwendig.

Anders verhält es sich dann, wenn der Destinatär selbst als gemeinnützig anerkannt ist. Soweit die Stiftung im Rahmen des § 58 Abs. 2 AO den nicht überwiegenden Teil ihrer Mittel – oder aber auf-

---

31 Dirk Eilinghoff/Christian Meyn/Karsten Timmer, Ratgeber Stiften Bd. 2: Strategieentwicklung – Förderprojekte – Öffentlichkeitsarbeit, Gütersloh 2004, S. 57 f. Hilfreiche Muster von Förderzusagen bzw. Förderverträgen finden sich unter www.ratgeber-stiften.de.
32 Dirk Eilinghoff/Christian Meyn/Karsten Timmer, a.a.O., S. 60.
33 Dirk Eilinghoff/Christian Meyn/Karsten Timmer, a.a.O., S. 63.

grund ausdrücklichen Satzungsauftrags mehr als die Hälfte ihrer Mittel – an einen solchen Destinatär zahlt, genügt ein Nachweis über dessen Gemeinnützigkeitsstatus. Dies kann durch Vorlage eines Freistellungsbescheides erbracht werden.

Leistet eine Stiftung Zuwendungen an eine öffentliche Körperschaft, muss durch Einzelbelege nachgewiesen werden, dass diese die Mittel tatsächlich für steuerbegünstigte Zwecke verwendet.

Ist eine Förderung im Ausland geplant, empfiehlt es sich, vor Beginn der Förderung mit dem zuständigen Finanzamt Rücksprache zu halten, welche Anforderungen an den Nachweis der Mittelverwendung gestellt werden.

Art der Maßnahme	Anforderungen an den Nachweis der Mittelverwendung
1. Unmittelbare Förderung	
a) Beihilfen (z.B. Sachbeihilfen, Tagungsbeihilfen, Reisebeihilfen, Druckbeihilfen)	Sachbericht, ggf. auch Zwischenberichte, rechnerischer Verwendungsnachweis mit Originalbelegen.
b) Stipendien (Forschungsstipendien, Aus- und Weiterbildungsstipendien)	Sachbericht, i.Ü. keine Einzelbelege. Ausnahme: Nicht pauschalierter Sachkostenanteil, hier wie 1a.
c) Preise (an Institutionen oder Einzelpersonen)	Körperschaftsteuer-Freistellungsbescheid der ausgezeichneten Institution. Ist diese öffentlich-rechtlich: Zuwendungsbestätigung. Bei Einzelpersonen: Keine.
d) Projekt mittels Hilfsperson	Die Hilfsperson muss vertraglich zur Abrechnung und zur Überlassung von Originalbelegen verpflichtet werden.
2. Mittelbare Förderung	
a) Institutionelle Förderung (Förderung einer gemeinnützigen Einrichtung oder einer öffentlich-rechtlichen Körperschaft zur freien Verwendung)	Zuwendungsbestätigung.
b) Institutionelle Förderung mit Projektbezug (wie oben, aber die Förderung ist zweckgebunden)	Zuwendungsbestätigung und Sachbericht über das geförderte Projekt.
3. Auslandsförderung	Nach § 90 Abs. 2 AO besondere Nachweis- und Beweispflichten. Einzelfallentscheidung der Finanzbehörde. In der Regel: Originale abgeschlossener Verträge mit Übersetzung, Belege über Mittelabfluss bei Stiftung sowie Empfang im Ausland, Projektbericht, ggf. sonstige Nachweise (Veröffentlichungen, Berichterstattung über das Projekt, Gutachten etc.).

B. Strategien der Öffentlichkeitsarbeit

I. Aufgabe der Öffentlichkeitsarbeit von Stiftungen

19 Das oberste Ziel der Öffentlichkeitsarbeit von Stiftungen ist es, die Erfüllung des Stiftungszwecks zu unterstützen. Daraus leitet sich ab, an wen, warum, in welchem Umfang und mit welchen Instrumenten welche Botschaften kommuniziert werden müssen.

Für operative Stiftungen kann dies beispielsweise bedeuten, dass sie eine besonders offensive Kommunikationsstrategie verfolgen müssen, um ihre Ziele nachhaltig im öffentlichen Bewusstsein zu verankern und etwas zu bewegen. Am deutlichsten wird dies für „think tanks", die es als ihre Aufgabe betrachten, Expertenwissen zu bündeln und ihren Einfluss durch Kommunikation von Argumenten und Informationen auszuüben.[34] Bei ihnen ist Öffentlichkeitsarbeit nicht nur Darstellung der Stiftungstätigkeit, sondern deren Herzstück. Für Stiftungen, die auf Spenden und Zustiftungen angewiesen sind, erfüllt die Öffentlichkeitsarbeit primär den Zweck, bei potentiellen Geldgebern um Vertrauen und Unterstützung zu werben. Förderstiftungen nutzen ihre Öffentlichkeitsarbeit schließlich auch, um durch die Akquisition geeigneter Anträge die Ausschüttung von Stiftungsmitteln und damit die Erfüllung des Stiftungszwecks zu ermöglichen. Gemeinnützige Stiftungen, die sich ihrer aus der Steuerbegünstigung erwachsenden Verantwortung gegenüber der Gemeinschaft der Steuerzahler bewusst sind, nutzen die Öffentlichkeitsarbeit zudem als Instrument der Rechenschaft und Legitimation.[35]

Die wenigsten Stiftungen kommunizieren planvoll und strategisch durchdacht; von professioneller Öffentlichkeitsarbeit ist die Mehrzahl der Stiftungen weit entfernt.[36] Aufgrund der Befürchtung, durch eine offensivere Berichterstattung könnten waschkörbeweise Anträge auf sie zukommen, verpassen Stiftungen die Chancen einer guten Kommunikation, nämlich insbesondere die aktive Steuerung der angemessenen Qualität und Quantität von Anträgen.

II. Entwicklung einer Kommunikationsstrategie

1. Grundvoraussetzung jeder Kommunikationsstrategie: Das „mission statement"

20 Am Anfang einer Kommunikationsstrategie steht die Definition dessen, was die Stiftung verkörpern will: ihr „Leitbild" bzw. „mission statement", zuweilen auch als „Philosophie" bezeichnet. Denn Außenwirkung kann nur erreichen, wer klar profiliert und positioniert ist: Wer sind wir? Wo stehen wir? Was wollen wir? Wohin wollen wir? Wie wollen wir gesehen werden? Was müssen wir anderen bewusst machen?[37] Die Antworten auf diese Fragen gehen ersichtlich weit über den satzungs-

---

[34] Roland Kaehlbrandt, Öffentlichkeitsarbeit für Stiftungen, in: Bertelsmann Stiftung (Hg.), Handbuch Stiftungen: Ziele – Projekte – Management – Rechtliche Gestaltung, 2. Aufl. Wiesbaden 2003, S. 439 ff. (444).
[35] Ähnlich Helmut Anheier, Zukunftsinvestitionen in die Gesellschaft. Renaissance des Stiftungswesens, in: Das Parlament 32/33.3.10. August 2001.
[36] Ulrich Brömmling, Transparenz/Öffentlichkeitsarbeit, in: Rupert Graf Strachwitz/Florian Mercker (Hg.), Stiftungen in Theorie, Recht und Praxis – Handbuch für ein modernes Stiftungswesen, Berlin 2005, S. 692 ff. (692).
[37] Klaus Broichhausen (Hg.), Verbandskommunikation – Aus der Praxis für die Praxis: Strategien und Fallbeispiele für den internen und externen Dialog, Frankfurt am Main 1996, S. 25.

mäßigen Zweck der Stiftung hinaus. Das mission statement enthält die Selbstverpflichtung auf die Verfolgung einer bestimmten, aus dem Stifterwillen erarbeiteten Vision sowie zur Stiftungspolitik („policy") in Bezug auf Transparenz, Corporate Governance, Umgang mit Antragstellern und Destinatären etc.[38] Das Leitbild ist zentraler Bestandteil jeder Unternehmenskommunikation. Es ist selbstverständlich an zentraler Stelle auf der Internetseite der Stiftung lesbar, in Jahresberichten und Pressemappen abgedruckt etc. Es gibt die langfristige Zielvorstellung der Stiftung wieder und trifft eine Aussage darüber, mit welcher Strategie diese erreicht werden sollen. Es ist damit Ausdruck der Stiftungskultur und zugleich nach außen und innen gerichtet. Das mission statement erfüllt als zentrale integrationsstiftende Zielvorgabe eine Orientierungsfunktion für die Mitarbeiter der Stiftung („Corporate Behaviour", z.B. Führung, interne Kommunikation und Zusammenarbeit, gemeinsame Ziele und Werte) und zugleich eine Identifikationsfunktion nach außen („Corporate Identity"). Es sollte dabei inhaltlich nicht zu eng formuliert sein, da dies eine Gefahr für die Kreativität, Flexibilität und Offenheit bedeuten würde, welche gerade für Stiftungen besonders wertvoll sind. Insoweit sollte zwischen einem allgemein und knapp gehaltenen und dadurch alterungsbeständigen mission statement und einem „vision statement" unterschieden werden.[39] Letzteres gibt jeweils den aktuellen konkreten inhaltlichen Schwerpunkt der Stiftungsarbeit ausführlich wieder. Das mission statement stellt für die Öffentlichkeitsarbeit einen Rahmen dar, während das vision statement die Grundlage für die zu kommunizierenden Inhalte bietet.

Zur wirkungsvollen Inszenierung des Leitbildes sollte das mission statement auf ein Motto (sog. tag-line) verkürzt werden. So lässt es sich auch für die Aufnahme in ein Logo als Fußzeile jeder Korrespondenz o.ä. nutzen.

> Beispiele für „tag-lines"

„Wir fördern Wissenschaft" (Stifterverband für die Deutsche Wissenschaft)

„Wir stiften Wissen" (VolkswagenStiftung)

„Für eine zukunftsfähige Gesellschaft" (Bertelsmann Stiftung)

„Für Wissenschaft" (Fritz Thyssen Stiftung)

„Forum für Impulse" (Körber-Stiftung)

2. Zielgruppenorientierung

Stehen die Ziele der Stiftung fest, ist die Zielgruppe der Kommunikationsstrategie zu definieren. Diese bemisst sich danach, wer für die Projekte der Stiftung von Bedeutung ist, weil er sie unterstützen, durch sie beeinflusst werden oder sie weitertragen soll. Im Fokus stehen daher Politiker und Vertreter öffentlicher Einrichtungen, Multiplikatoren wie etwa Journalisten, Angehörige einer Gruppe, die gefördert werden soll (Wissenschaftler) sowie nicht zuletzt potenzielle Geldgeber (Privatleute, Unternehmen).

3. Kommunikationsziele

Auf der Grundlage der Stifungsziele und der Zielgruppen müssen sodann Kommunikationsziele definiert werden, d.h. es ist zu fragen, was bei den jeweiligen Zielgruppen in Bezug auf die Stiftungsziele erreicht werden soll. Bei Interessenvertretern wäre beispielsweise ein naheliegendes Ziel,

---

38 Ulrich Brömmling, a.a.O., S. 695.
39 Christian Richter, Der authentische Manager, Frankfurt a.M., 2004, S. 24.

dass jene sich die Stiftungsziele zu eigen machen und sich dafür einsetzen. Bei Multiplikatoren wäre dementsprechend anzustreben, dass sie positiv über die Stiftung berichten etc.

4. Kommunikationsinhalte

24 Schließlich müssen die „Botschaften" definiert werden, d.h. es muss festgelegt werden, wer (Zielgruppe) wofür (Kommunikationsziel) nun was genau (Botschaft) erfahren muss. Bei der Formulierung dieser Botschaften sind die jeweiligen Verständnishorizonte und Bedürfnisse der Zielgruppenvertreter unbedingt zu berücksichtigen.

Zudem muss bedacht werden, dass starke Transparenz und Präsenz kein Selbstzweck sind: Mit allzu vielen Pressemitteilungen, Newslettern etc. kann sich das Phänomen des abnehmenden Grenznutzens einstellen. Mit anderen Worten: Steter Tropfen kann den Stein höhlen, ihn aber auch ertränken.

Schließlich müssen gerade gemeinnützige Stiftungen kritisch hinterfragen, ob zu hohe Investitionen in Öffentlichkeitsarbeit und Werbung bei den Adressaten den Eindruck erwecken können, dass die Stiftung ineffizient arbeitet und mehr Mittel für ihre eigentliche Fördertätigkeit verwenden sollte. Von dieser Situation sind die meisten deutschen Stiftungen allerdings derzeit noch weit entfernt.

5. Bausteine einer erfolgreichen Kommunikationsstrategie

25 Strategische Kommunikation („corporate communication") bedeutet, dass eine Vielzahl von Maßnahmen mit kommunikativer Wirkung aufeinander abgestimmt und an einem übergeordneten Ziel ausgerichtet wird. Wie stark die einzelnen Bausteine genutzt werden müssen, ist selbstverständlich eine Frage des Einzelfalls. Die folgende Liste von Beispielen ist daher weder dogmatisch noch vollständig.

> **Beispiele: Bausteine einer Kommunikationsstrategie**
> - An erster Stelle: Entwicklung eines mission statement
> - Laufend: Entwicklung und Aktualisierung des vision statement
> - Zielgruppenorientierung: Wer muss was in welcher Form worüber erfahren?
> - Richtige Dosierung Informationsmenge – je nach Zielgruppe sowie Größe und Bedeutung von Stiftung und Thema
> - Professionalität in der Ausstattung – Für Materialien (Broschüren, Briefbögen etc.): Geeignetes Corporate Design und dessen konsequente Nutzung[40]
> - Professionalität im Auftritt: Medienvertreter können nicht mit „der" Organisation sprechen, sondern immer nur mit Menschen. Daher: Stiftungsrepräsentanten unter Berücksichtigung ihrer Funktion und Expertise (ggf. nach Themenfeldern) verbindlich definieren, erforderlichenfalls Medienkompetenz optimieren
> - Integration der Öffentlichkeitsarbeit in Stiftungsstrategie und Konzeption jedes einzelnen Programms
> - Abstimmung zwischen Fundraising und Öffentlichkeitsarbeit
> - Kooperationsvereinbarungen mit Verlagen, Druckereien, Agenturen etc. anstreben
> - Die eigene Betriebsblindheit anerkennen und bewußt den Blick von außen suchen: Externe Kommunikationsberater konsultieren
> - Bestmögliche Erreichbarkeit des Pressesprechers für die Medien sicherstellen
> - Bei allem: Das richtige Maß finden – „understatement" kann ebenso falsch sein wie „over the top"

---

40 Näher hierzu Wolf Schmidt, Corporate Design für Stiftungen. Ein mühsamer, aber notwendiger Prozess, in: Stiftung&Sponsoring 5/2002, S. 29 ff.

III. Instrumente der Öffentlichkeitsarbeit

Bei der Frage nach dem richtigen Instrument der Öffentlichkeitsarbeit geht es darum, auf welche Art und Weise die Inhalte bzw. Botschaften den jeweiligen Ziegruppen kommuniziert werden. Dabei kann man unterscheiden zwischen den klassischen Instrumenten der Öffentlichkeitsarbeit, die unmittelbar und offensichtlich der Außendarstellung der Stiftung dienen. Daneben können aber auch andere Kommunikationskanäle dazu genutzt werden, das Image der Stiftung positiv zu beeinflussen. Diese stellen gewissermaßen Instrumente der Öffentlichkeitsarbeit im weiteren Sinne dar. Im Folgenden werden Instrumente der Öffentlichkeitsarbeit im engeren Sinne sowie einige andere Möglichkeiten aufgezählt, mit denen Stiftungen ihre Zielgruppen erreichen können. Dabei gilt es zu bedenken, dass man nie nicht kommunizieren kann und daher jede Form eines Außenkontaktes ein Stück „Öffentlichkeitsarbeit" darstellt.

Klassische Instrumente der Öffentlichkeitsarbeit

- Das persönliche Gespräch
- Persönliche Anschreiben
- Mailings/Newsletter
- Pressemitteilungen
- Pressekonferenzen
- Publikationen: Jahresberichte, Flyer, Zeitschriften, Sonderbeilagen in Tageszeitungen
- Internet (Webseiten, Podcasts etc.)
- „Giveaways": Kugelschreiber mit Stiftungslogo, Mousepads ...
- etc.

Instrumente der Öffentlichkeitsarbeit im weiteren Sinne

- Formulierung und Gestaltung der Ausschreibungen für Förderprogramme
- Beiträge von Stiftungsmitarbeitern in Fachpublikationen
- Namensartikel von Stiftungsrepräsentanten in Tageszeitungen
- Formulierung und Gestaltung von Stellenausschreibungen
- Architektonische Gestaltung der Geschäftsstelle
- Preisklasse und Marke etwaiger Dienstwagen
- Qualität von Visitenkarten und Briefpapier
- Professionelles Beschwerdemanagement[41]
- Aussagekräftige und abgestimmte Grußformel am Telefon
- etc.

Die wichtigste Entscheidung bei der Wahl des Instruments ist die zwischen einer persönlichen oder medialen Ansprache. Dies hängt von der Komplexität der Botschaft, der Anzahl der zu erreichenden Adressaten und natürlich von den vorhandenen Ressourcen ab. Eine persönliche Ansprache ist in der Regel wesentlich erfolgversprechender als eine Ansprache über Medien, denn sie kann individueller gestaltet werden, hinterlässt einen tieferen Eindruck und kann am ehesten die Entstehung von Missverständnissen verhindern. Nachteilig ist, dass dies mit einem hohen Aufwand an Zeit verbunden ist und der erreichbare Adressatenkreis daher beschränkt bleiben muss.

---

[41] Näher hierzu Roland Bender/Julia Schief, Zufriedenheit erhöhen, Kosten minimieren. Beschwerdemanagement – eine Quelle der Qualitätsverbesserung auch in Stiftungen, in Stiftung&Sponsoring 3/2006, S. 28 ff.

Demgegenüber bietet die Ansprache über Medien die Möglichkeit, wesentlich mehr Adressaten zu erreichen. Allerdings entsteht ein hoher Streuverlust und das gewünschte Ziel der Kommunikation kann schlechter erreicht werden.

IV. Erst nach innen, dann nach außen kommunizieren

28 Die Mitarbeiter und Gremienmitglieder einer Stiftung sind deren Repräsentanten. Sie müssen daher grundsätzlich zuerst informiert werden, bevor wesentliche Neuigkeiten an die Öffentlichkeit gelangen.[42] Ansonsten besteht die Gefahr, dass Gremienmitglieder die Setzung neuer Förderschwerpunkte aus der Presse erfahren oder Stiftungsvertretern die eigenen Förderprogramme nicht hinreichend bekannt sind. Dies kann zu peinlichen Situationen für die Betroffenen führen und das Bild einer schlechten internen Kommunikation und Organisation entstehen lassen.

C. Sponsoring bei gemeinnützigen Stiftungen

I. Bedeutung des Sponsoring für Stiftungen

29 Stiftungen haben die Möglichkeit, durch die Einwerbung von Spenden sowie durch den Abschluss von Sponsoringvereinbarungen Mittel zu beschaffen. Damit können sie ihren Stiftungszweck in größerem Umfang als alleine aus den Erträgen des Stiftungsvermögens verfolgen.[43] In diesem Zusammenhang spielen Fragen der Abgrenzung zwischen Zuwendungen in Form von Spenden[44] und Sponsoring eine Rolle, denn beide Einnahmequellen werden steuerlich sowohl auf der Seite des Zuwendenden als auch bei der Stiftung als Zuwendungsempfängerin unterschiedlich behandelt.

II. Abgrenzung von Spenden und Sponsoring

30 Sponsoring unterscheidet sich von einer Spende dadurch, dass es auf einer vertraglichen Vereinbarung zwischen Sponsor und Stiftung beruht, während eine Spende freiwillig und „unentgeltlich", d.h. ohne Gegenleistung gezahlt wird.[45] In der Regel treten Unternehmen als Sponsoren auf, da sie sich aus der Förderung der Stiftung einen Zuwachs an Öffentlichkeitswirksamkeit für sich selbst versprechen. Sponsoring wird in Ziffer 7 des Anwendungserlasses zur Abgabenordnung (AEAO) zu § 64 Abs. 1 (sog. „Sponsoringerlass) wie folgt definiert: „Sponsoring ist die Zuwendung (Geld oder geldwerte Vorteile) eines Unternehmens an eine gemeinnützige Einrichtung zur Verfolgung unternehmensbezogener Ziele, insbesondere der Werbung und Öffentlichkeitsarbeit, aufgrund eines Vertrages". Eine Spende erfolgt zwar juristisch auch auf vertraglicher Grundlage, nämlich der einer Schenkung im Sinne der §§ 516 ff. BGB bzw. im Fall der zweckgebundenen Spende als Auflagenschenkung nach § 525 BGB.[46] Allerdings begründet dieses Rechtsverhältnis keine Leistungspflichten,

---

42 Ulrich Brömmling, a.a.O., S. 697.
43 Zur wirtschaftlichen Bedeutung des Sponsorings siehe Uli Kostenbader, Die Wirtschaft als Stifter, Spender und Sponsor, in: Rupert Graf Strachwitz/Florian Mercker (Hg.), Stiftungen in Theorie, Recht und Praxis – Handbuch für ein modernes Stiftungswesen, Berlin 2005, S. 621 ff.
44 Zum Spendenrecht ausführlich oben, § 5.
45 Andreas Schlüter/Stefan Stolte, Stiftungsrecht, Kapitel 6, Rn. 73 ff., München 2007.
46 MüKo/Koch, 5. Aufl. München 2008, § 516 Rn. 86.

sondern nur ein Recht des Beschenkten, die Spende behalten zu dürfen.[47] Daher ist die Zahlung einer Spende „freiwillig".[48] Im Folgenden werden die wesentlichen Unterschiede zwischen Spenden und Sponsoring grob skizziert.

Spenden und Sponsoring: Die Unterschiede im Überblick		
	Spende	Sponsoring
Motivation des Zuwendenden	Zwecke der Stiftung fördern	Eigene (Unternehmens-) Zwecke und Stiftungszwecke fördern
Rechtsnatur	Schenkung, §§ 516 ff. BGB (bei zweckgebundenen Spenden Auflagenschenkung, § 525 BGB)	Sponsoringvertrag
Gegenleistung	Keine	Im Sponsoringvertrag vereinbart, z.B. Werbehinweise

Im Einzelfall ist die Abgrenzung im Hinblick auf die Frage der Unentgeltlichkeit, also der Gegenleistung, nicht immer klar und eindeutig. Dies soll am Beispiel eines typischen Falles verdeutlicht werden.

> **Beispiel:**
>
> Die Stiftung S führt eine umweltpolitische Tagung durch. Das Energieunternehmen U bietet S an, die Tagung kostenlos in seinen Räumlichkeiten durchzuführen, bittet aber um die Möglichkeit, den Kongress durch einen Unternehmensvertreter zu eröffnen und dabei kurz das Unternehmen vorstellen lassen zu dürfen. Außerdem soll das Logo des Unternehmens in den Tagungsunterlagen mindestens dreimal so groß abgedruckt werden wie die Logos anderer Zuwendungsgeber. S fragt nun sie als Stiftungsberater, ob sie an U eine Zuwendungsbescheinigung über die Höhe der für die Räumlichkeiten sonst verkehrsüblichen Miete oder eine entsprechende Rechnung ausstellen soll.

Die Ausstellung einer Zuwendungsbescheinigung ist nur dann möglich, wenn es sich bei der Überlassung der Räumlichkeiten um eine Spende, also eine freiwillige und unentgeltliche Leistung an die Stiftung, handelt. Das ist im Beispiel nicht der Fall. Die Leistung besteht in der Überlassung der Räume; dies stellt einen geldwerten Vorteil dar. Die Gegenleistung besteht darin, dass der Unternehmensvertreter die Gelegenheit erhält, die Tagung zu eröffnen, das Unternehmen vorzustellen und dadurch das Ansehen des Energieunternehmens zu steigern. Zudem verlangt das Unternehmen eine besondere Hervorhebung des Firmenlogos in den Tagungsunterlagen, was ebenfalls eine Gegenleistung der Stiftung darstellt.[49] Damit erfolgte die Leistung nicht unentgeltlich – es liegt ein eindeutiger Fall von Sponsoring vor.

---

47 Diese in der Spendenpraxis regelmäßig vorgenommene „Handschenkung", die erst mit der vollständigen Leistungshandlung rechtswirksam wird (§ 518 Abs. 2 BGB), unterscheidet sich von dem Fall des Abschlusses eines Schenkungsvertrages, der dem zu Beschenkenden bereits vor Erhalt der Leistung einen Anspruch gegen den Schenker einräumt. Dazu ist nach § 518 Abs. 1 BGB die notarielle Beurkundung des Schenkungsversprechens erforderlich. Sowohl für die terminologische Unterscheidung zwischen Spende und Sponsoring als auch für die steuerrechtliche Behandlung dürfte dies aber unerheblich sein, vgl. in diesem Sinne auch Stephan Schauhoff, Handbuch der Gemeinnützigkeit, 3. Aufl. München 2010, § 10 Rn. 27 m.w.N.
48 Näher siehe § 5 Rn. 43.
49 Demgegenüber ist in dem bloßen Hinweis auf einen Zuwendungsgeber unter Nennung dessen Namens noch keine Gegenleistung zu sehen, da der in der Regel erhoffte Imagetransfer von den gemeinnützigen Zielen der Stiftung auf das Unternehmen mehr erfordert, z.B. wie hier den Abdruck des Unternehmenslogos o.ä., vgl. Jochen Thiel, Sponsoring im Steuerrecht, in: Der Betrieb 1998, S. 842 ff. (846).

III. Steuerrechtliche Besonderheiten des Sponsoring

32 In der steuerlichen Behandlung unterscheidet sich das Sponsoring grundlegend von der Spende. Wie bei der Spende ist allerdings auch beim Sponsoring zwischen der Besteuerung des Zuwendungsgebers und -nehmers zu differenzieren.

1. Steuerliche Behandlung beim Sponsor

33 Während Spenden nur im Rahmen bestimmter Höchstgrenzen als Sonderausgaben absetzbar sind, kann ein Sponsor die Kosten für das Sponsoring als Betriebsausgabe ansetzen, soweit sie die Voraussetzungen des § 4 Abs. 4 EStG erfüllen, d.h. betrieblich veranlasst sind. Dafür ist ein objektiver Zusammenhang der Ausgabe mit dem Betrieb erforderlich, und subjektiv muss sie zur Förderung des Betriebs gemacht worden sein.[50] Es genügt, dass sich das Unternehmen einen wirtschaftlichen Vorteil aus dem Sponsoring verspricht. Hierfür reicht insbesondere aus, wenn dieser Vorteil nur mittelbar erzielt wird über eine Verbesserung des Images des Unternehmens aufgrund des gesellschaftspolitischen Engagements („corporate social responsibility") oder über eine Steigerung seines Bekanntheitsgrades. Auch kommt es für die Ansetzung der Kosten als Betriebsausgabe nicht darauf an, ob die Leistung notwendig, üblich oder zweckmäßig ist[51] oder ob die von der Stiftung erbrachte Gegenleistung bzw. die erhofften Werbeziele wertgleich sind. Dies gilt allerdings nur so lange, wie zwischen den Kosten für das Sponsoring und der Gegenleistung kein krasses Missverhältnis besteht.[52] Im Einzelnen sind die Voraussetzungen der betrieblichen Veranlassung im „Sponsoringerlass" des Bundesfinanzministeriums vom 18.02.1998 geregelt. Sofern Sponsoringausgaben nicht in diesem Sinne betrieblich veranlasst sind, handelt es sich um nicht abziehbare Kosten der privaten Lebenshaltung gemäß § 12 Nr. 1 S. 2 EStG bzw. bei Kapitalgesellschaften um eine verdeckte Gewinnausschüttung.

2. Steuerliche Behandlung bei der gesponserten Stiftung

34 Die steuerliche Behandlung der Einnahmen aus Sponsoring bei der gesponserten Stiftung ist demgegenüber differenzierter zu beurteilen. Sie können je nach Umständen des Einzelfalls – insbesondere der Art der Gegenleistung durch die Stiftung – verschiedenen steuerlichen Sphären zugeordnet werden.[53]

Gegenleistung der Stiftung und steuerliche Behandlung der Sponsoring-Einnahme:

1. Die Stiftung gestattet dem Sponsor die Nutzung ihres Namens für dessen Werbzwecke: Die Einnahme ist der Sphäre der Vermögensverwaltung zuzuordnen. Körperschaftsteuer fällt nicht an, § 14 S. 3 AO, bei der Umsatzsteuer ist der ermäßigte Satz anzuwenden, § 12 Abs. 2 Nr. 8a UStG. Die Einnahme darf bei der Bildung einer freien Rücklage berücksichtigt werden, § 58 Nr. 7a AO. Beispiele: Bei einem Stiftungskongress darf sich der Sponsor präsentieren, dem Sponsor wird das

---

50 BFH Urteil vom 16.12.1981, I R 140/81, BStBl. II 1982, S. 465.
51 BFH Urteil vom 4.8.1977, I R 41/76, BStBl. II 1978, S. 93.
52 „Sponsoringerlass", BMF vom 7.9.1997, in: BStBl. 1997, S. 726 Rn. 5 unter Hinweis auf § 4 Abs. 5 Satz 1 Nr. 7 EStG, zuletzt modifiziert und neu veröffentlicht unter BMF vom 18.02.1998, in: BStBl. 1998 I S. 212 ff.; AEAO Nr. 7 f zu § 64 AO.
53 Näher zum Ganzen vgl. etwa Jochen Thiel, Sponsoring im Steuerrecht, in: Der Betrieb 1998, S. 842 ff.; Andreas Kasper, Sozialsponsoring im Zivil- und Steuerrecht, in: Stiftung&Sponsoring, Rote Seiten 5/2005; Arndt Raupach, Zivilrechtliche und steuerliche Fragen des Sponsoring, in Hein Kötz/Peter Rawert/Karsten Schmidt/Rainer Walz (Hg.), Non Profit Law Yearbook 2001, Köln 2002, S. 169 ff.

Recht eingeräumt, das Logo der Stiftung abzudrucken oder anderweitig auf die Förderung der Stiftung hinzuweisen etc.

2. Die Stiftung weist auf die Förderung durch den Sponsor hin, ohne sie aber in besonderer Weise hervorzuheben: Die Einnahme ist zwar grundsätzlich der Sphäre des wirtschaftlichen Geschäftsbetriebs zuzuordnen, aber von der Erhebung der Körperschaftsteuer wird gemäß des Sponsoringerlasses aus Billigkeitsgründen abgesehen. Es liegt eine sog. „sonstige ertragsteuerfreie Einnahme" vor.[54] Ebenfalls aus Billigkeitsgründen wird in der Praxis der Finanzverwaltung der ermäßigte Umsatzsteuersatz nach § 12 Abs. 2 Nr. 8a UStG angewandt, teilweise wird die Umsatzsteuerpflicht verneint. Beispiel: Stiftung druckt das Logo des Sponsors in ihren Publikationen in der gleichen Größe ab, wie diejenigen anderer Förderer; Stiftung benennt einen Raum o.ä. nach dem Sponsor.[55]

3. Die Stiftung wirkt aktiv an der vom Sponsor bezweckten Werbemaßnahme mit bzw. hebt die Förderung durch den Sponsor besonders hervor: Die Einnahmen sind der Sphäre des wirtschaftlichen Geschäftsbetriebs zuzuordnen und unterliegen damit in vollem Umfang der Steuerpflicht im Rahmen des § 64 Abs. 3 AO. Beispiele: Beteiligung der Stiftung an einer Werbekampagne des Sponsors, besondere Werbung für Produkte des Sponsors in stiftungseigenen Publikationen, Stiftungskongress wird nach dem Sponsor benannt etc.

Die Besteuerung der Einnahmen aus dem Sponsoring bei der Stiftung ist dabei von der steuerlichen Behandlung der Aufwendungen beim Sponsor unabhängig.[56]

IV. Zivilrechtliche Behandlung: Der Sponsoringvertrag

1. Rechtsnatur

Der Sponsoringvertrag ist kein gesetzlich eigens geregelter Vertragstyp, sondern hat sich im Rechtsverkehr entwickelt. Da in der Praxis die verschiedensten Gestaltungsformen und Vertragsinhalte anzutreffen sind, verbieten sich pauschale Aussagen darüber, welchem der gesetzlich geregelten Schuldverhältnisse der Sponsoringvertrag am ehesten entspricht. Im Hinblick auf die primären Leistungspflichten des Sponsors und der Stiftung ist die juristische Frage der Charakterisierung dieses „typengemischten" Vertrags unerheblich. Allerdings kann es in der Praxis dann auf die Einordnung in den Katalog gesetzlich geregelter Vertragstypen ankommen, wenn Sekundärleistungspflichten, d.h. Ansprüche im Fall einer nicht ordnungsgemäßen Vertragsdurchführung, in Frage stehen. Dann ist davon auszugehen, dass ein Sponsoringvertrag grundsätzlich Elemente des Kauf- oder Tauschvertrages, Miet- oder Pachtvertrages, Schenkungsvertrages, Dienst-, Arbeits- und Werkvertragselemente, Auftrags- und Geschäftsbesorgungselemente sowie auch Gesellschaftselemente enthalten kann.[57] Es ist dann im Einzelfall danach zu fragen, wie der Sponsoringvertrag ausgestaltet ist und welches Element durch die Vertragsstörung betroffen ist. Hieraus ergibt sich dann das für die Frage der Mängelansprüche geltende Recht.

35

> **Beispiel:**
> Die Stiftung S führt eine Tagung über ein Wissenschaftsthema in den Räumen des Unternehmens U durch. U stellt der S die Räume zwar kostenlos zur Verfügung und sorgt für das Catering, verlangt aber von der S, dass sie ihren Generalsekretär einen

---

54 Ziff. 9 zu § 64 Abs. 1 AEAO.
55 FM Bayern, Erlass v. 11.2.2000 AZ 33-S0183-12/14-59 239, Der Betrieb 2000, S. 548.
56 Evelin Manteuffel, Einwerbung privater Mittel, in: Stiftung&Sponsoring 4/2006, S. 26.
57 Andreas Kasper, a.a.O., S. 5.

30minütigen Vortrag über das gesellschaftspolitische Engagement des U halten lässt und den Unternehmensnamen in den Titel der Tagung aufnimmt („U-Wissenschaftskonferenz"). Bei der Tagung stellt sich heraus, dass die Räumlichkeiten feucht sind, was zu Schäden an dem von der S gestellten Laser-Projektor führt.

In diesem Fall besteht ein Anspruch der S gegen U auf Ersatz des am Laser-Projektor entstandenen Schadens aus Mietvertragsrecht. Der hier geschlossene Sponsoringvertrag hat Elemente des Mietrechts (Überlassung der Räume) sowie des Kauf- und Dienstvertragsrechts (Catering). Der Mangel ist im Hinblick auf das mietrechtliche Element aufgetreten, so dass sich die Ansprüche der S nach den §§ 535 ff. BGB bemessen.

2. Inhalt des Sponsoringvertrags

36 Ein Sponsoringvertrag enthält typischerweise Regelungen über die folgenden drei Gegenstände: die Sponsorleistung, die Gegenleistung sowie etwaige Nebenpflichten. Die Sponsorleistung kann etwa in einmaligen oder laufenden Geld- oder Sachzuwendungen bestehen, in Dienstleistungen, der Einräumung von Rechten zur Nutzung, der Auslobung von Stipendien oder Preisen etc.[58]

Ist eine Gegenleistung der Stiftung gewünscht, sollte dies – ebenso wie das Gegenteil – ausdrücklich im Sponsoringvertrag geregelt sein. Sofern die Entstehung eines wirtschaftlichen Geschäftsbetriebes und einer Umsatzsteuerpflicht verhindert werden soll, kann der Vertrag ausdrücklich vorsehen, dass die Stiftung keine Leistungs- oder Mitwirkungspflichten treffen.[59] Sollen hingegen Gegenleistungspflichten der Stiftung bestehen, sollte die Vereinbarung ausschließen, dass der Sponsor inhaltlich in das Stiftungsprojekt eingreift.

Schließlich können etwaige Nebenleistungspflichten vertraglich explizit geregelt werden, wie etwa Ausschließlichkeitsklauseln, Wohlverhaltensregeln, Informationspflichten, Sicherheitsleistungen, Vertragsstrafen etc.[60] Damit ergibt sich der folgende typische Aufbau eines Sponsoringvertrages:

Typischer Aufbau eines Sponsoringvertrags:

1. Leistung des Sponsors
2. Gegenleistung des Gesponserten
3. Nebenpflichten: z.B. Ausschließlichkeitsregelung, Wohlverhaltensklausel
4. Haftungsbeschränkung
5. Vertragslaufzeit, Kündigungsmöglichkeiten

D. Fundraising für gemeinnützige Stiftungen

I. Definition und Aufgabe des Fundraisings

37 Der Begriff Fundraising beschreibt alle Aktivitäten, die der Beschaffung von Geld und Sachmitteln von Spendern und Zustiftern dienen. Er umfasst nicht die Erbringung von Dienstleistungen, insbesondere die Erzielung von Einnahmen aus einem wirtschaftlichen Geschäftsbetrieb. Konstituierend

---

[58] Manfred Bruhn/Rudolf Mehlinger, Rechtliche Gestaltung des Sponsoring Bd. 1: Vertragsrecht, Steuerrecht, Medienrecht, München 1992, S. 56 f.
[59] Andreas Kasper, a.a.O., S. 6.
[60] Ausführlich zu denkbaren Vertragsgestaltungen und mit Mustern Neil George Weiand, Der Sponsoringvertrag (Beck'sche Mustervertäge Bd. 26), München 1995, S. 94 ff.

für Fundraising ist insoweit, dass die eingeworbenen Mittel freiwillig und ohne Gegenleistung erbracht werden.

Die praktische Bedeutung des Fundraisings als zentrale Managementaufgabe einer Stiftung ist in den letzten Jahren stark angestiegen[61]: Früher wurden Stiftungen in der Regel mit einem größeren Vermögen ausgestattet, und durch Spenden und Zustiftungen konnten sie ihren Tätigkeitsumfang noch erweitern. Heute werden Stiftungen – insbesondere Bürgerstiftungen – erst mit dem Zweck gegründet, Kapital für ein bestimmtes Anliegen zu sammeln. Für sie stellt erfolgreiches Fundraising daher ihre Existenzgrundlage dar. Voraussetzung für Erfolg bei der Mitteleinwerbung ist es, eine Fundraising-Strategie zu entwickeln und konsequent umzusetzen.

II. Fundraising-Strategie

1. Zieldefinition

Fundraising kann unterschiedlichen Zielen dienen: Der Generierung zusätzlicher Mittel für die aktuelle Förderarbeit (insbesondere bei Förderstiftungen, die nicht über genügend Kapital verfügen), der Akquistion von Mitteln, mit denen Projektarbeit ermöglicht wird (insbesondere bei operativen Stiftungen) sowie der Stärkung der finanziellen Basis der Stiftung.[62] Schließlich werden Stiftung durch bereits bestehende Institutionen als Fundraisinginstrument gegründet – etwa durch Vereine, öffentliche Körperschaften, Hochschulen etc.[63]

Die Akquisition von Mitteln zur Finanzierung eines konkreten Projekts im Rahmen einer Fundraising-Kampagne hat den Vorteil, dass der Bedarf und die Art der Verwendung den Adressaten plastisch und transparent erläutert werden können. Auch besteht die Möglichkeit, den auf der sozialen Investition basierenden Erfolg des Projektes für den Spender erlebbar zu machen, z.B. in Form einer Feier, einer Abschlusspräsentation o.ä. Dies kann dazu führen, dass aus Spendern überzeugte Dauerspender werden.

Demgegenüber ist die Einwerbung von Mitteln für die laufenden Verwaltungsaufwendungen der Stiftung oder für die Abwicklung individueller Projekte nötige Administration („overhead-Kosten") wesentlich schwieriger. Die Finanzierung der so entstehenden Kosten ist aber unabdingbar, denn ohne funktionierende Verwaltung können keine Projekte durchgeführt und der Stiftungszweck nicht erreicht werden. Es gilt daher, Verständnis für die Notwendigkeit eines gewissen Verwaltungskostenanteils zu schaffen. Hilfreich ist dabei die Herstellung von Vertrauen, dass die Zuwendung nicht „versickert", indem Transparenz über die Höhe der overhead-Kosten hergestellt wird. Sofern ausreichende Erträge aus dem Stiftungsvermögen vorhanden sind, um die Verwaltungskosten daraus zu bestreiten, sollte diese Möglichkeit genutzt werden. Denn dann können Spender mit der Zusage gewonnen werden, dass ihre Zuwendung zu 100 % beim Förderempfänger ankommt.

Im Übrigen empfiehlt es sich, aus den wichtigsten Unterstützern und Gremienmitgliedern der Stiftung einen Förderkreis zu bilden. Denn Mitglieder identifizieren sich mit den Zielen der Stiftung und sind eher bereit, Dauerspenden ohne Zweckbindung zu leisten, aus denen die laufenden Verwaltungskosten bestritten werden können.

---

61 Näher zum Professionalisierungstrend Marita Haibach, Anforderungen an eine erfolgreiche Fundraising-Praxis, in: Rainer W. Walz/Rainer Hüttemann/Peter Rawert /Karsten Schmidt (Hg.), Non Profit Law Yearbook 2005, Köln 2006, S. 229 ff. (229).
62 Evelin Manteuffel, Einwebung privater Mittel (Teil 2): Strategische Überlegungen zum Spenden, Stiften und Sponsorn, in: Stiftung&Sponsoring 5/2006, S. 32 ff. (32).
63 Marita Haibach, Stiftungen und Fundraising, in: Rupert Graf Strachwitz / Florian Mercker (Hg.), Stiftungen in Theorie, Recht und Praxis – Handbuch für ein modernes Stiftungswesen, Berlin 2005, S. 655 ff. (656).

Verfolgt eine Stiftung das Ziel, das Vermögen aufzustocken, muss dies ausdrücklich kommuniziert werden, da rechtlich zwischen Zuwendungen in den Vermögensstock und Spenden zur zeitnahen Verwendung zu unterscheiden ist.[64]

39 Da es aus den oben genannten Gründen einfacher ist, zweckgebundene Spenden für konkrete Projekte zu akquirieren als „freie" Spenden, sollten letztere vorrangig für Verwaltungskosten verwandt werden. Versucht man, die beschriebenen Fundraisingziele in Beziehung zu der geeigneten Art der Zuwendung und Verwendung zu setzen, ergibt sich die folgende Übersicht.

Fundraisingziel	Art der Zuwendung	Art der Verwendung
Projekte und Fördertätigkeit	Zweckgebundene Spenden	Ausgaben im Zusammenhang mit dem Projekt.
	Freie Spenden	Verwaltungskosten
	Sponsoring	Gemäß Vereinbarung
Stärkung des Vermögens	Zustiftungen (auch in Form einer letztwilligen Zuwendung)[65]	Einstellung in den Vermögensstock, Verwendung nur der Erträge, vorrangig für laufende Verwaltungskosten.
	Treuhandstiftungen	Einstellung in den Vermögensstock, Verwendung der Erträge entsprechend der Satzung.

2. Zielgruppe

40 Als potenzielle Spender und Zustifter kommen in erster Linie Privatpersonen in Betracht.[66] Unternehmen streben bei Geldleistungen regelmäßig einen „return on investment" an – etwa durch besondere Sichtbarkeit und Öffentlichkeitswirksamkeit ihres Engagements. Diese Gegenleistungen erzielen Unternehmen eher durch Sponsoringvereinbarungen. Daher treten sie eher selten als Spender und Zustifter auf.[67] Stiftungen stellen zwar grundsätzlich ebenfalls eine Zielgruppe von Fundraising-Maßnahmen dar, aber aufgrund ihrer satzungsmäßigen Zweckbindung und der regelmäßig knappen Fördermittel sollten sie nicht ins Zentrum einer Fundraising-Strategie gestellt werden.

Daraus ergibt sich, dass Privatpersonen für Stiftungen die wichtigsten Ansprechpartner darstellen. Im Hinblick auf die Art und Weise der Ansprache muss zwischen der allgemeinen Öffentlichkeit, die über die Stiftung und ihren Bedarf an Spenden noch gar nicht informiert ist, potenziellen Interessenten, bekannten Interessenten und bereits bestehenden Spendern und Zustiftern unterschieden werden.

---

64 Näher hierzu Andreas Schlüter/ Stefan Stolte, Stiftungsrecht, München 2007, Kap. 6 B I.
65 Näher hierzu Susanne Reuter, Mit Umsicht zum Erfolg: Erbschafts- und Stiftungsfundraising, in: Stiftung&Spnsoring 1/2006, S. 23 ff.
66 Der größte Teil des deutschen Fundraising-Volumens (ca. 75 %) stammt von privaten Spendern, Marita Haibach, Stiftungen und Fundraising, S. 659.
67 Evelin Manteuffel, a.a.O., S. 32.

3. Methoden und Instrumente

a) Das eigene Profil und das Fundraising-Ziel müssen klar definiert sein

Um Menschen für die Ziele der Stiftung zu gewinnen, müssen diese eindeutig feststehen. Organisationen, denen es gelingt, ihre Identität in Form eines klaren mission statements[68] auf verständliche Weise Dritten gegenüber zu vermitteln, haben bessere Chancen beim Fundraising.[69] Vorstands- und andere Gremienmitglieder sowie etwaige spezialisierte Akquisiteure müssen eine gemeinsame Vision von der Stiftung haben, um beim Fundraising an einem Strang zu ziehen.

Darüber hinaus müssen die Ziele des Fundraisings feststehen. Zum einen kann nur so festgestellt werden, wie erfolgreich eine bestimmte Strategie ist, und zum anderen steigen die Erfolgsaussichten von Fundraising-Maßnahmen, wenn man den Adressaten eindeutige Auskünfte darüber geben kann, für welchen Zweck wie viele Mittel (noch) benötigt werden. Dieser Zweck muss sich mit der Vision der Stiftung decken, er muss überzeugend, motivierend und vor allem für die Adressaten verständlich formulierbar sein.

b) Den richtigen Ansprechpartner finden

Idealerweise kennt ein Akquisiteur den besten Zeitpunkt für eine Kontaktaufnahme, weiß um wieviel er den Adressaten bitten kann, an welchen Themen dieser interessiert ist und wie er „sein Herz öffnen" kann. Eine gute Gesprächsvorbereitung setzt eine gut gepflegte Spenderdatenbank voraus. In dieser müssen nicht nur die aktuellen Adressen, sondern bestenfalls auch Angaben über die korrekte und präferierte Anrede (ggf. mit oder ohne Titel, Anschreiben an die Büro- oder Privatadresse und andere „weiche Daten") enthalten sein. Darüber hinaus ist ein integriertes Berichtswesen erforderlich: Wurde der Adressat bereits angesprochen? In welcher Form? Von wem? Wie hat er reagiert? Hier sind also – je nach „Potenzial" des Adressaten – allerlei zweckmäßige Angaben einzupflegen.

Der Aufbau einer solchen Datenbank, welche die „constituency"[70] der Stiftung, also den Kreis der (potenziellen) Förderer und der sonstigen dem Stiftungsziel verpflichteten und verbundenen Personen abbildet, ist eine langwierige und kontinuierlich zu verfolgende Aufgabe. Generell gilt, dass die Erfolgsaussichten bei der Ansprache bereits bestehender Förderer („warme Kontakte") wesentlich höher sind als bei unbekannten („kalte Kontakte").

c) Die richtige Art der Kontaktaufnahme finden

Grundsätzlich ist davon auszugehen, dass eine persönliche Kontaktaufnahme aufgrund der hohen emotionalen Involvierung des Gesprächspartners und der großen Individualität die besten Erfolgsaussichten hat. Es wird geschätzt, dass etwa die Hälfte aller Geldspenden in Deutschland auf eine persönliche Ansprache zurückzuführen sind.[71] Die Merksätze „friend-making comes before fundraising" oder auch „Open their hearts. Then open their minds. Then open their cheque books" beschreiben den Grundmechanismus des Fundraisings: Menschen spenden aus Sympathie, Über-

---

68 Siehe oben, Rn. 20.
69 Marita Haibach, Anforderungen an eine erfolgreiche Fundraising-Praxis, S. 233.
70 Marita Haibach, Fundraising: Spenden, Sponsoring, Stiftungen in der Praxis, 3. Aufl. Frankfurt a.M. 2006, S. 80 ff.
71 Marita Haibach, Anforderungen an eine erfolgreiche Fundraising-Praxis, S. 237.

zeugung und Vertrauen.[72] All dies setzt Transparenz der eigenen Ziele voraus: Für welches Projekt wird wieviel Unterstützung benötigt? Wie hoch ist ein etwaiger Verwaltungskostenanteil? Hilfreich ist außerdem, wenn derjenige als Akquisiteur auftritt, der nach Status, Auftreten und inhaltlicher Expertise am ehesten mit dem Adressaten „auf gleicher Augenhöhe" sprechen kann. Am besten geeignet sind diejenigen, die sich gut in die Position des Adressaten hineinversetzen können, weil sie selbst einmal erfolgreich von den Stiftungszielen überzeugt wurden. Dies können etwa aktuelle Spender und Zustifter sein. Einen besonderen Anreiz, sich die Stiftungsziele zu den eigenen zu machen, kann für solche Personen die Aufnahme in die Stiftungsgremien bieten, z.B. in einen erweiterten Vorstand oder ein Kuratorium.[73] Die so entstehenden Multiplikatoren können hervorragend als Fundraiser eingesetzt werden. Denn sie haben das Engagement, was sie bei den Adressaten erreichen wollen, bereits selbst gezeigt. Sie verfügen damit über eine besondere Überzeugungskraft und können zugleich als Repräsentant der Stiftung auftreten, also verbindliche Aussagen über Stiftungsstrategie und -projekte treffen.

Das persönliche Gespräch ist zwar besonders erfolgversprechend, aber zugleich ausgesprochen zeitintensiv. Je nach Fundraisingziel und Zielgruppe sind daher auch Alternativen zu bedenken. Im Folgenden findet sich eine knappe Übersicht der klassischen Fundraisinginstrumente mit ihren jeweiligen Charakteristika.

Instrument	Ziel	Zielgruppe	Besonderheiten
Spendenmailing	Neue und höhere Spenden	(Potentielle) Interessenten, Erstspender, Dauerspender	Preisgünstigste Methode, um einen großen Kreis direkt anzusprechen, aber Streuverlust.
Persönliches Gespräch	Neue und höhere Spenden, Dauerspenden, Erbschaften	Dem Akquisiteur bereits bekannte Interessenten, Erstspender	Erfolgreichste Methode, hoher Zeitaufwand.
Telefonakquise	Höhere Spenden, Dauerspenden	Interessenten, Erst- und Dauerspender	Bei Privatpersonen: Nur bei bereits bestehender Beziehung oder mit vorheriger Zustimmung zulässig, kein „cold calling".[74]

---

72 Zu diesem Aspekt und der einsetzenden Diskussion über ethische Aspekte des Fundraisings Marita Haibach, Anforderungen an eine erfolgreiche Fundraising-Praxis, S. 231 sowie Stefan Toepler/Rainer Sprengel, Quellen und Grundlagen externer Finanzierung, in: Bertelsmann Stiftung (Hg.), Handbuch Stiftungen, 2. Aufl. Wiesbaden 2003, S. 565 ff. (578 f.).
73 Stefan Toepler/Rainer Sprengel, Quellen und Grundlagen externer Finanzierung, in: Bertelsmann Stiftung (Hg.), Handbuch Stiftungen, 2. Aufl. Wiesbaden 2003, S. 565 ff. (584).
74 Zu den rechtlichen Grenzen u.a. bei der Telefonakquisition Florian Mercker/Peter Stingel, Fundraising – Rechtliche Grenzen der Spendenwerbung von gemeinnützigen Organisationen, in: Rainer W. Walz/Rainer Hüttemann/Peter Rawert /Karsten Schmidt (Hg.), Non Profit Law Yearbook 2005, Köln 2006, S. 241 ff. (248 f.).

Instrument	Ziel	Zielgruppe	Besonderheiten
Events	Neue und höhere Spenden	Allgemeine Öffentlichkeit, Interessenten	Aufwendig aber erfolgversprechend. Sachspenden können evtl. als Tombola-Gewinne genutzt werden. Einnahmen können bei Überschreitung der Steuerfreigrenze für den wirtschaftlichen Geschäftsbetrieb steuerpflichtig sein.
Erbschaftsmarketing	Erbschaften	Dem Akquisiteur bereits bekannte Interessenten, Erst- und Dauerspender	Aufgrund der Sensibilität des Themas sollte die Initiative vom Spender ausgehen.

d) Die Angemessenheit des Aufwands

Schließlich muss der Aufwand des Fundraisings in einem angemessenen Verhältnis zu dem angestrebten Ertrag stehen. Dabei ist es allerdings ganz natürlich, dass zunächst „in den Markt investiert werden" muss, also anfangs mehr Ausgaben für das Fundraising getätigt werden, als es an Ertrag bringt.[75] Insgesamt hält das DZI (Deutsches Zentralinstitut für soziale Fragen) einen Anteil der Werbe- und Verwaltungsausgaben an den Gesamtausgaben einer Stiftung in Höhe von mehr als 35 % für nicht mehr vertretbar, während 20 % als angemessen gelten.[76]

E. Kooperationen von gemeinnützigen Stiftungen

I. Motive und Gründe für Stiftungskooperationen

In der Stiftungspraxis sind Kooperationsprojekte häufig das zufällige Ergebnis spontaner, gemeinsamer Einfälle von Repräsentanten verschiedener Stiftungen auf der Grundlage persönlicher Faktoren wie der Sympathie und des gegenseitigen Vertrauens. Die Anbahnung und Ausgestaltung ist stark individuell geprägt, so dass allgemeine Aussagen darüber, welchen Regeln Kooperationsprojekte folgen sollten, nur bedingt möglich sind.[77] Vor diesem Hintergrund gilt, dass die folgenden Ausführungen nicht dogmatisch verstanden werden sollen. Sie sind als Ideensammlung gedacht, die unter Berücksichtigung der Spezifika des Einzelfalles auf ihre Zweckmäßigkeit geprüft werden sollten und gegebenenfalls fruchtbar gemacht werden können.

Unter einer Stiftungskooperation versteht man gewöhnlich alle Formen der Zusammenarbeit von

---

[75] Marita Haibach, Anforderungen an eine erfolgreiche Fundraising-Praxis, S. 234.
[76] Marita Haibach, Anforderungen an eine erfolgreiche Fundraising-Praxis, S. 235.
[77] Wolfgang H. Reinicke, Kooperation von Stiftungen, in: Bertelsmann Stiftung (Hg.), Operative Stiftungsarbeit: Strategien – Instrumente – Perspektiven, Gütersloh 1997, S. 102 ff. (102).

eigenständigen Partnern (Stiftungen untereinander oder mit Dritten[78]), die freiwillig und auf der Grundlage einer Absprache oder Vereinbarung zum Zwecke der Erreichung eines gemeinsamen Zieles erfolgt.[79] Kooperationen sind für unterschiedliche Zeitdauern (von kurz- bis mittelfristigen Projektpartnerschaften bis hin zu langfristigen strategischen Allianzen) und in verschiedenen rechtlichen Formen mit unterschiedlicher Bindungswirkung (vom gentlemen's agreement über multilaterale Verträge bis hin zur Einrichtung neuer Strukturen (Projektbüro o.ä.) denkbar.

Gerade für kleine und mittlere Stiftungen kann es zweckmäßig sein, ihre Kräfte zu bündeln, um dauerhafte Erfolge zu erzielen. Denn im Verbund lassen sich Synergieeffekte erzielen, und die eingesetzten Ressourcen vervielfachen sich in ihrer Wirkung. Dadurch werden längerfristige Förderperspektiven möglich, als sie einzelne Stiftungen gewährleisten könnten.[80] Da sich Stiftungen zunehmend als Promotoren für gesellschaftlichen Wandel verstehen und dementsprechend in komplexen und unübersichtlichen Handlungsfeldern agieren, müssen sich selbst vermögende Stiftungen fragen, ob ihre Ressourcen ausreichen, um tatsächlich etwas bewirken zu können.[81] Soweit gewährleistet ist, dass die Partner ihre Individualität nicht in einem anonymen Programm verlieren und weiterhin nach außen sichtbar sind, bieten Kooperationsvorhaben gerade operativen Stiftungen die für ihre Tätigkeit elementare Öffentlichkeitswirkung – möglicherweise mehr, als sie alleine hätten erreichen können.[82] Hinzu tritt die Möglichkeit, der Gesellschaft gegenüber signalisieren zu können, dass Stiftungen aktiv etwas bewegen wollen und zu diesem Zwecke auch gemeinsam arbeiten und auftreten.

Stiftungen können im Rahmen von Kooperationsprojekten voneinander in vielerlei Hinsicht profitieren – dies beschränkt sich keineswegs auf die finanziellen Aspekte. Es kann ein reger Austausch von Erfahrung und Know-how stattfinden. Instrumente des Projektmanagements, Controllings und der Evaluation können gemeinsam entwickelt und Doppelarbeit vermieden werden („pooling effect").[83] Auch die Anleitung und Ausbildung ehrenamtlicher Mitarbeiterinnen und Mitarbeiter können in Kooperationsverbünden effizienter und breiter angelegt werden. Kooperationsverbünde verschaffen auch eine breitere Legitimationsbasis für Aktivitäten im Bereich der Politikberatung.

Stiftungskooperation: Die synergetischen Potentiale im Überblick

1. Kumulation von Ressourcen → Höheres Fördervolumen
2. Komplementäre Beiträge → Unterschiedliche Erfahrungen und Kompetenzen ergänzen sich
3. Know-how-Austausch → Gewinn an Expertise für spätere Projekte durch „voneinander lernen"

II. Voraussetzungen erfolgreicher Kooperationsprojekte

Ein Kooperationsprojekt hat Aussicht auf Erfolg, wenn ein ernsthafter Wille zur Zusammenar-

---

78 Der Bereich der Kooperation mit staatlichen Körperschaften („public private partnership") wirft eine Reihe spezieller Fragestellungen auf. Wegen der quantitativ geringen Praxisbedeutung wird er hier nicht behandelt. Hierzu siehe etwa Martin Weber/Michael Schäfer/Friedrich L. Hausmann, Praxishandbuch Public Private Partnership – Rechtliche Rahmenbedingungen, Wirtschaftlichkeit, Finanzierung, München 2005 sowie aus der Perspektive der öffentlichen Hand siehe Dieter Christoph/Dieter Weisner/Horst Ohlmann, Stifterland Deutschland? Ökonomische Auswirkungen und Gestaltungsmöglichkeiten für Kommunen, Nürnberg 2004.
79 Verena Freyer, Kooperationen und Netzwerke im Stiftungswesen, in: Rupert Graf Strachwitz/Florian Mercker (Hg.), Stiftungen in Theorie, Recht und Praxis – Handbuch für ein modernes Stiftungswesen, Berlin 2005, S. 594 ff. (595); Dirk Eilinghoff/Christian Meyn, Gemeinsam mehr erreichen – Stiftungen als Partner in Kooperationen, in: Bertelsmann Stiftung (Hg.), Handbuch Stiftungen, 2. Aufl. Wiesbaden 2003, S. 724 ff. (728).
80 Heinz-Rudi Spiegel, Förderung hoch x, in: DSZ Deutsches Stiftungszentrum GmbH (Hg.), Stiftungen 2003, Essen 2003, S. 46 ff. (49). Dort finden sich zahlreiche Praxisbeispiele erfolgreicher Kooperationen.
81 Verena Freyer, a.a.O., S. 594.
82 Heinz-Rudi Spiegel, a.a.O. S. 49.
83 Theresia Theurl, Kooperationspotentiale von Stiftungen, in: Newsletter des Instituts für Genossenschaftswesen 1/2006, S. 34 ff. (35); Dirk Eilinghoff/Christian Meyn, a.a.O., S. 730.

beit besteht. Das Management muss effektiv sein und die Erfüllung bestimmter Voraussetzungen gewährleisten: Dies bedeutet zunächst sicherzustellen, dass die unterschiedlichen Interessenlagen und strategischen Ausrichtungen der Kooperationspartner miteinander vereinbar sind. Unbedingt müssen die satzungsmäßigen Regeln, denen die Beteiligten im Hinblick auf Stiftungszweck, Art der zulässigen Zweckverwirklichungsinstrumente, zeitliche und regionale Förderbeschränkungen unterworfen sind den im Kooperationsprojekt erforderlichen Beitrag zulassen. Darüber hinaus müssen diese Beiträge auch in tatsächlicher Hinsicht durch die Partner erfüllbar sein – insbesondere im Hinblick auf ihre jeweiligen finanziellen Möglichkeiten.[84]

Schließlich muss im Vorhinein bedacht werden, dass trotz aller denkbarer Synergieeffekte auch Reibungsverluste durch den erforderlichen – gegenüber einem „Alleingang" immer erhöhten – Abstimmungsbedarf entstehen können. Kooperation bedeutet insoweit immer Kontrollverlust: Die Kommunikation nach außen sowie die Nutzung eigener Ressourcen sind nur einige Punkte, die mit anderen abgestimmt werden müssen.[85]

III. Der Ablauf eines Kooperationsprojektes

1. Themen und Partner finden

Bei der Entwicklung einer Projektvision gilt es, möglichst frühzeitig zu prüfen, inwieweit sich das Projekt überhaupt dazu eignet, im Rahmen einer Kooperation durchgeführt zu werden. Dies bemisst sich danach, ob eine Kooperation die Erfolgsaussichten des Projekts so sehr steigern kann, dass der oben beschriebene, zusätzliche Aufwand gerechtfertigt ist.[86] Dies können unmittelbare Wirkungen, wie etwa ein mögliches Profitieren von sich komplementierenden Kernkompetenzen[87] oder weitere Synergien sein. Ebenfalls zu berücksichtigen sind mittelbare Auswirkungen: Selbst wenn ein Projekt ebenso gut im Alleingang durchgeführt werden könnte, ist durch einen Verbund mit mehreren Stiftungen eventuell eine Steigerung der Bekanntheit aller Beteiligter möglich, was für spätere Projekte hilfreich ist.

Die Projektvision sollte noch „work in progress", also nur vorläufig und nicht abschließend skizziert sein, und noch Änderungen oder Ergänzungen durch Projektpartner erlauben. Denn nur, wenn alle Beteiligten bereits in der Planungsphase einbezogen sind und ihre Vorstellungen und Schwerpunkte einbringen können, kann eine gemeinsame Vision entstehen. Diese ist Voraussetzung für den „Stolz auf die eigene Initiative"[88] und wesentlich attraktiver als eigene Ressourcen dafür einzusetzen, um auf einen bereits auf fest definierten Bahnen fahrenden Zug aufzuspringen.

Sodann sollen die beteiligten Partner diskursiv eine gemeinsame Vision entwickeln und zu einem Strategiepapier verdichten. In diesem wird festgehalten, was erreicht werden und wie die Zusammenarbeit aussehen soll. Dabei müssen sie insbesondere sicherstellen, dass die jeweiligen satzungsmäßigen Vorgaben (Stiftungszweck, Zweckverwirklichungsinstrumente, maximale Dauer eines Engagements etc.) kompatibel sind. Das Anforderungsprofil an die Kooperationspartner muss in diesen Punkten vorab klar definiert sein.[89] Auch ist eine Übereinkunft darüber zu erzielen, wie sich die gemeinsamen Maßnahmen auswirken sollen, denn nur so werden Erfolg oder Misserfolg des

---

84 Heinz-Rudi Spiegel, a.a.O. S. 49.
85 Dirk Eilinghoff/Christian Meyn, a.a.O., S. 730.
86 Dirk Eilinghoff/Christian Meyn, a.a.O., S. 731.
87 Theresia Theurl, a.a.O., S. 38.
88 Wolfgang H. Reinicke, a.a.O., S. 103.
89 Theresia Theurl, a.a.O., S. 38.

Projektes messbar.[90]

Sobald die beteiligten Akteure sichergestellt haben, dass die von ihnen repräsentierte Organisation das Kooperationsvorhaben mitträgt, müssen in einem folgenden Schritt die Regeln über Zielsetzung und Zusammenarbeit in einer Kooperationsvereinbarung festgelegt werden.

2. Projektdurchführung

49 Bei der Durchführung des Projektes muss laufend evaluiert werden, ob sich externe Faktoren verändern oder bei den Kooperationspartnern Veränderungen ergeben, die eine Nachverhandlung der Kooperationsvereinbarung erfordern. Auch im Übrigen unterscheidet sich ein Kooperationsprojekt – sobald es in die operative Phase eingetreten ist – nicht prinzipiell von anderen Stiftungsprojekten.

Es kann zweckmäßig sein, in angemessener Weise über das Kooperationsprojekt im Rahmen der Öffentlichkeitsarbeit zu berichten. Hieraus können Chancen erwachsen, weitere Partner zu finden.

F. Corporate Governance bei gemeinnützigen Stiftungen

I. Die Corporate Governance Diskussion im Stiftungsbereich

50 Unter dem Begriff „Corporate Governance" werden in erster Linie Organisations- und Strukturfragen von börsennotierten Unternehmen diskutiert. Ziel ist es, Regeln für einen angemessenen Interessensausgleich zwischen Unternehmensleitung und Aktionären zu finden. Ausgangspunkt ist dabei die Überlegung, dass die Aktionäre durch ihr wirtschaftliches Engagement am Erfolg oder Misserfolg des Unternehmens teilnehmen, ohne unmittelbare strategische oder gar operative Entscheidungen treffen zu können. Die Unternehmensleitung verfügt über diese Möglichkeit, so dass sich zur Absicherung des auf eine verantwortungsvolle Unternehmensführung gerichteten Aktionärsinteresses die Frage adäquater Wohlverhaltensregeln und entsprechender Kontrollinstrumente stellt.

Durch das in diesem Zusammenhang verabschiedete Gesetz zur Kontrolle und Transparenz im Unternehmensbereich (KonTraG) werden Aktiengesellschaften im Wesentlichen dazu aufgefordert, angemessene Risikomanagementsysteme zu entwickeln und verstärkt Risikoprognosen zu erstatten. Das politische Ziel war es, das Vertrauen internationaler Investoren in den Unternehmensstandort Deutschland zu stärken. Dem diente auch eine Änderung des Aktiengesetzes durch das Transparenz- und Publizitätsgesetz (TransPuG), wonach Vorstand und Aufsichtsrat einer Aktiengesellschaft nach § 161 AktG verpflichtet sind, durch eine „Entsprechenserklärung" den Aktionären gegenüber bekannt zu geben, inwieweit sie dem Deutschen Corporate Governance Kodex (DCGK) entsprechen oder davon abweichen. Dieser Kodex hat allerdings selbst keinen Gesetzescharakter, sondern ist lediglich eine Zusammenstellung gesetzlicher Vorschriften und unverbindlicher, aber international und national anerkannter Standards guter und verantwortungsvoller Unternehmensführung. Er wurde von der Regierungskommission „Deutscher Corporate Governance Kodex" verabschiedet und wird fortlaufend weiterentwickelt.[91] Vermittelt über die gesetzlich erforderliche Erklärung, ob und inwieweit vom DSGK abgewichen wird, entsteht allerdings eine durchaus effektive Ordnungswirkung.

---

90 Näher zum des „Wirkungsmodell", d.h. der Frage, auf welche Art und Weise die Fördermaßnahme Wirkung entfalten soll (unmittelbar/mittelbar, kurz- oder langfristig etc.) sowie zu damit verbundenen „theory of change" siehe Kenneth Prewitt, Auftrag und Zielsetzung einer Stiftung: Stifterwille, Stiftungspraxis und gesellschaftlicher Wandel, in: Bertelsmann Stiftung (Hg.), Handbuch Stiftungen, S. 315 ff. (338 ff.).
91 Veröffentlicht ist der DCGK im Bundesanzeiger sowie unter www.corporate-governance-code.de.

F. Corporate Governance bei gemeinnützigen Stiftungen

Die Regierungskommission hat davon abgesehen, Wohlverhaltensregeln für gemeinnützige Einrichtungen zu formulieren. Gleichwohl sah sie einen rechtspolitischen Diskussionsbedarf vor allem hinsichtlich solcher Einrichtungen, die „steuerliche Privilegien in Anspruch nehmen, Spenden einsammeln oder als Idealvereine im Rahmen des so genannten Nebenzweckprivilegs als Wirtschaftsunternehmen tätig sind".[92] Zu verbindlichen Ergebnissen haben diese Diskussionen bislang nicht geführt.

Allerdings gibt es entsprechende Initiativen, die aus dem Dritten Sektor selbst stammen. Denn eine verantwortungsvolle und wirksame Unternehmensführung ist für Nonprofit-Organisationen ebenso erforderlich wie für gewinnorientierte Unternehmen.[93] Grundsätzlich wird ein Bedarf an Governance-Regeln also auch für Stiftungen prinzipiell bejaht.[94] Diskutiert wird derzeit noch über die Frage der Übertragbarkeit der für Kapitalgesellschaften entwickelten Governance-Regeln auf den Nonprofit-Bereich. Es lassen sich die folgenden Voraussetzungen für verantwortungsvolle Führung von Stiftungen formulieren:[95]

51

Corporate Governance in gemeinnützigen Stiftungen

1. Effektive Verfolgung der ideellen Ziele
2. Effiziente Arbeitsweise und verantwortungsvoller Umgang mit den Stiftungsmitteln
3. Angemessene Publizität
4. Vermeidung von Konflikten zwischen persönlichen Interessen der Organmitglieder und Stiftungsinteressen
5. Angemessene interne Kontrollmechanismen, insbesondere durch die Einrichtung eines Aufsichtsgremiums (Kuratorium, Beirat) neben dem Vorstand

Es ist selbstverständlich, dass aus der Bindung an den Stifterwillen und die Satzung eine Verantwortung für eine möglichst effektive Verfolgung des Stifterwillens erwächst. Dies begründet für die handelnden Organe die Pflicht, den Stifterwillen nach bestem Wissen und Gewissen zu verwirklichen und das zur Verfügung stehende Stiftungsvermögen unter Berücksichtigung der jeweiligen Satzungsregeln zu erhalten. Problematisch ist allerdings, dass bei Stiftungen – anders als bei gewinnorientierten Organisationen – kaum eindeutige Messgrößen für den Grad der Zielerreichung existieren. Auch wirken die Maßnahmen – gerade bei operativen Stiftungen – zuweilen nur sehr mittelbar und entziehen sich der alleinigen Verantwortung und Einflussmöglichkeit der Stiftungsorgane.[96]

Durch eine angemessene Publizität tragen Stiftungen der gesellschaftlichen Verantwortung Rechnung, die sich aus ihrer Steuerbegünstigung ergibt. Darüber hinaus wird durch erhöhte Transparenz über die Stiftungstätigkeit mehr Vertrauen in das Stiftungswesen geschaffen.[97] Gegenwärtig wachen bei rechtsfähigen Stiftungen die Stiftungsaufsicht und Finanzbehörden und im Übrigen allein letztere über die Zweckerfüllung und Rechnungslegung gemeinnütziger Stiftungen. Die erhobenen Daten verbleiben bei den jeweiligen Behörden und werden nicht publiziert, so dass eine Kontrolle durch die Allgemeinheit nicht stattfindet. Auch eine Kultur freiwilliger Transparenz hinsichtlich Zwecker-

---

92 Theodor Baums (Hg.), Bericht der Regierungskommission Corporate Governance: Unternehmensführung, Unternehmenskontrolle, Modernisierung des Aktienrechts, Köln 2001, S. 6.
93 Christian Koch/Thomas von Holt, Überlegungen zur verantwortungsvollen Führung von Stiftungen – Von der Corporate zur Nonprofit Governance, in: Stiftung&Sponsoring, 1/2005 (Rote Seiten), S. 2.
94 Andreas Schröer, Exzellenz, Verantwortung und Sinn: Good work in Philanthropy, in: Stiftung&Sponsoring 5/2006, S. 26 f. (26).
95 In Anlehnung an Christian Koch/Thomas von Holt, a.a.O., S. 3 sowie die Grundsätze Guter Stiftungspraxis des Bundesverbandes Deutscher Stiftungen e.V., abrufbar unter www.stiftungen.org.
96 Christian Koch/Thomas von Holt, a.a.O., S. 3.
97 Marcus Krentz, Verhaltenskodices als wesentliches Element von Corporate-Governance-Systemen in gemeinnützigen Körperschaften, in ZRP 2/2007, S. 50 ff. (53).

füllung und Rechnungslegung haben Stiftungen in Deutschland noch nicht vollständig entwickelt. Insoweit besteht an dieser Stelle ein spürbarer Bedarf für eine Selbstverpflichtung zu mehr Transparenz.

Schließlich ergibt sich ebenfalls aus der Bindung an den Stifterwillen und den in der Satzung formulierten Stiftungszweck, dass sich Stiftungsorgane nicht von eigennützigen Motiven leiten lassen dürfen und gegebenenfalls die weiteren an Entscheidungsprozessen Beteiligten über Interessenkollisionen informieren sollen.

52 Aufgrund der Annahme, dass Corporate Governance-Regeln für Stiftungen wünschenswert sind, entstanden im Laufe der letzten Jahre verschiedene Regelwerke. Im Jahr 2005 veröffentlichte die EU Kommission den Entwurf eines Diskussionspapiers mit verschiedenen Maßnahmenvorschlägen und einem freiwilligen Verhaltenskodex.[98] Dieser sollte allerdings in erster Linie deswegen einer erhöhten Rechnungslegungstransparenz des Stiftungssektors dienen, um den Missbrauch dieser Rechtsform zur Finanzierung des internationalen Terrorismus zu bekämpfen. Nach heftiger Kritik, dass der Entwurf unausgewogen sei und die grenzüberschreitende Förderung gemeinnütziger Projekte hemme, folgten revidierte Empfehlungen an die Mitgliedstaaten. Zu deren Durchsetzung erwägt die Kommission ein Zertifizierungssystem: Verbände und Dachorganisationen könnten im Rahmen der Selbstregulierung regelkonform agierenden NPOs ein Gütesiegel verleihen.[99]

Aus dem Stiftungssektor selbst stammt ein weiterer Wohlverhaltenskodex des Europäischen Stiftungsverbandes (European Foundation Centre), der zuletzt im Jahr 2006 überarbeitet und veröffentlicht wurde.[100] Auf nationaler Ebene haben sich die Mitglieder des Bundesverbandes Deutscher Stiftungen im Mai 2006 freiwillig auf die „Grundsätze Guter Stiftungspraxis"[101] verständigt. Diese sind einerseits so weit gefasst, dass sich alle Stiftungen mit dem Inhalt identifizieren können, enthalten aber andererseits auch so konkrete und praxisnahe Hinweise für gute Stiftungspraxis, dass sie die tägliche Stiftungsarbeit unterstützen können.[102] Dies stellt einen wichtigen Schritt dar, denn dem Bundesverband gehören etwa 6.000 Stiftungen an, so dass dieser Governance-Kodex über eine ausgesprochen breite Basis verfügt.

II. Auswirkungen auf die Stiftungspraxis

53 Für die Stiftungspraxis gilt, dass die genannten Kodices zwar keine unmittelbare Rechtswirkung entfalten. Allerdings beinhalten sie weitgehend anerkannte Standards für einen verantwortungsvollen Umgang mit Stiftungsmitteln, Destinatären und für die Verfolgung des Stifterwillens.

Eine Stiftung, die sich etwa zur Adaption der „Praxis Guter Stiftungsarbeit" des Bundesverbandes Deutscher Stiftungen entschließt, kann dies aktiv im Rahmen ihrer Öffentlichkeitsarbeit kommunizieren und vermag so das Vertrauen potenzieller Spender, Zustifter oder auch Kooperationspartner zu erhöhen.

Darüber hinaus können die genannten Governance-Codes den jeweils handelnden Stiftungsorganen helfen, ein Bewusstsein für ihre Rolle und Verantwortlichkeit auszuformen sowie Ansprüche an die eigene Integrität, Informationskultur, Arbeitseffizienz und Effektivität beim Umgang mit Stiftungs-

---

98 Europäische Kommission, Generaldirektorat Justice Freedom and Security (Hg.)., Draft Recommendations to Member States regarding a Code of Conduct for Non-Profit-Organisations to promote transparency and accountability best practices, Brüssel 2005.
99 Näher Stefan Stolte, Europäische Trends und Themen: European Foundation, Corporate Governance und Cross-border-giving, in: Stiftung&Sponsoring 3/2006, S. 38 f.
100 European Foundation Centre, Principles of Good Practice for Foundations, nachzulesen unter www.efc.be/codex/default.htm.
101 Abrufbar unter www.stiftungen.org.
102 Linda Zurkinden-Erismann, Foundation Governance, in: Stiftung&Sponsoring 1/2006, Rote Seiten, S. 10.

mitteln zu entwickeln.

§ 10 Stiftung als Instrument der Vermögensnachfolgeplanung

A. Sicherung und Erhaltung des Lebenswerks

1 In der öffentlichen Wahrnehmung werden Stiftungen vielfach als Weg der Unternehmenssicherung gepriesen.[1] Zu den Vor- und Nachteilen unternehmensverbundener Stiftungen und zu deren Einsatzformen wird auf die nachfolgenden Ausführungen in § 11 verwiesen. Gerade aber auch außerhalb des unternehmerischen Bereichs gewinnen Stiftungen als Instrument der Vermögensnachfolgeplanung laufend an Bedeutung, wie die Zahl der jährlich neu errichteten Stiftungen zeigt.[2]

Bei der Errichtung einer Stiftung spielen für den Stifter regelmäßig eine Vielzahl von Motiven eine Rolle, abhängig davon, ob eine gemeinnützige Stiftung, eine Familienstiftung oder eine unternehmensverbundene Stiftung errichtet werden soll. Bei allen Stiftungsarten steht jedoch die Sicherung und Erhaltung des Lebenswerks des Stifters im Vordergrund.

2 Bei der unternehmensverbundenen Stiftung soll das durch den Stifter oder schon Generationen vor ihm aufgebaute Familienunternehmen in der Familie, d.h. unter dem Einfluss der Familie oder als Einkommensquelle für die Familie, auf Dauer erhalten bleiben. Die Stiftungsgründung – sei es als Familienstiftung, als gemeinnützige Stiftung oder als „Doppelstiftung" – soll regelmäßig verhindern, dass mittelfristig durch Verkauf von Beteiligungen der Familieneinfluss schwindet oder gar aufgegeben wird, das Familienunternehmen also über kurz oder lang in (familien-) fremde Hände fällt.

3 Eine ähnliche Motivlage findet man bei Stiftern, die ihre Stiftungen mit anderen – meist wertvollen – Vermögenswerten ausstatten, die sich schon lange im Familienbesitz befinden. Meist handelt es sich hierbei um Kunstgegenstände oder Kunstsammlungen, um althergebrachten, meist unter Denkmalschutz stehenden Grundbesitz oder Schlösser und andere Güter. Auch hier geht es den Stiftern meist darum, den Familienbesitz vor Zersplitterung und Versilberung zu schützen, die meistens die Folge von Erbauseinandersetzungen im Rahmen der Generationennachfolge und von Pflichtteilsauseinandersetzungen sind. Nicht selten fallen diese Familiengüter auch im Erbfall der Zersplitterung infolge fehlender Liquidität zur Deckung der für die Erbschaftsteuer aufzubringenden Beträge anheim.

4 Aber auch bei den Stiftern, die nicht über „generationenverwurzeltes" Familienvermögen verfügen, sondern sich im Laufe ihres Berufslebens eigenes Vermögen erarbeitet haben, stellt die eigene Stiftung einen Weg zur Sicherung und Erhaltung des eigenen Lebenswerks dar. Meistens wird dieser Weg durch die Gründung einer gemeinnützigen Stiftung beschritten, da der Stifter seine selbst erarbeitete Lebensleistung in den „Dienst einer guten Sache" stellen und andere hieran teilhaben lassen möchte. Auch hierin sehen viele Stifter eine ideale Möglichkeit ihr Lebenswerk auf Dauer sinnvoll fortsetzen lassen zu können.

Das gilt umsomehr, als viele Stifter zunehmend den Wunsch haben, sich mit einer eigenen Stiftung auch einen eigenen „Erben" zu schaffen. Der Trend hierzu ist ungebrochen – sei es, weil Stifter keine eigenen Abkömmlinge oder andere potenzielle Erben haben; sei es, weil die eigene potenziellen Erben für die Vermögensnachfolge nicht in Betracht kommen, etwa weil sie selbst über genug eigenes Vermögen verfügen und das Erbe des Stifters nicht benötigen, weil sie mit dem Stifter zerstritten sind, oder – und dieses Motiv wird an Bedeutung gewinnen – weil die potenziellen Erben als entfernte Verwandte eine so beträchtliche Erbschaftsteuer zahlen müssten, dass sich der Vermögensinhaber

---

1 Schiffer, ZErb 2004, 115.
2 Vgl. Bundesverband deutscher Stiftungen: www.stiftungen.org.

lieber für eine gemeinnützige Widmung seines Vermögens oder von Teilen dessen entscheidet.

Aber auch bei den Stiftern, die sich für eine eigene Stiftungsgründung ohne große finanzielle Möglichkeiten entschließen und sich mit um so mehr persönlichem Einsatz um ihr (gemeinnütziges) Anliegen in ihrer Stiftung kümmern, Spenden sammeln und gezielt eigene gemeinnützige Projektarbeit gestalten, ist die Stiftungsgründung ein Schritt zur Vollendung und Sicherung ihres Lebenswerks, das hier vor allem durch den persönlichen Einsatz des Stifters geprägt ist.

Der Schutz und die Erhaltung des eigenen Lebenswerks, des Lebenswerks von Generationen der eigenen Familie und die Erhaltung der eigenen persönlichen Lebensleistung stehen für die allermeisten Stifter im Vordergrund ihres Handelns. Damit steht für die meisten Stifter fest, dass diese Aufgabe nicht mit ihrem eigenen Ableben beendet sein kann, sondern auch über den eigenen Tod hinaus fortgesetzt werden soll.

Vor diesem Hintergrund ist nicht nur die Stiftungssatzung bei der Errichtung der Stiftung „zukunftsfähig" zu gestalten, sondern der Stifter wird sich zur Fortführung seines Lebenswerks auch um geeignete Unterstützer und Berater kümmern müssen, die zunächst gemeinsam mit ihm, dann aber auch nach ihm, sein Lebenswerk innerhalb der Stiftung fortsetzen, um die Stiftung dauerhaft überlebensfähig zu machen.

Um diese Fortführung des Lebenswerks des Stifters und damit das Überleben der Stiftung zu sichern, ist ferner erforderlich, dass die Stiftung mit ihrer derzeitigen und zukünftigen Vermögensausstattung in die private und unternehmerische Vermögensnachfolgeregelung des Stifters eingebunden wird. Alle erbrechtlichen Maßnahmen und Planungen wie auch Maßnahmen der vorweggenommenen Erbfolge innerhalb der Familie des Stifters sind mit den Stiftungsplänen des Stifters abzustimmen.

B. Die Stiftung im Erbfall

In Deutschland gewährt Art 14 Abs. 1 GG die Testierfreiheit des Stifters, die jedoch im gesetzlichen Pflichtteilsrecht und – wirtschaftlich betrachtet – auch im Erbschaftsteuerrecht einige gewichtige Einschränkungen erfährt.[3] Das gilt auch für die Einbindung von Stiftungen in die Nachlassplanung des Stifters und seiner Familie. Eine Besonderheit gilt jedoch erbrechtlich insoweit, als es § 84 BGB im Rahmen einer gesetzlichen Fiktion ermöglicht, auch eine zukünftig erst zu errichtende Stiftung schon letztwillig zu bedenken.

I. Die rechtsfähige Stiftung im Erbfall

Die rechtsfähige Stiftung ist aufgrund ihrer eigenen Rechtspersönlichkeit uneingeschränkt erbfähig, kann daher vom Stifter oder Dritten in letztwilligen Verfügungen alleine oder neben anderen als Erbe oder Miterbe eingesetzt werden. Die Stiftung als Erbe oder Miterbe treffen dann die selben Rechte und Pflichten wie jeden anderen Erben, die sich im Wesentlichen aus dem erbrechtlichen Grundsatz der Gesamtrechtsnachfolge ergeben, demzufolge die Stiftung in alle Rechtspositionen des Erblassers eintritt, insbesondere auch die Haftung für Verbindlichkeiten des Erblassers und für die sog. Erbfallschulden übernimmt. Zu diesen Erbfallschulden gehören insbesondere die im Zusammenhang mit dem Erbfall ausgelösten Kosten (z.B. Beerdigungskosten), aber auch die sich gegen die Stiftung als Erben oder Miterben richtenden Pflichtteilsansprüche sowie gegebenenfalls auch die Erbschaftsteuer (letztere nicht bei Erwerb durch eine gemeinnützige Stiftung).

Erhält eine schon bestehende rechtsfähige Stiftung eine Zuwendung von Todes wegen, so gilt diese Zuwendung als Zustiftung zur Erhöhung des Stiftungsvermögens, sofern der Erblasser/Stifter letzt-

---

3 Schiffer, ZErb 2004, 115(118).

willig keine andere Bestimmung getroffen hat.

Die Rechte und Pflichten der Stiftung als Erbe/Miterbe werden – sofern der Erblasser keine Testamentsvollstreckung angeordnet hat – durch den gesetzlichen Vertreter der Stiftung, d.h. in der Regel dem Stiftungsvorstand wahrgenommen. Dieser benötigt in der Regel zum Nachweis der Erbenstellung im Rahmen der Nachlassabwicklung vom zuständigen Nachlassgericht einen Erbschein, falls die Erbfolge nicht auf einem notariellen Testament oder Erbvertrag beruht.

> **Praxishinweis:**
> Da die Abwicklung eines gesamten Nachlasses als Erbe unter Umständen mit einem ganz erheblichen zeitlichen und administrativen Aufwand verbunden ist, der nicht unterschätzt werden darf, sollte der Stifter insbesondere dann, wenn seine eigene Stiftung oder die begünstigte fremde Stiftung nur über geringe personelle Ressourcen verfügt, daran denken, die Nachlassabwicklung in die Hände eines Testamentsvollstreckers zu geben – zumindest aber „seiner" Stiftung die Möglichkeit zu eröffnen, mit der Nachlassabwicklung auch Dritte als Dienstleister zu beauftragen, um sich selbst von dieser Aufgabe zu entlasten.

Eine rechtsfähige Stiftung kann auch Nacherbe i.S.d. § 2106 BGB werden. Damit erwirbt die Stiftung den Nachlass des Erblassers regelmäßig mit dem Tod des Vorerben, der insoweit zu Lebzeiten nur Zwischenerwerber wird.

> **Praxishinweis:**
> Solche Konstellationen ergeben sich regelmäßig im Rahmen eines sog. „Berliner Testaments" von Ehegatten, wonach sich die Eheleute zunächst untereinander beerben und nach dem Tod des Überlebenden die gemeinsam errichtete Stiftung Schlusserbe oder auch Nacherbe wird. Hierbei gilt es aber zu beachten, dass durch den Vorerwerb des überlebenden Ehegatten nicht zu hohe Erbschaftsteuerbelastungen bei diesem entstehen. Der Überlebende sollte daher im Rahmen der testamentarischen Gestaltung nur soviel erben, wie er zur eigenen Alterssicherung bedarf; im Übrigen sollte auch schon nach dem Tod des erstversterbenden Ehegatten die Stiftung mit einem Teil des Vermögens begünstigt werden, um eine unnötige Erbschaftsteuerbelastung zu vermeiden.

Die Einsetzung einer Stiftung als Vorerbe, verbunden mit der Verpflichtung, bei Eintritt bestimmter Voraussetzungen den Nachlass an einen Nacherben herauszugeben ist rechtlich umstritten, dürfte jedoch in der Praxis kaum vorkommen und in der Regel nur dann Sinn machen, wenn die als Vorerbe eingesetzte Stiftung über hinreichendes eigenes Vermögen zur Erfüllung der Stiftungszwecke verfügt und das als Vorerbe ererbte Vermögen, insbesondere die hieraus erzielten Erträge zeitlich begrenzt zur Zweckverwirklichung nutzt.[4]

Eine rechtsfähige Stiftung kann Vermögen von Todes wegen nicht nur als Erbe oder Miterbe, sondern auch als Vermächtnisnehmer oder als Auflagenbegünstigter erwerben. Als Vermächtnisnehmer wird die Stiftung zwar nicht Rechtsnachfolger des Erblassers/Stifters, erhält aber einen Rechtsanspruch gegen den Erben auf Herausgabe des Vermächtnisses (§ 2174 BGB). Im Gegensatz dazu kann der Erblasser die Stiftung auch mittels einer Auflage letztwillig begünstigen (§§ 2192 ff. BGB), was der Stiftung dann aber kein eigenes Forderungsrecht gegenüber dem beschwerten Erben gewährt. Gleichwohl ist eine solche Auflage für den Erben bindend. In der Regel wird die Durchsetzung bzw. Erfüllung einer solchen Auflage jedoch einem vom Erblasser in seiner letztwilligen Verfügung ernannten Testamentsvollstrecker übertragen.

II. Die Treuhandstiftung im Erbfall

Auch eine Treuhandstiftung kann – wirtschaftlich betrachtet – vom Erblasser als Erbe, Vermächtnis-

---

[4] Schiffer, ZErb 2004, 115(119).

nehmer oder Auflagenbegünstigter begünstigt werden. Da die Treuhandstiftung jedoch über keine eigene Rechtspersönlichkeit verfügt und damit nicht rechtsfähig ist, kann sie nicht unmittelbar Erbe oder Vermächtnisnehmer werden. Vielmehr muss der Erblasser in seiner letztwilligen Verfügung stattdessen den Treuhänder selbst als Erben oder Vermächtnisnehmer einsetzen und ihn durch Auflage verpflichten, die ihm zugewendeten Vermögenswerte ausschließlich für die Treuhandstiftung nach Maßgabe der Stiftungssatzung und des Treuhandvertrags zu verwenden.

Dies stößt in der Praxis gelegentlich auf Vorbehalte und Skepsis seitens des Stifters/Erblassers, denen aber durch die Anordnung einer Testamentsvollstreckung, mindestens aber die Benennung eines sog. „Auflagenvollziehungsberechtigten", durch einen außerhalb des Treuhänders stehenden Dritten Rechnung getragen werden kann. Dieser Testamentsvollstrecker erhält die Aufgabe, die Erfüllung der Auflagen durch den Treuhänder, d.h. die Verwendung der erhaltenen Vermögenswerte zu den in der Stiftungssatzung und im Treuhandvertrag bezeichneten Zwecken, zu überwachen. Gleichwohl hängt das künftige Schicksal der Treuhandstiftung entscheidend von der Person des Treuhänders ab – zumal die Treuhandstiftung auch nicht der (Rechts-) Kontrolle durch die Stiftungsaufsichtsbehörden, sondern nur der „Gemeinnützigkeitskontrolle" durch die Finanzämter, unterliegt. Deshalb ist der künftige Stiftungstreuhänder mit Sorgfalt auszuwählen. In der Regel werden als Stiftungsträger schon bestehende Stiftungen oder andere gemeinnützige Organisationen, aber auch Gemeinden, Universitäten oder etablierte private Stiftungstreuhänder ausgewählt.

> **Praxishinweis:**
> *Um für den unwahrscheinlichen Fall der Insolvenz des Stiftungstreuhänders nach dem Ableben des Stifters Sorge zu tragen, sollte das dem Stifter zu Lebzeiten gegen einen etwaigen Insolvenzverwalter des Treuhänders zustehende insolvenzrechtliche Aussonderungsrecht entweder im Stiftungsgeschäft oder durch separate Erklärung für die Zeit nach Ableben des Stifters an einen Dritten, idealer Weise ein Kontrollgremium oder einen Testamentsvollstrecker, abgetreten werden, um das Stiftungsvermögen auch bei Insolvenz des Treuhänders erhalten zu können.*

Bei der Begünstigung einer Treuhandstiftung von Todes wegen spielt es keine Rolle, ob diese Treuhandstiftung bereits zu Lebzeiten des Stifters als zweckgebundenes Sondervermögen des Treuhänders errichtet wurde oder ob der Erblasser/Stifter ihre Errichtung erst in der letztwilligen Verfügung im Wege der Auflage angeordnet hat.

III. Stiftungserrichtung und Pflichtteilsrecht

Hat der Stifter eine Stiftung oder einen Stiftungstreuhänder als Alleinerbin eingesetzt, stehen seinen nächsten Angehörigen, d.h. seinem Ehegatten und seinen Kindern – sind diese Vorverstorben seinen Enkeln und, sofern der Stifter keine Abkömmlinge hinterlässt, auch seinen Eltern – im Erbfall unter Umständen Pflichtteilsrechte nach § 2303 ff. BGB zu. Der Pflichtteilsanspruch ist ein reiner Zahlungsanspruch in Geld und zwar in Höhe der Hälfte des gesetzlichen Erbteils und richtet sich zunächst gegen die Stiftung als Erbin.

Hat ein verwitweter Stifter beispielsweise eine gemeinnützige Stiftung als Alleinerbin hinsichtlich seines Nachlasses im Verkehrswert von € 1 Mio. eingesetzt, stehen seinen beiden Kindern Pflichtteilsansprüche in Höhe von insgesamt der Hälfte des Nachlasswerts, d.h. in Höhe von € 500.000,00 zu. Die Erfüllung dieser Pflichtteilsschuld ist eine Nachlassverbindlichkeit, deren Erfüllung den Status einer gemeinnützigen Stiftung (= Erbin) als steuerbefreit grundsätzlich nicht beeinträchtigt. Sind die Pflichtteilsberechtigten vom Erblasser – beispielsweise als Miterben oder Vermächtnisnehmer – begünstigt worden, können sie nach der seit dem 01.01.2009 geltenden Reform des Pflichtteilsrecht jederzeit den Erbteil oder das Vermächtnis ausschlagen und ihren gesetzlichen Pflichtteil verlangen. Nehmen sie den Erbanteil oder das Vermächtnis an, bleibt dieser aber wertmäßig hinter ihrem Pflichtteilsanspruch zurück, können sie von der Stiftung zusätzlich Auszahlung des Pflichtteils bis zur Hälfte des gesetzlichen Erbteils als sog. Restpflichtteil im Sinne des § 2305 BGB verlangen.

In jedem Fall bedeutet die Inanspruchnahme wegen Pflichtteilsansprüchen für die Stiftung eine unter Umständen erhebliche Schmälerung des Stiftungsvermögens und damit die Einschränkung der Erfüllung ihres Stiftungszwecks. Zu besonderen Liquiditätsproblemen kann es dabei dann kommen, wenn das Stiftungsvermögen aus illiquiden Vermögenswerten, beispielsweise Immobilien oder Kunstgegenständen besteht, die zur Erfüllung der Pflichtteilsansprüche mitunter erst veräußert werden müssen. Da Spenden Dritter zur Erfüllung von Pflichtteilsansprüchen nicht verwendet werden dürfen, muss die Stiftung im Erbfall gegebenenfalls Vermögen veräußern oder rechtzeitig durch Vermögensumschichtungen oder geeignete Risikoabsicherungen (z.B. durch geeignete Versicherungslösungen) für die Bereitstellung dieses Liquiditätsbedarfs Sorge tragen.

Hat der Stifter schon zu Lebzeiten eine Stiftung errichtet, so können die Ausstattung der Stiftung mit Vermögen anlässlich ihrer Errichtung und die weiteren Zustiftungen des Erblassers/Stifters beim Tod des Stifters gegebenenfalls Pflichtteilsergänzungsansprüche der o.g. Pflichtteilsberechtigten nach §§ 2325 ff. BGB auslösen, wenn die Vermögensausstattung der Stiftung oder die weiteren Zustiftungen des Stifters innerhalb von 10 Jahren vor dem Erbfall erfolgten. So können im vorgenannten Beispielsfall die Kinder des Erblassers gegen die Stiftung auch dann Pflichtteilsrechte geltend machen, wenn der Stifter das oben genannte Vermögen innerhalb der letzten 10 Jahre vor seinem Ableben – etwa im Rahmen der Stiftungserrichtung – auf die Stiftung übertragen hat.

Aufgrund der seit 2009 geltenden Pflichtteilsreform ist dieses Liquiditätsrisiko der Stiftung aber entschärft worden. Während es bis dahin für die Berechnung der Pflichtteilsergänzungsansprüche unerheblich war, ob der Erbfall des Stifters ein Jahr oder neun Jahre nach der Stiftungsdotation erfolgte (stets war der volle Wert der Zuwendung für den Pflichtteilsergänzungsanspruch maßgeblich), gilt für Erbfälle seit 2009 ein „Abschmelzungsmodell" in der Weise, dass die Pflichtteilsrelevanz der Stiftungsdotation jährlich ab dem Tag der Zuwendung um 10 % abnimmt, so dass beim Ableben des Stifters z.B. nach einem Jahr nach der Zuwendung noch 90 % der Zuwendung und nach neun Jahre danach nur noch 10 % der Stiftungsdotation Pflichtteilsergänzungsansprüche auslösen können.

> **❗ Praxishinweis:**
> *Aufgrund dieser Neuregelung sollten Stifter mit Pflichtteilsrisiken über eine frühzeitige Stiftungsdotation nachdenken, um die Pflichtteilsrisiken für die Stiftung mit Zeitablauf sukzessive mindern zu können.*

Aber auch noch jenseits dieses Zehnjahreszeitraums können Pflichtteilsberechtigte im Wege der Pflichtteilsergänzung des § 2325 BGB unter Umständen auf Vermögenswerte der Stiftung zugreifen, die ihr vom Stifter übertragen wurden, wenn sich der Stifter bei der Übertragung etwa ein Nießbrauchsrecht oder vergleichbares wirtschaftliches Eigentum vorbehalten hat.

Auch diese Pflichtteilsergänzungsansprüche können die laufende Stiftungsarbeit erheblich beeinträchtigen und mitunter auch den Fortbestand der Stiftung gefährden.

> **❗ Praxishinweis:**
> *Um die Stiftungsarbeit in jedem Fall nicht durch unerwünschte Pflichtteilsansprüche naher Angehöriger zu gefährden, sollte der Stifter sich bemühen, mit den nächsten Angehörigen Pflichtteilsverzichte zu vereinbaren. Diese bedürfen der notariellen Beurkundung. In jedem Fall sollten im Rahmen der Vermögensausstattung einer Stiftung zu Lebzeiten oder von Todes wegen die Pflichtteilsrisiken der Stiftung fachkundig geprüft und analysiert werden.*

9 Neben den vorgenannten Pflichtteils- und Pflichtteilsergänzungsansprüchen können aber auch potenzielle Vertragserben des Stifters gegen die Stiftung beim Ableben des Stifters Ansprüche erheben. Dies ist insbesondere dann der Fall, wenn diese aufgrund

eines Erbvertrags oder eines gemeinschaftlichen Ehegattentestaments des Stifters bereits zu seinen Lebzeiten gewisse Anwartschaftsrechte hinsichtlich ihres künftigen Erbrechts oder Vermächtnisses erworben haben und der Stifter durch Übertragung von Vermögen auf die Stiftung versucht hat, diese Vertragserben zu beeinträchtigen. In diesem Fall können bei Vorliegen der gesetzlichen Voraussetzungen diese Vertragserben von der Stiftung die Herausgabe des übertragenen Stiftungsvermögens verlangen und damit die wirtschaftliche Existenz der Stiftung gefährden (vgl. 2287, 2288 BGB).

❗ Praxishinweis:

Sofern ein Stifter in einem Erbvertrag oder gemeinschaftlichen Ehegattentestament mit seinem vorverstorbenen Ehegatten Erben eingesetzt hat und gleichwohl plant, zu Lebzeiten oder von Todes wegen eine Stiftung zu errichten, sollte er sich zur Vermeidung späterer Ansprüche dieser Vertragserben gegenüber der Stiftung von diesen in notarieller Form einen Zuwendungsverzicht (§ 2352 BGB) erteilen lassen.

IV. Besteuerungsfragen beim Stiftungserwerb von Todes wegen

Der Erwerb von Todes wegen durch eine Stiftung ist zwar grundsätzlich nach § 3 Abs. 2 Nr. 1 ErbStG erbschaftsteuerbar, jedoch wird der Erwerb des Vermögens durch eine gemeinnützige Stiftung nach § 13 Abs. 1 Nr. 16 b ErbStG erbschaftsteuerfrei. Dies gilt auch für den Erwerb von Todes wegen durch eine gemeinnützige Treuhandstiftung, die als unselbstständige Vermögensmasse steuerlich der rechtsfähigen Stiftung gleichgestellt wird.

Auch bei gemeinnützigen Stiftungen, die erst nach dem Erbfall aufgrund letztwilliger Anordnungen des Erblassers/Stifters errichtet werden (Stiftungsgründung von Todes wegen), erfolgt der Erwerb aus dem Nachlass gänzlich erbschaftsteuerfrei. Nach der Rechtsprechung der Finanzgerichte gilt dies auch dann, wenn die gemeinnützige Stiftung – wie durchaus üblich – erst geraume Zeit nach dem Erbfall errichtet wird und daher gemeinnützigkeitsrechtlich keine rückwirkende Steuerbefreiung auf den Erbfall erhalten kann. Ein etwaiger Vermögenszuwachs zwischen dem Erbfall und der Errichtung der Stiftung unterliegt zwar grundsätzlich beim Verwalter des Nachlasses der Erbschaftsteuer, bleibt aber auch dort steuerfrei, wenn dieser das gesamte Vermögen auf die neu errichtete Stiftung überträgt.[5] De facto ist damit eine steuerliche Rückwirkung der Gemeinnützigkeit auf den Erbfall erreicht.

Die Erbschaftsteuerfreiheit des Vermögenserwerbs hat jedoch immer zur weiteren Voraussetzung, dass die Stiftung mit dem erworbenen Vermögen mindestens 10 Jahre lang gemeinnützige Zwecke fördert. Entscheidend hierbei ist, dass das erworbene Vermögen gemeinnützig gebunden bleibt, wobei es unschädlich ist, wenn die Stiftung vorübergehend – beispielsweise für ein Jahr aufgrund ihrer tatsächlichen Geschäftsführung – die Gemeinnützigkeit verliert, solange die Vermögensbindung des erworbenen Vermögens bestehen bleibt. Unschädlich ist es auch, wenn das erworbene Vermögen bei der Stiftung zu einem wirtschaftlichen Geschäftsbetrieb führt (beispielsweise beim Erwerb einer gewerblich tätigen Personengesellschaftsbeteiligung) oder in einem schon bestehenden wirtschaftlichen Geschäftsbetrieb der Stiftung genutzt wird. Allerdings verlangte die Finanzverwaltung bisher, dass dann die Erträge aus diesem wirtschaftlichen Geschäftsbetrieb dann ausschließlich für gemeinnützige Zwecke der Stiftung verwendet werden.[6]

Besondere Gestaltungsmöglichkeiten ergeben sich aus steuerlicher Sicht auch für Erben, denen der Erblasser in einer Verfügung von Todes wegen zwar nicht die Auflage gemacht hat, das ererbte Ver-

---

5   Schauhoff, Handbuch der Gemeinnützigkeit, § 3 Rn. 39.
6   Schauhoff, a.a.O., § 7 Rn. 21.

mögen oder Teile davon in eine gemeinnützige Stiftung einzubringen, sondern die sich geraume Zeit nach dem Erbfall – aus welchen Gründen auch immer – zur Übertragung des ererbten Vermögens oder Teilen davon auf eine eigens errichtete oder schon bestehende gemeinnützige Stiftung entschließen.

Überträgt in einem solchen Fall ein Erwerber die von ihm selbst ererbten Vermögenswerte innerhalb von 24 Monaten auf eine gemeinnützige Stiftung, so ist nicht nur diese Zuwendung an die Stiftung schenkungsteuerbefreit, sondern es erlischt nach § 29 Abs. 1 Nr. 4 ErbStG auch die bereits in der Person des Erben oder Beschenkten zuvor entstandene Erbschaftsteuer für den Vorerwerb rückwirkend. Der Erbe kann jedoch in diesen Fällen die Zuwendung an die steuerbegünstigte Stiftung nach § 29 Abs. 1 Nr. 4 Satz 2 ErbStG nicht einkommensteuerlich als Spende im Rahmen seiner Sonderausgaben abziehen. Ferner darf diese Stiftung dann keine Leistungen an den Erben oder Beschenkten erbringen – auch wenn diese in anderen Fällen nach § 58 Nr. 5 AO steuerlich unschädlich wären. Hieran hat sich auch durch die ab 01.01.2009 geltende Erbschaftsteuerreform nichts geändert.

Praxishinweis:

Die Einbringung von zumindest Teilen des ererbten Vermögens innerhalb von 2 Jahren nach dem Erbfall in eine steuerbefreite Stiftung kann für manchen Nachlass die „letzte Rettung" vor einer sonst Existenz bedrohenden Liquiditätsbelastung durch Erbschaft- und Einkommensteuer sein, wenn die ohnehin nur für kurze Zeit bestehende Möglichkeit der Erbausschlagung (gegebenenfalls gegen Abfindung) schon abgelaufen ist. Hierbei ist es durchaus denkbar, dass sich der Erbe die für die eigene Versorgung erforderlichen Vermögenswerte oder Einkunftsquellen bei der Übertragung des übrigen Nachlasses auf die Stiftung vorbehält – etwa in Form eines Nießbrauchsrechts oder einer sonstigen Versorgungsleistung (z.B. lebenslange Rente), die dann jedoch beim Erben der Erbschaftsteuer nach dem Erblasser unterliegt. Diesen Leistungen dürfte auch nicht § 29 Abs. 1 Nr. 4 Satz 2 ErbStG entgegenstehen, da die Versorgungsleistungen an den Erben nicht von der Stiftung aufgrund der Ausnahmeregelung des § 58 Nr. 5 AO, sondern aufgrund einer bei Errichtung übernommenen Verpflichtung erbracht wird. Dies ist jedoch bislang von der Rechtsprechung noch nicht abschließend geklärt.

§ 11 Besonderheiten bei Stiftungen im Unternehmensbereich

A. Einsatzmöglichkeiten der Stiftung bei der Unternehmensnachfolge

I. Motive für die Einbeziehung von Stiftungen in die Unternehmensnachfolge

Vor allem bei Unternehmensnachfolgeregelungen sind Stiftungen in den letzten Jahren verstärkt im Fokus der Öffentlichkeit und der mit Unternehmensnachfolgeregelungen befassten Berater. Anhand zahlreicher Beispiele aus dem Wirtschaftsleben zeigt sich, dass sich Stiftungen als Instrument der Unternehmensnachfolge zunehmender Beliebtheit erfreuen. Beispielhaft hierfür sind die großen deutschen unternehmensverbundenen Stiftungen wie beispielsweise die Bertelsmann-Stiftung oder Körber-Stiftung, die Adolf-Würth-Stiftung, in der verschiedene Familienstiftungen des Stifters Reinhold Würth, seiner Frau und seiner Kinder zusammengefasst wurden, die Alfried-Krupp von Bohlen und Halbach-Stiftung, aber auch stiftungsähnliche Rechtsformen wie die Robert Bosch Stiftung GmbH oder die Mahle Stiftung GmbH.

Die Einbeziehung von Stiftungen in die Unternehmensnachfolge soll in der Regel die Zersplitterung der Gesellschaftsanteile am Unternehmen verhindern. Weiterhin soll vermieden werden, dass beim todesbedingten Ausscheiden einzelner Gesellschafter die vom bestehen bleibenden Unternehmen aufzubringende Abfindungszahlung für den Anteil des Verstorbenen den Bestand des Unternehmens gefährdet. Daneben soll das Unternehmen geschützt werden vor potenziellen Erbstreitigkeiten, die ansonsten in das Unternehmen hineingetragen werden und die laufende Geschäftsführung stark beeinträchtigen könnten. Letzlich soll die Stiftung eine langfristige und kontinuierliche Investitions- und Geschäftspolitik des Unternehmens sichern. Daneben möchte der bisherige Unternehmer durch die Einbindung einer Stiftung in die Unternehmensstruktur langfristig dem Verkauf des Familienunternehmens oder dem Einstieg strategischer Finanzinvestoren vorbeugen.

Kontinuität und Sicherung von Unternehmensbestand und Unternehmensführung bei steueroptimiertem Erhalt des Unternehmens als der wirtschaftlichen Existenzgrundlage der Unternehmerfamilie sind daher regelmäßig die bestimmenden Motive für die Einbeziehung einer Stiftung in die Unternehmensnachfolgeregelung.[1] Hierbei kommen sowohl Familienstiftungen als auch gemeinnützige Stiftungen für die Unternehmensnachfolgeregelung in Betracht.

II. Arten der Unternehmensstiftungen

Im Unternehmensbereich unterscheidet man im Wesentlichen die Unternehmensträgerstiftung und die Beteiligungsträgerstiftung. Beide Stiftungsformen werden mittlerweile, d.h. aufgrund des Gesetzes zur Modernisierung des Stiftungsrechts in 2001 sowie der darauffolgenden Änderungen der

---

1 Schwarz, Unternehmensnachfolge, S 147 ff.

Stiftungsgesetze der Bundesländer, stiftungsrechtlich nicht mehr beanstandet und grundsätzlich anerkannt.

Die Unternehmensträgerstiftung, die selbst und unmittelbar als Stiftung ein Unternehmen betreibt, spielt aus Haftungs- und Organisationsgründen in der Unternehmensnachfolgepraxis nur eine untergeordnete Rolle. Vorherrschend bei Unternehmensnachfolgeregelungen mit Stiftungsbezug ist vielmehr die Beteiligungsträgerstiftung, die das Unternehmen (Stiftungsunternehmen) in der Regel als selbstständige Kapitalgesellschaft führt und an dieser ausschließlich, jedenfalls aber mehrheitlich beteiligt ist oder aber die Rechtsform der Stiftung & Co. KG, einer Kommanditgesellschaft, bei der eine Stiftung als Komplementärin die persönliche Haftung und ausschließliche Geschäftsführung des Unternehmens übernimmt.

III. Unternehmenskontinuität als Leitbild

3 Im Gegensatz zu allen anderen unternehmerischen Organisationsformen bietet die Stiftung dem Unternehmer die größtmögliche Gewähr dafür, dass seinem Willen als Unternehmer dauerhaft Rechnung getragen und damit dem Wunsch nach Unternehmenskontinuität langfristig entsprochen werden kann. Während bei Personen- und Kapitalgesellschaften bei Einstimmigkeit aller Gesellschafter sowohl der Verkauf des Unternehmens oder der Gesellschaftsanteile als auch ein Abweichen von oder eine grundsätzliche Änderung der im Gesellschaftsvertrag vom Unternehmer dauerhaft festgelegten Unternehmens- und Organisationsvorgaben möglich ist, bleibt die Stiftungssatzung mit den darin vom Unternehmer festgelegten Grundsätzen grundsätzlich unverändert und ist nicht dem Willen der künftigen Mitglieder oder Gesellschafter unterworfen.[2]

4 Dabei besteht jedoch auch die Gefahr, dass aufgrund des verbindlich in der Stiftungssatzung festgelegten Stifterwillens, das Stiftungsunternehmen auf Dauer nicht mehr in der Lage ist, schnell und flexibel auf die Veränderungen des Marktes und des Wettbewerbumfeldes sowie auf sonstige exogene Einflüsse zu reagieren.

Dieser klassische Zielkonflikt zwischen Unternehmenskontinuität auf der einen Seite und der Möglichkeit, trotzdem auf Veränderungen des unternehmerischen Umfeldes und des Marktes rechtzeitig und umfassend reagieren zu können auf der anderen Seite, ist bei Einbeziehung einer Stiftung in eine Unternehmensnachfolgeregelung nur durch sorgfältige Gestaltung der Stiftungssatzung zu lösen. Dies ist die große Herausforderung bei der Einbeziehung von Stiftungen in die Unternehmensnachfolgeregelung. Dabei ist darauf zu achten, dass der Stiftungszweck nicht ausschließlich oder zu sehr unternehmensbezogen ausgestaltet ist. Dies ist beispielsweise der Fall, wenn in einer Stiftung & Co. KG die Rolle der Stiftung als Komplementärin dauerhaft festgeschrieben ist. Hierdurch kann es beispielsweise zu einer Perpetuierung des Unternehmens kommen, die die unter Umständen in Zukunft zwingend gebotene Stärkung der Eigenkapitalbasis des Unternehmens erheblich erschwert.

Vielmehr muss es der Stiftungszweck durch flexible Formulierungen ermöglichen, dass das Unternehmen nach wirtschaftlichen Grundsätzen erhalten bleiben kann. Insbesondere, wenn aufgrund veränderter wirtschaftlicher Verhältnisse später eine Anpassung der Stiftungssatzung erforderlich wird, sollte aus der Stiftungssatzung der diesbezügliche Stifterwille doch so klar und eindeutig hervorgehen, dass keine Verfälschung des Stifterwillens möglich ist und die geplanten Änderungen der Stiftungssatzung durch die Stiftungsaufsichtsbehörde unter Bezugnahme auf diesen Stifterwillen genehmigt werden kann. Vor diesem Hintergrund empfiehlt es sich, etwaige Wünsche des Unternehmers nach verbindlichen Vorgaben für die künftige Unternehmenspolitik kritisch auf ihre „Zukunftsfähigkeit" hin zu hinterfragen. In organisatorischer Hinsicht sollte die Stiftungssatzung

---

2   Schwarz, a.a.O., S. 150 ff.

jedenfalls keine verbindlichen Festlegungen hinsichtlich der Rechtsform des Stiftungsunternehmens enthalten und den Stiftungsorganen zumindest die Umwandlung des Unternehmens, eine Kapitalerhöhung oder generell die Anpassung der Stiftungssatzung an wirtschaftliche Veränderungen im Sinne des Stifters erlauben.[3]

Auch dem Wunsch des Unternehmers nach Sicherung der Kontinuität in der Unternehmensführung kann durch eine Stiftung Rechnung getragen werden. Gerade vor dem Hintergrund der möglichen Alternativen werden die Vorteile der Unternehmensstiftung deutlich. Zwar kann der Unternehmer auf gewisse Zeit nach seinem Ableben die Kontinuität der Unternehmensführung auch mittels einer umfassenden Testamentsvollstreckeranordnung sicherstellen, jedoch ist die zeitliche Reichweite der Testamentsvollstreckung in der Regel auf 30 Jahre beschränkt. Testamentarische Auflagen und Bedingungen zur Sicherung der Unternehmensführung, wie die Testamentsvollstreckungsanordnung, bergen zudem die Gefahr, dass der begünstigte Erbe oder Vermächtnisnehmer als potenzieller Unternehmensnachfolger die Erbschaft oder das Vermächtnis ausschlägt und sich damit der Unternehmensnachfolge verweigert. Die testamentarische Unternehmensnachfolge läuft in diesen Fällen ins Leere. Demgegenüber kann sich die Unternehmensstiftung der Zuwendung des Unternehmens oder der Unternehmensbeteiligung durch Stiftungsgeschäft zu Lebzeiten oder von Todes wegen nicht entziehen.

Die Einbeziehung einer Stiftung in die Unternehmensnachfolge bedeutet auch nicht, dass der Unternehmer auf die Nachfolge in der Unternehmensführung durch Familienmitglieder verzichten muss und das Unternehmen zwingend ein Fremdmanagement erhält. Denn Stifter und Stiftungssatzung können ebenso gut vorsehen, dass das Unternehmen entweder zwingend oder fakultativ – je nach Befähigung – durch einen geeigneten familieninternen Nachfolger als Vorstand der Unternehmensstiftung oder Vorstand/Geschäftsführer des Beteiligungsunternehmens fortzuführen ist, so dass – falls gewünscht – der Familieneinfluss des Unternehmers ganz oder teilweise, auf Dauer oder zeitlich befristet, in jedem Fall oder nur bei besonderer Eignung eines Nachfolgers, gewahrt bleiben kann.

Die Entscheidungen hierüber kann der Unternehmer – nach seinem Ableben – bestimmten Organen der Stiftung, etwa einem Aufsichtsrat, Stiftungsrat, Beirat oder Kuratorium übertragen, das bei Auswahl und Bestellung des Unternehmernachfolgers den Vorgaben des Stifters folgt. Auf diese Weise kann die Unternehmensführung ausschließlich an der Eignung und fachlichen Kompetenz der künftigen Führungspersönlichkeiten und nicht nur nach den mehr oder weniger großen Zufälligkeiten der Erbfolge ausgerichtet werden.[4]

Diesem weiteren Stiftungsorgan können in der Stiftungssatzung auch weitergehende Befugnisse – etwa die Kontrolle und Überwachung des Stiftungsvorstands übertragen werden. Dadurch wird in vielen Fällen ein Einschreiten der Stiftungsaufsichtsbehörden entbehrlich und es kann hierdurch ein Korrektiv durch das rechtsformspezifische Fehlen einer Kontrolle durch die wirtschaftlichen Eigentümer geschaffen werden. Wer die Kontrolle des Stiftungsvorstands in einem solchen weiteren Stiftungsorgan wahrnimmt, ist vom Stifter in der Stiftungssatzung zu regeln. Dabei kann der Stifter die sog. Kooptation vorsehen, wonach das Gremium selbst den Nachfolger eines ausgeschiedenen Mitglieds bestimmt; der Stifter kann die Bestellung der Mitglieder des Stiftungsorgans aber auch Dritten, etwa einer anderen Institution überlassen.

---

3   Schwarz, a.a.O., S. 152.
4   Schwarz, a.a.O., S. 155.

IV. Sicherung der Unternehmensliquidität und Versorgung der Unternehmerfamilie

7 Eines der drängendsten Probleme bei der mittelständischen Unternehmensnachfolge stellen die mit einem Erbfall verbundenen Liquiditätsrisiken dar. Diese bedrohen auch gesunde Unternehmen. Zu den Liquiditätsrisiken im Erbfall gehört nicht nur die Erbschaftsteuer, sondern auch Pflichtteils- oder Abfindungsansprüche weichender Erben, Ausgleichszahlungsansprüche unter Miterben, ein etwaiger Zugewinnausgleichsanspruch des überlebenden Ehegatten und latente Ertragsteuerbelastungen, wenn im Zuge der Erbauseinandersetzung beispielsweise Betriebsaufspaltungen aufgelöst oder betriebliche Vermögensgegenstände verkauft werden müssen. Hinzu kommt regelmäßig der Liquiditätsbedarf der nicht in der Unternehmensführung tätigen Erben, die sich von ihrer ererbten Beteiligung regelmäßig hohe Gewinnentnahmen versprechen, während die im Unternehmen tätigen Nachfolger regelmäßig die Finanz- und Investitionskraft des Unternehmens durch die Reinvestition von Gewinnen stärken wollen.

Viele der vorgenannten Liquiditätsrisiken lassen sich durch die Einbeziehung einer Stiftung in die Unternehmensnachfolgeregelung vermeiden oder zumindest verringern oder kalkulierbarer gestalten. So entfällt die Erbschaftsteuerbelastung bei der Einbeziehung einer gemeinnützigen Stiftung als Unternehmensträger gänzlich oder wird in Gestalt der alle 30 Jahre bei Familienstiftungen anfallenden Erbersatzsteuer gestaltbar. Pflichtteilsansprüche naher Angehöriger werden sukzessive in den Jahren nach Einbringung des Unternehmens reduziert und entfallen ganz, wenn die Unternehmenssubstanz bereits mehr als 10 Jahre vor dem Erbfall des Unternehmers auf die Stiftung übergegangen ist. Aus diesem Grund empfiehlt sich die frühzeitige Entwicklung und Umsetzung einer Unternehmensnachfolgestrategie.

Die Versorgung der Unternehmerfamilie kann der Unternehmer über die Stiftung ebenfalls sicher stellen. Bei einer Familienstiftung kann er hierzu die Mitglieder der Familie als bezugsberechtigte Destinatäre der Stiftung benennen, ohne dass diese (z.B. bei Minderjährigen) dadurch Einfluss auf die Stiftung und damit das Unternehmen erhalten. Damit lassen sich Versorgung der Familie und unternehmerischer Einfluss besser und nachhaltiger voneinander trennen als bei jeder gesellschaftsrechtlichen organisierten Unternehmenseinheit.

8 Auch bei einer gemeinnützigen Unternehmensstiftung kann die Versorgung der Familie des Unternehmers im Rahmen der bestehenden steuerlichen Ausnahmevorschrift des § 58 Nr. 5 AO sicher gestellt werden. Nach dieser Bestimmung kann die gemeinnützige Stiftung – auch ohne ihren Status als steuerbefreit zu gefährden – bis zu einem Drittel ihres Einkommens dazu verwenden, um „in angemessener Weise den Stifter und seine nächsten Angehörigen" zu unterhalten. Voraussetzung hierfür ist jedoch, dass diese Unterstützung des Stifters und seiner Familienangehörigen auch erforderlich ist. Eine Familienbegünstigung durch eine gemeinnützige Stiftung scheidet daher dann aus, wenn der Stifter oder seine Familienangehörigen aus eigenem Einkommen und Vermögen ihr Auskommen haben.

V. Nachteile der Unternehmensnachfolge mit Stiftungen

9 Einer der am häufigsten genannten Nachteile der Einbeziehung von Stiftungen in Unternehmensnachfolgeregelungen ist das Problem der Unternehmensfinanzierung mittels Stiftung. Dies betrifft vor allem die Unternehmensstiftung, die selbst Träger des Unternehmens ist, insbesondere als gemeinnützige Stiftung nur eingeschränkt Rücklagen bilden kann und keine Möglichkeit hat, durch Aufnahme neuer Gesellschafter oder einen Börsengang ihre Eigenkapitalbasis zu verbessern. Nicht

zuletzt aus diesem Grund ist die Unternehmensstiftung in Zeiten sich kurzfristig auch auf den Weltmärkten verändernder wirtschaftlicher Verhältnisse keine zukunftsfähige Unternehmensform.

Dagegen hat die Beteiligungsträgerstiftung – soweit dies in der Satzung nicht ausgeschlossen ist – grundsätzlich die Möglichkeit der Kapitalbeschaffung für die Tochtergesellschaft durch Aufnahme neuer Gesellschafter oder über den Kapitalmarkt wie andere Unternehmensformen auch.

Für manche Unternehmer mag ein weiterer Nachteil darin bestehen, dass die Stiftung gegenüber anderen Rechtsformen wenig Änderungs- und damit künftigen Gestaltungsspielraum bei der Organisation der Unternehmensgruppe bietet. Dies sichert aber andererseits gerade die Unternehmenskontinuität und entspricht daher dem Wunsch vieler Stifter. Trotz einer gewissen „Starrheit" der Organisationsform lassen sich jedoch Stiftungssatzungen von Beteiligungsträgerstiftungen auch so gestalten, dass sie für künftige Entwicklungen des Beteiligungsunternehmens genügend Flexibilität bieten.

Ein unbestrittener finanzieller Nachteil der Einbeziehung von Familienstiftungen in die Unternehmensnachfolgeregelung bestand bisher in dem Anfall von Schenkungsteuer bei der erstmaligen Vermögensübertragung. Aufgrund der Reform der Erbschaftsteuer zum 01.01.2009 können jedoch auch Stifter von Familienstiftungen unter bestimmten Voraussetzungen in den Genuss einer 85%-igen oder sogar 100%-igen Reduzierung der auf die Einbringung des Unternehmens sonst anfallenden Erbschaft- und Schenkungsteuer kommen, insbesondere wenn das Unternehmen nicht oder nur in begrenztem Umfang über sog. Verwaltungsvermögen verfügt (z.B. fremdvermietete Immobilien) und wenn die Stiftung das Unternehmen unter weitgehender Beibehaltung der Zahl der Arbeitsplätze für die Dauer von 5 bzw. 7 Jahren nach der Einbringung fortführt. Diese erbschaftsteuerlichen Erleichterungen für die Einbringung von Betriebsvermögen werden sicher in den kommenden Jahren zu einer Renaissance der unternehmensbezogenen Familienstiftungen führen.

Andererseits haben sich für manche Unternehmen durch die Erbschaftsteuerreform auch erhebliche steuerliche Mehrbelastungen bei der Unternehmensnachfolge und damit auch bei der Einbringung des Unternehmens in eine nicht gemeinnützige (Familien-) Stiftung ergeben, insbesondere durch die nun verkehrswertnahe Unternehmensbewertung , sowie in den Fällen, in denen die gesetzlichen Voraussetzungen für die erbschaftsteuerliche Begünstigung von Betriebsvermögen (z.B. Verwaltungsvermögensquote, Behaltensfristen und Lohnsummengrenzen) nicht eingehalten werden können. .

B. Besonderheiten der Stiftung & Co. KG

Bei einer Stiftung & Co. KG fungiert meistens eine Familienstiftung als alleiniger persönlich haftender Gesellschafter des Unternehmens, während die Unternehmerfamilie die Kommanditisten stellt. Damit bleibt das Unternehmen zwar wirtschaftlich im Eigentum der Unternehmerfamilie, durch die Einsetzung der Stiftung als Komplementärin wird jedoch gewährleistet, dass sich das Unternehmen unabhängig von den einzelnen Interessen künftiger Unternehmergenerationen entwickeln kann. Es kommt dadurch zu einer strikten Trennung von Geschäftsführung und Eigentümerstellung. Beispielhaft hierfür ist die seit 1998 als Diehl Stiftung & Co. KG firmierende Unternehmensgruppe aus Nürnberg zu nennen, bei der die Diehl Verwaltungs-Stiftung alleinige persönlich haftende Gesellschafterin ist.[5] Andere bekannte Beispiele sind die Bayerische Braustiftung J. Schörghuber & Co. KG, München, die Schickedanz Holding-Stiftung & Co. KG, Fürth, die Adi Dassler Stiftung & Co. KG, Herzogenaurach, die Lidl & Schwarz Stiftung & Co. KG, Bad Wimpfen oder die Vorwerk Deutschland Stiftung & Co. KG, Wuppertal.

---

5   Sommer/Wagner, Unternehmensnachfolge, S. 467 ff.

11 Ein Vorteil der Stiftung & Co. KG ist die erweiterte Möglichkeit der Haftungsbeschränkung. Während bei einer GmbH als Komplementärin eine Durchgriffshaftung der beteiligten Gesellschafter in Betracht kommen kann, ist dies bei der Stiftung ausgeschlossen, da diese keine dahinter stehenden Gesellschafter hat.

Dies ist auch der Grund, weshalb die Stiftung & Co. KG weitreichenden Schutz vor feindlichen Übernahmen bietet. Dritte können aufgrund der Komplementärstellung der Stiftung nicht die Unternehmensführung erlangen, da die Stiftung ein sich selbst gehörender Rechtsträger ist, an dem Dritte keine Anteile erwerben können. Da zudem in der Regel aufgrund gesellschaftsvertraglicher Bestimmungen auch die Kommanditanteile der Familienmitglieder ohne Zustimmung der Stiftung nicht an außenstehende Gesellschafter übertragen werden können, ist eine Übernahme der Stiftung & Co. KG gegen die ausdrückliche Zustimmung der Kommanditisten sowie des Stiftungsvorstands nicht möglich. Einen noch weitergehenden Schutz vor Übernahmen bietet die Stiftung & Co. KG dann, wenn dies in der Stiftungssatzung ausdrücklich ausgeschlossen wird, da die Überwachung dieses Stifterwillens der Stiftungsaufsichtsbehörde obliegt, der damit ein Mitentscheidungsrecht zusteht. Damit wird der Wunsch des Stifters nach Perpetuierung des Familienunternehmens weitestgehend Rechnung getragen.[6]

12 Die strikte Trennung von Geschäftsführung und wirtschaftlichem Eigentum bei der Stiftung & Co. KG ermöglicht vielfältige Gestaltungsmöglichkeiten. So kann in der Stiftung & Co. KG – anders als in anderen Personengesellschaften – der Familieneinfluss auf die Unternehmensleitung gänzlich ausgeschlossen oder durch Stiftungssatzung einem oder allen Familienstämmen mit oder unter Ausschluss eines Fremdmanagements vorbehalten werden. Ebenso kann der Unternehmer in der Rechtsform der Stiftung & Co. KG schon frühzeitig wesentliche Anteile des Unternehmens auf seine Nachfolger in der Familie übertragen, sich aber über die Komplementär-Stiftung auch weiterhin die uneingeschränkte Unternehmensführung sichern.

Anders als bei einer GmbH & Co. KG, wo bei Einvernehmen aller Gesellschafter stets eine Änderung der Unternehmensverfassung möglich ist, entfaltet bei der Stiftung & Co. KG der durch den Stifter vorgegebene Stiftungszweck und die darin vorgegebenen Leitlinien zur Unternehmensführung dauerhaft und grundsätzlich unabänderliche Wirkung auf die innerhalb der Geschäftsführung handelnden Personen – unabhängig davon, ob es sich um familienfremde Manager oder Familienmitglieder handelt.[7] Da diese Perpetuierung des Stifterwillens aber im Wandel der Zeit und angesichts sich rasant verändernder Märkte auch die Entwicklung des Stiftungsunternehmens hemmen kann, sollten in der Stiftungssatzung der Komplementär-Stiftung in eng begrenzte Ausnahmefällen Strukturanpassungen zugelassen werden, die beispielsweise an die Zustimmung eines Kontrollgremiums oder der Stiftungsaufsicht geknüpft werden können.

C. Die „Doppelstiftung" im Unternehmensbereich

13 Unter dem Modell einer „Doppelstiftung" versteht man die Kombination einer gemeinnützigen Stiftung und einer Familienstiftung bei Unternehmensnachfolgeregelungen.

In der Regel werden dabei alle nicht für die Versorgung des Stifters und seiner Familie erforderlichen Beteiligungen am Unternehmen in eine gemeinnützige und damit steuerbefreite Stiftung eingebracht. Die dort erzielten Erträge bleiben steuerfrei und stehen den satzungsmäßigen gemeinnützigen Zwecken zur Verfügung. Mitunter wird zusätzlich vereinbart, dass die gemeinnützige Stiftung entsprechend § 58 Nr. 5 AO mit bis zu einem Drittel ihres Einkommens den Stifter und seine nächsten Angehörigen unterhalten kann.

---

6 Sommer/Wagner, a.a.O., S. 472 f.
7 Sommer/Wagner, a.a.O., S. 477 f.

C. Die „Doppelstiftung" im Unternehmensbereich

Im Zuge der Übertragung der Beteiligungen auf die gemeinnützige Stiftung wird vereinbart, dass die Mehrheit der Stimmrechte, d.h. die unternehmerische Verantwortung, bei den restlichen Beteiligungsanteilen verbleibt, die nicht in die gemeinnützige Stiftung eingebracht werden. Diese den wesentlichen unternehmerischen Einfluss vermittelnden Beteiligungen bleiben vielmehr beim Stifter und seiner Familien. Da die in die gemeinnützige Stiftung eingebrachten Beteiligungen keinen wesentlichen Einfluss auf das Unternehmen vermitteln, wird innerhalb der gemeinnützigen Stiftung regelmäßig kein steuerpflichtiger wirtschaftlicher Geschäftsbetrieb begründet.

Die beim Stifter und seiner Familie zunächst verbleibenden – in der Regel wirtschaftlich geringfügigen, jedoch mit der Mehrheit der Stimmrechte ausgestatteten – Beteiligungen am Unternehmen werden in einem weiteren Schritt in eine Familienstiftung eingebracht. Aufgrund des vorbehaltenen unternehmerischen Einflusses geht die unternehmerische Verantwortung und Kontrolle damit auf die Familienstiftung über.

Auf diese Weise kann ein Großteil der – nicht zum Unterhalt des Stifters und seiner Familie benötigten – Gewinne des Unternehmens in der gemeinnützigen Stiftung steuerfrei vereinnahmt werden, die damit – im Rahmen der Erfüllung ihres gemeinnützigen Stiftungszwecks – die Rolle des Kapitalgebers für das Unternehmen übernehmen kann. Demgegenüber wird der Familieneinfluss auf das Unternehmen und die wirtschaftliche Versorgung des Stifters und seiner Familie durch die unternehmensverbundene Familienstiftung dauerhaft gesichert.[8]

---

8 Wigand, Unternehmensnachfolge, S. 437(446)

§ 12 Ausländische Familienstiftungen und Trusts

A. Steuerliche Besonderheiten bei ausländischen Familienstiftungen und Trusts

I. Begriff der Familienstiftung

1 Zivilrechtlich findet sich der Begriff der Familienstiftung nur in einigen Landesstiftungsgesetzen. Steuerrechtlich findet sich der Begriff im Erbschaftsteuergesetz und im Außensteuergesetz. Nach dem ErbStG ist eine Familienstiftung eine Stiftung, die wesentlich im Interesse einer Familie oder bestimmter Familien errichtet ist (vgl. § 1 Abs. 1 Nr. 4 ErbStG). Nach § 15 AStG sind Familienstiftungen Stiftungen, bei denen der Stifter, seine Angehörigen oder deren Abkömmlinge zu mehr als der Hälfte bezugs- oder anfallberechtigt sind.

2 Die Definitionen decken sich nicht vollständig. Zu den Familienangehörigen im Sinne des § 1 Abs. 1 Nr. 4 ErbStG gehören auch entferntere Verwandte, die nicht unter § 15 AStG fallen. Dagegen gibt § 15 AStG für die erforderliche Anfall- und Bezugsberechtigung feste Grenzen vor, die in § 1 Abs. 1 Nr. 4 ErbStG fehlen. Dennoch geht die Finanzverwaltung davon aus, dass eine Familienstiftung im Sinne des § 15 AStG zugleich auch eine Familienstiftung im Sinne des § 1 Abs. 1 Nr. 4 ErbStG ist.

II. Trust

3 Der Trust ist eine eigene Rechtspersönlichkeit nach ausländischem – in der Regel amerikanischem oder kanadischem Recht – welcher treuhänderisch zugunsten Dritter Rechtsinhaber von Sachen und Rechten sei kann. Am treuhänderischen Rechtsverhältnis ist als Errichter/Begründer der „Settlor"/ „Grantor", als Treuhänder der „Trustee" und als Begünstigte die „Beneficiaries".

Im deutschen Recht gibt es kein vergleichbares Rechtsinstitut. Daher genießt der Trust in Deutschland keine Rechtsfähigkeit und kann nicht Inhaber von Sachen und Rechten werden, die dem deutschen Sachenrecht unterliegen; insbesondere kann ein solcher Trust kein Eigentum an deutschen Immobilien erwerben, da er nicht grundbuchfähig ist und er kann nicht als Gesellschafter in einem deutschen Handelsregister eingetragen werden.

Ähnlichkeiten des Trusts bestehen mit der hier bekannten Dauerverwaltungstestamentsvollstreckung, mit der rechtsfähigen und der nicht rechtsfähigen Stiftung, sowie mit der Verwaltungstreuhand. Mit keinem dieser Rechtsinstitute lässt sich der Trust jedoch gleichstellen oder vollständig vergleichen

In der Regel wird der Trust zu Lebzeiten des Settlors errichtet als sog. „intervivos trust", so dass die eingebrachten Gegenstände nicht Teil des Nachlasses des Settlors sind. Damit lässt sich regelmäßig ein in den USA sehr zeitaufwändiges nachlassgerichtliches Verfahren vermeiden und eine schnellere und diskretere Vermögensverteilung durch den Trustee erreichen.

Seltener hingegen ist der von Todes wegen mittels letztwilliger Verfügung errichtete „testamentary trust". Die Errichtung eines solchen Trusts ist jedoch einem deutschen Erblasser grundsätzlich versperrt, da der Trust nach dem dann anwendbaren deutschen Erbrecht keine Erbfähigkeit besitzt. Etwas anderes kann allenfalls dann gelten, wenn ein deutscher Erblasser für ausländisches Vermögen, etwa US-amerikanischen Grundbesitz, für das amerikanisches Erbrecht zur Anwendung kommt, einen testamentary Trust errichtet.

Bei den intervivos Trusts unterscheidet man die „revocable trusts", die in der Regel jederzeit vom Settlor widerrufen werden können und die „irrevocable trusts", die grundsätzlich während ihrer Laufzeit unwiderruflich sind und im angloamerikanischen Rechtskreis als beliebtes Instrument der Nachlassplanung dienen.

III. Erbschaft- und Schenkungsteuer

Die Errichtung einer ausländischen Familienstiftung durch einen unbeschränkt Steuerpflichtigen im Sinne des § 2 Abs. 1 Nr. 1 a ErbStG, d.h. durch einen Inländer, oder einen beschränkt Steuerpflichtigen im Sinne des § 2 Abs. 1 Nr. 3 ErbStG, d.h. bei der Übertragung von Inlandsvermögen durch Ausländer ist in Deutschland erbschaft- und schenkungsteuerpflichtig (vgl. § 3 Abs. 2 Nr. 1 und § 7 Abs. 1 Nr. 8 ErbStG).

Dies gilt jedoch nach der Rechtsprechung des Bundesfinanzhofs ausdrücklich nicht, wenn die Stiftung nach den getroffenen Vereinbarungen und Regelungen über das Stiftungsvermögen im Verhältnis zum Stifter nicht tatsächlich und rechtlich frei verfügen kann, etwa weil der Stifter die Stiftung und das Stiftungsvermögen tatsächlich oder rechtlich beherrscht oder die Übertragung des Stiftungsvermögens einem freien Widerrufsvorbehalt des Stifters unterliegt (sog. verdeckte Treuhandschaften).[1]

Liegt jedoch bei der ausländischen Familienstiftung keine verdeckte Treuhandschaft vor, ist die Vermögensübertragung durch den Stifter schenkungsteuerpflichtig, wenn dieser Inländer im o.g. Sinne ist. Inländer in diesem Sinne ist unter anderem, wer seinen Wohnsitz oder seinen gewöhnlichen Aufenthalt im Inland hat (§ 2 Abs. 1 Nr. 1 a ErbStG) oder wer als deutscher Staatsangehöriger ohne Wohnsitz oder gewöhnlichen Aufenthalt im Inland, noch nicht länger als 5 Jahre im Ausland lebt (§ 2 I 1b ErbStG). Zum Inlandsvermögen in diesem Sinne gehören vor allem inländischer Grundbesitz, inländische Personengesellschaftsbeteiligungen und Beteiligungen an inländischen Kapitalgesellschaften von 10 % oder mehr.

Während sich die Steuerklasse gemäß § 15 Abs. 2 Satz 1 ErbStG bei inländischen Familienstiftungen nach dem Verwandtschaftsverhältnis des nach der Stiftungssatzung entferntest Berechtigten zum Erblasser oder Schenker (gegebenenfalls Steuerklasse I oder II) gilt, kommt bei der Errichtung von ausländischen Familienstiftungen immer Steuerklasse III zur Anwendung. Aufgrund dessen wird in Teilen der Literatur von dem „Tabu" der ausländischen Familienstiftung gesprochen.

Dies gilt auch bei Aufhebung der ausländischen Familienstiftung und Rückfall des Stiftungsvermögens auf den Stifter oder seine Angehörigen. Auch hier erfolgt erneut eine Schenkungsbesteuerung des gesamten Stiftungsvermögens in Steuerklasse III, während bei der Aufhebung inländischer Familienstiftungen nach § 15 Abs. 2 Satz 2 ErbStG auch eine günstigere Steuerklasse Anwendung finden kann.

Der wesentliche steuerliche Vorteil der ausländischen Familienstiftung besteht darin, dass sie nicht der deutschen Erbersatzsteuer nach § 1 I Nr. 4, 2 I Nr. 2 ErbStG unterliegt. Allerdings kann in Deutschland eine Erbersatzsteuerpflicht dann begründet werden, wenn der Stifter zugleich faktisch die Geschäfte der Stiftung von Deutschland aus führt.[2]

Seit dem 01.01.1999 sind auch angloamerikanische Trusts im Erbschafts- und Schenkungsteuerrecht den ausländischen Familienstiftungen gleichgestellt. Damit unterliegen alle Vermögenszuwendungen an einen Trust sowie die Auskehrung des Trustvermögens bei dessen Auflösung der deutschen

---
1 vgl. BFH vom 28.06.2007, ZEV 2007, 440 ff.
2 Löwe, IStR 2005, 577(583).

Erbschaft- und Schenkungsteuer in Steuerklasse III (vgl. § 3 Abs. 1 Nr. 2 Satz 2 und § 7 Abs. 1 Nr.8 Satz 2 ErbStG). Dagegen unterliegt das Vermögen eines Trusts in Deutschland nicht der Erbersatzsteuer.

IV. Laufende Besteuerung von Stiftung, Stifter und Destinatären in Deutschland

1. Die Besteuerung des Stifters nach dem Außensteuergesetz (AStG)

Besonderheiten gelten für die Besteuerung des Stifters sowie der Destinatäre bei ausländischen Familienstiftungen nach § 15 AStG.

Als ausländische Familienstiftungen in diesem Sinne gelten Stiftungen, die ihre Geschäftsleitung und ihren Sitz außerhalb Deutschlands haben.[3] Familienstiftungen in diesem Sinne sind Stiftungen, bei denen der Stifter, seine Angehörigen oder deren Abkömmlinge zu mehr als der Hälfte bezugs- oder anfallberechtigt sind. Unter bestimmten Voraussetzungen des § 15 Abs. 3 AStG sind auch Unternehmensstiftungen als Familienstiftungen in diesem Sinne anzusehen.

Den ausländischen Familienstiftungen werden ausländische Zweckvermögen, Vermögensmassen und Vermögensvereinigungen nach § 15 Abs. 4 AStG gleichgestellt. Damit gelten diese Regelungen des Außensteuergesetzes insbesondere auch für ausländische Trusts u.ä., die die o.g. Kriterien erfüllen.

Nach der bis 2008 ausschließlich geltenden Regelung des § 15 AStG wurde das Einkommen einer solchen ausländischen Familienstiftung dem Stifter selbst zugerechnet, wenn er in Deutschland unbeschränkt einkommensteuerpflichtig war; ansonsten anteilig den unbeschränkt steuerpflichtigen Personen, die nach der Stiftungssatzung bezugs- oder anfallberechtigt waren.[4] Die Zurechnung des Einkommens der Stiftung erfolgte unabhängig davon, ob und in welchem Umfang der Stifter oder die Destinatäre aus den Erträgen des Stiftungsvermögens tatsächlich Ausschüttungen erhalten haben. Dies bedeutete de facto einen steuerlichen „Durchgriff" auf den Stifter und die begünstigten Familienangehörigen für Einkünfte der ausländischen Familienstiftung. Deren steuerliche Abschottungswirkung wurde durch diese Zurechnung von Einkünften nach dem Außensteuergesetz unterbrochen. Dies konnte insbesondere bei Destinatären zu erheblichen Liquiditätsproblemen führen, wenn diese in Deutschland zu Einkommensteuer für Einkünfte herangezogen wurden, von denen sie aber tatsächlich weder etwas erhalten haben noch – etwa aufgrund der Stiftungssatzung oder aufgrund eines Streits mit dem Stifter – in absehbarer Zeit etwas erhalten konnten. In diesem Fall blieb den Destinatären in der Regel kein anderer Weg, als die Erfüllung der Steuerverbindlichkeiten aus anderen Mitteln.

Damit war die ausländische Familienstiftung – entgegen einem mitunter zu hörenden Ratschlag – kein legales „Steuersparmodell" im Hinblick auf die laufende Einkommensbesteuerung des Stifters und seiner Familie.

---

3 Wassermeyer, Außensteuerrecht, § 15 Rn. 63.
4 Vgl. ZEV – Report, ZEV 2005, 276.

A. Steuerliche Besonderheiten bei ausländischen Familienstiftungen und Trusts

❗ Praxishinweis:

Wollte man bisher die Zurechnung des gesamten Einkommens der ausländischen Familienstiftung beim Stifter und seinen Angehörigen nach § 15 AStG vermeiden, musste die Satzung der Familienstiftung so ausgestaltet werden, dass der Stifter, seine Angehörigen und deren Abkömmlinge zu weniger als der Hälfte bezugs- und anfallberechtigt waren. Ferner sollte in der Stiftungssatzung weder die Anzahl der bezugsberechtigten Familienmitglieder noch die Berechtigungsquoten festgelegt werden.

Diese Bestimmungen sollten dagegen durch die Stiftungssatzung ins Ermessen des Stiftungsvorstands gestellt werden. Dies barg jedoch naturgemäß andere Gefahren, da eine zivilrechtliche Absicherung des Stifters und seiner Familien zunehmend schwieriger wurde.

Der Zurechnungsbesteuerung des § 15 AStG ließ sich auch dann entgehen, wenn die Stiftung mehr als 50 % der Erträge des Stiftungsvermögens gemeinnützigen Zwecken oder familienfremden Personen zuwendete, da sie dann aus dem Anwendungsbereich des § 15 AStG heraus fiel.

Auch auf das Einkommen eines angloamerikanischen Trusts fanden die Regelungen des § 15 AStG Anwendung. Dieses wurde bei einem irrevocable Trust unter den oben dargestellten Voraussetzungen dem in Deutschland unbeschränkt einkommensteuerpflichtigen Settlor oder den Beneficiaries zugerechnet.

Diese Hinzurechnungsbesteuerung für ausländische Familienstiftungen nach § 15 AStG wurde aufgrund einer Beanstandung der Europäischen Kommission wegen offensichtlicher Europarechtswidrigkeit dieser Regelung mit dem Jahressteuergesetz 2009 geändert bzw. ergänzt. Danach ist es zwar grundsätzlich bei der o.g. Hinzurechnungsbesteuerung geblieben, jedoch soll diese nach § 15 Abs. 6 und 7 AStG dann unterbleiben, wenn (1) das Stiftungsvermögen der Familienstiftung der Verfügungsmacht des Stifters bzw. der anfall- oder bezugsberechtigten Personen rechtlich und tatsächlich entzogen ist, was der Stifter nachzuweisen hat; und wenn (2) zwischen Deutschland und dem Staat, in dem die Familienstiftung ihren Sitz hat, ein Amtshilfeabkommen über die zur steuerlichen Beurteilung notwendige Auskunftserteilung besteht. Ein solches wurde mittlerweile zwischen Deutschland und Liechtenstein abgeschlossen, das Amtshilfe und Auskünfte nicht nur bei strafrechtlicher Verfolgung durch die Bundesrepublik Deutschland vorsieht.

Ob diese ebenfalls von Stimmen in der Literatur kirtisiertenkritisierten Änderungen auf Dauer europarechtlichen Bestand haben werden, bleibt abzuwarten.

2. Die Besteuerung des Stifters als Treuhänder

Ist das wirtschaftliche Eigentum am Vermögen der ausländischen Familienstiftung durch besondere Vereinbarungen nicht auf die Stiftung übergegangen, sondern beim Stifter geblieben, hat der Stifter die gesamten Einkünfte der Stiftung in Deutschland unter Berücksichtigung der jeweiligen Doppelbesteuerungsabkommen als eigene zu versteuern. Das ist insbesondere dann der Fall, wenn der Stiftungsvorstand an die Weisungen des Stifters gebunden ist, der Stifter wesentlichen Einfluss auf die Anlageentscheidungen des Stiftungsvorstands hat oder wenn der Stifter sich das Recht vorbehalten hat, das Stiftungsgeschäft insgesamt jederzeit ohne Angabe von Gründen zu widerrufen.

Dies betrifft in der Praxis eine nicht unerhebliche Zahl ausländischer Stiftungsgründungen der vergangenen Jahrzehnte.

Ein Treuhandverhältnis wird grundsätzlich auch beim angloamerikanischen revocable Trust vermutet, da der Settlor aufgrund seines jederzeitigen Widerrufsrechts regelmäßig der wirtschaftliche Eigentümer des Trustvermögens bleibt.

3. Die Besteuerung der ausländischen Familienstiftung bei inländischer Geschäftsleitung.

8   Liegen die vorstehend genannten Kriterien nicht vor und erzielt die ausländische Familienstiftung im Ausland eigene Einkünfte, sind diese in Deutschland nur dann steuerpflichtig, wenn es sich um inländische Einkünfte im Sinne der §§ 49 ff. EStG i.V.m. § 8 Abs. 1 Satz 1 KStG handelt und kein Doppelbesteuerungsabkommen das Besteuerungsrecht dem ausländischen Staat zuweist.

Auch wenn die Stiftung über keine Inlandseinkünfte in diesem Sinne verfügt, wird sie gleichwohl in Deutschland mit ihrem gesamten Welteinkommen unbeschränkt körperschaftsteuerpflichtig, wenn die tatsächliche Geschäftsführung der Familienstiftung (§ 10 AO) in Deutschland ausgeübt wird. Dies ist bereits immer dann der Fall, wenn der Stifter faktisch Geschäftsführer der ausländischen Familienstiftung ist.

Diese Gefahr besteht gleichermaßen bei der Besteuerung eines angloamerikanischen Trusts, wenn bei einem revocable Trust der Settlor oder Trustee und bei einem irrevocable Trust der Trustee faktisch die Geschäfte des Trusts in Deutschland führt.

4. Die Besteuerung der Destinatäre

9   Umstritten ist, ob während des Bestehens der Stiftung erfolgende Ausschüttungen an im Inland steuerpflichtige Destinatäre nach § 7 Absatz 1 Nr. 9 Satz 2 ErbStG schenkungsteuerbar sind. Dies wird in der Literatur mit der Begründung abgelehnt, dass auch bei inländischen Stiftungen satzungsmäßige Ausschüttungen an Destinatäre nicht als Zuwendungen schenkungsteuerbar sind; auch dürfte eine solche Ungleichbehandlung mit der europarechtlichen Kapitalverkehrs- und Niederlassungsfreiheit kollidieren. Tatsächlich gilt damit wohl § 7 Absatz 1 Nr. 9 Satz 2 ErbStG allenfalls für ausländische Trusts, nicht jedoch für ausländische Familienstiftungen mit eigener Rechtspersönlichkeit.

Die Destinatäre der Stiftung haben im Übrigen die an sie erfolgten Ausschüttungen im Inland als eigenes Einkommen zu versteuern. Kommt eine Zurechnung nach § 15 AStG nicht zuletzt aufgrund der Ausnahmetatbestände nach § 15 Abs. 6 und 7 AStG nicht in Betracht, so ist bislang noch unklar, ob Auskehrungen z.B. aus einer liechtensteinischen Familienstiftung nach § 22 Nr. 1 Satz 2 EStG als sonstige Einkünfte oder nach § 20 Absatz 1 Nr. 9 EStG als Kapitalerträge zu versteuern sind. Sind die Destinatäre im Inland steuerpflichtig, so sind die Ausschüttungen an die Begünstigten als sonstige Einkünfte i.S. von § 22 Nr. 1 Satz 2 EStG zu versteuern. Dies gilt unabhängig davon, ob die Zuwendung freiwillig oder aufgrund eines sich aus der Satzung ergebenden Rechtsanspruchs erfolgt.[5]

Entsprechendes gilt für die Besteuerung der Beneficiaries eines angloamerikanischen Trusts.

B. Die österreichische Privatstiftung

I. Errichtung, Zweck und Organisation der Privatstiftung

10 Ebenso wie die deutsche Stiftung ist die österreichische Privatstiftung nach § 1 Privatstiftungsgesetz (PSG) ein Vermögensträger mit eigener Rechtspersönlichkeit mit Sitz im Inland, dem vom Stifter ein Vermögen gewidmet ist, um durch dessen Nutzung, Verwaltung und Verwertung eines erlaubten

---

5   Werner, ISTR 2010, 589 ff

vom Stifter bestimmten Zwecks zu dienen.

Der österreichischen Privatstiftung ist die Ausübung gewerbsmäßiger Tätigkeiten mit Ausnahme von Nebentätigkeiten nicht gestattet. Ebenso wenig kann sie die Geschäftsführung einer Handelsgesellschaft übernehmen (§ 1 Abs. 2 PSG), so dass in Österreich eine Stiftung & Co. KG nicht zulässig ist. Gewerbliche Einkünfte der Privatstiftung sind daher praktisch nur als Kommanditistin oder als atypisch stille Beteiligung denkbar. Wegen dieser Einschränkungen eignet sich die Privatstiftung besonders für die Vermögens- und Beteiligungsverwaltung.

Die Privatstiftung kann von einem oder mehreren Stiftern zu Lebzeiten oder von Todes wegen errichtet werden. Das Mindeststiftungskapital beträgt zurzeit € 70.000,00.

Die Errichtung erfolgt durch notarielle Stiftungserklärung, in der das Stiftungsvermögen zum näher bezeichneten Stiftungszweck gewidmet wird. Notwendige Bestandteile der Stiftungserklärung sind ferner Angaben zu Name und Sitz der Stiftung und zum Namen des Stifters. Der Kreis der Begünstigten ist in der Stiftungserklärung so anzugeben, dass die Destinatäre zwar bestimmbar, aber nicht notwendigerweise schon konkret bestimmt sind. Die Privatstiftung verfolgt regelmäßig keine gemeinnützigen Zwecke, sondern dient in erster Linie der Verwaltung des Stiftungsvermögens und der Versorgung des Stifters und seiner Angehörigen. Die Stiftung kann auf Dauer oder für eine bestimmte Zeit errichtet werden. Im Falle der Sachgründung ist eine Gründungsprüfung erforderlich.

Die Stiftung entsteht mit ihrer Eintragung ins Firmenbuch ohne dass eine hoheitliche Anerkennung oder Genehmigung erforderlich ist. Die Privatstiftung unterliegt auch keiner Stiftungsaufsicht.

Die Privatstiftung wird gesetzlich vertreten durch den Stiftungsvorstand, bestehend aus mindestens drei Mitgliedern, wobei mindestens zwei davon ihren gewöhnlichen Aufenthalt oder Wohnsitz in Österreich haben müssen. Die Bestellung des Stiftungsvorstands erfolgt durch den Stifter bzw. später durch Kooptation. Nach der Stiftungssatzung Begünstigte sowie deren Ehepartner und Verwandte sind von der Mitgliedschaft im Stiftungsvorstand ausgeschlossen. Darüber hinaus wurde mittlerweile durch die Rechtsprechung des OGH auch die Besetzung des Stiftungsvorstands mit Beratern des Stifters ebenso ausgeschlossen wie die mehrheitliche Besetzung eines Beirats oder Aufsichtsrats durch Begünstigte der Stiftung. Dadurch wurde in der Praxis (auch bei schon bestehenden Stiftungen) die Möglichkeit der Einflussnahme des Stifters und der Begünstigten auf die Stiftung erheblich eingeschränkt.[6] Damit verliert die österreichische Privatstiftung erheblich an Attraktivität.

Der Stifter kann dem Stiftungsvorstand fakultativ einen Aufsichtsrat zur Seite stellen, der den Stiftungsvorstand kontrolliert. Der Aufsichtsrat ist verpflichtend, wenn die Privatstiftung mehr als 300 Arbeitnehmer beschäftigt. Er muss aus mindestens drei Personen bestehen und wird vom Stifter oder dem Gericht bestellt.

Die Privatstiftung muss zwingend einen Abschlussprüfer bestellen, der jährlich den Abschluss der Privatstiftung sowie die Einhaltung des Stiftungszwecks prüft. Er wird entweder durch den Aufsichtsrat der Stiftung oder das Gericht bestellt.

II. Besteuerung der Errichtung und der laufenden Tätigkeit der Privatstiftung in Österreich

1. Besteuerung bei Errichtung

Nachdem in Österreich mit Wirkung zum 31.07.2008 das Erbschaft- und Schenkungsteuergesetz

---

6 vgl. OGH vom 05.08.2009 (6 Ob 42/09h und vom 16.10.2009 (6 Ob 145/09f)

defakto ausgelaufen ist, wurde mit Wirkung ab demselben Tag das Stiftungseingangsteuergesetz (StiftEG)[7] beschlossen, wonach Zuwendungen an österreichische Privatstiftungen auch nach dem Wegfall des Erbschaft- und Schenkungsteuergesetzes weiter besteuert werden.

Besteuert werden hiernach sowohl Zuwendungen in das Substanzvermögen einer Privatstiftung zu Lebzeiten als auch von Todes wegen – und zwar sowohl an österreichische Privatstiftungen als auch an ausländische privatrechtliche Stiftungen oder vergleichbare Vermögensmassen (z.B. Trusts), wenn der Stifter seinen Wohnsitz oder gewöhnlichen Aufenthalt oder die Stiftung ihren Sitz oder die Geschäftsleitung in Österreich hat. Der Steuersatz der Stiftungseingangsteuer beträgt einheitlich 2,5 % und zwar für alle Zuwendungen in die Stiftungssubstanz (Grundstockvermögen) – auch für Stiftungen, die gemeinnützige, mildtätige oder kirchliche Zwecke verfolgen. Sie gilt auch für Stiftungszuwendungen, die eine Stiftung ihrerseits tätigt. Steuerschuldner ist die Stiftung – bei Sitz und Geschäftsleitung im Ausland – auch der Stifter. Die Steuer ist vom Steuerschuldner selbst zu berechnen und abzuführen.

Abweichend davon erhöht sich die Steuer auf 25 % in folgenden Fällen:

- Die Stiftung oder vergleichbare Vermögensmasse ist nicht mit einer Privatstiftung nach dem Privatstiftungsgesetz vergleichbar.
- Sämtliche Dokumente in der jeweils geltenden Fassung, die die innere Organisation der Stiftung oder vergleichbaren Vermögensmasse, die Vermögensverwaltung oder die Vermögensverwendung betreffen (wie insbesondere Stiftungsurkunde, Stiftungszusatzurkunde und damit vergleichbare Unterlagen), sind nicht spätestens im Zeitpunkt der Fälligkeit der Stiftungseingangssteuer dem zuständigen Finanzamt offengelegt worden. Dies gilt gleichermaßen für inländische und ausländische Stiftungen.
- Mit dem Ansässigkeitsstaat der Stiftung oder vergleichbaren Vermögensmasse besteht keine umfassende Amts- und Vollstreckungshilfe. Soweit ersichtlich, bestehen zwischen Österreich und der Schweiz und Liechtenstein keine Übereinkommen über eine umfassende Amts- und Vollstreckungshilfe.
- Die Steuer erhöht sich bei Übertragung von unbeweglichem inländischen Vermögen um 3,5 % des Wertes des übertragenen Vermögens. Diese Regelung ist mit dem bisherigen Grunderwerbsteueräquivalent vergleichbar.[8]

2. Laufende Besteuerung der Privatstiftung

Die Privatstiftung ist in Österreich unbeschränkt körperschaftsteuerpflichtig und unterliegt mit ihren in- und ausländischen Einkünften grundsätzlich der Körperschaftsteuer in Höhe von 25 %.

Ausgenommen hiervon sind jedoch Beteiligungserträge, die der Privatstiftung aus österreichischen Kapitalgesellschaften zufließen, Veräußerungsgewinne aus Beteiligungen unter 1 % und aus der Veräußerung von Wirtschaftsgütern nach Ablauf der Spekulationsfrist. Diese sind körperschaftsteuerfrei. Einbehaltene Kapitalertragsteuer wird erstattet.

Soweit die Privatstiftung der Offenlegungsverpflichtung des Körperschaftsteuerrechts entspricht und etwaige Treuhandschaften aufdeckt sowie Stiftungsurkunde und Stiftungszusatzurkunde dem Finanzamt offen legt, sind auch ausländische Beteiligungserträge der Privatstiftung, die den inländischen Beteiligungserträgen vergleichbar sind und für die keine Quellensteuerentlastung nach DBA erfolgt, steuerbefreit.

---

7 geregelt als Art. 8 des Schenkungsmeldegesetzes 2008
8 Ludwig ISTR 2009, 19

Praxishinweis:

Die Steuerfreiheit ausländischer Beteiligungserträge in diesem Sinne kann auch durch Zwischenschaltung einer österreichischen Kapitalgesellschaft erreicht werden, an der die Privatstiftung aber mit mindestens 10 % beteiligt sein muss. Ferner sind hierfür auch wirtschaftliche Gründe anzugeben, um beim Finanzamt etwaigen Vorhaltungen im Hinblick auf den Missbrauch steuerlicher Gestaltungsmöglichkeiten begegnen zu können.

Die Privatstiftung unterlag bisher jedoch für bestimmte in- und ausländische Kapitalerträge und Einkünfte aus Beteiligungsverkäufen – getrennt von der Normalbesteuerung – der sog. Zwischenbesteuerung im Rahmen der Körperschaftsteuer in Höhe von 12,5 %. Diese galt insbesondere für Zinsen aus Bankguthaben, Zinserträge aus Anleihen, Pfandbriefen, Schuldverschreibungen und Veräußerungsgewinne aus Beteiligungen ab 1 %.

Die Zwischenbesteuerung von 12,5 % stellte de facto eine Vorerhebung der späteren Kapitalertragsteuer in Höhe von 25 % dar, die bei Zuwendungen der Privatstiftung an die Destinatäre zu erheben ist. Die Zwischenbesteuerung unterbleibt daher insoweit, als im selben Besteuerungszeitraum Zuwendungen an die Destinatäre erfolgten und dort die Kapitalertragsteuer von 25 % einbehalten wurde.

Das sog. Budgetbegleitgesetz 2011 hat nun eine Reihe von steuerlichen Änderungen für österreichische Privatstiftungen ab 2011 gebracht:[9]

Zum einen wurde die Zwischensteuer von 12,5 % auf den Normalsteuersatz von 25 % angehoben und damit der bisherige Thesaurierungsvorteil gestrichen. Zum anderen kam es zu einer Neuregelung der Besteuerung von Kapitaleinkünften; Privatstiftungen werden nunmehr wie natürliche Personen behandelt, d.h. auch für Privatstiftungen gilt nunmehr die Abschaffung der Spekulationsfrist für im Privat- bzw. Stiftungsvermögen erzielte Gewinne aus der Veräußerung von Wertpapieren. Nach bisherigem Recht waren solche privaten Veräußerungsgewinne nur steuerbar, wenn die Veräußerung innerhalb von 1 Jahr seit Anschaffung erfolgte. Auch die bisher geltende Spekulationsfrist für Immobilienveräußerungen von 10 Jahren, innerhalb der Immobilien steuerfrei veräußert werden konnten, wurde abgeschafft. Künftig unterliegt die Veräußerung von Grundstücken unabhängig von einer Behaltensdauer einer Besteuerung von 25%, wenn zumindest einer der Stifter oder Zustifter u.a eine Kapitalgesellschaften ist.

Durch das Budgetbegleitgesetz 2011 wurde auch das Privatstiftungsgesetz insoweit geändert, als der Stiftungsvorstand nunmehr der Verpflichtung unterliegt, die durch die Stiftungsstatuten festgelegten Begünstigten an das zuständige Finanzamt zu melden.

3. Laufende Besteuerung der Destinatäre

Die in Österreich lebenden Begünstigten der Privatstiftung unterlagen in Österreich hinsichtlich der Ausschüttungen bislang einem Kapitalertragsteuerabzug in Höhe von 25 % im sog. Endbesteuerungsverfahren. War der halbe Durchschnittssteuersatz des Begünstigten niedriger als 25 %, wurden die Ausschüttungen an ihn mit diesem (niedrigeren) Steuersatz besteuert.

Begünstigte mit Wohnsitz in Deutschland unterlagen in Österreich der beschränkten Steuerpflicht. Die österreichische Einkommensteuer war in diesen Fällen mit dem Kapitalertragsteuerabzug von 25 % grundsätzlich abgegolten. Hieran hat sich grundsätzlich nichts geändert. Die Zuwendungen der Privatstiftung werden nach wie vor nach dem DBA/Österreich den Dividenden gleichgestellt (vgl. Art 10 Abs. 3 DBA/Österreich)[10]. Diese dürfen im Wohnsitzstaat der Begünstigten (Deutsch-

---

9 Fugger ZEV 2011,127
10 DBA Österreich BStBl. II 2002, 734, BStBl. I 2002, 584.

land) besteuert werden (vgl. Art 10 Abs. 1 DBA/Österreich). Österreich hat dabei das Recht auf Einbehalt einer auf 15 % reduzierten Quellensteuer, die in Deutschland anzurechnen ist (vgl. Art 10 Abs. 2 b i.V.m. Art 23 Abs. 1 b DBA/Österreich). Die Anrechnung erfolgt auch auf den entsprechenden Hinzurechnungsbetrag nach § 15 AStG.[11]

Allerdings hat sich bei der Besteuerung der Destinatäre seit 01.08.2008 Entscheidendes geändert, wenn und soweit die Destinatäre von der Stiftung Zuwendungen aus dem Vermögen der Stiftung erhalten. Für Vermögen, das nach dem 31.07.2008 der Stiftung gewidmet wurde und später wieder an die Destinatäre der Stiftung ausgekehrt wird, kommt es nunmehr zu keiner Besteuerung mehr, während bisher auch diese Zuwendungen der Kapitalertragsteuer von 25 % unterlagen. Da bei bestehenden Stiftungen danach das bisher der Stiftung schon zugewandte Vermögen nicht berücksichtigt wird, sind Stifter, die ihr Vermögen vor dem 01.08.2008 in eine Privatstiftung eingebracht haben, bei einer Ausschüttung des Vermögens benachteiligt.

C. Die liechtensteinische Familienstiftung

I. Errichtung, Zweck und Organisation der liechtensteinischen Familienstiftung

16 Auch die liechtensteinische Familienstiftung ist ein für einen bestimmten Zweck gewidmetes Vermögen mit eigener Rechtspersönlichkeit. Nur in geringem Umfang existieren in Liechtenstein gemeinnützige Stiftungen. Der weitaus größte Teil der bestehenden Stiftungen dient der Versorgung des Stifters und seinen Angehörigen und der Verwaltung des Familienvermögens.

Am 26.06.2008 hat der liechtensteinische Landtag eine umfassende Reform des liechtensteinischen Stiftungsrechts beschlossen, die zum 01.04.2009 in Kraft getreten ist. Diese Reform war lange umstritten. Auf schon bestehende Stiftungen findet das bisherige Stiftungsrecht Anwendung, jedoch erfolgt eine sukzessive Übertragung bestimmter Regelungen in Bezug auf Eintragung, Hinterlegung, Anzeigepflichten, Governance und Aufsicht.

Nachfolgend werden zunächst die Grundzüge des bisherigen Stiftungsrechts dargestellt und – soweit erforderlich – auf die Änderungen zum 01.04.2009 hingewiesen.

Die liechtensteinische Stiftung existiert auch in Zukunft als eingetragene oder als hinterlegte Stiftung. Während die eingetragene Stiftung ihre Rechtsfähigkeit mit der Eintragung ins Öffentlichkeitsregister erlangt, entsteht die hinterlegte Stiftung als eigene Rechtspersönlichkeit bereits mit ihrer Errichtung. Im Anschluss hieran werden ihre Stiftungsurkunden beim Öffentlichkeitsregister nur hinterlegt. Der Inhalt der Stiftungsurkunden ist Dritten jedoch bei der hinterlegten Stiftung nicht zugänglich. Lediglich deren Existenz wird bei Anfragen beim Öffentlichkeitsregister bestätigt.

Die Eintragung der Stiftung wird erforderlich, wenn die Stiftung zur Erreichung ihres nichtwirtschaftlichen Zweckes eines nach Art und Umfang kaufmännisch eingerichteten Gewerbebetriebs bedarf. Jedoch wird auch dann aus dem Öffentlichkeitsregister die Person des Stifters und der Begünstigten nicht ersichtlich. Für gemeinnützige Stiftungen ist die Eintragung ins Öffentlichkeitsregister konstitutiv. Weder bei der eingetragenen noch bei der hinterlegten Stiftung wird der Öffentlichkeit oder den Behörden die Existenz oder gar der Inhalt der sog. Beistatuten der Stiftung bekannt. Insoweit besteht Anonymität für den Stifter und die Begünstigten.[12]

---

11 Löwe, a.a.O., 583.
12 Bellwald, Unternehmensnachfolge, S. 163 f.

C. Die liechtensteinische Familienstiftung

Privatnützige Stiftungen unterliegen auch in Zukunft keiner staatlichen Aufsicht soweit sie sich ihr nicht freiwillig unterstellen. Dagegen unterliegen gemeinnützige Stiftungen künftig der Stiftungsaufsicht durch das Grundbuch- und Öffentlichkeitsregisteramt als Stiftungsaufsichtsbehörde.

Das Mindeststiftungskapital beträgt CHF 30.000,00 und kann in jeder beliebigen Währung einbezahlt werden. Weitere Zustiftungen zu den sog. „Reserven" sind jederzeit möglich. Eine Besteuerung der Übertragung des Stiftungsvermögens oder weiterer Zustiftungen findet in Liechtenstein nicht statt.

Die Haftung der Stiftung ist auf ihr Stiftungsvermögen begrenzt. Eine persönliche Haftung des Stifters oder der Stiftungsorgane für Verbindlichkeiten der Stiftung findet nicht statt. Bei der Wahl des Stiftungszwecks ist der Stifter frei, mit Ausnahme rein gewerblicher Zwecke. Der häufigste Stiftungszweck ist die Finanzierung von Erziehung, Ausbildung und die Gewährung von Unterhalt oder sonstiger Unterstützungen für den Stifter und seine Angehörigen.

Die Stiftung kann auf Dauer oder nur für eine bestimmte Zeit errichtet werden. Ein Widerruf der Stiftung und ein Rückfall des Stiftungsvermögens auf den Stifter ist nur möglich, wenn sich der Stifter dies bei Errichtung der Stiftung vorbehalten hat. Obwohl das Widerrufsrecht im Gesetzgebungsverfahren heftig umstritten war, blieb diese Widerrufsmöglichkeit des Stifters unverändert bestehen.

Die Errichtung der Stiftung erfolgt durch Stiftungsgeschäft (Stiftungsurkunde) zu Lebzeiten oder auch von Todes wegen durch letztwillige Verfügung. Die Stiftungsurkunde muss neben der Festlegung des Stiftungsvermögens, des Stiftungszwecks und der Bestimmbarkeit der Begünstigten keine weiteren Mindestanforderungen erfüllen. Hinsichtlich der Stiftungsorganisation besteht weitgehende Dispositionsfreiheit des Stifters. Die Errichtung erfolgt in der Regel mittels eines örtlichen Treuhänders, der die Anonymität des Stifters gewährleistet. Die Überwachung der Verwaltung des gestifteten Vermögens kann durch den Stifter selbst oder durch von ihm bestimmte Dritte, meist die sog. Kuratoren, aufgrund entsprechender Regelungen in den Beistatuten erfolgen.

Oberstes Organ der Stiftung und deren gesetzlicher Vertreter ist der Stiftungsrat, der auch die Geschäfte der Stiftung führt und deren Zweck verwirklicht. Der Stiftungsrat verwaltet auch das Stiftungsvermögen nach den Vorgaben und Richtlinien, die der Stifter in den Statuten oder speziellen Vermögensverwaltungsreglementen für die Verwaltung zu seinen Lebzeiten oder nach seinem Ableben festgelegt hat. Der Stifter kann sich die Vermögensverwaltung zu Lebzeiten aber auch selbst vorbehalten.

Mitglied des Stiftungsrats kann jede natürliche oder juristische Person sein. Ein Mitglied des Stiftungsrats muss jedoch liechtensteinischer Staatsangehöriger mit Wohnsitz in Liechtenstein sein und über entsprechende Qualifikationen verfügen. Im Innenverhältnis zum Stifter werden die Rechte und Pflichten des Stiftungsrats in der Regel in einem separaten Treuhandvertrag geregelt; in vielen Fällen richtet der Stiftungsrat seine Entscheidungen ausschließlich nach den Weisungen des Stifters. Dies dürfte jedoch bei „Aufdeckung" der Stiftung in Deutschland regelmäßig in steuerlicher Sicht zu einer unmittelbaren Zuordnung des gesamten Stiftungsvermögens und dessen Einkünften beim Stifter führen.

Die Statuten der Stiftung können ferner eine sog. Kontrollstelle vorsehen, die die Buchführung der Gesellschaft überprüft. Sie hat damit einerseits Kontrollfunktion gegenüber dem Stiftungsrat, andererseits aber auch Schutzfunktion gegenüber etwaigen Gläubigern. Eine Kontrollstellentätigkeit kann nur ausüben, wer über eine entsprechende staatliche Konzession in Liechtenstein verfügt.

In den Statuten in einem separaten Reglement kann der Stifter bei Errichtung der Stiftung einen oder mehrere Kuratoren als weiteres Kontrollorgan einsetzen mit der Aufgabe, die Tätigkeit des Stiftungsrats, insbesondere die satzungsgemäße Verwendung des Stiftungsvermögens, zu überwachen und die Beschlüsse des Stiftungsrats zu überprüfen. Die Beschlüsse des Stiftungsrats werden regelmäßig erst mit Zustimmung des bzw. der Kurator(en) wirksam, soweit in den Statuten nichts anderes geregelt ist. Die Bestellung von Kuratoren erfolgt in der Praxis jedoch mehrheitlich bei Stiftungen mit erheblichen Vermögenswerten.

Ein Kernpunkt des neuen Stiftungsrechts ist die Reform der Überwachung der Stiftungstätigkeit. Hier wurden den Begünstigten der Stiftung weitgehende Kontrollrechte eingeräumt, die jedoch zahlreiche Ausnahmen erfahren und damit in der Praxis keine größere Bedeutung erlangen dürften. So stehen den Begünstigten die Kontrollrechte insbesondere nicht zu, wenn der Stifter selbst Letztbegünstigter der Stiftung ist oder sich ein Widerrufsrecht vorbehalten hat, der Stifter ein eigenes Kontrollorgan der Stiftung eingesetzt hat (z.B. Revisionsstelle, fachkundige natürliche Personen oder der Stifter selbst) oder die Stiftung unter staatlicher Aufsicht steht. In diesem Fall steht dem Begünstigten jedoch das Recht zu, von dem Kontrollorgan die Übermittlung der entsprechenden Kontrollberichte zu verlangen. Soweit es keine Beanstandungen gab, genügt es jedoch, dass die Kontrollberichte bestätigen, dass die Verwaltung und Verwendung des Stiftungsvermögens entsprechend dem Stiftungszweck im Einklang mit dem Stiftungsgesetz und der Stiftungsdokumentation durchgeführt wurde.

Für liechtensteinische Stiftungen bestehen die üblichen Buchführungspflichten. So hat der Stiftungsrat jährlich eine Vermögensaufstellung des Stiftungsvermögens zu erstellen, die jedoch nicht dem Öffentlichkeitsregister zugänglich gemacht werden muss. Bei eingetragenen Stiftungen muss der Stiftungsrat gegenüber dem Register lediglich eine Erklärung abgeben, dass dieses Vermögensverzeichnis erstellt wurde. Eine darüber hinaus gehende Rechnungslegung der Stiftung erfolgt in der Regel aufgrund des Treuhandvertrags im Interesse des Stifters und der Begünstigten.

Die Statuten enthalten in der Regel Bestimmungen, ob, wann, durch wen und unter welchen Voraussetzungen die Stiftung aufzulösen bzw. zu liquidieren ist. Die Liquidation erfolgt entsprechend der Statuten und Beistatuten durch den Stiftungsrat oder die Liquidatoren zugunsten der hierfür vom Stifter festgelegten Begünstigten.

Privatnützige Stiftungen in Liechtenstein können nach wie vor nicht unmittelbare Unternehmensträger sein, es sein denn dies erfordert die ordnungsgemäße Vermögensverwaltung der Stiftung. Ziel dieser gesetzlichen Regelung ist es, die Gefährdung der Gläubiger möglichst zu reduzieren. Daher ist auch eine Stiftung & Co. KG, in der die privatnützige Stiftung die Stellung einer unbeschränkt haftenden Gesellschafterin einer Personengesellschaft hätte, untersagt. Zulässig bleibt jedoch die mittelbare Unternehmensträgerstiftung, in der die Stiftung lediglich eine Holdingfunktion innehat. Ferner ist es – anders als z.B. bei der österreichischen Privatstiftung zulässig, dass die liechtensteinische Stiftung als juristische Person selbst die Geschäftsführung in einer anderen Gesellschaft übernimmt – also z.B. als Konzernspitze tätig wird.[13]

1. Die Begünstigung im Rahmen der Beistatuten

19 Die Begünstigten der Stiftung werden in der Regel vom Stifter selbst oder nach seinen Weisungen vom Stiftungsrat bestellt. Die Bestellung erfolgt in der Regel in einem sog. Beistatut, das bei keiner Behörde vorzulegen ist und damit die Anonymität der Begünstigten gewährleistet.

In der Regel werden die Begünstigten in den Beistatuten nach dem Stammesprinzip in einer vorher genau festgelegten Begünstigtenreihenfolge festgelegt.[14] Dabei wird meist der Stifter als Erstbegünstigter und nach seinem Ableben sein Ehegatte oder Lebenspartner als Zweitbegünstigter sowie etwaige Kinder des Stifters oder Enkelkinder als Drittbegünstigte festgelegt. Darüber hinaus kann der Stifter weitere Verwandte oder natürliche oder juristische Personen als familienfremde Dritte zu weiteren Begünstigten bestellen oder – bei Wegfall aller Begünstigten – auch eine gemeinnützige

---

13 Dr. Philipp Lennert ZEV 2009, 171 „Das neue liechtensteinische Stiftungsrecht"
14 Bellwald, a.a.O., S. 163(168)."

oder sonstige Organisation als Begünstigten benennen. Auch eine quotenmäßige Verteilung an unterschiedliche Begünstigte ist denkbar.

Ferner kann der Stifter dem Stiftungsrat in den Beistatuten weitergehende Weisungen und Auflagen für die Begünstigungen erteilen; diese etwa vom Alter oder Berufsausbildung oder Verhalten der Begünstigten abhängig machen oder diese auch in das Ermessen des Stiftungsrats stellen, ohne hierbei erbrechtliche Bestimmungen beachten zu müssen. Zudem kann der Stifter in den Beistatuten bestimmen, ob ein Begünstigter Zahlungen nur aus den Kapitalerträgen der Stiftung, nur aus dem Stiftungsvermögen oder aus beidem erhalten soll.

Die Beistatuten sind zu Lebzeiten des Stifters jederzeit widerruflich und werden nach dem Ableben des Stifters in der Regel unwiderruflich. Dies hat zur Folge, dass die Vermögenszuwendungen an die Begünstigten gegebenenfalls außerhalb des Nachlasses des Stifters und damit ungeachtet der gesetzlichen oder testamentarischen Erbfolge erfolgen können.

2. Die Besteuerung der liechtensteinischen Familienstiftung

Die Vermögensübertragung anlässlich der Errichtung der Stiftung oder spätere Zustiftungen des Stifters oder Dritter sind in Liechtenstein nicht erbschaft- oder schenkungsteuerpflichtig.

Bei der Gründung einer Stiftung fällt eine (seit dem 01.01.2011 sogenannte) Gründungsabgabe an, welche der bisherigen Gründungs- und Wertstempelgebühr entspricht. Sie beträgt für Stiftungen, die kein nach kaufmännischer Art geführtes Gewerbe betreiben, 2 % des Gründungskapitals, mindestens CHF 200,00.

Darüber hinaus ist die liechtensteinische Stiftung grundsätzlich von jeglicher laufenden Vermögens-, Erwerbs- oder Ertragsteuer in Liechtenstein befreit und eignet sich daher insbesondere als Holding. Ausgenommen hiervon ist die Kapitalsteuer, der die Stiftung in Liechtenstein unterliegt. Diese beträgt jährlich 1 % des Stiftungskapitals einschließlich aller Rücklagen – mindestens jedoch jährlich CHF 1.000,00. Sie ermäßigt sich bei einem Stiftungskapital von mehr als CHF 2 Mio. auf 0,75% und bei einem Stiftungskapital von mehr als CHF 10 Mio. auf 0,5%. Die Kapitalsteuer ist jährlich im Voraus zu entrichten und ist für die liechtensteinische Familienstiftung die einzige jährlich zu entrichtende Steuer.[15][16]

D. Der angloamerikanische Trust

Ein Trust kann durch jede geschäftsfähige natürliche oder juristische Person errichtet werden. Aus dem Errichtungsgeschäft müssen die zu übertragenden Vermögensgegenstände, die Person des Treuhänders und die Begünstigten ersichtlich sein. Einer bestimmten Form bedarf die Trusterrichtung grundsätzlich nicht, es sei denn, es ergeben sich aus der Rechtsnatur der zu übertragenden Vermögensgegenstände, z.B. Grundbesitz, bestimmte Anforderungen an die Form des Errichtungsgeschäfts.

Im Zuge der Errichtung des Trusts werden dem Trustee die Vermögensgegenstände des Trustvermögens nach allgemeinen zivilrechtlichen Grundsätzen des betroffenen Staates übertragen. Dies führt dann zu rechtlichen Problemen, wenn in einem Staat – wie in Deutschland – der Trust als Rechtspersönlichkeit unbekannt ist und daher nach der jeweiligen Rechtsordnung selbst keine Rechte erwerben kann.

---

15 Bellwald, a.a.O., S. 163(171).
16 Dr. Rüdiger Werner IStR 2010, 589: „Die liechtensteinische Familienstiftung"

> **❗ Praxishinweis:**
> *Um dennoch die Übertragung des wirtschaftlichen Eigentums an deutschem Grundbesitz oder an deutschen Gesellschaftsbeteiligungen auf einen angloamerikanischen Trust zu ermöglichen, kann es sinnvoll sein, das betroffene Wirtschaftsgut vorher auf einen gesonderten Rechtsträger zu übertragen, der sowohl im angloamerikanischen als auch im europäischen Rechtskreis, insbesondere in Deutschland rechts-, grundbuch- und registerfähig ist – beispielsweise in eine angloamerikanische Corporation (z.B. Limited).*

22 Der Trustee hat die Aufgabe, das Trustvermögen entsprechend den Vorgaben des Settlors zugunsten des Settlors und der Beneficiaries treuhänderisch zu verwalten. Schwerpunkt seiner Tätigkeit ist zunächst die Erhaltung, Verwaltung und Investition des Trustvermögens nach den Vorgaben des Settlors. Dies gilt insbesondere für den Fall, dass der Settlor noch minderjährige Begünstigte eingesetzt und die Verteilung des Trustvermögens von dem Erreichen einer bestimmten Altersgrenze oder bestimmter Bedingungen abhängig gemacht hat.

Der Trustee ist zur sorgfältigen und höchstpersönlichen Geschäftsführung verpflichtet.[17] Seine Treuepflicht gegenüber dem Beneficiary verlangt von ihm zudem, seine Befugnisse ausschließlich im Interesse der Beneficiaries auszuüben. Den Trustee treffen umfangreiche Rechnungslegungs- und Informationspflichten.

Eine weitere Hauptpflicht des Trustee besteht darin, die Erträge des Trustvermögens bzw. das Trustvermögen selbst, spätestens bei Beendigung und Auflösung des Trusts nach den Vorgaben des Settlors im Trustgeschäft an die dafür vorgesehenen Beneficiaries zu übertragen.

23 Die Vermögensberechtigungen der Beneficiaries können sehr unterschiedlich ausgestaltet sein. So kann sich der Settlor darauf beschränken, das Trustvermögen dem Zugriff der Gläubiger des alleinberechtigten Beneficary zu entziehen, indem er die Vollstreckung in das Nachlassvermögen erschwert oder beschränkt. Diese Art von Trust kommt der im deutschen Recht bekannten Dauerverwaltungstestamentsvollstreckung am Nächsten. Im Gegensatz dazu kann der Settlor aber auch vorsehen, dass die Auswahl der Beneficiaries und von Art und Umfang ihrer Berechtigungen im freien Ermessen des Trustee stehen soll (sog. „discretionary trust"). Die Besonderheit an dieser Trustform besteht darin, dass die Beneficiaries keinen Rechtsanspruch auf Leistungen aus dem Trust haben und so das Vermögen noch besser vor dem Zugriff etwaiger Gläubiger der Beneficiaries geschützt ist.[18] Schließlich kann der Settlor den Trustee auch anweisen, die Erträge und das Vermögen des Trusts nur zu bestimmten Zwecken zu verwenden, etwa zur Deckung der Ausbildungskosten und des Lebensunterhalts der Beneficiaries. Diese erwerben dann nur einen eingeschränkten Rechtsanspruch auf Leistungen des Trusts.

24 Die Bestimmungen des Trust können von den Trustparteien grundsätzlich nicht geändert werden, wenn der Settlor dies nicht ausdrücklich vorgesehen hat. Andernfalls ist eine Änderung nur mit Zustimmung des Settlors und aller anderen Trustparteien möglich, wenn die Änderung nicht im Widerspruch zu wesentlichen Trustbestimmungen steht.

Der Trust löst sich auf, wenn dies die Bestimmungen des Errichtungsgeschäfts vorsehen und die hierfür vorgegebenen Bedingungen eingetreten sind. Häufig wird die Auflösung des Trusts an bestimmte Ereignisse geknüpft, wie beispielsweise das Erreichen eines bestimmten Lebensalters eines Beneficiary, die Wiederverheiratung der Ehefrau des Settlors oder Ähnliches. Eine Auflösung des Trusts ist ferner dann möglich, wenn der Settlor mit dem Trustee eine Auflösungsbefugnis vereinbart hat oder wenn der Zweck des Trusts unmöglich geworden ist.

---

17 Flick/Piltz, Der internationale Erbfall 1999, S. 248.
18 Flick/Piltz, a.a.O., S. 252.

§ 13 Entwicklungen und Perspektiven des deutschen und europäischen Stiftungs- und Gemeinnützigkeitsrechts

A. Entwicklungen des deutschen Stiftungs- und Gemeinnützigkeitsrechts

Der Wissenschaftliche Beirat beim Bundesfinanzministerium hat bereits im August 2006 ein umfassendes Gutachten bezüglich der Neufassung des Gemeinnützigkeitsrechts vorgelegt und vorgeschlagen, das Gemeinnützigkeitsrecht grundlegend zu reformieren.[1] Hierin wurde vorgeschlagen, den Katalog der steuerlich begünstigten gemeinnützigen Tätigkeiten enger zu fassen und den Kreis der von der Körperschaftssteuer befreiten Körperschaften deutlich einzuschränken. Insbesondere solle das Spendenprivileg enger, die umsatzsteuerlichen Privilegien neu gefasst und die Befreiung von Grund- und Gewerbesteuer aufgehoben werden. Im Gutachten wurde Kritik vor allem hinsichtlich der gemeinnützigen Körperschaften im Bereich der Pflege- und Gesundheitsfürsorge geübt, da diese mit Bereichen der Wirtschaft konkurrieren.

Das seit 01.01.2007 geltende „Gesetz zur weiteren Stärkung des bürgerschaftlichen Engagements" hat zum Teil die vom Wissenschaftlichen Beirat gemachten Vorschläge in das Gegenteil verkehrt, zeigt aber, dass die überwiegend kritischen Äußerungen des Dritten Sektors gegenüber einer Reform des Gemeinnützigkeitsrechts [2] Gehör gefunden haben. Zwar wurde das Spendenrecht, insbesondere die Förderung gemeinnütziger Zwecke vereinfacht und auch die Möglichkeiten des Spendenabzugs betragsmäßig deutlich erweitert; die wesentlich weitergehenden Vorschläge des Wissenschaftlichen Beirats scheinen jedoch bis heute vom Tisch zu sein. Eine grundlegende Reform des Gemeinnützigkeitsrechts scheint daher in absehbarer Zeit nicht mehr bevor zu stehen.

Allerdings war und ist auch weiterhin das deutsche Gemeinnützigkeitsrecht an die Rechtswirklichkeit der EU anzupassen.

B. Europäische Entwicklungen des Stiftungs- und Gemeinnützigkeitsrechts

Das EU-Recht enthält keine unmittelbaren Regelungen und Zuständigkeiten zum Gemeinnützigkeitsrecht. Ungeachtet dessen nimmt jedoch die Bedeutung der Binnenmarktregeln, insbesondere der Kapitalverkehrsfreiheit, für das Gemeinnützigkeits- und Spendenrecht zu. Dabei geht es bislang im Wesentlichen um zwei Themen: Zum einen geht es schwerpunktmäßig um die Frage der Anwendbarkeit der in Deutschland geltenden gemeinnützigkeitsrechtlichen Steuervorteile sowie des Spendenabzugs auch auf bzw. für Zuwendungen an ausländische gemeinnützige Einrichtungen. Zum anderen geht es um die Frage, ob die bestehenden Steuerbefreiungen gemeinnütziger Einrichtungen mit dem grundsätzlich geltenden europäischen Beihilfeverbot vereinbar ist.

---

1   Gutachten des Wissenschaftlichen Beirats beim BMF, Die abgabenrechtliche Privilegierung gemeinnütziger Zwecke auf dem Prüfstand, August 2006.
2   vgl. Eichner/Mager, StiftungsWelt 04/2006, 21.

§ 13 Entwicklungen und Perspektiven des deutschen und europäischen Stiftungs- und Gemeinnützigkeitsrechts

I. Rechtsprechung des EuGH zur grenzüberschreitenden Gemeinnützigkeit

3   Gem. Art. 63 AEUV sind alle Beschränkungen des Kapital- und Zahlungsverkehrs zwischen den europäischen Mitgliedstaaten unzulässig. Der Europäische Gerichtshof (EuGH) hat in seiner sog. Persche-Entscheidung vom Januar 2009 festgestellt, dass die Kapitalverkehrsfreiheit auch der Begrenzung des Spendenabzugs auf inländische Körperschaften entgegensteht.[3] Der EuGH stellte dabei klar, dass der Schutzbereich der Kapitalverkehrsfreiheit nicht nur betroffen ist, wenn Kapitalströme im Rahmen einer wirtschaftlichen Tätigkeit fließen sondern auch dann, wenn Zuwendungen aus altruistischen d.h. außerwirtschaftlichen Gründen geleistet werden. Der EuGH hat damit seine zuvor u.a. schon im sog. Stauffer-Urteil vom 14.06. 2006[4] entwickelte Position bekräftigt, dass die Diskriminierung einer ausländischen gemeinnützigen Organisation nur wegen ihres Sitzes im Ausland den Grundsätzen des Binnenmarktes widerspricht.[5]

Vom EuGH wurde im Persche-Urteil dem nationalen Gesetzgeber jedoch durchaus zugestanden, dass beim Spendenabzug für Zuwendungen an gemeinnützige Einrichtungen vor allem das Erfordernis einer wirksamen Steueraufsicht und –kontrolle durch die Nationalstaaten die Einschränkung der Kapitalverkehrsfreiheit rechtfertigen kann. Allerdings hat der deutsche Gesetzgeber nach Ansicht des EuGH bis dahin gegen die europarechtlichen Grundfreiheiten dadurch verstoßen, dass er es dem Steuerpflichtigen grundsätzlich verwehrte, Nachweise für die steuerliche Abzugsfähigkeit von Spenden an gemeinnützige Organisationen in anderen Mitgliedsstaaten zu führen. Das berechtigte Interesse der Finanzbehörden, die Berechtigung einer Abzugsfähigkeit überprüfen zu können, rechtfertige ein generelles Abzugsverbot jedoch nicht. Das Überprüfungsinteresse der Nationalstaaten sei mittels der EU-Amtshilferichtlinie gewährleistet.

Auch eine andere Entscheidung des EuGH vom 10.03.2005 in der Rechtssache Laboratoires Fourniers schränkt die nationalen Gestaltungsspielräume des gemeinnützigkeitsrechtlichen Gesetzgebers ein.[6] Hierin hat der EuGH klargestellt, dass Europarecht solchen Regelungen von Mitgliedsstaaten entgegensteht, die Steuervergünstigungen davon abhängig machen, dass die geförderten Aktivitäten auf dem Gebiet dieses Mitgliedsstaates ausgeführt werden (konkret ging es dabei um die Förderung von Forschungsvorhaben in Frankreich), obwohl diese Aktivitäten auch den definierten Zielen der Europäischen Union dienen. Diese wesentlichen Ziele der EU sind in Art. 2 und 3 AEUV verankert. Dazu gehören u.a. die Achtung der Menschenwürde, die Wahrung der Menschenrechte, Förderung von Frieden und Wohlergehen der Völker der Union und im Zuge dessen die Politikfelder Sozialpolitik, allgemeine und berufliche Bildung, Jugend, Sport, Kultur, Gesundheitswesen, Verbraucherschutz, Forschung, technologische Entwicklung, Umwelt und Katastrophenschutz. Damit gehören zu den Zielen der EU viele der in § 52 Abs. 2 AO genannten gemeinnützigen Bereiche. Deshalb ist künftig im Einzelfall zu prüfen, ob etwa dort vorgesehenen lokalen Beschränkungen gemeinnütziger Zwecke nicht europarechtliche Bedenken entgegenstehen.

II. Deutsche Rechtslage für ausländische Körperschaften

4   Im Hinblick auf diese europarechtliche Rechtsprechung des EuGH hat der Gesetzgeber bereits im Jahressteuergesetz 2009 das Gemeinnützigkeits- und Spendenrecht auch im Hinblick auf ausländi-

---

3   EuGH v. 27. Januar 2009, C-318/07, DStR 2009, 207
4   vgl. hierzu ausführlicher Seite 228 der Vorauflage (2. Auflage)
5   EuGH, Urt. V. 14.09.2006, C-386/04, Centro die Musicologia Walter Stauffer / FA München für Körperschaften
6   Dr. Dr. Jutta Förster, Grenzüberschreitende Gemeinnützigkeit, BB 2011 S. 663

sche gemeinnützige Körperschaften erweitert. Im neu gefassten § 5 Abs. 2 Nr. 2 KStG wird nunmehr der Kreis der gemeinnützigen Organisationen auch auf EU-/EWR-Organisationen (zur EWR gehört beispielsweise auch Liechtenstein, nicht aber die Schweiz) erweitert, wenn die ausländischen Einrichtungen die Gemeinnützigkeitsvorausetzungen der §§ 51 ff AO erfüllen. Neu wurde in § 51 Abs. 2 AO die Anforderung an einen sog. Inlandsbezug der steuerbegünstigten Zwecke eingeführt.

Durch das „Gesetz zur Umsetzung steuerlicher EU-Vorgaben sowie zur Änderung steuerlicher Vorschriften" vom 08.04.2010 mit Änderungen in den § 10 b Abs. 1 EStG, § 9 Abs. 1 Nr. 2 KStG und § 9 Nr. 5 GewStG sollten ferner die Voraussetzungen für einen europarechtlich zulässigen Spendenabzug geschaffen werden.

Unter Berücksichtigung der bisherigen EuGH-Rechtsprechung orientieren sich diese und auch künftige Gesetzesänderungen beim grenzüberschreitenden Spendenabzug an folgenden Grundsätzen:[7]

- auch grenzüberschreitende Spenden fallen unter die Kapitalverkehrsfreiheit;
- jeder Mitgliedstaat kann grundsätzlich entscheiden, welche Interessen der Allgemeinheit er durch die Gewährung von Steuervergünstigungen fördern will, muss dabei aber die europäischen Grundfreiheiten (Kapitalverkehrsfreiheit) berücksichtigen;
- eine Einschränkung der Kapitalverkehrsfreiheit kann zwar aus Gründen der Steuerkontrolle und -aufsicht gerechtfertigt sein, muss jedoch dabei den Verhältnismäßigkeitsgrundsatz wahren.

1. Kapitalverkehrsfreiheit und Gemeinnützigkeit

Die Kapitalverkehrsfreiheit ist die umfassendste Freiheit im Binnenmarkt, da sie grundsätzlich auch gegenüber Angehörigen von Drittstaaten wirkt. Nach nun geltendem deutschem Recht ist jedoch nur der grenzüberschreitende Spendenabzug an Organisationen im EU- und EWR-Raum möglich. Spenden an Organisationen in Drittlandgebieten sind damit prinzipiell bei der Berücksichtigung der inländischen Steuer ausgeschlossen. Damit verstößt die Regelung zwar generell gegen die Kapitalverkehrsfreiheit, eine Rechtfertigung dieser Beschränkung könnte sich jedoch aus dem Erfordernis einer wirksamen Steuerkontrolle ergeben. Der EuGH hat in der Persche Entscheidung darauf hin gewiesen, das eine Berechtigung zum Verwehren eines Spendenabzugs an eine in einem Drittsaat ansässige Organisation möglich ist, wenn zur Sachverhaltsermittlung die erforderlichen Auskünfte von dem Drittstaat nicht zu erhalten sind.[8]

Um spendenempfangsberechtigt (Steuerkontrolle!) zu sein müssen auch Organisationen aus dem EU- und EWR-Raum die Anforderungen der § 10b Abs. 1 S. 3-5 EStG und § 9 Abs. 1 Nr. 2 S. 3-5 KStG erfüllen. Dies bedeutet, dass die gemeinnützige Organisation in einem Land ansässig sein muss, mit dem Deutschland eine Vereinbarung über Amtshilfe und Unterstützung bei der Beitreibung von Steueransprüchen abgeschlossen hat. Eine solche Amtshilfe ist gegeben, wenn die EU-Amtshilferichtlinie eingreift oder wenn bei Drittstaaten die große Auskunftsklausel in einem Doppelbesteuerungsabkommen vereinbart wurde (derzeit nur Kanada[9]).[10]

2. Gemeinnütziger Zweck und „struktureller Inlandsbezug"

Nachdem durch die Neuregelung des § 10b EStG der bis 2008 geltende grundsätzliche Ausschluss der Abzugsfähigkeit einer in das Ausland geflossenen Spende gefallen ist, hat der Gesetzgeber in

---

[7] Förster a.a.O.
[8] Freih. v. Proff, Grenzüberschreitende Gemeinnützigkeit nach dem Persche-Urteil des EuGH, IStR, 371
[9] Art. 26, Art. 27 DBA Kanada v. 19.04.2001, BGBl. II 2002, 670
[10] Förster a.a.O.

§§ 51 ff AO geregelt, wann eine Spende an eine ausländische Einrichtung in Deutschland anzuerkennen ist. In § 51 Abs. 2 AO wurde dem Katalog gemeinnütziger Zwecke generell als zusätzliche Voraussetzung das Vorliegen eines „Inlandsbezugs" vorangestellt. Wenn steuerbegünstigte Zwecke im Ausland verfolgt werden, setzt dies nun voraus, dass entweder natürliche Personen gefördert werden, die ihren Wohnsitz oder gewöhnlichen Aufenthalt in Deutschland haben, oder die Verwirklichung des steuerbegünstigten Zwecks auch dem Ansehen der Bundesrepublik Deutschland im Ausland zugute kommt.[11] Damit soll entsprechend der Gesetzesbegründung verdeutlicht werden, dass die Steuervergünstigungen für gemeinnütziges Handeln und der damit verbundene Verzicht auf Steuereinnahmen nur insoweit zu rechtfertigen sind, als die steuerbegünstigten Zwecke einen Bezug zu Deutschland besitzen.[12] Dies wird bei in Deutschland ansässigen Organisationen indiziert, so dass hier eine gesonderte Prüfung sowie Nachweise entbehrlich sind. Anders ist dies bei ausländischen Organisationen – und zwar auch dann, wenn diese nachweislich die gemeinnützigen Zwecke der §§ 52-54 AO erfüllen, was ein Indiz für die erneute Europarechtswidrigkeit dieser neuen Gesetzesbestimmung ist.[13]

3. Steuerliche Aufsicht- und Kontrollmöglichkeiten

7 Die Kapitalverkehrsfreiheit kann durch die Notwendigkeit einer effektiven Steueraufsicht- und Kontrolle des Staates im Rahmen der Verhältnismäßigkeit eingeschränkt werden. Dem trägt in Deutschland bei Auslandssachverhalten bereits § 90 Abs. 2 AO dadurch Rechnung, dass dem Steuerpflichtigen (anders als bei reinen Innlandssachverhalten, wo nur eine allgemeine Mitwirkungspflicht des Steuerpflichtigen besteht) eine erweiterte Mitwirkungspflicht auferlegt wird, wonach er verpflichtet ist, den Sachverhalt aufzuklären und Beweise zu beschaffen. Obwohl dies offensichtlich zu einer Diskriminierung derjenigen Steuerpflichtigen mit reinem Inlandsbezug führt, dürfte diese Ungleichbehandlung im Hinblick auf eine effektive Kontrolle und Aufsicht der Steuerbehörden – trotz bestehender und zunehmender Amtshilfemöglichkeiten innerhalb der EU - als verhältnismäßiger Eingriff in die Kapitalverkehrsfreiheit gerechtfertigt sein und weiter Bestand haben.[14]

Welche Nachweise allerdings ein Steuerpflichtiger tatsächlich in der Praxis zu erbringen hat, damit seine Zuwendung an eine ausländische Organisation als „Spende" im Sinne des § 10 b EStG anerkannt wird, ist nach wie vor nicht gesetzlich oder im Wege der Verwaltungsvereinheitlichung geregelt. Zwar hat das Bundesfinanzministerium mit Schreiben vom 06.04.2010 ein entsprechendes Schreiben an die Finanzverwaltung angekündigt; dieses steht allerdings bis heute noch aus. Erforderlich dürfte bislang jedenfalls eine Art „Typenvergleich" der ausländischen Einrichtung mit inländischen steuerbefreiten Einrichtungen sein, insbesondere hinsichtlich Satzungszwecken, Zweck- und Vermögensbindung und Mittelverwendung sowie Nachweise über die tatsächliche Geschäftsführung der ausländischen Einrichtung wie z.B. ein Jahresabschluss und ein Mittelverwendungsbericht.[15]

III. Weitere Perspektiven des europäischen Stiftungs- und Gemeinnützigkeitsrechts

Die „Europäisierung" des Gemeinnützigkeitsrechts ist anhand dieser Entwicklungen klar zu erkennen und dürfte damit noch nicht abgeschlossen sein.

---

11 Helios in Schauhoff: Handbuch der Gemeinnützigkeit, § 22 Rdnr. 43 ff.
12 vgl. Förster a.a.O.
13 vgl. Helios, a.a.O., § 22 Rdnr, 45
14 vgl. Förster a.a.O.
15 vgl. Förster a.a.O.,vgl. Helios a.a.O., § 22 Rdnr. 53

Die derzeitige Rechtslage ist unbefriedigend für alle Steuerpflichtigen, die versuchen, eine ausländische Spende steuerlich geltend zu machen, da nicht geklärt ist, welche Nachweise der Finanzverwaltung tatsächlich zur Anerkennung der Spende an eine ausländische Einrichtung genügen wird. Aber auch für die Finanzverwaltung ist die gegenwärtige Situation unbefriedigend, die über die Abziehbarkeit zu entscheiden hat. Zuständig ist hierbei jeweils das Wohnsitzfinanzamt des Spenders, so dass es durchaus zu unterschiedlichen Entscheidungen mehrerer Finanzämter kommen kann, die eine ausländische gemeinnützige Einrichtung einmal als gemeinnützig im Sinne des deutschen Steuerrechts anerkennen und ein anderes mal nicht.

Vor diesem Hintergrund gibt es Reformüberlegungen, die Überprüfung der Gemeinnützigkeit ausländischer Einrichtungen einer deutschen Finanzbehörde, beispielsweise des Bundeszentralamts für Steuern, zu übertragen und über die Anerkennung der Gemeinnützigkeit in Deutschland durch bundeseinheitlichen Verwaltungsakt entscheiden zu lassen.[16] Diskutiert wird auch, die Anerkennung der Gemeinnützigkeit einer ausländischen Organisation – anders als übrgens in den meisten Doppelbesteuerungsabkommen geregelt - nicht mehr (zumindest auch) nach den deutschen Gemeinnützigkeitsanforderungen der Abgabenordnung zu beurteilen, sondern anhand der jeweils nationalen Anforderungen am Sitz der gemeinnützigen Organisation. Damit würde die jeweilige ausländische Gemeinnützigkeitsbescheinigung für die Gewährung der deutschen Steuervorteile sowie des Spendenabzugs in Deutschland genügen. Dies stößt allerdings auf Bedenken, da dadurch möglicherweise Zuwendungen an ausländische Organisationen erleichtert würden und diese Organisationen in Deutschland gegenüber inländischen Einrichtungen zu erleichterten Bedingungen zu einer Steuerbefreiung kämen (Inländerdikriminierung).

IV. EU-Beihilfecharakter von Steuervergünstigungen für gemeinnützige Einrichtungen

Nach Art. 107 Abs. 1 AEUV sind staatliche oder aus staatlichen Mitteln gewährte Beihilfen gleich welcher Art, die durch die Begünstigung bestimmter Unternehmen oder Produktionszweige den Wettbewerb verfälschen oder zu verfälschen drohen, mit dem Binnenmarkt unvereinbar, soweit sie den Handel zwischen Mitgliedstaaten beeinträchtigen.

Nach der Rechtsprechung des EuGH müssen folgende Voraussetzungen erfüllt sein, damit eine Maßnahme als Beihilfe qualifiziert wird:[17]
- die Maßnahme muss einigen Unternehmen oder einigen Produktionszweigen einen einseitigen Vorteil gewähren;
- der Vorteil wir unmittelbar oder mittelbar aus staatlichen Mitteln gewährt;
- die Maßnahme muss den Wettbewerb verfälschen oder zu verfälschen drohen;
- die Maßnahme kann den Handel zwischen Mitgliedstaaten beeinträchtigen.

1. Auswirkungen auf unternehmensverbundene Stiftungen

Mit Urteil vom 10.01.2006 hat der EuGH entschieden, dass auch für eine gemeinnützige Stiftung das Beihilferecht gilt, wenn sie mittelbar oder unmittelbar die Kontrolle über ein Unternehmen ausüben kann.[18] Dies gilt auch dann, wenn sie ohne Gewinnerzielungsabsicht tätig ist.

---

16 vgl. Förster a.a.O., vgl. Helios a.a.O.
17 vgl. Helios a.a.O., § 22 Rn. 62.
18 EuGH, Urt. V. 10.01.2006, Rs C-222/04.

Im entschiedenen Fall ging es um die Frage, ob auch das Halten und Verwalten von (Kapital-) Beteiligungen durch eine Stiftung eine wirtschaftliche Tätigkeit darstellt und deshalb in den Anwendungsbereich des Europäischen Wettbewerbsrechts fällt. Der EuGH unterscheidet nunmehr zwischen dem bloßen Besitz von Beteiligungen (auch einer Mehrheitsbeteiligung) einerseits, die noch keine unternehmerische Tätigkeit darstellt und der Ausübung der Kontrolle über eine Kapitalbeteiligung durch tatsächliche unmittelbare oder mittelbare Einflussnahme auf die Verwaltung der Gesellschaft andererseits. Diese sei als wirtschaftliche Tätigkeit der Stiftung selbst anzusehen.

In Deutschland wird diesem Umstand bereits Rechnung getragen, da nach der Rechtsprechung des BFH nicht mehr von einer steuerbefreiten Verwaltungstätigkeit ausgegangen werden kann, sondern ein steuerpflichtiger wirtschaftlicher Geschäftsbetrieb vorliegt, wenn die gemeinnützige Einrichtung tatsächlichen Einfluss auf die laufende Geschäftstätigkeit einer Tochterkapitalgesellschaft ausübt.

Für die Frage, ob die steuerliche Förderung einer gemeinnützigen Stiftung durch einen Mitgliedsstaat dem europäischen Wettbewerbsrecht unterfällt, kommt es nach dieser Entscheidung des EuGH unter anderem darauf an, ob sich die Stiftung als Gesellschafter wie ein normaler Kapitalgeber verhalte oder ihre Steuervorteile aufgrund der steuerlichen Begünstigung zur wirtschaftlichen Förderung des Beteiligungsunternehmens einsetze.

9 Darüber hinaus hat der EuGH keine Zweifel daran gelassen, dass steuerliche Vergünstigungen für gemeinnützige Einrichtungen grundsätzlich staatliche Beihilfen im Sinne von Art. 107 Abs. 1 AEUV darstellen können. Nach der Rechtsprechung des EuGH kommt es wesentlich darauf an, ob die betreffende steuerliche Maßnahme eine Abweichung von den allgemein zur Anwendung kommenden Steuerregelungen ist.[19]

Damit wird klar, dass auch steuerlich geförderte gemeinnützige Stiftungen der Mitgliedsstaaten den Vorgaben des europäischen Wettbewerbsrechts unterliegen.[20] Eine Steuerbefreiung, die einer unternehmerisch tätig werdenden Stiftung gewährt wird, kann eine europarechtswidrige Beihilfe darstellen.

Das bedeutet, dass gemeinnützigen Einrichtungen im Rahmen ihrer wirtschaftlichen Tätigkeiten entweder gar keine Steuervergünstigungen mehr gewährt werden dürfen oder die Beihilfen durch die europäischen Ausnahmetatbestände in Art. 107 AEUV gerechtfertigt sein müssen. Diesen Vorgaben trägt das deutsche Gemeinnützigkeitsrecht jedoch bereits weitgehend Rechnung, da wirtschaftliche Geschäftsbetriebe gemeinnütziger Einrichtungen bereits der partiellen Steuerpflicht unterliegen. Insoweit ist davon auszugehen, dass die unternehmensverbundenen Stiftungen in Deutschland keine unvorhergesehenen Konsequenzen aus diesem Urteil des EuGH zu erwarten haben. Es kann aber vermutet werden, dass die deutschen Finanzbehörden das EuGH-Urteil zum Anlass nehmen werden, die organisatorischen und finanziellen Beziehungen zwischen unternehmensverbundenen Stiftungen und ihren Beteiligungsunternehmen künftig intensiver zu prüfen.[21]

2. Auswirkungen auf gemeinnützige Zweckbetriebe

10 Auch nach dem vorstehenden Urteil des EuGH ist jedoch weiterhin die beihilferechtliche Zulässigkeit von Steuervergünstigungen an Zweckbetriebe nicht abschließend geklärt, bei denen die Steuervergünstigung und die unternehmerische Tätigkeit zusammen fallen.[22] Der EuGH hat in seiner Entscheidung vom 10.01.2006 nur festgestellt, dass auch wirtschaftliche Beteiligungen zur unmittelbaren Verfolgung der satzungsmäßigen Zwecke als unternehmerisch anzusehen sind, hat sich aber

---

19 Helios a.a.O. § 22 Rn. 68
20 Hüttemann, StiftungsWelt 03/2006, 16
21 Hüttemann a.a.O., 17.
22 Walz, StiftungsWelt 03/2006, 17.

B. Europäische Entwicklungen des Stiftungs- und Gemeinnützigkeitsrechts

zu einer möglichen Rechtfertigung solcher Vergünstigungen nicht äußern müssen.

Im Falle des § 65 AO bietet die Wettbewerbsklausel des § 65 Nr. 3 AO die Möglichkeit einer eingeschränkten Auslegung und damit einer europarechtskonformen Beurteilung. Danach dürfen wirtschaftliche Geschäftsbetriebe zu steuerlich nicht begünstigten Betrieben derselben oder ähnlicher Art nicht in größerem Umfang in Wettbewerb treten, als es bei der Erfüllung der steuerbegünstigten Zwecke unvermeidbar ist. Damit dient die Wettbewerbsklausel gerade dem Schutz der steuerlich nicht begünstigten Betriebe und bringt grundsätzlich den Vorrang der Wettbewerbsinteressen vor der Gemeinnützigkeit zum Ausdruck.[23]

Bei Zweckbetrieben nach §§ 66 – 68 AO findet aber die Wettbewerbsklausel des § 65 Nr. 3 AO keine Anwendung, so dass hier eher das grundsätzliche Verbot einer Wettbewerbsverfälschung betroffen sein kann. Im Rahmen einer EU-beihilferechtlichen Beurteilung sollte jedoch beachtet werden, dass der deutsche Gesetzgeber in den §§ 65 ff AO eigenständige Maßnahmen entwickelt hat, um wettbewerbsverzerrende Auswirkungen einzuschränken.[24] Sollte ein Zweckbetrieb darüber hinaus den „Handel zwischen Mitgliedstaaten beeinträchtigen" und damit grundsätzlich Art. 107 Abs 1 AEUV einschlägig sein, ist zu prüfen, ob die Ausnahmeregelung im Rahmen der sog. De-Minimis-Beihilfen greift. Die europäische Kommission hat darin im Rahmen einer Gruppenfreistellungsverordnung diejenigen Beihilfen freigestellt, die einem Unternehmen innerhalb eines Zeitraumes von drei Steuerjahren nicht einen Vorteil von mehr als € 200.000,00 gewähren.[25] Obwohl gemeinnützigkeitsabhängige Steuervorteile bislang (im vornherein) nicht als De-Minimis-Beihilfe qualifiziert sind, ist eine (nachträgliche) Einstufung ohne weiteres möglich, so dass die De-Minimis-Grundsätze anwendbar sind.[26] Die Beihilfenhöhe bemisst sich bei Steuervergünstigungen anhand eines Vergleichs zwischen der tatsächlich gezahlten Steuer und der Steuer, die bei Anwendung der allgemeinen Regeln zu zahlen gewesen wäre.[27] Im Fall, dass der Steuervorteil in drei Jahren € 200.000,00 nicht übersteigt, würde damit der grundsätzliche Verstoß gegen Art. 107 Abs. 1 AEUV keine Folgen haben.

Die zentrale Norm zur Rechtfertigung von steuerlichen Beihilfen im Gemeinnützigkeitssektor ist aber Art 107 Abs. 3 lit. b 1. Alt. AEUV. Danach sind Beihilfen mit dem gemeinsamen Markt vereinbar, wenn sie wichtige Vorhaben von gemeinsamem europäischem Interesse fördern. Die sozialen und gesellschaftlich bedeutenden Güter von Wissenschaft, Forschung, Bildung, Erziehung, Kunst, Kultur, Religion, Entwicklungshilfe, Völkerverständigung, Umweltschutz, Heimatgedanke, Wohnungsbau, Jugendhilfe, Altenhilfe, Förderung des demokratischen Staatswesens und die Bereiche des Wohlfahrtwesens, der Sozialdienste und des Denkmalschutzes finden eine Entsprechung auf Gemeinschaftsebene, in den einzelnen Mitgliedsstaaten und in § 52 Abs. 2 AO, so dass insoweit von einem Vorhaben von gemeinsamen europäischen Interesse auszugehen ist.[28][29] Damit dürften auch künftig gemeinnützige Zweckbetriebe nach §§ 65 ff AO eine gute Chance haben, im Rahmen einer Abwägung einer europarechtlichen Beihilfeüberprüfung stand zu halten. Letztlich kommt es aber auf die Umstände des Einzelfalls an.

---

23 vgl. Helios a.a.O., § 22 Rn. 79.
24 vgl. Helios a.a.O.
25 Verordnung (EG) Nr. 1998/2006 der Kommission vom 15.12.2006
26 vgl. Helios § 22 Rn. 81
27 Mitteilung der Kommission über die Anwendung der Vorschriften über staatliche Beihilfen auf Maßnahmen im Bereich der direkten Unternehmenssteuerung ABL. 98C 384/03
28 Mitteilung der Kommission über die Förderung der Rolle gemeinnütziger Vereine und Stiftungen in Europa, KOM (1997) 241 endg., S 13 (25)
29 vgl. Helios a.a.O. Rdnr. 89

§ 14 Weiteres Wissenswertes

A. Gesetzliche Grundlagen

I. Bürgerliches Gesetzbuch (BGB)

1 **§ 80 Entstehung einer rechtsfähigen Stiftung**

(1) Zur Entstehung einer rechtsfähigen Stiftung sind das Stiftungsgeschäft und die Anerkennung durch die zuständige Behörde des Landes erforderlich, in dem die Stiftung ihren Sitz haben soll.

(2) Die Stiftung ist als rechtsfähig anzuerkennen, wenn das Stiftungsgeschäft den Anforderungen des § 81 Abs. 1 genügt, die dauernde und nachhaltige Erfüllung des Stiftungszwecks gesichert erscheint und der Stiftungszweck das Gemeinwohl nicht gefährdet.

(3) Vorschriften der Landesgesetze über kirchliche Stiftungen bleiben unberührt. Das gilt entsprechend für Stiftungen, die nach den Landesgesetzen kirchlichen Stiftungen gleichgestellt sind.

§ 81 Stiftungsgeschäft

(1) Das Stiftungsgeschäft unter Lebenden bedarf der schriftlichen Form. Es muss die verbindliche Erklärung des Stifters enthalten, ein Vermögen zur Erfüllung eines von ihm vorgegebenen Zweckes zu widmen. Durch das Stiftungsgeschäft muss die Stiftung eine Satzung erhalten mit Regelungen über
1. den Namen der Stiftung,
2. den Sitz der Stiftung,
3. den Zweck der Stiftung,
4. das Vermögen der Stiftung,
5. die Bildung des Vorstands der Stiftung.

Genügt das Stiftungsgeschäft den Erfordernissen des Satzes 3 nicht und ist der Stifter verstorben, findet § 83 Satz 2 bis 4 entsprechende Anwendung.

(2) Bis zur Anerkennung der Stiftung als rechtsfähig ist der Stifter zum Widerruf des Stiftungsgeschäfts berechtigt. Ist die Anerkennung bei der zuständigen Behörde beantragt, so kann der Widerruf nur dieser gegenüber erklärt werden. Der Erbe des Stifters ist zum Widerruf nicht berechtigt, wenn der Stifter den Antrag bei der zuständigen Behörde gestellt oder im Falle der notariellen Beurkundung des Stiftungsgeschäfts den Notar bei oder nach der Beurkundung mit der Antragstellung betraut hat.

§ 82 Übertragungspflicht des Stifters

Wird die Stiftung als rechtsfähig anerkannt, so ist der Stifter verpflichtet, das in dem Stiftungsgeschäft zugesicherte Vermögen auf die Stiftung zu übertragen. Rechte, zu deren Übertragung der Abtretungsvertrag genügt, gehen mit der Anerkennung auf die Stiftung über, sofern nicht aus dem Stiftungsgeschäft sich ein anderer Wille des Stifters ergibt.

§ 83 Stiftung von Todes wegen

Besteht das Stiftungsgeschäft in einer Verfügung von Todes wegen, so hat das Nachlassgericht dies der zuständigen Behörde zur Anerkennung mitzuteilen, sofern sie nicht von dem Erben oder dem Testamentsvollstrecker beantragt wird. Genügt das Stiftungsgeschäft nicht den Erfordernissen des § 81 Abs. 1 Satz 3, wird der Stiftung durch die zuständige Behörde vor der Anerkennung eine Satzung gegeben oder eine unvollständige Satzung ergänzt; dabei soll der Wille des Stifters berücksichtigt werden. Als Sitz der Stiftung gilt, wenn nicht ein anderes bestimmt ist, der Ort, an welchem die Verwaltung geführt wird. Im Zweifel gilt der letzte Wohnsitz des Stifters im Inland als Sitz.

§ 84 Anerkennung nach Tod des Stifters

Wird die Stiftung erst nach dem Todes des Stifters als rechtsfähig anerkannt, so gilt sie für die Zuwendungen des Stifters als schon vor dessen Tod entstanden.

§ 85 Stiftungsverfassung

Die Verfassung einer Stiftung wird, soweit sie nicht auf Bundes- oder Landesgesetz beruht, durch das Stiftungsgeschäft bestimmt.

§ 86 Anwendung des Vereinsrechts

Die Vorschriften der §§ 23 und 26, des § 27 Abs. 3 und der §§ 28 bis 31, 42 finden auf Stiftungen entsprechende Anwendung, die Vorschriften des § 27 Abs. 3 und des § 28 Abs. 1 jedoch nur insoweit, als sich nicht aus der Verfassung, insbesondere daraus, dass die Verwaltung der Stiftung von einer öffentlichen Behörde geführt wird, ein anderes ergibt. Die Vorschriften des § 28 Abs. 2 und des § 29 finden auf Stiftungen, deren Verwaltung von einer öffentlichen Behörde geführt wird, keine Anwendung.

§ 87 Zweckänderung; Aufhebung

(1) Ist die Erfüllung des Stiftungszwecks unmöglich geworden oder gefährdet sie das Gemeinwohl, so kann die zuständige Behörde der Stiftung eine andere Zweckbestimmung geben oder sie aufheben.

(2) Bei der Umwandlung des Zweckes soll der Wille des Stifters berücksichtigt werden, insbesondere soll dafür gesorgt werden, dass die Erträge des Stiftungsvermögens dem Personenkreis, dem sie zustatten kommen sollten, im Sinne des Stifters erhalten bleiben. Die Behörde kann die Verfassung der Stiftung ändern, soweit die Umwandlung des Zweckes es erfordert.

(3) Vor der Umwandlung des Zweckes und der Änderung der Verfassung soll der Vorstand der Stiftung gehört werden.

§ 88 Vermögensanfall

Mit dem Erlöschen der Stiftung fällt das Vermögen an die in der Verfassung bestimmten Personen. Fehlt es an einer Bestimmung der Anfallberechtigten, so fällt das Vermögen an den Fiskus des Landes, in dem die Stiftung ihren Sitz hatte, oder an einen anderen nach dem Recht dieses Landes bestimmten Anfallberechtigten. Die Vorschriften der §§ 46 bis 53 finden entsprechende Anwendung.

§ 89 Haftung für Organe; Insolvenz

(1) Die Vorschrift des § 31 findet auf den Fiskus sowie auf die Körperschaften, Stiftungen und Anstalten des öffentlichen Rechts entsprechende Anwendung.

(2) Das Gleiche gilt, soweit bei Körperschaften, Stiftungen und Anstalten des öffentlichen Rechts das Insolvenzverfahren zulässig ist, von der Vorschrift des § 42 Abs. 2.

II. Abgabenordnung (AO)

§ 51 Allgemeines

Gewährt das Gesetz eine Steuervergünstigung, weil eine Körperschaft ausschließlich und unmittelbar gemeinnützige, mildtätige oder kirchliche Zwecke (steuerbegünstigte Zwecke) verfolgt, so gelten die folgenden Vorschriften. Unter Körperschaften sind die Körperschaften, Personenvereinigungen und Vermögensmassen im Sinne des Körperschaftsteuergesetzes zu verstehen. Funktionale Untergliederungen (Abteilungen) von Körperschaften gelten nicht als selbstständige Steuersubjekte.

§ 52 Gemeinnützige Zwecke

(1) Eine Körperschaft verfolgt gemeinnützige Zwecke, wenn ihre Tätigkeit darauf gerichtet ist, die Allgemeinheit auf materiellem, geistigem oder sittlichem Gebiet selbstlos zu fördern. 2Eine Förderung der Allgemeinheit ist nicht gegeben, wenn der Kreis der Personen, dem die Förderung zugute kommt, fest abgeschlossen ist, zum Beispiel Zugehörigkeit zu einer Familie oder zur Belegschaft eines Unternehmens, oder infolge seiner Abgrenzung, insbesondere nach räumlichen oder beruflichen Merkmalen, dauernd nur klein sein kann. 3Eine Förderung der Allgemeinheit liegt nicht allein deswegen vor, weil eine Körperschaft ihre Mittel einer Körperschaft des öffentlichen Rechts zuführt.

(2) Unter den Voraussetzungen des Absatzes 1 sind als Förderung der Allgemeinheit anzuerkennen:

1. die Förderung von Wissenschaft und Forschung;
2. die Förderung der Religion;
3. die Förderung des öffentlichen Gesundheitswesens und der öffentlichen Gesundheitspflege, insbesondere die Verhütung und Bekämpfung von übertragbaren Krankheiten, auch durch Krankenhäuser im Sinne des § 67, und von Tierseuchen;
4. die Förderung der Jugend- und Altenhilfe;
5. die Förderung von Kunst und Kultur;
6. die Förderung des Denkmalschutzes und der Denkmalpflege;
7. die Förderung der Erziehung, Volks- und Berufsbildung einschließlich der Studentenhilfe;
8. die Förderung des Naturschutzes und der Landschaftspflege im Sinne des Bundesnaturschutzgesetzes und der Naturschutzgesetze der Länder, des Umweltschutzes, des Küstenschutzes und des Hochwasserschutzes;
9. die Förderung des Wohlfahrtswesens, insbesondere der Zwecke der amtlich anerkannten Verbände der freien Wohlfahrtspflege (§ 23 der Umsatzsteuer-Durchführungsverordnung), ihrer Unterverbände und ihrer angeschlossenen Einrichtungen und Anstalten;
10. die Förderung der Hilfe für politisch, rassisch oder religiös Verfolgte, für Flüchtlinge, Vertriebene, Aussiedler, Spätaussiedler, Kriegsopfer, Kriegshinterbliebene, Kriegsbeschädigte und Kriegsgefangene, Zivilbeschädigte und Behinderte sowie Hilfe für Opfer von Straftaten; Förderung des Andenkens an Verfolgte, Kriegs- und Katastrophenopfer; Förderung des Suchdienstes für Vermisste;
11. die Förderung der Rettung aus Lebensgefahr;

12. die Förderung des Feuer-, Arbeits-, Katastrophen- und Zivilschutzes sowie der Unfallverhütung;
13. die Förderung internationaler Gesinnung, der Toleranz auf allen Gebieten der Kultur und des Völkerverständigungsgedankens;
14. die Förderung des Tierschutzes;
15. die Förderung der Entwicklungszusammenarbeit;
16. die Förderung von Verbraucherberatung und Verbraucherschutz;
17. die Förderung der Fürsorge für Strafgefangene und ehemalige Strafgefangene;
18. die Förderung der Gleichberechtigung von Frauen und Männern;
19. die Förderung des Schutzes von Ehe und Familie;
20. die Förderung der Kriminalprävention;
21. die Förderung des Sports (Schach gilt als Sport);
22. die Förderung der Heimatpflege und Heimatkunde;
23. die Förderung der Tierzucht, der Pflanzenzucht, der Kleingärtnerei, des traditionellen Brauchtums einschließlich des Karnevals, der Fastnacht und des Faschings, der Soldaten- und Reservistenbetreuung, des Amateurfunkens, des Modellflugs und des Hundesports;
24. die allgemeine Förderung des demokratischen Staatswesens im Geltungsbereich dieses Gesetzes; hierzu gehören nicht Bestrebungen, die nur bestimmte Einzelinteressen staatsbürgerlicher Art verfolgen oder die auf den kommunalpolitischen Bereich beschränkt sind;
25. die Förderung des bürgerschaftlichen Engagements zugunsten gemeinnütziger, mildtätiger und kirchlicher Zwecke.

Sofern der von der Körperschaft verfolgte Zweck nicht unter Satz 1 fällt, aber die Allgemeinheit auf materiellem, geistigem oder sittlichem Gebiet entsprechend selbstlos gefördert wird, kann dieser Zweck für gemeinnützig erklärt werden. Die obersten Finanzbehörden der Länder haben jeweils eine Finanzbehörde im Sinne des Finanzverwaltungsgesetzes zu bestimmen, die für Entscheidungen nach Satz 2 zuständig ist.

§ 53 Mildtätige Zwecke

Eine Körperschaft verfolgt mildtätige Zwecke, wenn ihre Tätigkeit darauf gerichtet ist, Personen selbstlos zu unterstützen,
1. die infolge ihres körperlichen, geistigen oder seelischen Zustandes auf die Hilfe anderer angewiesen sind oder
2. deren Bezüge nicht höher sind als das Vierfache des Regelsatzes der Sozialhilfe im Sinne des § 28 des Zwölften Buches Sozialgesetzbuch; beim Alleinstehenden oder Haushaltsvorstand tritt an die Stelle des Vierfachen das Fünffache des Regelsatzes. Dies gilt nicht für Personen, deren Vermögen zur nachhaltigen Verbesserung ihres Unterhalts ausreicht und denen zugemutet werden kann, es dafür zu verwenden. Bei Personen, deren wirtschaftliche Lage aus besonderen Gründen zu einer Notlage geworden ist, dürfen die Bezüge oder das Vermögen die genannten Grenzen übersteigen. Bezüge im Sinne dieser Vorschrift sind
   a) Einkünfte im Sinne des § 2 Abs. 1 des Einkommensteuergesetzes und
   b) andere zur Bestreitung des Unterhalts bestimmte oder geeignete Bezüge,

   die der Alleinstehende oder der Haushaltsvorstand und die sonstigen Haushaltsangehörigen haben. Zu den Bezügen zählen nicht Leistungen der Sozialhilfe, Leistungen zur Sicherung des Le-

bensmittelunterhalts nach dem Zweiten Buch Sozialgesetzbuch und bis zur Höhe der Leistungen der Sozialhilfe Unterhaltsleistungen an Personen, die ohne die Unterhaltsleistungen sozialhilfeberechtigt wären, oder Anspruch auf Leistungen zur Sicherung des Lebensunterhalts nach dem Zweiten Buch Sozialgesetzbuch hätten. Unterhaltsansprüche sind zu berücksichtigen.

§ 54 Kirchliche Zwecke

(1) Eine Körperschaft verfolgt kirchliche Zwecke, wenn ihre Tätigkeit darauf gerichtet ist, eine Religionsgemeinschaft, die Körperschaft des öffentlichen Rechts ist, selbstlos zu fördern.

(2) Zu diesen Zwecken gehören insbesondere die Errichtung, Ausschmückung und Unterhaltung von Gotteshäusern und kirchlichen Gemeindehäusern, die Abhaltung von Gottesdiensten, die Ausbildung von Geistlichen, die Erteilung von Religionsunterricht, die Beerdigung und die Pflege des Andenkens der Toten, ferner die Verwaltung des Kirchenvermögens, die Besoldung der Geistlichen, Kirchenbeamten und Kirchendiener, die Alters- und Behindertenversorgung für diese Personen und die Versorgung ihrer Witwen und Waisen.

§ 55 Selbstlosigkeit

(1) Eine Förderung oder Unterstützung geschieht selbstlos, wenn dadurch nicht in erster Linie eigenwirtschaftliche Zwecke - zum Beispiel gewerbliche Zwecke oder sonstige Erwerbszwecke - verfolgt werden und wenn die folgenden Voraussetzungen gegeben sind:
   1. Mittel der Körperschaft dürfen nur für die satzungsmäßigen Zwecke verwendet werden. Die Mitglieder oder Gesellschafter (Mitglieder im Sinne dieser Vorschriften) dürfen keine Gewinnanteile und in ihrer Eigenschaft als Mitglieder auch keine sonstigen Zuwendungen aus Mitteln der Körperschaft erhalten. Die Körperschaft darf ihre Mittel weder für die unmittelbare noch für die mittelbare Unterstützung oder Förderung politischer Parteien verwenden.
   2. Die Mitglieder dürfen bei ihrem Ausscheiden oder bei Auflösung oder Aufhebung der Körperschaft nicht mehr als ihre eingezahlten Kapitalanteile und den gemeinen Wert ihrer geleisteten Sacheinlagen zurückerhalten.
   3. Die Körperschaft darf keine Person durch Ausgaben, die dem Zweck der Körperschaft fremd sind, oder durch unverhältnismäßig hohe Vergütungen begünstigen.
   4. Bei Auflösung oder Aufhebung der Körperschaft oder bei Wegfall ihres bisherigen Zwecks darf das Vermögen der Körperschaft, soweit es die eingezahlten Kapitalanteile der Mitglieder und den gemeinen Wert der von den Mitgliedern geleisteten Sacheinlagen übersteigt, nur für steuerbegünstigte Zwecke verwendet werden (Grundsatz der Vermögensbindung). Diese Voraussetzung ist auch erfüllt, wenn das Vermögen einer anderen steuerbegünstigten Körperschaft oder einer Körperschaft des öffentlichen Rechts für steuerbegünstigte Zwecke übertragen werden soll.
   5. Die Körperschaft muss ihre Mittel grundsätzlich zeitnah für ihre steuerbegünstigten satzungsmäßigen Zwecke verwenden. Verwendung in diesem Sinne ist auch die Verwendung der Mittel für die Anschaffung oder Herstellung von Vermögensgegenständen, die satzungsmäßigen Zwecken dienen. Eine zeitnahe Mittelverwendung ist gegeben, wenn die Mittel spätestens in dem auf den Zufluss folgenden Kalender- oder Wirtschaftsjahr für die steuerbegünstigten satzungsmäßigen Zwecke verwendet werden.

(2) Bei der Ermittlung des gemeinen Werts (Absatz 1 Nr. 2 und 4) kommt es auf die Verhältnisse zu dem Zeitpunkt an, in dem die Sacheinlagen geleistet worden sind.

(3) Die Vorschriften, die die Mitglieder der Körperschaft betreffen (Absatz 1 Nr. 1, 2 und 4), gelten bei Stiftungen für die Stifter und ihre Erben, bei Betrieben gewerblicher Art von Körperschaften des öffentlichen Rechts für die Körperschaft sinngemäß, jedoch mit der Maßgabe, dass bei Wirt-

schaftsgütern, die nach § 6 Abs. 1 Nr. 4 Satz 5 und 6 des Einkommensteuergesetzes aus einem Betriebsvermögen zum Buchwert entnommen worden sind, an die Stelle des gemeinen Werts der Buchwert der Entnahme tritt.

§ 56 Ausschließlichkeit

Ausschließlichkeit liegt vor, wenn eine Körperschaft nur ihre steuerbegünstigten satzungsmäßigen Zwecke verfolgt.

§ 57 Unmittelbarkeit

(1) Eine Körperschaft verfolgt unmittelbar ihre steuerbegünstigten satzungsmäßigen Zwecke, wenn sie selbst diese Zwecke verwirklicht. Das kann auch durch Hilfspersonen geschehen, wenn nach den Umständen des Falls, insbesondere nach den rechtlichen und tatsächlichen Beziehungen, die zwischen der Körperschaft und der Hilfsperson bestehen, das Wirken der Hilfsperson wie eigenes Wirken der Körperschaft anzusehen ist.

(2) Eine Körperschaft, in der steuerbegünstigte Körperschaften zusammengefasst sind, wird einer Körperschaft, die unmittelbar steuerbegünstigte Zwecke verfolgt, gleichgestellt.

§ 58 Steuerlich unschädliche Betätigungen

Die Steuervergünstigung wird nicht dadurch ausgeschlossen, dass

1. eine Körperschaft Mittel für die Verwirklichung der steuerbegünstigten Zwecke einer anderen Körperschaft oder für die Verwirklichung steuerbegünstigter Zwecke durch eine Körperschaft des öffentlichen Rechts beschafft; die Beschaffung von Mitteln für eine unbeschränkt steuerpflichtige Körperschaft des privaten Rechts setzt voraus, dass diese selbst steuerbegünstigt ist,
2. eine Körperschaft ihre Mittel teilweise einer anderen, ebenfalls steuerbegünstigten Körperschaft oder einer Körperschaft des öffentlichen Rechts zur Verwendung zu steuerbegünstigten Zwecken zuwendet,
3. eine Körperschaft ihre Arbeitskräfte anderen Personen, Unternehmen, Einrichtungen oder einer Körperschaft des öffentlichen Rechts für steuerbegünstigte Zwecke zur Verfügung stellt,
4. eine Körperschaft ihr gehörende Räume einer anderen, ebenfalls steuerbegünstigten Körperschaft oder einer Körperschaft des öffentlichen Rechts zur Nutzung zu steuerbegünstigten Zwecken überlässt,
5. eine Stiftung einen Teil, jedoch höchstens ein Drittel ihres Einkommens dazu verwendet, um in angemessener Weise den Stifter und seine nächsten Angehörigen zu unterhalten, ihre Gräber zu pflegen und ihr Andenken zu ehren,
6. eine Körperschaft ihre Mittel ganz oder teilweise einer Rücklage zuführt, soweit dies erforderlich ist, um ihre steuerbegünstigten satzungsmäßigen Zwecke nachhaltig erfüllen zu können,
7. a) eine Körperschaft höchstens ein Drittel des Überschusses der Einnahmen über die Unkosten aus Vermögensverwaltung und darüber hinaus höchstens 10 Prozent ihrer sonstigen nach § 55 Abs. 1 Nr. 5 zeitnah zu verwendenden Mittel einer freien Rücklage zuführt,
   b) eine Körperschaft Mittel zum Erwerb von Gesellschaftsrechten zur Erhaltung der prozentualen Beteiligung an Kapitalgesellschaften ansammelt oder im Jahr des Zuflusses verwendet; diese Beträge sind auf die nach Buchstabe a in demselben Jahr oder künftig zulässigen Rücklagen anzurechnen,
8. eine Körperschaft gesellige Zusammenkünfte veranstaltet, die im Vergleich zu ihrer steuerbegünstigten Tätigkeit von untergeordneter Bedeutung sind,

9. ein Sportverein neben dem unbezahlten auch den bezahlten Sport fördert,
10. eine von einer Gebietskörperschaft errichtete Stiftung zur Erfüllung ihrer steuerbegünstigten Zwecke Zuschüsse an Wirtschaftsunternehmen vergibt,
11. eine Körperschaft folgende Mittel ihrem Vermögen zuführt:
    a) Zuwendungen von Todes wegen, wenn der Erblasser keine Verwendung für den laufenden Aufwand der Körperschaft vorgeschrieben hat,
    b) Zuwendungen, bei denen der Zuwendende ausdrücklich erklärt, dass sie zur Ausstattung der Körperschaft mit Vermögen oder zur Erhöhung des Vermögens bestimmt sind,
    c) Zuwendungen auf Grund eines Spendenaufrufs der Körperschaft, wenn aus dem Spendenaufruf ersichtlich ist, dass Beträge zur Aufstockung des Vermögens erbeten werden,
    d) Sachzuwendungen, die ihrer Natur nach zum Vermögen gehören,
12. eine Stiftung im Jahr ihrer Errichtung und in den zwei folgenden Kalenderjahren Überschüsse aus der Vermögensverwaltung und die Gewinne aus wirtschaftlichen Geschäftsbetrieben (§ 14) ganz oder teilweise ihrem Vermögen zuführt.

§ 59 Voraussetzung der Steuervergünstigung

Die Steuervergünstigung wird gewährt, wenn sich aus der Satzung, dem Stiftungsgeschäft oder der sonstigen Verfassung (Satzung im Sinne dieser Vorschriften) ergibt, welchen Zweck die Körperschaft verfolgt, dass dieser Zweck den Anforderungen der §§ 52 bis 55 entspricht und dass er ausschließlich und unmittelbar verfolgt wird; die tatsächliche Geschäftsführung muss diesen Satzungsbestimmungen entsprechen.

§ 60 Anforderungen an die Satzung

(1) Die Satzungszwecke und die Art ihrer Verwirklichung müssen so genau bestimmt sein, dass auf Grund der Satzung geprüft werden kann, ob die satzungsmäßigen Voraussetzungen für Steuervergünstigungen gegeben sind.

(2) Die Satzung muss den vorgeschriebenen Erfordernissen bei der Körperschaftsteuer und bei der Gewerbesteuer während des ganzen Veranlagungs- oder Bemessungszeitraums, bei den anderen Steuern im Zeitpunkt der Entstehung der Steuer entsprechen.

§ 61 Satzungsmäßige Vermögensbindung

(1) Eine steuerlich ausreichende Vermögensbindung (§ 55 Abs. 1 Nr. 4) liegt vor, wenn der Zweck, für den das Vermögen bei Auflösung oder Aufhebung der Körperschaft oder bei Wegfall ihres bisherigen Zweckes verwendet werden soll, in der Satzung so genau bestimmt ist, dass auf Grund der Satzung geprüft werden kann, ob der Verwendungszweck steuerbegünstigt ist.

(2) Kann aus zwingenden Gründen der künftige Verwendungszweck des Vermögens bei der Aufstellung der Satzung nach Absatz 1 noch nicht genau angegeben werden, so genügt es, wenn in der Satzung bestimmt wird, dass das Vermögen bei Auflösung oder Aufhebung der Körperschaft oder bei Wegfall ihres bisherigen Zwecks zu steuerbegünstigten Zwecken zu verwenden ist und dass der künftige Beschluss der Körperschaft über die Verwendung erst nach Einwilligung des Finanzamts ausgeführt werden darf. Das Finanzamt hat die Einwilligung zu erteilen, wenn der beschlossene Verwendungszweck steuerbegünstigt ist.

(3) Wird die Bestimmung über die Vermögensbindung nachträglich so geändert, dass sie den Anforderungen des § 55 Abs. 1 Nr. 4 nicht mehr entspricht, so gilt sie von Anfang an als steuerlich nicht ausreichend. § 175 Abs. 1 Satz 1 Nr. 2 ist mit der Maßgabe anzuwenden, dass Steuerbescheide erlassen, aufgehoben oder geändert werden können, soweit sie Steuern betreffen, die innerhalb

der letzten zehn Kalenderjahre vor der Änderung der Bestimmung über die Vermögensbindung entstanden sind.

§ 62 Ausnahmen von der satzungsmäßigen Vermögensbindung

...

§ 63 Anforderungen an die tatsächliche Geschäftsführung

(1) Die tatsächliche Geschäftsführung der Körperschaft muss auf die ausschließliche und unmittelbare Erfüllung der steuerbegünstigten Zwecke gerichtet sein und den Bestimmungen entsprechen, die die Satzung über die Voraussetzungen für Steuervergünstigungen enthält.

(2) Für die tatsächliche Geschäftsführung gilt sinngemäß § 60 Abs. 2, für eine Verletzung der Vorschrift über die Vermögensbindung § 61 Abs. 3.

(3) Die Körperschaft hat den Nachweis, dass ihre tatsächliche Geschäftsführung den Erfordernissen des Absatzes 1 entspricht, durch ordnungsmäßige Aufzeichnungen über ihre Einnahmen und Ausgaben zu führen.

(4) Hat die Körperschaft Mittel angesammelt, ohne dass die Voraussetzungen des § 58 Nr. 6 und 7 vorliegen, kann das Finanzamt ihr eine Frist für die Verwendung der Mittel setzen. Die tatsächliche Geschäftsführung gilt als ordnungsgemäß im Sinne des Absatzes 1, wenn die Körperschaft die Mittel innerhalb der Frist für steuerbegünstigte Zwecke verwendet.

§ 64 Steuerpflichtige wirtschaftliche Geschäftsbetriebe

(1) Schließt das Gesetz die Steuervergünstigung insoweit aus, als ein wirtschaftlicher Geschäftsbetrieb (§ 14) unterhalten wird, so verliert die Körperschaft die Steuervergünstigung für die dem Geschäftsbetrieb zuzuordnenden Besteuerungsgrundlagen (Einkünfte, Umsätze, Vermögen), soweit der wirtschaftliche Geschäftsbetrieb kein Zweckbetrieb (§§ 65 bis 68) ist.

(2) Unterhält die Körperschaft mehrere wirtschaftliche Geschäftsbetriebe, die keine Zweckbetriebe (§§ 65 bis 68) sind, werden diese als ein wirtschaftlicher Geschäftsbetrieb behandelt.

(3) Übersteigen die Einnahmen einschließlich Umsatzsteuer aus wirtschaftlichen Geschäftsbetrieben, die keine Zweckbetriebe sind, insgesamt nicht 35 000 Euro im Jahr, so unterliegen die diesen Geschäftsbetrieben zuzuordnenden Besteuerungsgrundlagen nicht der Körperschaftsteuer und der Gewerbesteuer.

(4) Die Aufteilung einer Körperschaft in mehrere selbständige Körperschaften zum Zweck der mehrfachen Inanspruchnahme der Steuervergünstigung nach Absatz 3 gilt als Missbrauch von rechtlichen Gestaltungsmöglichkeiten im Sinne des § 42.

(5) ...

§ 65 Zweckbetrieb

Ein Zweckbetrieb ist gegeben, wenn

1. der wirtschaftliche Geschäftsbetrieb in seiner Gesamtrichtung dazu dient, die steuerbegünstigten satzungsmäßigen Zwecke der Körperschaft zu verwirklichen,
2. die Zwecke nur durch einen solchen Geschäftsbetrieb erreicht werden können und
3. der wirtschaftliche Geschäftsbetrieb zu nicht begünstigten Betrieben derselben oder ähnlicher Art nicht in größerem Umfang in Wettbewerb tritt, als es bei Erfüllung der steuerbegünstigten Zwecke unvermeidbar ist.

§ 66 Wohlfahrtspflege

(1) Eine Einrichtung der Wohlfahrtspflege ist ein Zweckbetrieb, wenn sie in besonderem Maß den in § 53 genannten Personen dient.

(2) Wohlfahrtspflege ist die planmäßige, zum Wohle der Allgemeinheit und nicht des Erwerbs wegen ausgeübte Sorge für notleidende oder gefährdete Mitmenschen. Die Sorge kann sich auf das gesundheitliche, sittliche, erzieherische oder wirtschaftliche Wohl erstrecken und Vorbeugung oder Abhilfe bezwecken.

(3) Eine Einrichtung der Wohlfahrtspflege dient in besonderem Maße den in § 53 genannten Personen, wenn diesen mindestens zwei Drittel ihrer Leistungen zugute kommen. Für Krankenhäuser gilt § 67.

§ 67 Krankenhäuser

....

§ 67a Sportliche Veranstaltungen

(1) Sportliche Veranstaltungen eines Sportvereins sind ein Zweckbetrieb, wenn die Einnahmen einschließlich Umsatzsteuer insgesamt 35 000 Euro im Jahr nicht übersteigen. Der Verkauf von Speisen und Getränken sowie die Werbung gehören nicht zu den sportlichen Veranstaltungen.

(2) Der Sportverein kann dem Finanzamt bis zur Unanfechtbarkeit des Körperschaftsteuerbescheids erklären, dass er auf die Anwendung des Absatzes 1 Satz 1 verzichtet. Die Erklärung bindet den Sportverein für mindestens fünf Veranlagungszeiträume.

(3) Wird auf die Anwendung des Absatzes 1 Satz 1 verzichtet, sind sportliche Veranstaltungen eines Sportvereins ein Zweckbetrieb, wenn
   1. kein Sportler des Vereins teilnimmt, der für seine sportliche Betätigung oder für die Benutzung seiner Person, seines Namens, seines Bildes oder seiner sportlichen Betätigung zu Werbezwecken von dem Verein oder einem Dritten über eine Aufwandsentschädigung hinaus Vergütungen oder andere Vorteile erhält und
   2. kein anderer Sportler teilnimmt, der für die Teilnahme an der Veranstaltung von dem Verein oder einem Dritten im Zusammenwirken mit dem Verein über eine Aufwandsentschädigung hinaus Vergütungen oder andere Vorteile erhält.

Andere sportliche Veranstaltungen sind ein steuerpflichtiger wirtschaftlicher Geschäftsbetrieb. Dieser schließt die Steuervergünstigung nicht aus, wenn die Vergütungen oder andere Vorteile ausschließlich aus wirtschaftlichen Geschäftsbetrieben, die nicht Zweckbetriebe sind, oder von Dritten geleistet werden.

§ 68 Einzelne Zweckbetriebe

Zweckbetriebe sind auch:
1. a) Alten-, Altenwohn- und Pflegeheime, Erholungsheime, Mahlzeitendienste, wenn sie in besonderem Maße den in § 53 genannten Personen dienen (§ 66 Abs. 3),
   b) Kindergärten, Kinder-, Jugend- und Studentenheime, Schullandheime und Jugendherbergen,
2. a) landwirtschaftliche Betriebe und Gärtnereien, die der Selbstversorgung von Körperschaften dienen und dadurch die sachgemäße Ernährung und ausreichende Versorgung von Anstaltsangehörigen sichern,
   b) andere Einrichtungen, die für die Selbstversorgung von Körperschaften erforderlich sind, wie Tischlereien, Schlossereien, wenn die Lieferungen und sonstigen Leistungen dieser Einrich-

tungen an Außenstehende dem Wert nach 20 Prozent[1] [Bis 31.12.2006: vom Hundert] der gesamten Lieferungen und sonstigen Leistungen des Betriebs - einschließlich der an die Körperschaften selbst bewirkten - nicht übersteigen,

3. a) Werkstätten für behinderte Menschen, die nach den Vorschriften des Dritten Buches Sozialgesetzbuch förderungsfähig sind und Personen Arbeitsplätze bieten, die wegen ihrer Behinderung nicht auf dem allgemeinen Arbeitsmarkt tätig sein können,
   b) Einrichtungen für Beschäftigungs- und Arbeitstherapie, in denen behinderte Menschen aufgrund ärztlicher Indikationen außerhalb eines Beschäftigungsverhältnisses zum Träger der Therapieeinrichtung mit dem Ziel behandelt werden, körperliche oder psychische Grundfunktionen zum Zwecke der Wiedereingliederung in das Alltagsleben wiederherzustellen oder die besonderen Fähigkeiten und Fertigkeiten auszubilden, zu fördern und zu trainieren, die für eine Teilnahme am Arbeitsleben erforderlich sind, und
   c) Integrationsprojekte im Sinne des § 132 Abs. 1 des Neunten Buches Sozialgesetzbuch, wenn mindestens 40 Prozent[3] [Bis 31.12.2006: vom Hundert] der Beschäftigten besonders betroffene schwerbehinderte Menschen im Sinne des § 132 Abs. 1 des Neunten Buches Sozialgesetzbuch sind,
4. Einrichtungen, die zur Durchführung der Blindenfürsorge und zur Durchführung der Fürsorge für Körperbehinderte unterhalten werden,
5. Einrichtungen der Fürsorgeerziehung und der freiwilligen Erziehungshilfe,
6. von den zuständigen Behörden genehmigte Lotterien und Ausspielungen, wenn der Reinertrag unmittelbar und ausschließlich zur Förderung mildtätiger, kirchlicher oder gemeinnütziger Zwecke verwendet wird,
7. kulturelle Einrichtungen, wie Museen, Theater, und kulturelle Veranstaltungen, wie Konzerte, Kunstausstellungen; dazu gehört nicht der Verkauf von Speisen und Getränken,
8. Volkshochschulen und andere Einrichtungen, soweit sie selbst Vorträge, Kurse und andere Veranstaltungen wissenschaftlicher oder belehrender Art durchführen; dies gilt auch, soweit die Einrichtungen den Teilnehmern dieser Veranstaltungen selbst Beherbergung und Beköstigung gewähren,
9. Wissenschafts- und Forschungseinrichtungen, deren Träger sich überwiegend aus Zuwendungen der öffentlichen Hand oder Dritter oder aus der Vermögensverwaltung finanziert. 2Der Wissenschaft und Forschung dient auch die Auftragsforschung. 3Nicht zum Zweckbetrieb gehören Tätigkeiten, die sich auf die Anwendung gesicherter wissenschaftlicher Erkenntnisse beschränken, die Übernahme von Projektträgerschaften sowie wirtschaftliche Tätigkeiten ohne Forschungsbezug.

III. Einkommensteuergesetz (EStG)

§ 10b Steuerbegünstigte Zwecke

(1) Zuwendungen (Spenden und Mitgliedsbeiträge) zur Förderung steuerbegünstigter Zwecke im Sinne der §§ 52 bis 54 der Abgabenordnung an eine inländische juristische Person des öffentlichen Rechts oder an eine inländische öffentliche Dienststelle oder an eine nach § 5 Abs. 1 Nr. 9 des Körperschaftsteuergesetzes steuerbefreite Körperschaft, Personenvereinigung oder Vermögensmasse können insgesamt bis zu
   1. 20 Prozent des Gesamtbetrags der Einkünfte oder

2. 4 Promille der Summe der gesamten Umsätze und der im Kalenderjahr aufgewendeten Löhne und Gehälter

als Sonderausgaben abgezogen werden. Nicht abziehbar sind Mitgliedsbeiträge an Körperschaften, die
1. den Sport (§ 52 Abs. 2 Nr. 21 der Abgabenordnung),
2. kulturelle Betätigungen, die in erster Linie der Freizeitgestaltung dienen,
3. die Heimatpflege und Heimatkunde (§ 52 Abs. 2 Nr. 22 der Abgabenordnung) oder
4. Zwecke im Sinne des § 52 Abs. 2 Nr. 23 der Abgabenordnung

fördern. Abziehbare Zuwendungen, die die Höchstbeträge nach Satz 1 überschreiten oder die den um die Beträge nach § 10 Abs. 3 und 4, § 10c und § 10d verminderten Gesamtbetrag der Einkünfte übersteigen, sind im Rahmen der Höchstbeträge in den folgenden Veranlagungszeiträumen als Sonderausgaben abzuziehen. § 10d Abs. 4 gilt entsprechend.

(1a) Spenden in den Vermögensstock einer Stiftung des öffentlichen Rechts oder einer nach § 5 Abs. 1 Nr. 9 des Körperschaftsteuergesetzes steuerbefreiten Stiftung des privaten Rechts können auf Antrag des Steuerpflichtigen im Veranlagungszeitraum der Zuwendung und in den folgenden neun Veranlagungszeiträumen bis zu einem Gesamtbetrag von 1 Million Euro zusätzlich zu den Höchstbeträgen nach Absatz 1 Satz 1 abgezogen werden. Der besondere Abzugsbetrag nach Satz 1 bezieht sich auf den gesamten Zehnjahreszeitraum und kann der Höhe nach innerhalb dieses Zeitraums nur einmal in Anspruch genommen werden. § 10d Abs. 4 gilt entsprechend.

(2) Zuwendungen an politische Parteien im Sinne des § 2 des Parteiengesetzes sind bis zur Höhe von insgesamt 1 650 Euro und im Falle der Zusammenveranlagung von Ehegatten bis zur Höhe von insgesamt 3 300 Euro im Kalenderjahr abzugsfähig. Sie können nur insoweit als Sonderausgaben abgezogen werden, als für sie nicht eine Steuerermäßigung nach § 34g gewährt worden ist.

(3) Als Zuwendung im Sinne dieser Vorschrift gilt auch die Zuwendung von Wirtschaftsgütern mit Ausnahme von Nutzungen und Leistungen. Ist das Wirtschaftsgut unmittelbar vor seiner Zuwendung einem Betriebsvermögen entnommen worden, so darf bei der Ermittlung der Zuwendungshöhe der bei der Entnahme angesetzte Wert nicht überschritten werden. In allen übrigen Fällen bestimmt sich die Höhe der Zuwendung nach dem gemeinen Wert des zugewendeten Wirtschaftsguts. Aufwendungen zugunsten einer Körperschaft, die zum Empfang steuerlich abziehbarer Zuwendungen berechtigt ist, können nur abgezogen werden, wenn ein Anspruch auf die Erstattung der Aufwendungen durch Vertrag oder Satzung eingeräumt und auf die Erstattung verzichtet worden ist. Der Anspruch darf nicht unter der Bedingung des Verzichts eingeräumt worden sein.

(4) Der Steuerpflichtige darf auf die Richtigkeit der Bestätigung über Spenden und Mitgliedsbeiträge vertrauen, es sei denn, dass er die Bestätigung durch unlautere Mittel oder falsche Angaben erwirkt hat oder dass ihm die Unrichtigkeit der Bestätigung bekannt oder infolge grober Fahrlässigkeit nicht bekannt war. Wer vorsätzlich oder grob fahrlässig eine unrichtige Bestätigung ausstellt oder wer veranlasst, dass Zuwendungen nicht zu den in der Bestätigung angegebenen steuerbegünstigten Zwecken verwendet werden, haftet für die entgangene Steuer. Diese ist mit 30 Prozent des zugewendeten Betrags anzusetzen.

IV. Körperschaftsteuergesetz (KStG)

§ 1 Unbeschränkte Steuerpflicht

(1) Unbeschränkt körperschaftsteuerpflichtig sind die folgenden Körperschaften, Personenvereinigungen und Vermögensmassen, die ihre Geschäftsleitung oder ihren Sitz im Inland haben:
1. Kapitalgesellschaften (insbesondere Europäische Gesellschaften, Aktiengesellschaften, Kommanditgesellschaften auf Aktien, Gesellschaften mit beschränkter Haftung);
2. Genossenschaften einschließlich der Europäischen Genossenschaften;
3. ...
4. sonstige juristische Personen des privaten Rechts;
5. nichtrechtsfähige Vereine, Anstalten, Stiftungen und andere Zweckvermögen des privaten Rechts;
6. ...

(2) Die unbeschränkte Körperschaftsteuerpflicht erstreckt sich auf sämtliche Einkünfte.
(3) ...

§ 3 Abgrenzung der Steuerpflicht bei nichtrechtsfähigen Personenvereinigungen und Vermögensmassen sowie bei Realgemeinden

(1) Nichtrechtsfähige Personenvereinigungen, Anstalten, Stiftungen und andere Zweckvermögen sind körperschaftsteuerpflichtig, wenn ihr Einkommen weder nach diesem Gesetz noch nach dem Einkommensteuergesetz unmittelbar bei einem anderen Steuerpflichtigen zu versteuern ist.
(2) ...

§ 5 Befreiungen

(1) Von der Körperschaftsteuer sind befreit

...

9. Körperschaften, Personenvereinigungen und Vermögensmassen, die nach der Satzung, dem Stiftungsgeschäft oder der sonstigen Verfassung und nach der tatsächlichen Geschäftsführung ausschließlich und unmittelbar gemeinnützigen, mildtätigen oder kirchlichen Zwecken dienen (§§ 51 bis 68 der Abgabenordnung). Wird ein wirtschaftlicher Geschäftsbetrieb unterhalten, ist die Steuerbefreiung insoweit ausgeschlossen. Satz 2 gilt nicht für selbst bewirtschaftete Forstbetriebe;

§ 9 Abziehbare Aufwendungen

(1) Abziehbare Aufwendungen sind auch:
1. ...
2. vorbehaltlich des § 8 Abs. 3 Zuwendungen (Spenden und Mitgliedsbeiträge) zur Förderung steuerbegünstigter Zwecke im Sinne der §§ 52 bis 54 der Abgabenordnung an eine inländische juristische Person des öffentlichen Rechts oder an eine inländische öffentliche Dienststelle oder an eine nach § 5 Abs. 1 Nr. 9 steuerbefreite Körperschaft, Personenvereinigung oder Vermögensmasse insgesamt bis zu
    1. 20 Prozent des Einkommens oder
    2. 4 Promille der Summe der gesamten Umsätze und der im Kalenderjahr aufgewendeten Löhne und Gehälter.

Nicht abziehbar sind Mitgliedsbeiträge an Körperschaften, die
1. den Sport (§ 52 Abs. 2 Nr. 21 der Abgabenordnung),
2. kulturelle Betätigungen, die in erster Linie der Freizeitgestaltung dienen,
3. die Heimatpflege und Heimatkunde (§ 52 Abs. 2 Nr. 22 der Abgabenordnung) oder
4. Zwecke im Sinne des § 52 Abs. 2 Nr. 23 der Abgabenordnung

fördern.

Abziehbare Zuwendungen, die die Höchstbeträge nach Satz 1 überschreiten, sind im Rahmen der Höchstbeträge in den folgenden Veranlagungszeiträumen abzuziehen. § 10d Abs. 4 des Einkommensteuergesetzes gilt entsprechend.

(2) Als Einkommen im Sinne dieser Vorschrift gilt das Einkommen vor Abzug der in Absatz 1 Nr. 2 bezeichneten Zuwendungen und vor dem Verlustabzug nach § 10d des Einkommensteuergesetzes. Als Zuwendung im Sinne dieser Vorschrift gilt auch die Zuwendung von Wirtschaftsgütern mit Ausnahme von Nutzungen und Leistungen. Der Wert der Zuwendung ist nach § 6 Abs. 1 Nr. 4 Satz 1 und 5 des Einkommensteuergesetzes zu ermitteln. Aufwendungen zugunsten einer Körperschaft, die zum Empfang steuerlich abziehbarer Zuwendungen berechtigt ist, sind nur abziehbar, wenn ein Anspruch auf die Erstattung der Aufwendungen durch Vertrag oder Satzung eingeräumt und auf die Erstattung verzichtet worden ist. Der Anspruch darf nicht unter der Bedingung des Verzichts eingeräumt worden sein.

(3) Der Steuerpflichtige darf auf die Richtigkeit der Bestätigung über Spenden und Mitgliedsbeiträge vertrauen, es sei denn, dass er die Bestätigung durch unlautere Mittel oder falsche Angaben erwirkt hat oder dass ihm die Unrichtigkeit der Bestätigung bekannt oder infolge grober Fahrlässigkeit nicht bekannt war. Wer vorsätzlich oder grob fahrlässig eine unrichtige Bestätigung ausstellt oder wer veranlasst, dass Zuwendungen nicht zu den in der Bestätigung angegebenen steuerbegünstigten Zwecken verwendet werden, haftet für die entgangene Steuer. 3Diese ist mit 30 Prozent des zugewendeten Betrags anzusetzen.

V. Erbschaft- und Schenkungssteuergesetz (ErbStG)

§ 1 Steuerpflichtige Vorgänge

(1) Der Erbschaftsteuer (Schenkungsteuer) unterliegen
1. der Erwerb von Todes wegen;
2. die Schenkungen unter Lebenden;
3. die Zweckzuwendungen;
4. das Vermögen einer Stiftung, sofern sie wesentlich im Interesse einer Familie oder bestimmter Familien errichtet ist, und eines Vereins, dessen Zweck wesentlich im Interesse einer Familie oder bestimmter Familien auf die Bindung von Vermögen gerichtet ist, in Zeitabständen von je 30 Jahren seit dem in § 9 Abs. 1 Nr. 4 bestimmten Zeitpunkt.

(2) Soweit nichts anderes bestimmt ist, gelten die Vorschriften dieses Gesetzes über die Erwerbe von Todes wegen auch für Schenkungen und Zweckzuwendungen, die Vorschriften über Schenkungen auch für Zweckzuwendungen unter Lebenden.

§ 2 Persönliche Steuerpflicht

(1) Die Steuerpflicht tritt ein
1. in den Fällen des § 1 Abs. 1 Nr. 1 bis 3, wenn der Erblasser zurzeit seines Todes, der Schenker zurzeit der Ausführung der Schenkung oder der Erwerber zurzeit der Entstehung der Steuer (§ 9) ein Inländer ist, für den gesamten Vermögensanfall. Als Inländer gelten
   a) natürliche Personen, die im Inland einen Wohnsitz oder ihren gewöhnlichen Aufenthalt haben,
   b) deutsche Staatsangehörige, die sich nicht länger als fünf Jahre dauernd im Ausland aufgehalten haben, ohne im Inland einen Wohnsitz zu haben,
   c) unabhängig von der Fünfjahresfrist nach Buchstabe b deutsche Staatsangehörige, die
      aa) im Inland weder einen Wohnsitz noch ihren gewöhnlichen Aufenthalt haben und
      bb) zu einer inländischen juristischen Person des öffentlichen Rechts in einem Dienstverhältnis stehen und dafür Arbeitslohn aus einer inländischen öffentlichen Kasse beziehen, sowie zu ihrem Haushalt gehörende Angehörige, die die deutsche Staatsangehörigkeit besitzen. Dies gilt nur für Personen, deren Nachlass oder Erwerb in dem Staat, in dem sie ihren Wohnsitz oder ihren gewöhnlichen Aufenthalt haben, lediglich in einem der Steuerpflicht nach Nummer 3 ähnlichen Umfang zu einer Nachlass- oder Erbanfallsteuer herangezogen wird,
   d) Körperschaften, Personenvereinigungen und Vermögensmassen, die ihre Geschäftsleitung oder ihren Sitz im Inland haben;
2. in den Fällen des § 1 Abs. 1 Nr. 4, wenn die Stiftung oder der Verein die Geschäftsleitung oder den Sitz im Inland hat;
3. in allen anderen Fällen für den Vermögensanfall, der in Inlandsvermögen im Sinne des § 121 des Bewertungsgesetzes besteht. Bei Inlandsvermögen im Sinne des § 121 Nr. 4 des Bewertungsgesetzes ist es ausreichend, wenn der Erblasser zurzeit seines Todes oder der Schenker zurzeit der Ausführung der Schenkung entsprechend der Vorschrift am Grund- oder Stammkapital der inländischen Kapitalgesellschaft beteiligt ist. Wird nur ein Teil einer solchen Beteiligung durch Schenkung zugewendet, gelten die weiteren Erwerbe aus der Beteiligung, soweit die Voraussetzungen des § 14 erfüllt sind, auch dann als Erwerb von Inlandsvermögen, wenn im Zeitpunkt ihres Erwerbs die Beteiligung des Erblassers oder Schenkers weniger als ein Zehntel des Grund- oder Stammkapitals der Gesellschaft beträgt.

(2) ...

§ 3 Erwerb von Todes wegen

(1) ...

(2) Als vom Erblasser zugewendet gilt auch
1. der Übergang von Vermögen auf eine vom Erblasser angeordnete Stiftung. Dem steht gleich die vom Erblasser angeordnete Bildung oder Ausstattung einer Vermögensmasse ausländischen Rechts, deren Zweck auf die Bindung von Vermögen gerichtet ist;

§ 7 Schenkungen unter Lebenden

(1) Als Schenkungen unter Lebenden gelten

....
8. der Übergang von Vermögen auf Grund eines Stiftungsgeschäfts unter Lebenden. Dem steht gleich die Bildung oder Ausstattung einer Vermögensmasse ausländischen Rechts, deren Zweck auf die Bindung von Vermögen gerichtet ist;

9. was bei Aufhebung einer Stiftung oder bei Auflösung eines Vereins, dessen Zweck auf die Bindung von Vermögen gerichtet ist, erworben wird. Dem steht gleich der Erwerb bei Auflösung einer Vermögensmasse ausländischen Rechts, deren Zweck auf die Bindung von Vermögen gerichtet ist, sowie der Erwerb durch Zwischenberechtigte während des Bestehens der Vermögensmasse. Wie eine Auflösung wird auch der Formwechsel eines rechtsfähigen Vereins, dessen Zweck wesentlich im Interesse einer Familie oder bestimmter Familien auf die Bindung von Vermögen gerichtet ist, in eine Kapitalgesellschaft behandelt.

§ 9 Entstehung der Steuer

(1) Die Steuer entsteht

....

4. in den Fällen des § 1 Abs. 1 Nr. 4 in Zeitabständen von je 30 Jahren seit dem Zeitpunkt des ersten Übergangs von Vermögen auf die Stiftung oder auf den Verein. Fällt bei Stiftungen oder Vereinen der Zeitpunkt des ersten Übergangs von Vermögen auf den 1. Januar 1954 oder auf einen früheren Zeitpunkt, entsteht die Steuer erstmals am 1. Januar 1984. Bei Stiftungen und Vereinen, bei denen die Steuer erstmals am 1. Januar 1984 entsteht, richtet sich der Zeitraum von 30 Jahren nach diesem Zeitpunkt.

§ 10 Steuerpflichtiger Erwerb

(1) ...

(7) In den Fällen des § 1 Abs. 1 Nr. 4 sind Leistungen an die nach der Stiftungsurkunde oder nach der Vereinssatzung Berechtigten nicht abzugsfähig.

§ 13 Steuerbefreiungen

(1) Steuerfrei bleiben

....

16. Zuwendungen
    a) an inländische Religionsgesellschaften des öffentlichen Rechts oder an inländische jüdische Kultusgemeinden,
    b) an inländische Körperschaften, Personenvereinigungen und Vermögensmassen, die nach der Satzung, dem Stiftungsgeschäft oder der sonstigen Verfassung und nach ihrer tatsächlichen Geschäftsführung ausschließlich und unmittelbar kirchlichen, gemeinnützigen oder mildtätigen Zwecken dienen. Die Befreiung fällt mit Wirkung für die Vergangenheit weg, wenn die Voraussetzungen für die Anerkennung der Körperschaft, Personenvereinigung oder Vermögensmasse als kirchliche, gemeinnützige oder mildtätige Institution innerhalb von zehn Jahren nach der Zuwendung entfallen und das Vermögen nicht begünstigten Zwecken zugeführt wird,
    c) an ausländische Religionsgesellschaften, Körperschaften, Personenvereinigungen und Vermögensmassen der in den Buchstaben a und b bezeichneten Art unter der Voraussetzung, daß der ausländische Staat für Zuwendungen an deutsche Rechtsträger der in den Buchstaben a und b bezeichneten Art eine entsprechende Steuerbefreiung gewährt und das Bundesministerium der Finanzen dies durch förmlichen Austausch entsprechender Erklärungen mit dem ausländischen Staat feststellt;
17. Zuwendungen, die ausschließlich kirchlichen, gemeinnützigen oder mildtätigen Zwecken gewidmet sind, sofern die Verwendung zu dem bestimmten Zweck gesichert ist;

§ 15 Steuerklassen

(1) ...

(2) In den Fällen des § 3 Abs. 2 Nr. 1 und § 7 Abs. 1 Nr. 8 ist der Besteuerung das Verwandtschaftsverhältnis des nach der Stiftungsurkunde entferntest Berechtigten zu dem Erblasser oder Schenker zugrunde zu legen, sofern die Stiftung wesentlich im Interesse einer Familie oder bestimmter Familien im Inland errichtet ist. In den Fällen des § 7 Abs. 1 Nr. 9 Satz 1 gilt als Schenker der Stifter oder derjenige, der das Vermögen auf den Verein übertragen hat, und in den Fällen des § 7 Abs. 1 Nr. 9 Satz 2 derjenige, der die Vermögensmasse im Sinne des § 3 Abs. 2 Nr. 1 Satz 2 oder § 7 Abs. 1 Nr. 8 Satz 2 gebildet oder ausgestattet hat. In den Fällen des § 1 Abs. 1 Nr. 4 wird der doppelte Freibetrag nach § 16 Abs. 1 Nr. 2 gewährt; die Steuer ist nach dem Vomhundertsatz der Steuerklasse I zu berechnen, der für die Hälfte des steuerpflichtigen Vermögens gelten würde.

§ 20 Steuerschuldner

(1) Steuerschuldner ist der Erwerber, bei einer Schenkung auch der Schenker, bei einer Zweckzuwendung der mit der Ausführung der Zuwendung Beschwerte und in den Fällen des § 1 Abs. 1 Nr. 4 die Stiftung oder der Verein. In den Fällen des § 3 Abs. 2 Nr. 1 Satz 2 und § 7 Abs. 1 Nr. 8 Satz 2 ist die Vermögensmasse Erwerber und Steuerschuldner, in den Fällen des § 7 Abs. 1 Nr. 8 Satz 2 ist Steuerschuldner auch derjenige, der die Vermögensmasse gebildet oder ausgestattet hat.

(2) ...

§ 24 Verrentung der Steuerschuld in den Fällen des § 1 Abs. 1 Nr. 4

In den Fällen des § 1 Abs. 1 Nr. 4 kann der Steuerpflichtige verlangen, dass die Steuer in 30 gleichen jährlichen Teilbeträgen (Jahresbeträgen) zu entrichten ist. Die Summe der Jahresbeträge umfasst die Tilgung und die Verzinsung der Steuer; dabei ist von einem Zinssatz von 5,5 vom Hundert auszugehen.

§ 26 Ermäßigung der Steuer bei Aufhebung einer Familienstiftung oder Auflösung eines Vereins

In den Fällen des § 7 Abs. 1 Nr. 9 ist auf die nach § 15 Abs. 2 Satz 2 zu ermittelnde Steuer die nach § 15 Abs. 2 Satz 3 festgesetzte Steuer anteilsmäßig anzurechnen
    a) mit 50 vom Hundert, wenn seit der Entstehung der anrechenbaren Steuer nicht mehr als zwei Jahre,
    b) mit 25 vom Hundert, wenn seit der Entstehung der anrechenbaren Steuer mehr als zwei Jahre, aber nicht mehr als vier Jahre vergangen sind.

§ 29 Erlöschen der Steuer in besonderen Fällen

(1) Die Steuer erlischt mit Wirkung für die Vergangenheit,
    ...
    4. soweit Vermögensgegenstände, die von Todes wegen (§ 3) oder durch Schenkung unter Lebenden (§ 7) erworben worden sind, innerhalb von 24 Monaten nach dem Zeitpunkt der Entstehung der Steuer (§ 9) dem Bund, einem Land, einer inländischen Gemeinde (Gemeindeverband) oder einer inländischen Stiftung zugewendet werden, die nach der Satzung, dem Stiftungsgeschäft oder der sonstigen Verfassung und nach ihrer tatsächlichen Geschäftsführung ausschließlich und unmittelbar als gemeinnützig anzuerkennenden steuerbegünstigten Zwecken im Sinne der §§ 52 bis 54 der Abgabenordnung mit Ausnahme der Zwecke, die nach

§ 52 Abs. 2 Nr. 4 der Abgabenordnung gemeinnützig sind, dient. Dies gilt nicht, wenn die Stiftung Leistungen im Sinne des § 58 Nr. 5 der Abgabenordnung an den Erwerber oder seine nächsten Angehörigen zu erbringen hat oder soweit für die Zuwendung die Vergünstigung nach § 10 b des Einkommensteuergesetzes, § 9 Abs. 1 Nr. 2 des Körperschaftsteuergesetzes oder § 9 Nr. 5 des Gewerbesteuergesetzes in der Fassung der Bekanntmachung vom 21. März 1991 (BGBl. 1 S. 814), zuletzt geändert durch Artikel 3 des Gesetzes vom 20. Dezember 1996 (BGBl. 1 S. 2049), in Anspruch genommen wird. Für das Jahr der Zuwendung ist bei der Einkommensteuer oder Körperschaftsteuer und bei der Gewerbesteuer unwiderruflich zu erklären, in welcher Höhe die Zuwendung als Spende zu berücksichtigen ist. Die Erklärung ist für die Festsetzung der Erbschaftsteuer oder Schenkungsteuer bindend.

VI. Außensteuergesetz (AStG)

§ 15 Steuerpflicht von Stiftern, Bezugsberechtigten und Anfallsberechtigten

(1) Vermögen und Einkommen einer Familienstiftung, die Geschäftsleitung und Sitz außerhalb des Geltungsbereichs dieses Gesetzes hat, werden dem Stifter, wenn er unbeschränkt steuerpflichtig ist, sonst den unbeschränkt steuerpflichtigen Personen, die bezugsberechtigt oder anfallsberechtigt sind, entsprechend ihrem Anteil zugerechnet. Dies gilt nicht für die Erbschaftsteuer.

(2) Familienstiftungen sind Stiftungen, bei denen der Stifter, seine Angehörigen und deren Abkömmlinge zu mehr als der Hälfte bezugsberechtigt oder anfallsberechtigt sind.

(3) Hat ein Unternehmer im Rahmen seines Unternehmens oder als Mitunternehmer oder eine Körperschaft, eine Personenvereinigung oder eine Vermögensmasse eine Stiftung errichtet, die Geschäftsleitung und Sitz außerhalb des Geltungsbereichs dieses Gesetzes hat, so wird die Stiftung wie eine Familienstiftung behandelt, wenn der Stifter, seine Gesellschafter, von ihm abhängige Gesellschaften, Mitglieder, Vorstandsmitglieder, leitende Angestellte und Angehörige dieser Personen zu mehr als der Hälfte bezugsberechtigt oder anfallsberechtigt sind.

(4) Den Stiftungen stehen sonstige Zweckvermögen, Vermögensmassen und rechtsfähige oder nichtrechtsfähige Personenvereinigungen gleich.

(5) Die §§ 5 und 12 sind entsprechend anzuwenden. Im übrigen finden, soweit Absatz 1 anzuwenden ist, die Vorschriften des Vierten Teils dieses Gesetzes keine Anwendung.

Geplant ist, mit dem Jahressteuergesetz 2009 folgende Absätze neu hinzuzufügen:

(6) Hat eine Familienstiftung Geschäftsleitung oder Sitz in einem Mitgliedstaat der Europäischen Union oder einem Vertragsstaat des EWR-Abkommens, ist Absatz 1 nicht anzuwenden, wenn
   1. nachgewiesen wird, dass das Stiftungsvermögen der Verfügungsmacht der in Absatz 2 und 3 genannten Personen rechtlich und tatsächlich entzogen ist und
   2. zwischen der Bundesrepublik Deutschland und dem Saat, in dem die Familienstiftung Geschäftsleitung oder Sitz hat, auf Grund der Richtlinie 77/799/EWG oder einer vergleichbaren zwei- oder mehrseitigen Vereinbarung, Auskünfte erteilt werden, die erforderlich sind, um die Besteuerung durchzuführen.

(7) Das nach Absatz 1 zuzurechnende Einkommen ist in einer entsprechenden Anwendung der Vorschriften des deutschen Steuerrechts zu ermitteln. Ergibt sich ein negativer Betrag, entfällt die Zurechnung. § 10d des Einkommensteuergesetzes ist entsprechend anzuwenden.

B. Ausgewählte Links für Stiftungen und Stifter

Nachfolgend haben die Autoren einige ausgewählte Internet – Links zusammengestellt, über die weitere Informationen zum Thema Stiftungen erhältlich sind. Sie sollen dem interessierten Leser die Möglichkeit geben, sich noch intensiver mit dem Thema Stiftungen zu befassen. Die nachfolgende Zusammenstellung enthält nur eine kleine Auswahl der im Internet verfügbaren Informationen und Anbieter und erhebt daher keinen Anspruch auf Vollständigkeit. Insbesondere ist mit dieser Zusammenstellung keine Bewertung der ausgewählten Internetseiten durch die Autoren oder ein „Ranking" der ausgewählten Internetseiten verbunden. Die Autoren übernehmen auch keine Verantwortung für die Inhalte der ausgewählten Internetseiten.

I. Bertelsmann Stiftung

Carl-Bertelsmann-Str. 256
D-33311 Gütersloh
Tel.: 05241-81-81160
Fax: 05241-81-681-396
www.bertelsmann-stiftung.de

II. Bundesarbeitsgemeinschaft der Freiwilligenagenturen

Torstr. 231
10115 Berlin
Tel.: 030-20 45 33 66
Fax: 030-20 45 05 69
www.bagfa.de

III. Bundesnetzwerk Bürgerschaftliches Engagement – BBE

Ernst-Reuter-Haus
Straße des 17. Juni 112
10623 Berlin
Tel.: 030-39 88 64 36
Fax: 030-39 83 86 17
www.b-b-e.de

IV. Bundesverband Deutscher Stiftungen e.V.

Mauerstraße 93
10117 Berlin
Tel.: 030-89 79 47 0
Fax: 030-89 79 47 11
www.stiftungen.org

V. Deutscher Fundraising Verband e.V.

Bachstr. 10
63785 Obernburg
Tel.: 06022-68 15 63
Fax: 06022-68 15 61
www.sozialmarketing.de

VI. European Foundation Centre (EFC)

Büro Brüssel:
51 rue de la Concorde
Brussels/Belgium
Tel.: 0032-2-512.8938
Fax: 0032-2-512.3265
www.efc.be

VII. Initiative Bürgerstiftungen

Mauerstraße 93
10117 Berlin
Tel.: 030-89 79 47-90
Fax: 030-89 79 47-91
www.die-deutschen-buergerstiftungen.de

VIII. Index Deutscher Stiftungen

Der Index Deutscher Stiftungen bietet umfassende Informationen rund um das Thema Stiftungen. Neben über 260 Links zu deutschen Stiftungen gibt es weitere Recherchemöglichkeiten sowie Kontaktadressen und Literaturtipps.

www.stiftungsindex.de

IX. Maecenata Institut für Philanthropie und Zivilgesellschaft an der Humboldt-Universität zu Berlin

Albrechtstr. 22

10117 Berlin

Tel.: 030-28 38 79 09

Fax: 030-28 38 79 10

www.maecenata.eu

X. Stifterverband für die Deutsche Wissenschaft

Barkovenstrasse 1

45239 Essen

Tel.: 0201-84 01 0

Fax: 0201-8401 301

www.stifterverband.org

XI. Stiftungskompendium

Das Stiftungskompendium ist ein Online-Nachschlagewerk zum Thema Stiftungen.

www.stiftung-gemeinsinn.de

Darüber hinaus stellen viele Landesministerien für Finanzen, Soziales und Kultur sowie die jeweiligen Stiftungsaufsichtsbehörden der Bundesländer, aber auch die Finanzämter auf ihren jeweiligen Internetseiten weitere aktuelle Informationen zum Thema Stiftungen, insbesondere auch Muster für Stiftungssatzungen, Stiftungsgeschäfte, Treuhandverträge und Zuwendungsbescheinigungen zur Verfügung. Verweisungen auf diese Internetseiten würden den Rahmen dieser Darstellung sprengen.

C. Ausgewählte Stiftungsverwaltungen und Stiftungstreuhänder

Nachfolgend haben die Autoren einige ausgewählte Stiftungsverwaltungen und Stiftungstreuhänder zusammengestellt. Sie sollen dem interessierten Leser die Möglichkeit geben, sich einen ersten Überblick über die Anbieter von Verwaltungs- und Treuhanddienstleistungen zum Thema Stiftungen zu verschaffen. Die nachfolgende Zusammenstellung enthält nur eine kleine Auswahl von Anbietern und erhebt daher keinen Anspruch auf Vollständigkeit. Insbesondere ist mit dieser Zusammenstellung keine Bewertung der ausgewählten Anbieter durch die Autoren oder ein „Ranking" verbunden. Neben den ausgewählten Stiftungsverwaltungen und Stiftungstreuhändern, bieten zahlreiche Bürgerstiftungen, die meisten großen gemeinnützigen Organisationen sowie viele andere Banken und Kreditinstitute Treuhand- und Verwaltungsleistungen für Stifter und Stiftungen.

§ 14 Weiteres Wissenswertes

I. Bayern LB Stiftungsmanagement

Brunner Str. 18
80333 München
Tel.: 089-21 71 21 78 9
Fax: 089-21 71 62 17 89

II. Delbrück Bethmann Maffei AG

Promenadeplatz 9
80333 München
Tel.: 089-23 69 92 16
Fax: 089-23 69 92 19
www.debema.de

III. Deutsche Stiftung Denkmalschutz

Koblenzer Str. 75
53177 Bonn
Tel.: 0228-95 73 80
Fax: 0228-95 73 82 3
www.denkmalschutz.de

IV. Don Bosco Stiftungszentrum

Sollnerstr. 43
81479 München
Tel.: 089-74 42 00 27 0
Fax: 089-74 42 00 30 0
www.stiftungszentrum.de/donbosco

V. DS Deutsche Stiftungsagentur GmbH

Nixhütter Weg 85
41468 Neuss
Tel.: 02131-66 22 22 1
Fax: 02131-66 22 22 5
www.stiftungsagentur.de

VI. DSZ - Deutsches Stiftungszentrum GmbH

Barkhovenallee 1
45239 Essen
Tel.: 0201-84 01-0

Wagnerstraße 103
22089 Hamburg,
Tel.: 040-87 60 59-00

www.dsz.de

DSZ - Deutsches Stiftungszentrum MAECENATA Management GmbH

Herzogstraße 60
80803 München
Tel.: 089-28 44 52

Pariser Platz 6
10117 Berlin
Tel.: 030-28 38 79-00

www.dsz-maecenata.de

VII. DT Deutsche Stiftungstreuhand AG

Alexanderstr. 26
90762 Fürth
Tel.: 0911-74 07 68 0
Fax: 0911-74 07 68 6

www.stiftungstreuhand.com

VIII. Haspa Hamburg Stiftung

Ecke Adolphsplatz / Großer Burstah
20457 Hamburg
Tel.: 040-35 79 32 59
Fax: 040-35 79 69 15

www.haspa-hamburg-stiftung.de

IX. Kinderfonds Stiftungszentrum

Sollnerstr. 43
81479 München
Tel.: 089-74 42 00 20 0
Fax: 089-74 42 00 30 0
www.kinderfonds.org

X. Kindernothilfe-Stiftung

Düsseldorfer Landstr. 180
47249 Duisburg
Tel.: 0203-77 89 14 6
Fax: 0203-77 89 11 8
www.kindernothilfe.de

XI. Landeshauptstadt München, Sozialreferat – Stiftungsverwaltung

Burgstr. 4
80331 München
Tel.: 089-23 32 27 10
Fax: 089-23 32 26 10

XII. Ludwig-Maximilian-Universität München (LMU)

Geschwister-Scholl-Platz 1
80539 München
Tel.: 089-21 80 34 49
Fax: 089-21 80 29 85
www.uni-muenchen.de

XIII. Malteser Stiftungszentrum

Sollnerstr. 43
81479 München
Tel.: 089-74 42 00 26 0
Fax: 089-74 42 00 30 0
www.stiftungszentrum.de/malteser

XIV. Oppenheim Vermögenstreuhand

Stiftungszentrum
Oppenheimstr. 11
50668 Köln
Tel.: 0221 – 145 – 2400
Fax: 0221 – 145 – 2409
www.ovt.de

XV. Stifterverband für die Deutsche Wissenschaft

Barkovenstrasse 1
45239 Essen
Tel.: 0201-84 01 0
Fax: 0201-8401 301
www.stifterverband.org

XVI. Stiftung Deutsche Welthungerhilfe

Friedrich-Ebert-Str. 1
53173 Bonn
Tel.: 0228-22 88 60 0
Fax: 0228-22 88 60 5
www.hoffnung-stiften.de

XVII. Stiftung Menschen in Not – Caritas Stiftung im Bistum Trier

Sichelstr. 10
54290 Trier
Tel.: 0651-94 93 10 5
Fax: 0651-94 93 29 8
www.stiftung-menscheninnot.de

XVIII. Stiftungszentrum der Barmherzigen Brüder

Sollnerstr. 43
81479 München
Tel.: 089-74 42 00 29 2
Fax: 089-74 42 00 30 0
www.stiftungszentrum.de/barmherzige

XIX. Unicef-Stiftung

Höninger Weg 104
50969 Köln
Tel.: 0221-93 65 02 20
www.unicef.de

Stichwortverzeichnis

fette Zahlen = Paragraph
andere Zahlen = Randnummer

A

Abgabenordnung **14** 2
Abgeltungsteuer **5** 49
Abgrenzungen
    – rechtsfähige Stiftung **4** 2 ff., 43
    – Stiftungsfonds **4** 6
    – Zweckvermögen **4** 2, 6
Abschreibungen **6** 13
Abstimmung **4** 5, 15, 26
Abzugsmöglichkeiten **4** 4, 26, 44
Admassierungsverbot **3** 26; **5** 24; **7** 12
Akquisitionsgespräch **9** 43
Allgemeinheit **9** 13
Alternative Investments **7** 23
Analogie **4** 9, 23
Anerkennung **3** 10; **4** 5, 48
Anerkennung der Gemeinnützigkeit **5** 33
Anfallberechtigter **4** 47
Anfechtung **4** 21
Angemessenheit **4** 45
Anlagerichtlinien **7** 13
Anpassung **4** 5
Ansparrücklage **5** 27
Anstalt **2** 3
Anstiftung **1** 4; **7** 4
Anzeigepflichten **3** 27, 28
Asset Allocation **7** 16
Aufbewahrungspflicht **4** 39
Aufgaben des Stiftungsvorstands **3** 21
Aufgabenverteilung **4** 22, 29
Aufhebung **4** 10, 13, 30, 35
Auflage **4** 11f., 15f.
Auflagen **10** 7
Auflösung **3** 1; **4** 30, 47; **1**, 4, 9, 31, 55
Aufsichtsgremium **3** 23
Auftrag **4** 13
Auskunftspflichten **8** 13
Auslagen **3** 22
Auslegung **4** 14
Ausschließlichkeitsgrundsatz **5** 18
Außensteuergesetz **2** 14; **5** 60; **12** 2, 5, 9; **14** 6

B

Beendigung **4** 10, 13, 30, 35; **4** 30, 46f.
Beihilfen **13** 11
Beirat **3** 23
Beistatuten **12** 19
Beneficiary **12** 22
Benennungsrecht **4** 8, 27f.
Beratung
    – inhaltlich **4** 42
    – rechtlich **4** 43f.
Bereicherung **4** 12
Berichterstattung **4** 29, 38
Berichtspflicht **4** 35
Berichtspflichten **9** 13, 17 ff.
Beschlussfassung Stiftungsvorstand **3** 20; **4** 39
Bestandserhaltung **3** 26
Besteuerung österreichische Privatstiftung **5** 1; **12** 12, 13, 14
Best-Practice-Wettbewerb **9** 6, 8 ff.
Beteiligungen **5** 39
Beteiligungsträgerstiftung **11** 9
Betreuung **3** 4
Betriebsausgaben **5** 42; **9** 33
Betriebsvermögen **5** 1, 6
Bewilligung **4** 39
Bewirtschaftung des Stiftungsvermögens **3** 25
BGB **14** 1
Bilanz **6** 9
Buchführung **6** 8, 12
Buchführungspflicht **6** 4
Bürgerstiftung **2** 7

C

Corporate citizenship **1** 9
Corporate communication **9** 25
Corporate Governance Bedeutung für Stiftungen **9** 51 ff.
    – Begriff **9** 50
    – Regelwerke **9** 50 ff.
Corporate social responsibility **9** 33

Stichwortverzeichnis

D
Dachstiftung **3** 45
Destinatäre Besteuerung **2** 3; **5** 2, 57; **11** 7; **12** 5, 9
Dienstherr **4** 7, 17
Dito Innenhaftung **3** 29, 30
- Rechtsaufsicht **3** 33

Dokumentation **4** 39
Doppelbesteuerungsabkommen **12** 7
Doppelstiftung **10** 2; **11** 13
Dotationsvermögen **3** 26
Drittelregelung **5** 22, 23

E
Eigeninteresse **4** 34, 42, 45
Eigenständigkeit **4** 2, 7, 24, 27, 45
Eigentümer **4** 31, 40
Eigenwirtschaftliche Zwecke **5** 23
Ein-Drittel-Regelung **8** 20
Einkommensteuer **5** 6
Einkommensteuergesetz **14** 3
- Einnahmenüberschussrechnung **6** 10, 12

Entgelt **4** 12, 14, 34, 45
Entlastung **4** 36
Erbauseinandersetzung **10** 3
- Erbe **3** 5; **4** 15f.; **10** 6
- Erbersatzsteuer ausländische Familienstiftung **2** 6; **5** 58, 59, 60, 61; **11** 7

Erbfall **10** 5
Erbfallschulden **10** 6
Erbschaft- und Schenkungsteuer **12** 1, 2, 4; **13** 7
Erbersatzsteuer **5** 58, 59, 60, 61
- Familienstiftung **5** 52, 53, 54, 55
- Reform **5** 1, 4, 54; **12** 4

Erbschaft- und Schenkungsteuergesetz **14** 5
Erbschaftsmarketing **9** 43
Erbschaftsteuer **10** 10
Erbschaftswelle **1** 7
Erbschein **10** 6
Erfüllung des Stiftungszwecks **3** 25
Erhaltung des Stiftungsvermögens **3** 26
Erkennbarkeit **4** 24
Errichtung **3** 1; **5** 4, 52
EuGH **13** 4, 10
Europarecht **12** 6; **13** 2, 9, 10, 12

European Foundation Centre **9** 52
Events **9** 43

F
Familienstiftung Ausland **5** 61
- Ausländische **12** 1, 2
- Besteuerung **12** 5
- Erbersatzsteuer **5** 58, 59, 60, 61
- Liechtenstein **2** 3, 6; **10** 1; **11** 9; **12** 16

Familienstiftungen **5** 52
Finanzamt **5** 33
Finanzverwaltung **4** 6, 8, 23, 25, 38
Flexibilität **4** 30
Förderantrag Akquisition **9** 14
- Prüfung **9** 10, 15

Förderbedarf **9** 3
Fördergrundsätze Formulierung **9** 10 ff.
- Regelungsbereiche **9** 11

Fördermaßnahme **9** 1
Fördernde Stiftung **3** 25
Fördernde Tätigkeiten **5** 21
Förderschwerpunkt **9** 2
- Förderstiftung **4** 7; **9** 4

Forschungsarbeiten **9** 4
Freie Rücklage **5** 26; **6** 13, 14; **7** 7, 14, 18
Freistellung **4** 4
- Freistellungsbescheid **5** 33; **6** 21

Freizeitzwecke **8**
Fundraising Aufgabe **9** 37
- Definition **9** 37
- Instrumente **9** 43
- Kosten **9** 38, 44
- Methoden **9** 41 ff.
- Strategie **9** 38 ff.
- Zielgruppe **7** 4; **9** 37 ff., 40

Fusion **3** 42

G
Gebot der zeitnahen Mittelverwendung **3** 26
Gemeinnützige Stiftung **2** 3, 8
Gemeinnützige Zwecke Reform **2** 8; **5** 14, 15, 48, 49, 50
Gemeinnützigkeit
- Aberkennung **3** 28
- Anerkennung **5** 2, 33

Gemeinnützigkeitsrecht Ausländische Körperschaften **13** 3
- Entwicklung **13** 1, 4, 5, 6, 7, 8, 9, 10, 11, 12
- Genehmigung **3** 10; **4** 5

Genehmigungspflichten **3** 27, 28
Genehmigungsvorbehalt **8** 13
Geschäftsbesorgungsvertrag **4** 13
Geschäftsbetrieb, wirtschaftlicher **9** 34
Geschäftsführer **3** 18
Geschäftsführung Geschäftsordnung **3** 24
- Rechnungslegung **3** 24
- Zweckverwirklichung **3** 21, 24

Geschäftsführung, tatsächliche **9** 13
Geschäftsleitung **12** 8
Geschäftsordnung **3** 24
Gestaltungsmöglichkeit **4** 3, 9, 16
Gewerbesteuer Familienstiftung **5** 10, 56
Gewinn- und Verlustrechnung **6** 9, 13
Gläubiger **4** 20
Gremium **4** 18, 38
Großspendenregelung **5** 46
Grunderwerbsteuer **5** 8
Grundsätze ordnungsgemäßer Buchführung **6** 2; **6** 8
Gründungshöchstbetrag **5** 45; **8** 19

H
Haftung
- Außenhaftung **3** 29, 31
- Beschränkung **3** 29, 30
- Haftpflichtversicherung **3** 32
- Spendenhaftung **3** 32
- Steuerliche Haftung **3** 31
- Stiftungsvermögen **4** 10, 20f.
- Treuhänder **4** 36
- Zuwendungsbescheinigung **5** 51
- Halbeinkünfteverfahren **5** 57; **12** 9

Hedge Funds **7** 24
Hilfspersonen **5** 20

I
Ideeller Bereich **5** 34
Inflationsausgleich **1** 5; **4** 41; **7** 7, 14
Inland **12** 8

J
Institutionelle Förderung **4** 8
Jahresabrechnung **6** 2
Jahresbericht **4** 39

K
Kapitalausstattung Art **7** 3
- Art **7** 5
- Höhe **1** 4, 5; **7** 2, 4

Kapitalerhaltung **7** 7
- Nominelle **7** 14
- Reale **1** 5; **7** 6, 7, 8, 10, 14

Kapitalerhaltungsgrundsatz **8** 16
Kapitalertragsteuer **5** 10
Kaufmännischer Jahresabschluss **6** 12, 13
Kirchliche Stiftung **2** 3
Kirchliche Stiftungen **2** 12
Kirchliche Zwecke **2** 8; **5** 17
Kommunale Stiftung **2** 3; **2** 13
Kommune **4** 1
Kommunikationsstrategie
- Inhalte **9** 24 f.
- Interne **9** 28
- Ziele **9** 23
- Zielgruppen **9** 12, 20 ff., 22

Kompetenz **4** 33, 40, 43
Kontrollgremium **3** 23
- Kontrollmöglichkeiten **4** 8, 18, 29, 35

Kooperation **4** 42
Kooperationsprojekte
- Ablauf **9** 47 ff.
- Definition **9** 45
- Pooling effect **9** 45
- Synergieeffekte **9** 45
- Voraussetzungen **9** 46
- Vorteile **9** 45 ff.

Kooperationsvereinbarung **9** 48
Kooptation **3** 18; **11** 6
Körperschaftsteuer Familienstiftung **5** 56
Körperschaftsteuergesetz **14** 4
- Kuratorium **3** 23; **4** 27

L
Landesstiftungsgesetze **2** 6
Lebensunterhalt **4** 11, 20
Lebenswerk **10** 4
Lebenszeit **4** 28
Leibrente **4** 16
Leitbild s. Mission statement **9**
Letztwillige Verfügung **3** 5; **10** 7
Liechtensteinische Familienstiftung
Anonymität **12** 17
- Begünstigte **12** 19
- Beistatuten **12** 19
- Besteuerung **12** 20
- Errichtung **12** 16
- Kapitalsteuer **12** 20
- Kontrollstelle **12** 18
- Öffentlichkeitsregister **12** 16
- Organisation **12** 16, 17, 18, 19

- Stiftungskapital **12** 16
- Stiftungsrat **12** 18
- Treuhänder **12** 17, 18
- Zweck **12** 16

Liquiditätsrisiken **11** 7

M

Mailings **9** 26
Mildtätige Zwecke **2** 8; **5** 16
Mildtätigkeit **8** 2
Mindestvermögen **4** 5, 7, 18
Mission statement **9** 20 f.
Miterbe **10** 6
Mittelbeschaffung **5** 18
Mittelfehlverwendung **5** 32
- Mittelverwendung Nachweis **4** 27; **5** 13, 23; **9** 17 f.

Motive des Stifters **1** 8

N

Nacherbe **10** 6
Nachhaltige Kapitalanlagen **7** 22
Nachlassgericht **3** 10
Nachlassplanung **10** 5
Nachversteuerung **5** 9, 31
Nachweispflicht **5** 32
Name **4** 19, 24
Namensschutz **4** 19
Newsletter **9** 26
nichtrechtsfähige Stiftung **4** 1
Notarielle Beurkundung **3** 4; **4** 12

O

Öffentliche Zwecke
- Bürgerstiftungen **3** 12
- Gemeinnützige Zwecke **3** 12
- Öffentliche Stiftung **2** 4, 11

Öffentlichkeit **1** 6
Öffentlichkeitsarbeit
- Aufgabe **9** 19
- Instrumente **9** 26 ff.
- Siehe auch Kommunikation; **4** 19; **9** 6, 13, 19 ff.
- Öffentlich-rechtliche Stiftung **2** 4, 11

Operative Stiftung **9** 4
operative Tätigkeit **4** 7
- Organisation **4** 2, 37; **4** 22

Österreich **12** 10
Overhead-Kosten s. Verwaltungskosten

P

Pflichtteil

- Pflichtteilsanspruch **3** 5; **10** 6, 8
- Pflichtteilsergänzungsanspruch **3** 5; **4** 16; **10** 6, 8

Pflichtteilsauseinandersetzung **10** 3
Pflichtteilsergänzungsanspruch **10** 7, 8, 9
Pflichtteilsverzicht **10** 7, 8, 9
Pfründestiftung **2** 12
philanthropic venture capital **8** 9
Politikberatung **9** 4
Positiv-/Negativkatalog **9** 13
Preisverleihung **9** 4
Pressekonferenz **9** 26
Pressemitteilung **9** 26
Private Equity **7** 25
Private Stiftung **2** 4
Private Zwecke
- Familienstiftungen **3** 13
- Unternehmensstiftungen **3** 13

Privatnützige Stiftung **1** 8
Privatrechtliche Stiftung **2** 3
Privatstiftung
- Aufsichtsrat **12** 11
- Besteuerung **12** 12, 13, 14
- Destinatäre **12** 15
- Errichtung **12** 11
- Stiftungsaufsicht **12** 11
- Stiftungsvermögen **12** 10
- Stiftungsvorstand **12** 11
- Stiftungszweck **12** 10, 11

Projektauswahl **9** 5
Projektrücklage **6** 13
Projektträger **4** 7, 17, 42
Prüfung **4** 29, 38
Psychologische Aspekte **8** 2
Publizität **9** 51

R

Rechnungsprüfung **4** 18
Rechtsaufsicht **3** 33
Rechtsfähige Stiftung **2** 2, 4; **3** 1
Rechtsformzusatz **8** 10
Rechtsgeschäft **4** 10, 17, 46
Rechtspersönlichkeit **4** 2
Referentenentwurf „Hilfen für Helfer" **8** 7
Reform des Spendenrechts **5** 48
Regelungskompetenz **4** 9
Rohstoffe **7** 26
Rückforderung **4** 13
Rücklagen

- Ansparrücklage **5** 27
- Freie Rücklage **5** 26
- Umschichtungsrücklage **5** 28
- Wirtschaftlicher Geschäftsbetrieb **5** 29
- Zweckgebundene Rücklage **3** 26; **5** 25

Rücklagenbildung **3** 26
Rücklagenverbot **5** 30
Rückwirkender Wegfall der Erbschaftsteuer **5** 5

S

Sachspenden **5** 44
Satzungsänderung **4** 5, 26, 28, 30, 44, 49; **8** 13
Schadenersatzanspruch **4** 36
Schenkung **4** 10, 11f., 21, 46
Schriftform **3** 4
Selbstlosigkeit **9** 13
Selbstlosigkeitsgebot **5** 23
Selbstzweckstiftung **2** 1
Settler **12** 22
Sichtbarkeit **4** 6, 42
Sitz **4** 24
Sonderausgaben **9** 32
- Sonderausgabenabzug Ausland **1** 4; **5** 4, 45, 50; **13** 6

Spaltung **3** 44
Spende **1** 12, 13; **4** 26; **5** 41, 42, 43, 44, 45, 46, 50; **7** 8; **8** 17
- Freie **9** 39
- Reform **5** 41, 48, 49, 50; **13** 1
- Spendenabzug **2** 14; **5** 61; **13** 6
- Spendenabzug Auslandsspende **5** 41, 45, 46; **8** 17; **13** 6
- Spendenhaftung **3** 32; **5** 9
- Spendenmailing **9** 43
- Spendensammelstiftungen **4** 7, 18
- Spendenzwecke **8** 7
- Zweckgebundene **9** 39

Sponsoring Abgrenzung zur Spende **9** 30
- Bedeutung **9** 29
- Steuerliche Behandlung **5** 38; **9** 29 ff.

Sponsoringerlass **9** 33 f.
Sponsoringvertrag
- Inhalte **9** 36
- Rechtsnatur **9** 35 ff.

Städel'sche Kunststiftung **4** 2

Steuerbefreiungen
- Anforderungen **5** 12
- Gewerbesteuer **5** 10
- Kapitalertragsteuer **5** 10
- Körperschaftsteuer **5** 10
- Umsatzsteuer **5** 11

Steuerbegünstigte Zwecke
- Gemeinnützige Zwecke **3** 14
- Kirchliche Zwecke **3** 14
- Mildtätige Zwecke **2** 4; **3** 14
- Steuererklärung **4** 39; **6** 6; **6** 20

steuerliche Behandlung **4** 4
Steuerliche Haftung **3** 31
Steuerliche Pflichten **3** 21
Steuerreform **1** 4, 7, 15
Steuersubjekt **4** 4, 6, 27
Steuerverfahrensrechtliche Praxis **5** 33
Stichtage **9** 13
Stifter Besteuerung **12** 7
Stiftermotiv **8** 1
Stifterstudie **1** 9
Stifterwille **2** 1; **4** 5, 28, 30; **8** 3
Stiftung
- Aufhebung **8** 13
- auf Zeit **4** 14, 26; **8** 13
- Dauer der Errichtung **8** 12
- Ersatzformen **8** 10
- Förder- **8** 2
- Gemeinnützige **8** 7
- Gesellschaftliche Bedeutung **8** 9
- Konzeption **8** 3, 10
- Mindestvermögen **8** 15
- Operative **8** 2
- Selbstzweck- **8** 6
- Verbrauchs- **8** 13; **8**
- Stiftung & Co. KG **2** 5; **11** 10, 11, 12

Stiftung bürgerlichen Rechts **2** 4
Stiftung des öffentlichen Rechts **2** 11
Stiftung von Todes wegen **1** 3; **6** 1
Stiftungs-AG **8** 10
Stiftungsaufsicht **2** 2; **3** 33; **4** 5, 25, 30, 36; **8** 13
Stiftungsaufsichtsbehörde
- Abberufung **3** 34, 38
- Amtshaftung **3** 33
- Anerkennung **3** 33, 35
- Anzeigepflichten **3** 38
- Aufgaben **3** 34

- Auflösung **3** 40
- Aufsichtspflicht **3** 33
- Beanstandung **3** 34
- Beratung **3** 33
- Ersatzvornahme **3** 34, 38
- Familienstiftung **3** 39
- Funktion **3** 33
- Fusion **3** 42
- Genehmigung **3** 34
- Genehmigungsvorbehalte **3** 33, 37
- Informationsrechte **3** 33
- Jahresrechnung **3** 36
- Kontrolle **3** 34, 38
- Prüfungsrechte **3** 33
- Spaltung **3** 44
- Tätigkeitsbericht **3** 36
- Vermögensübersicht **3** 36
- Zusammenschluss **3** 41, 43
- Zwangsgeldfestsetzung **3** 1, 10, 27, 34

Stiftungsberater **8** 22
Stiftungsboom **1** 1, 7
Stiftungsdichte **1** 2
Stiftungserrichtung **1** 4, 8, 10; **6** 1; **10** 8
Stiftungserrichtung von Todes wegen
- Alleinerbe **3** 5
- Auflage **3** 5
- Erbvertrag **3** 5
- Miterbe **3** 5
- Pflichtteilsanspruch **3** 5
- Pflichtteilsrecht **3** 5
- Stiftungsgeschäft von Todes wegen **3** 4, 5
- Testament **3** 5
- Testamentsvollstreckung **3** 5
- Treuhandstiftung **3** 5
- Vermächtnisnehmer **3** 5
- Vertragserben **3** 5

Stiftungserrichtung zu Lebzeiten **3** 4
Stiftungsgeschäft **2** 1; **3** 2, 3, 6, 7
Stiftungsgesetz **4** 2, 3, 9, 30f., 40
Stiftungs-GmbH **1** 12; **2** 3, 9; **8** 10
Stiftungshöchstbetrag **8** 18
Stiftungskapital **1** 14; **7** 6
Stiftungsmanager **8** 22
Stiftungsorgane
- Aufgaben **3** 23
- Aufsichtsgremium **3** 23
- Auslagenersatz **3** 23
- Beirat **3** 23
- Beratungsfunktion **3** 23
- Haftung **3** 29
- Kontrollgremium **3** 23
- Kuratorium **3** 23; **3** 23; **8** 21
- Stiftungsorganisation **2** 1; **3** 15

Stiftungsprivatrecht **2** 3
Stiftungsrat **4** 27
Stiftungsrecht Entwicklung **13** 1
Stiftungsregister **1** 1
Stiftungssatzung
- Änderung **11** 4
- Anpassung **3** 8
- Beirat **3** 8
- Kuratorium **3** 8
- Stiftungsorgane **3** 8
- Stiftungsorganisation **3** 8
- Stiftungsvermögen **3** 8
- Stiftungszweck **2** 3; **3** 1, 6, 8

Stiftungsteuerrecht **5** 1
Stiftungsverein **1** 12; **2** 9; **8** 10
Stiftungsvermögen
- Geldwertentwicklung **3** 9
- Grundstockvermögen **3** 9
- Mindesthöhe **3** 9
- Nießbrauchsrecht **3** 9
- Treuhandstiftung **3** 9
- Übernahme von Verbindlichkeiten **3** 9
- Vermögensverwaltung **5** 35
- Wertverlust **2** 1; **3** 6, 9,26; **4** 7, 26

Stiftungsverwaltung **4** 29f., 37ff.
Stiftungsvorstand
- Abberufung **3** 18
- Amtsdauer **3** 18
- Aufgaben **3** 21
- Auslagenersatz **3** 22
- Bennenungsrecht **3** 18
- Beschlussfassung **3** 20
- Bestellung **3** 18
- Buchführung **3** 21
- Geschäftsführung **3** 21
- Gesetzliche Vertretung **3** 19
- Haftung **3** 29
- Kooptation **3** 18
- Notvorstand **3** 18
- Pflichten **3** 21
- Pflichtverletzung **3** 29, 30

- Rechnungslegung **3** 21
- Selbstkontrahierungsverbot **3** 19
- Sitzungen **3** 20
- Steuerliche Pflichten **3** 21
- Vergütung **3** 22
- Vertreterbescheinigung **3** 19
- Vertretungsmacht **3** 19
- Verwaltung **3** 21
- Verwirklichung der Stiftungszwecke **3** 16, 17, 18, 19, 20, 21, 22

Stiftungszweck
- Änderung **3** 11
- Auswahl **8** 2
- Bedingte Zwecke **3** 11
- Formulierung **8** 3, 5 ff.
- Gemeinnützige Zwecke **1** 11; **2** 1; **3** 11; **4** 25; **8** 1, 2, 4

T

Tag-line **9** 21
Tätigkeitsbericht **3** 28
Tatsächliche Geschäftsführung **3** 28; **5** 32
Telefonaquisition **9** 43
Testament **10** 6
Testamentsvollstrecker **3** 5; **4** 16
Testamentsvollstreckung **10** 6, 7; **11** 5
Testat **6** 17
Thesaurierung **4** 8, 40; **7** 12, 14, 17
Treuhandauflage **2** 10
Treuhänder **2** 10; **4** 1, 6, 11, 20, 29f., 30 ff.; **10** 7
Treuhandstiftung
- öffentlichen Rechts **4** 1
- privaten Rechts **2** 3, 10; **4** 1ff.; **5** 3; **10** 7
- Treuhandvertrag **2** 10; **4** 6, 10, 13f., 21, 46

Trust Auflösung **12** 24
- Discretionary trust **2** 14, 15; **12** 3, 5, 7, 8, 21, 23

Trustee **12** 22

U

Übereignung **4** 12, 48f.
Übertragung **4** 30
Übertragungsvereinbarung **4** 49
Umschichtungen **7** 8
Umschichtungsrücklage **5** 28
Umwandlung **4** 30, 43, 48
Unabhängigkeit **4** 34, 42

Universität **4** 1
Unmittelbarkeitsgrundsatz
- Ausnahmen **5** 22
- Hilfspersonen **5** 19, 20

Unselbstständige Stiftung **1** 1, 3; **2** 3, 10; **4** 1; **8** 10
Unterhalt **5** 22; **3** 1
Unternehmensliquidität **11** 7
Unternehmensnachfolge **2** 5; **11** 1, 4, 5, 6, 7, 9
Unternehmensstiftung
- Beteiligungsträgerstiftung **2** 3, 5
- Komplementärstiftung **2** 5
- Unternehmensträgerstiftung **2** 3, 5; **11** 2, 9

Unternehmensträgerstiftung **11** 2, 9
Unternehmensverbundene Stiftung **11** 1
Unternehmerfamilie **11** 7

V

Value at risk **7** 21
Verarmung **4** 11
Verbindlichkeiten **3** 9
Verbrauchsstiftung **4** 14, 26; **7** 6, 7
Vereinsvermögen **4** 8
Verfügung von Todes wegen **4** 15, 21
Vergütung **3** 22; **4** 12, 14, 34, 45
Verlautbarungen des IDW **6** 2, 5
Vermächtnis **3** 5
Vermächtnisnehmer **4** 15f.; **10** 6
Vermögensanlage **3** 26
Vermögensbindung **4** 14; **5** 23; **5** 31; **10** 11
Vermögensnachfolge **10** 1
Vermögensübersicht **3** 28
Vermögensverwaltung **4** 17, 40f.; **5** 34, 35; **7** 12
Vermögensverwaltung (als steuerliche Sphäre) **9** 33
Vermögensvorteil **4** 12
vertragliche Vereinbarung **4** 1, 3, 9, 31, 46
Vertragsfreiheit **4** 25
Vertrauen **4** 32
Vertreter **4** 27, 46
Verwaltung des Stiftungsvermögens **3** 25
Verwaltungskosten **1** 5; **3** 25; **4** 12, 14, 34, 45; **7** 3; **9** 38, 44
Verwendungsnachweis s. Mittelverwendung **9**
Vision statement **9** 20
Vorerbe **10** 6

Vorläufige Bescheinigung **5** 33; **6** 19
Vormundschaftsgericht **3** 4
Vorprüfungsverfahren **6** 19

W

Werterhaltung **3** 26
Wertpapiere Kursverluste **7** 3, 5
Wettbewerb **9** 4, 5
Widerruf **4** 11, 13
Widerruf des Stiftungsgeschäfts **3** 7
Wirtschaftliche Tätigkeit **5** 34
Wirtschaftlicher Geschäftsbetrieb **5** 2, 4, 29, 34, 36, 37, 38, 39; **7** 12
Wirtschaftsprüfer **6** 12, 17
Wohlverhaltensregeln **9** 52

Z

Zeitnahe Mittelverwendung **3** 26; **4** 6, 8; **5** 24; **7** 8
Zertifizierung **9** 52
Zurechnungsbesteuerung **12** 5, 6
Zusammenschluss **3** 41, 43, 44
Zuschreibungen **6** 13
Zustiftung **1** 5, 12, 14; **4** 26; **7** 8; **8** 17
Zustimmung **4** 30, 49
Zuwendung **4** 1, 11, 15, 26, 44
Zuwendungen von Todes wegen **5** 4
Zuwendungsbescheinigung Haftung **5** 33, 51; **8** 8; **9** 31
Zuwendungsbestätigung **3** 32; **4** 4; **6** 19
Zweckänderung **2** 1; **3** 11
Zweckbetrieb **5** 34, 40; **13** 12
Zweckgebundene Rücklage **5** 25
Zweck-Mittel-Relation **7** 4
Zweckverwirklichung **3** 25
Zweckwidrige Mittelverwendung **5** 21

Printed in Germany
by Amazon Distribution
GmbH, Leipzig